本书是河北省社会科学基金项目『汉学家沃德斯卡尔与清末直隶省官话研究』（批准号：HB22YY015）的最终成果。

清末法国汉学家沃德斯卡尔《汉语基础学习》整理与研究

傅林　孔亚萌　著

河北大学出版社
·保定·

出 版 人：朱文富
选题策划：杨显硕
责任编辑：韩立霞
装帧设计：张彦琪
责任校对：兰彩红
责任印制：常　凯

清末法国汉学家沃德斯卡尔《汉语基础学习》整理与研究
QINGMO FAGUO HANXUEJIA WODESIKAER 《HANYU JICHU XUEXI》 ZHENGLI YU YANJIU

图书在版编目（CIP）数据

清末法国汉学家沃德斯卡尔《汉语基础学习》整理与研究 / 傅林，孔亚萌著. -- 保定：河北大学出版社，2023.10

ISBN 978-7-5666-2130-6

Ⅰ. ①清… Ⅱ. ①傅… ②孔… Ⅲ. ①汉语 – 对外汉语教学 – 教材 Ⅳ. ① H195.4

中国国家版本馆 CIP 数据核字 (2023) 第 107745 号

出版发行：河北大学出版社
地址：河北省保定市七一东路 2666 号　邮编：071000
电话：0312-5073033　0312-5073029
邮箱：hbdxcbs818@163.com　网址：www.hbdxcbs.com
经　　销：全国新华书店
印　　刷：涿州市般润文化传播有限公司
幅面尺寸：185 mm × 260 mm
印　　张：26.75
字　　数：530 千字
版　　次：2023 年 10 月第 1 版
印　　次：2023 年 10 月第 1 次印刷
书　　号：ISBN 978-7-5666-2130-6
定　　价：86.00 元

目　　录

研究篇

整理篇

清末法国汉学家
沃德斯卡尔
《汉语基础学习》
整理与研究

研究篇

第一章　绪论

第一节　沃德斯卡尔生平及著述考

爱德华·让·沃德斯卡尔（Edouard Jean Vaudescal，1867—1915，又译佛德斯寇）是一位有才华的法国军官和汉学家，但因为过早离世，其著述一直没有被系统整理，甚至不为学界所知，其人也几乎彻底湮灭于历史的灰尘中。但是，军官和汉学家的双重身份，使得他在汉学领域中的角色非常独特，尤其是本书所整理的《汉语基础学习》，在清末西人所著汉语教材中独树一帜，在内容、体例、教学策略、语言特色上，都对汉语研究有很大的参考价值。

虽然缺乏详细的传记资料，但通过其本人著述和公开的档案材料①，我们仍可以获得沃德斯卡尔的一些生平信息。

沃德斯卡尔 1867 年 12 月 29 日出生于法国塞纳省巴黎第八区，父亲是 Frédéric Vaudescal，母亲是 Marie Cheverin。从其住址（Pierre Frédéric épicier demeurant a Paris，Rue St Sébastien 56）看，他应该出身于杂货商家庭，但在有的档案文件中，其父的职业被登记为“厨师”（cusinier）。他成年后的体貌特征是这样被描述的：深栗色头发，灰色眼睛，额头和鼻子都较普通，鹅蛋脸，身高 1.72 米。对于他的教育背景，因为缺少信息，目前还不能准确了解。

沃德斯卡尔于 1886 年参军，加入法国海军陆战队。1891 年在步兵军事学校升为军官。1892 年回到海军陆战队。此后，他先后在塞内加尔步兵团、殖民地第 16 步兵团等部队服役。

早在 1888 年，沃德斯卡尔就被派遣进入过“安南第一军团”，参与了法军侵略越南的战争。这应该是他与亚洲国家的最早接触。1896 年之后，他长期被派驻在越南和中国，在军事职务之外，也逐渐成长为一名汉学家。

1900 年 7 月，沃德斯卡尔作为“中国远征军团”（Corps Expéditionnaire de Chine）的成员入华。从他于 1903 年写成《汉语基础学习》一书来看，他应该在更早的时候就

---

①　法国文化部国家档案馆数据库：www.culture.gouv.fr。

已经认真学习了汉语。除了通常的听说读写技能外，他还对汉语在各地的使用情况有较深的了解。根据履历表，从 1900 年到 1914 年，他多次在越南和中国之间往返，这可能与他参与了当时法军的情报工作有关系。

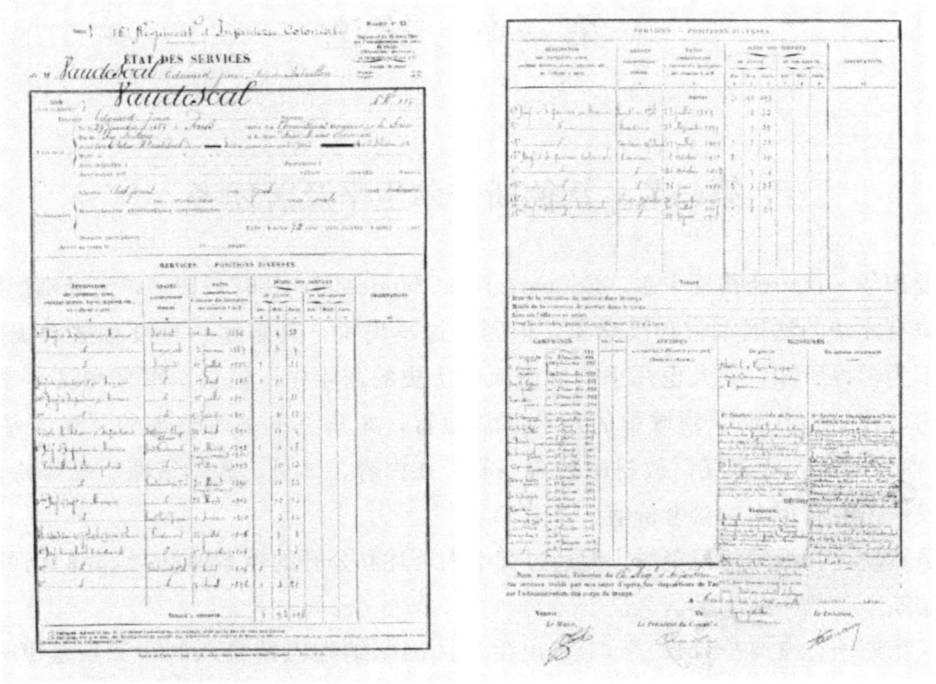
ÉTAT DES SERVICES

SERVICES. — POSITIONS DIVERSES

图 1　沃德斯卡尔军事履历档案的部分内容

在清朝末年革命风潮涌起之时，他在法军情报部门的安排下，成为法国军方与当时孙中山、黄兴领导的中国同盟会的接洽人。

1905 年 8 月，中国同盟会在日本东京成立。孙中山于当年 10 月从日本赴越南，途中在经过上海吴淞口时会见了法国军方情报官员 Baucabella。Baucabella 的目的在于了解以孙中山为代表的同盟会的情况，为可能的政局变化做准备。孙中山为争取法方的支持，邀请其派员赴中国内地考察同盟会的实力。① 10 月底，孙中山到达越南西贡。

1906 年 1 月，在越南的沃德斯卡尔成为法方派遣的考察人员。孙中山安排同盟会会员胡毅生陪沃德斯卡尔从香港入广东，开始到中国各地考察。

1906 年 1 月底，沃德斯卡尔到达桂林，与在那里活动的黄兴会面，双方交流中国革命计划，气氛“极为欢洽”。之后，他又赴贵阳、重庆、汉口，并最终抵达北京。沃

① 参见陈锡淇《孙中山年谱长编》，中华书局，1991 年，第 359 页。

德斯卡尔后来将这段旅程记录以《经北京、上海、汉口、广州、重庆、北京，在中国一万公里》（Dix mille kilomètres en Chine par Pékin，Shanghaï，Hankéou，Canton，Tchoung-King et Pékin）为题撰文介绍，1908年发表于《殖民军队评论》（*Revue des troupes coloniales*）。应该是出于保密的需要，文中只介绍了旅程各地的风光民情，并未交待其考察目的和所接洽的黄兴等同盟会人物。

沃德斯卡尔与孙中山、黄兴等同盟会主要领导人的关系，本来使他可能在中国近代史上产生更多影响，但当时法国政府和军方对于是否支持孙中山等革命力量的意见并不统一，又因为受到清政府的压力，并没有对同盟会提供更多的支持，沃德斯卡尔因此也最终只是成了偶然出现在中国近代革命进程中的一个几乎被忘了姓名的"法国军官"而已。

沃德斯卡尔在北京主要担任的是驻华使馆卫队的指挥官，这时他已经升为上尉军衔。美国在华出版的英文报纸《大陆报》（*The China Press*）称其为"首都最受欢迎的军官"①。这也许和他精通汉语和中国文化有关。1903年，他因为写成《汉语基础学习》收到法国陆军大臣写信祝贺。此后，他又从事中国军事术语的翻译工作，在1907年撰写成《法汉军事术语词典》（*Lexique franco-chinois de termes militaires*），并再次得到陆军部长的感谢。

沃德斯卡尔在派驻北京时，对古代建筑的考察也颇用力。1914年，他在《亚洲学报》（*Journal Asiatique*）发表了长篇论文《石经山与云居寺的石刻》（Les pierres gravées du CHE KING CHAN et le YUN KIU SSEU），对北京房山云居寺及石刻佛经做了详细的介绍。从其对中国史籍和地方志的大量征引来看，他对中国古代文化已经有了非常深刻的了解。同年，他和后来曾担任平汉铁路总运营工程师的法国人普意雅（Georges Bouillard，1862—1930）共同考察测绘了明十三陵，但成果直到1920年才由二人署名在《法国远东学院院刊》（*Bulletin de l'Ecole française d'Extrême-Orient*）以《明朝皇陵》（Les sépultures impériales des Ming）为题发表。这篇文章后来于1922年得到了伯希和（P. Pelliot，1878—1945）的评论。②

1914年，在沃德斯卡尔的汉学修养达到一个新高度的时候，第一次世界大战爆发了。沃德斯卡尔返欧参战，但不久（1915年4月14日）在法国马恩省维埃纳堡（VIENNE-le-CHÂTEAU）阵亡，终年48岁。

如果沃德斯卡尔没有阵亡，也许在后来的岁月里他能成为更为著名的汉学家，因为驻华使馆军官的身份，以及与中国同盟会高层的交往，使得他比其他纯粹的汉学家具备更多的社会资源。但是，他的生命毕竟终止在了48岁。他的著作虽然有很独特的

① The China Press，1915-06-25(12).

② P. Pelliot. Review：Les sépultures impériales des Ming(Che-san Ling)，*T'oung Pao*，Mar.，1922，Second Series，Vol. 21，No. 1. pp. 57-66.

价值，但因为其中最重要的《汉语基础学习》为手写石印形式，传世不广，只是以存目形式出现在亨利·考狄的《中国书目》（*Bibliotheca Sinica*）中①，连考狄本人也未及寓目，近乎失传。不过，历史最终没有将这一段颇有才华的生命埋没，笔者从河北大学的前身——天津工商大学（法国耶稣会所办教会大学）旧藏中发现了目前可能在中国的唯一一本《汉语基础学习》，对其进行整理研究，提取其中丰富的语言信息和历史信息，希望能使其在汉语研究和中国近代史研究中的价值得以体现。

第二节 《汉语基础学习》概况

一、文献形态及传播情况

《汉语基础学习》（*ÉTUDE ÉLÉMENTAIRE DE LA LANGUE CHINOISE*）于1903年7月在北京出版。本书所用的河北大学馆藏版本为硬皮精装本。外部硬封面长32.5厘米，宽20.5厘米，书脊厚2.8厘米；内部页面长31.8厘米，宽19.8厘米，厚2厘米。全书共362页，内容包括两部分：（1）正文。为法文手写体，间或标注手写汉字，共317页。（2）铅印汉字例句附录，共45页。该书除河北大学藏本外，我们还检索到在以下机构中有收藏：Campus Condorcet（孔多塞校园），Ecole des hautes études en sciences sociales（法国社会科学高等研究院），BM Lyon（里昂市立图书馆）。

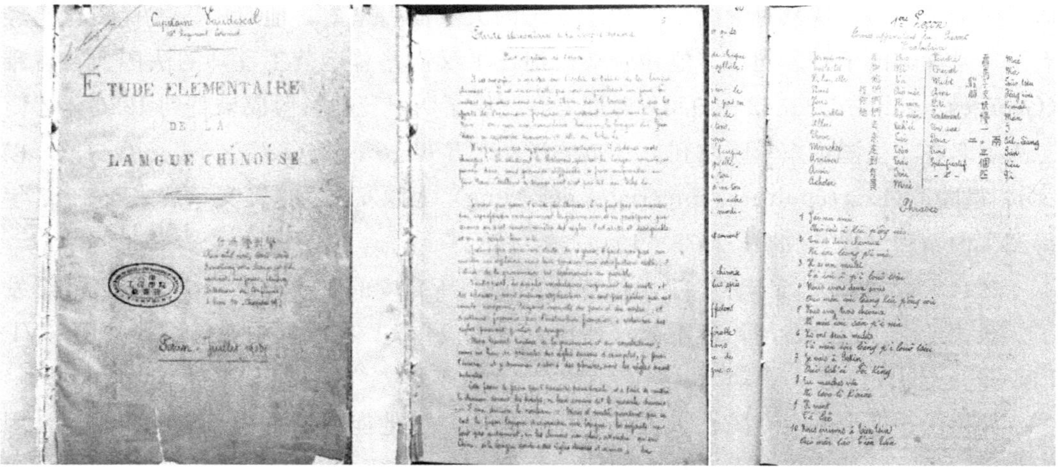

图2 《汉语基础学习》河北大学藏本扉页及内页书影

① Henri Cordier, Bibliotheca Sinica. Dictionnaire bibliographique des ouvrages relatifs à l'Empire chinois. Supplément et index Fascicule 1er, Paris: Librairie Orientaliste Paul Geuthner, 1922, p. 3918.

从《汉语基础学习》的存世量来看，该书当时的印刷数量应该并不大，并且，因为正文为手写体，虽书写者已力求规范清晰，但仍然不太方便阅读，这也许是其在当时影响力不够大的主要原因。当然，该书的写作有一定的军事目的，是为殖民扩张服务的，这应该也影响了其可能的发行范围。

《汉语基础学习》代表的是一个欧洲中年人在学习汉语达到熟练程度时的水平和状态。沃德斯卡尔本人当时是否计划对该书进行系统修订并重新铅印出版，我们目前并不明了。但从1914年出版的其他学术著作来看，他的汉语水平应该是持续上升的，并且得到了汉学界的认可。

二、创作背景

沃德斯卡尔在《汉语基础学习》"学习的目的和计划"一节中说："或许有一天我们会通过东京[①]增加与中国的联系，法国的扩张将主要针对云南，但幸运的是，云南的语言和直隶的语言非常相似。""通过学习北京话，这是一种正确（correcte）的语言，因此，人们将能够不费吹灰之力地使自己在云南省被理解。"[②] 这说明写作《汉语基础学习》是沃德斯卡尔的一种主动行为，但同时又服务于法国政府和军方向中国云南省渗透的既定策略。《汉语基础学习》出版后，沃德斯卡尔得到了法国陆军部长的嘉奖，这更加说明了其主要的功用是用作军事培训。

在沃德斯卡尔之前，已经有多种面向法语读者的汉语教材面世，尤为流行的是沃德斯卡尔提到的戴遂良《汉语入门》系列教材，但戴遂良系列教材所教的是当时直隶省河间府的官话，与云南省方言有所不同，加之戴遂良教材本身卷帙浩繁，很难用于简易的军事培训，所以沃德斯卡尔才另起炉灶，编写了《汉语基础学习》这样的实用性教材。

三、体例和内容

《汉语基础学习》正文包括4个章节，分别是：1. 课；2. 对话；3. 词汇表；4. 其他信息。正文后面的副册是正文课文和对话部分约1700个句子的中文书写形式。下面介绍《汉语基础学习》的具体内容和体例。

第一章：课（Leçons）。包括预备课和正式课。"预备课"中对汉语的语音进行描述，包括汉语的声母、韵母、声调以及声韵配合。作者指出"这项学习只是对语言的

---

① 法属印度支那时代，"东京"（英：Tonkin，越：ĐôngKinh/东京）常被西方人用来指代以河内为中心的越南北部地区。越南人称其为"北圻"，意为"北部地区"。

② 本书在引用沃德斯卡尔《汉语基础学习》原文时采用笔者译文。此处引自沃德斯卡尔《汉语基础学习》，第5页。

初步认识”[①]，“是必不可少的，但应该尽可能少花时间”[②]，语音的学习需要反复朗读以及老师在旁纠错。正式课共45课，“在不严格遵循语法划分的情况下，将课程放在语法标题下”[③]。每一课包括三部分：1. 词汇（Vocabulaire），将法语、汉语、汉语拼音对照，每课大约有20个词；2. 句子（Phrases），将法语和汉语拼音对照，每课约有20个句子；3. 规则和评论（Règles et observations），对词汇和句子进行注释，讲解重点词汇和语法。其中，词汇和句子均为常用交际用语。

第二章：对话（Dialogues）。共40课，每课以会话场景来命名，包括三部分：1. 词汇；2. 句子，形式与第一章相同；3. 评论（Observations或Remarques），对词语或对话进行注解。这一章的对话虽然是按照会话场景划分为40课，但是总体内容上具有连贯性，记录了一位“老爷”若干天的日常生活。

第三章：词汇表。包括法汉词汇表和汉法词汇表。法汉词汇表为法语、汉语、汉语拼音对照，汉法词汇表为汉语拼音、汉语、法语对照，均按照字母排序，各包含2200多个词语。

第四章：其他信息（Renseignements divers）。包括中国的时间量度、中国政府、国家和地区的名称、本朝的皇帝们、中国各朝代、官吏等级、中国的主要节日。

最后，在正文之后为副册（Fascicule Spécial），包括第一、二章约1700个例句的汉语对照，采用繁体竖排印刷的形式，这一部分内容并未包含在目录之中。

概括地说，《汉语基础学习》的教学模式是：首先，给出一些关于汉语发音和声调的提示；其次，每课给出一定数量的单词，并用这些单词组成常用的句子，然后从这些句子中推导出用于形成句子的规则；最后，学习对话。沃德斯卡尔认为，相对于汉语语音的学习，词汇和语法更为重要，与前人教材先提出规则再举例子不同，他反其道而行之，先给出句子，再从中推导规则。

---

① 沃德斯卡尔：《汉语基础学习》，第11页。

② 沃德斯卡尔：《汉语基础学习》，第6页。

③ 沃德斯卡尔：《汉语基础学习》，第6页。

第二章 《汉语基础学习》的音系

第一节 音类和音值

与顾赛芬、戴遂良等前辈相同，沃德斯卡尔在《汉语基础学习》中用建立在法文拼写习惯上的拉丁字母来拼写汉语的音类，并用欧洲语言中相同或相近的音来描述具体音值。这种做法当然会经常难以得到准确的音值描写。沃德斯卡尔认识到这一点：

这只是一种不完美的实现，因为许多语音都不能被忠实地表现出来。(1/预备课)①

但是，一方面，沃德斯卡尔并没有更好的工具来做准确记录，因为当时国际音标虽然已经诞生，但应该还未普及到沃德斯卡尔这样的非语言专业从业者，其本人的语音学知识也难以支撑更精细的研究；另一方面，作为较为简易的军用培训教材，对语音准确性的要求也没有必要太高。所以，沃德斯卡尔认为不必过分强调语音：

我们最好不要纠结于此，也不要忽视它。(1/预备课)

从教材的编写目的看，这种处理是合理的。《汉语基础学习》的主要内容集中在词汇和语法上。不过，我们还是能在教材对汉语音类的描述和记录中总结出基本的音系特征。下面依次对辅音、元音、声调以及相应的声母、韵母类别和音值进行探讨。

一、辅音

先看音值与法语一致的音类。

这一类音包括 ch [ʂ]、j [ʐ]、p [p]、t [t]、f [f]、l [l]、m [m]、n [n]、ng [ŋ]。沃德斯卡尔认为其发音和法语里用相同字母表示的音相同。方括号中为笔者所拟音值，具体理由如下：

p、t、f、l、m、n、ng 的发音较无疑义，因此拟音为 p [p]、t [t]、f [f]、l [l]、m [m]、n [n]、ng [ŋ]。法语中 ch 和 j 发音为舌叶音 [ʃ] [ʒ]，沃德斯卡尔在描述中

---

① 《汉语基础学习》的引文单独一个段落出现时，采用楷体以与正文相区分，采用“（章/课/节/条目数）”的形式表示引文来源，如“（1/11/3/6）”表示第 1 章第 11 课第 3 节第 6 条。

使用“à peuprès”，义为“差不多”，这说明他能感受到汉语和法语的语音差别。根据学界对同为记录北京话音值的《语言自迩集》① 的研究，19 世纪中期北京话中与这两个音对应的音值是翘舌音（舌尖龈后音）[ʂ] [ʐ]。仅凭现有资料，我们并不能确认沃氏所记录的北京话中，这两类音是舌叶音 [ʃ] [ʒ] 还是舌尖音 [ʂ] [ʐ]。考虑到这类音和当代北京话一样不与齐齿呼和撮口呼相拼，这种情况下通常为舌尖音，所以我们仍将其拟定为舌尖音 ch [ʂ]、j [ʐ]。

下面再看一些音值需要进一步讨论的音类。

先看 h [x]。沃氏的描述是：

H，常规符号；差不多发音为 Kr，r 减弱。需要经常朗读和重复这个音。②

这个字母 h 表示“河、好、灰”等字的声母。按同时代其他描写北京话的著作和当代北京话的音值看，音值当为 [x]。需要解释的是其用 Kr 做的比附式描述。保尔·巴西在解释有关音素时所用的方法类似：“后口盖爆发音 [k] 与 [g]，是用舌根与软口盖的前端闭切成功的……这两个音的闭切点，是有变化的：有些人说起来要偏前一点，有些人说起来要偏后一点……在巴黎市内，要是 [k] 与 [g] 后面接着‘r’一音的，其情状又适得其反：它可以直向后偏，偏到几乎与 [q] 与 [ɢ] 相近；同时‘r’一音，也变作了 [ʀ] 或 [ʁ]。”③ 据此，法语的 Kr 发音几乎为 [qʀ]，和沃氏所述汉语音值不合。法语中没有 [x] 音，在谈到 [x] 时，保尔·巴西指出：“ [x] 一音，只需略略模仿，就可以学像；或者是先构造一个 [k]，渐渐地把舌根上所用的劲减少，使完全的闭阻，变为不完全，也就像了。”④ 这实际上是固定好 [k] 的调音部位后，改用擦音的方法来发音。我们认为沃氏所说 Kr 实际上应该与保尔·巴西对 [k] 的处理方法相同，此处的“r 减弱”意在表现擦音性质，而 k 意在表现调音部位。因此，我们将 h 拟音为 [x]。

再看 k [k] [tɕ]。沃氏的描述是：

K，在 a，e，o 之前，如同法语中的 K。

K，在 i 之前，有时发 t 或 g 的音。

根据这一描述，汉语 a/e/o 前的 k 发音为 [k]；i 前的 k，发音则有法文 t 或 g 的变体，即 [t] 或 [g]。从北方方言的一般情况看，这种变体反映的应该是 k 在 i 前的腭化情况，即 [k] 向 [tɕ] 的演变。就 t 来说，陈定民（1979）⑤ 提到，法语中“齿音

① 张卫东：《威妥玛氏〈语言自迩集〉所记的北京音系》，《北京大学学报》（哲学社会科学版），1998 年第 4 期。

② 本节所引沃德斯卡尔对语音的描述均来自《汉语基础学习》第一章预备课，不再一一标注。

③ 保尔·巴西著，刘复译：《比较语音学概要》，商务印书馆，2017 年，第 94 页。

④ 保尔·巴西著，刘复译：《比较语音学概要》，商务印书馆，2017 年，第 119 页。

⑤ 陈定民：《法语语音学》，商务印书馆，1979 年，第 53 页。

[d] [t] 在 [i] 之前，如果后面跟随另外一个元音的时候，时常发生腭化，发音部位从舌尖与牙齿移到舌面中部向前硬腭抬起。所以 [d] [t] 时常腭化为 [ɟ] [ȶɕ]，例如 cordial [kɔrɟal]（友爱），tiède [ȶɕɛd]（温）”。即：[t] 在 [i] 前时，发音为 [ȶɕ]。就 g 来说，法语中一般发音为 [g]，保尔·巴西指出：“要是后面所接的是舌前母音，它竟可以向前偏的和 [c] 与 [ɟ] 相近。”① 即：当 [g] 在 [i] 前时，发音与 [ɟ] 相近。这和汉语的腭化现象是一致的。中古汉语的见组声母在 [y] 前被作者拼为 tch（见下文），也更加说明了见组声母是腭化的。因此，a/e/o 前的 k 拟音为 [k]，i 前的 k 拟音为 [tɕ]。

与 k 同部位 k' [kʰ] 较明了。沃氏的描述是：

K'，相当于 K，后面跟着送气音 h，用省文撇代替。在 K 和下一个字母的发音之间有一个送气音。

根据描述，该音为 k 对应的送气音，拟音为 k' [kʰ]，用 h 对送气特征进行描述，正和国际音标的描写方式一致。属同类情况的还有 p' [pʰ]、t' [tʰ]，不再赘述。

下面看 s [s] [ɕ]。沃氏的描述是：

S，在 a，e，o 之前，如同法语的 S。

S，在 i 和 u 之前，类似于 Sh。

根据描述，s 在 a/e/o 之前，读音为 [s]；在 i [i] 和 u [y] 之前，读同 sh [ʃ]，这显然反映了中古精组细音的腭化。从北方方言的一般情况而论，s 在 i [i] 和 u [y] 之前，腭化后的音值应该为 [ɕ]。作者在这里用 sh 而非 ch 来表示，应该是有意将其与表示来源于中古知庄章组声母的 ch 相区别。综合这些因素，拟音为 s：[s] / [ɕ]。

再看 tch [tʂ] [tɕ]。沃氏的描述是：

Tch，困难的音，腭化程度高，有时像 Tch，其他时候像 Ti，Ki，Dz，Ds。

法语中 tch 发音一般为 [tʃʰ]，是送气音，但根据戴遂良所述，tch “是一种 dj 同时发出的咂嘴音。舌尖顶住上颚然后突然放开”②，其送气程度比汉语的塞擦音要小，所以戴氏用 tch' 表示汉语的送气音，tch 表示清不送气音，具体情况参见傅林《献县方言百年演变史》③。沃氏这里的处理原则和戴遂良是一致的，因此我们将 tch 的音值拟为 [tʂ]，相应的 tch' 拟为 [tʂʰ]。当 tch 和 tch' 腭化程度高时，拟为 tch [tɕ] 和 tch' [tɕʰ]。

再看 ts [ts]。沃氏的描述是：

Ts，有点像 Dz 或 Dj。

法语中这类组合音较少，我们将 ts、dz、dj 分别看作是 t [t] 和 s [s]，d [d] 和

---

① 保尔·巴西著，刘复译：《比较语音学概要》，商务印书馆，2017 年，第 94 页。

② 傅林：《献县方言百年演变史》，河北大学出版社，2021 年，第 18 页。

③ 傅林：《献县方言百年演变史》，河北大学出版社，2021 年，第 16—18 页。

z [z]，d [d] 和 j [ʒ] 的合音。保尔·巴西认为：“在我们听去，这些音都是一个爆发音和一个摩擦音结合成功的，而语言中用到这些音的人不承认这些音是合音，却认做了简单的子音。”① ts [ts] 与 dz [dz]、dj [dʒ] 清浊有别，当时的北京话应无浊音，所以我们还是将其拟为 [ts]。ts' [tsʰ] 为相应的送气音。ts' 还用来表示“瞧青穷”等字声母，应为 [tsʰ] 腭化为 [tɕʰ]。

二、元音

元音音类中，有的音值与法语一致，或者能用法语音值拼合，这种情况我们直接根据法语音值来拟音，包括 a [a]、i [i]、ou [u]、u [y]、o [o]、ouo [uo]、ia [ia]、oua [ua]。

下面重点讨论音值有一定疑义的音类。

先看 ee [ɛ]，为“车、热”等中古假开三章组及并入其中的部分入声字的韵母。沃氏的描述是：

Ee，e 拉长张开，有一点像 e 后跟着几乎不发音的 a。

据此可以确认其实际音值是较长的单元音 e [ɛ]，唯收尾处可能开口度略大。这和顾赛芬、戴遂良等对直隶河间府的该类音的记录比较接近，而与威妥玛《语言自迩集》不同。② 这反映了沃德斯卡尔所学的官话语音属于比较保守的类型。ee 对应的齐齿呼 ie 和撮口呼 ue，沃氏的描述是：

Ie，如同带分音符的 i，与最后的 é 一起只发一个音。

Ue，u 长，e 短。

据此，ie 的音值应为 [ie]，ue 的音值当为 [yɛ]，二者韵腹并不完全一致，考虑到系统性，我们将其统一音位化处理为 [iɛ] [yɛ]。ue 中 u 长 e 短的情况与当代北京话不一致，但和直隶河间府的方言相近。③

再看较为复杂的 eu [ɿ] [ʅ] [ɤ] 和 eul [ɚ]。沃氏的描述是：

Eu，很难，介于非常张开的 o 和 eu 之间。

Eul，非常多变，常常是缩合、紧张的。

从 eu 韵母的例字来看，它对应今北京话的两个舌尖元音 [ɿ] [ʅ] 和舌面元音 [ɤ]。从北方方言的演变史和同时代北京话的资料看，这三类韵母的音值不会是相同的。沃德斯卡尔将其用同样的符号表示，应是审音能力所限。其音值描述中所说“介于 o 和 eu 之间”，即 [o] 和 [ø] 之间，这一模糊的概括虽然可以涵盖这三组音值的

① 保尔·巴西著，刘复译：《比较语音学概要》，商务印书馆，2017 年，第 121 页。

② 参见傅林、孔亚荫《论顾赛芬和戴遂良所教“官话”的性质》，载《国际汉语教育史研究》第 5 辑，商务印书馆，2022 年。

③ 参见傅林《献县方言百年演变史》，河北大学出版社，2021 年，第 37 页。

特征，但还不足以让我们对其音值有更清晰的确认。鉴于同时代北京话材料的一般情况，我们仍分别处理为［ɿ］［ʅ］和［ɤ］。eul 对应“儿、二”类字（中古止开三日母字），其音值描述更难准确提炼细节。不过，eul 这一形式和戴遂良所记直隶河间府方言中的“儿、二”类字的形式 eull 相类①，这可能是从戴遂良拼音沿袭而来的，所以我们没有理由认为其所习得的音值中一定有［l］这样的韵尾，姑且拟为与威妥玛时代和当代一致的［ɚ］。

再看 ae［ai］，为“带、盖”等字的韵母。沃氏的描述是：

Ae，只发一个音，e 很开。我们也写作 ai，两者都能用。

法语中 ae 的发音多为［aɛ］，也有［ae］，比较接近［ai］，而法语 ai 的发音为［ɛ］。清末其他北京话材料中该韵母发音为复元音［ai］，如威妥玛《语言自迩集》和高本汉《北京话语音读本》，具体情况参考张卫东（1998）② 和艾溢芳（2016）③。沃氏之所以首选 ae 而不用 ai，说明实际音值与《语言自迩集》是一致的复元音，“只发一个音”的意思是两个元音为一个音节或一个复元音，而非分立的两个音。以当代北京话而论，元音 a 在 i 前更高，为 æ；i 做韵尾时偏低，为 ɪ 和 e。④ 这就更与作者的认知一致了。因此，我们还是拟为与《语言自迩集》和普通话的习惯记音一致，即 ae［ai］。相应的合口呼韵母 ouae 拟为［uai］。

再看 ei［ɛi］，用作“倍、飞”类字的韵母。沃氏的描述是：

Ei，如同 i 有一个分音符，但是只发一个音。

法语中 ei 发音为［ɛ］，若在 i 上有分音符，则强调该音为复元音，因此拟音为 ei［ɛi］。与 ei 相应的合口呼有 ouei（零声母）和 oui（非零声母）两种形式，沃氏的描述是：

Ouei，ou 后跟 ei。

Oui，只发一个音，在 i 上加重。

据此，ouei 的音值应是［uɛi］，oui 的音值应是［ui］。这种过渡音［ɛ］在零声母和非零声母音节中隐现情况，和当代北京话有一致性，因此我们对其音值也据实构拟。

再看 ao［ɑo］，为“报、刀”类字的韵母。沃氏的描述是：

Ao，a 短，后面跟着更重的 o。

这一描述确认了 ao 是复元音，当拟为［ɑo］。沃氏认为 a 短 o 重，与当代北京话中

---

① 参见傅林《献县方言百年演变史》，河北大学出版社，2021 年，第 23 页。

② 张卫东：《威妥玛氏〈语言自迩集〉所记的北京音系》，《北京大学学报》（哲学社会科学版），1998 年第 4 期。

③ 艾溢芳：《高本汉〈北京话语音读本〉整理与研究》，北京大学出版社，2016 年，第 12 页。

④ 参见北京大学中文系理论语言学教研室《汉语方音字汇》（第二版重排本），语文出版社，2003 年，第 8 页。

a 为主要元音的情况不一致，也和汉语方言的一般情况不一致。我们推测沃氏所学习的北京话中，ao 可能已开始出现北方官话常见的元音单化倾向，以至于造成听感印象与当代不一致。但鉴于 ao 的复元音属性仍较明确，我们暂时忽略沃氏的这种反常听感。相应的齐齿呼 iao 拟为［iɑo］。

再看 oo［ou］，为“斗、周”类字的韵母。沃氏的描述是：

Oo，o 延长。

按照此描述，oo 应是长的单元音，这与同时代其他北京话资料和当代北京话的音值都不一致。考虑到法语缺乏［ou］这类音值，而［o］和［u］音值较接近，沃氏将其等同于［o］的延长式，也可以理解。不过，从汉语的实际出发，我们仍将 oo 的音值拟为［ou］。oo 对应的齐齿呼 iou，沃氏的描述是：

Iou，在 ou 上加重。

据此该音是 i 和 ou 的结合，发音为［iu］，“在 ou 上加重”则意味着 ou［u］为韵腹。因此，音值拟为 iou［iu］。当代北京话中［o］作为过渡音也常隐去，与此一致。

再看 an［an］，为“盘、贪”类字的韵母。沃氏的描述是：

An，使人感觉到最后的 n，如同 ann。

法文中 nn 发音依然为［n］，作者在这里主要是强调前鼻音韵尾［n］的存在，显然是要提醒法语者不要发成鼻化元音。an 这里明确是 a［a］和 n［n］的结合，因此拟音为［an］。相应的合口呼韵母 ouan 拟为［uan］。

再看 en，为“本、深”等字的韵母。沃氏的描述是：

En，类似于 enn，有时类似于 eunn。

法语中 enn 和 eunn 的组合很少，这里使用 nn 的目的应该和 ann 相同，即强调 n 的存在，而法语中 e 的发音一般为［ɛ］，因此将 enn 的音值拟为［ɛn］。沃氏拼音中与 enn 在形式上相应的齐齿呼韵母是 ien，撮口呼韵母是 uen，这两个韵母对应的汉字分别来自中古山咸摄的“言、剪”和“圆、权”类字。就实际音值来说，这和当代北京话是较为一致的，因为当代“言、剪”类字的韵母音值严式记音正是［iɛn］，威妥玛拼音也将其记为 ien。因此，将 ien 拟为［iɛn］是合理的。uen 的音值本应类推为［yɛn］，但沃氏本人对其音值的描述是：

Uen，既不是 uen，也不是 uan，中间状态。

这说明在其听感中 uen 的韵腹音值应介于［ɛ］和［a］之间，宜记为［æ］。这样 uen 的音值就拟为［yæn］。当代北京话中“圆、权”类字的韵腹音值有不同的记录，有［a］［ɛ］［æ］三种记法，王福堂（1995）① 根据严格的审音，定为［æ］，这与沃氏的描述正相吻合。因此，我们把 uen 拟为［yæn］。

---

① 王福堂：《üan 韵母主要元音的音值》，《语文建设》，1995 年第 1 期。

与 en 韵母相关的还有 in 和 ouen。前者拼写“信、林”类字，后者拼写“问、顺”类字。in 的音值较无疑义，拟为［in］。ouen 的音值，本应类推为［uɛn］，但沃氏又描述为：

Ouen，困难，介于 oun 和 ouen 之间。

这证明其音值还是和［uɛn］有差别。根据描述，ouen 的主元音应介于［u］和［ɛ］之间，则［ə］是自然的候选。当代“问、顺”类字的主元音正是［ə］，因此我们将 ouen 的音值拟为［uən］。相应的撮口呼韵母 un 因为没提到过渡音的存在，拟为［yn］。

再看 ang［ɑŋ］，用作“帮、张”类字的韵母。沃氏的描述是：

Ang，使人感觉到最后的 g，但是不太多。

法语中［ŋ］很少见，只偶然因“同化”的关系而用到这一个音。例如“une longue main”（一只长手），本应读作［yn lɔ̃g mɛ̃］，因［g］受［ɔ̃］的同化转化为鼻音，亦可读作［yn lɔ̃ŋ mɛ̃］。[①] 法国人要学的像［ŋ］音，往往是很困难的，可以通过［g］转为鼻音［ŋ］。沃氏的描述显然是强调此处应为鼻尾韵。法语中 an 的音值一般是鼻化元音［ɑ̃］，在这里与 g 结合，使得 ang 音值为［ɑŋ］。ang 对应的齐齿呼 iang 和合口呼 ouang，相应拟为［iɑŋ］和［uɑŋ］。

再看 eng［əŋ］，用作“横、声”类字的韵母。沃氏的描述是：

Eng，介于 ang 和 eng 之间的中间状态。

根据 ang 和 eng 的法语发音，Eng 的韵腹应介于［ɑ］和［ɛ］之间，则［ə］是自然的候选。因此拟音为［əŋ］，这正与当代北京话的音值一致。相应的齐齿呼 ing，沃氏的描述是：

Ing，很难，有点像 i 和 ng 之间有一个 e。

当代北京话中，“星、影”类字实际有［iŋ］和［iəŋ］两种变体。如果考虑沃氏的实际感知，应将 ing 拟为［iəŋ］，但我们再看沃氏对合口呼 oung 音值的描述：

Oung，只发一个音，能感觉到 g。

这里沃氏只强调了鼻音韵尾的存在，并没有说 ou 和 ng 之间有其他元音，因此宜拟音为［uŋ］。综合考虑，我们还是将 ing 拟为［iŋ］。相应的撮口呼 ioung 较无疑义，拟为［iuŋ］。

与 eng 有关的音还有 ong［oŋ］，用作“风、梦”类字的韵母。沃氏的描述是：

Ong，能感觉到 g。

沃氏这里只强调了鼻尾的存在，元音当无疑义，因此拟音为［oŋ］。

---

① 参见保尔·巴西著，刘复译《比较语音学概要》，商务印书馆，2017 年，第 99 页。

第二节　音系特征

通过对上一节的分析，以及《汉语基础学习》中沃德斯卡尔给出的声韵拼合表、声调表、单字音，我们可以对其记录的北京话的声韵调系统进行整理并分析其特征。

一、声母

包括零声母在内，《汉语基础学习》所记北京话共有 22 个声母。①

p [p] 帮编步八	p' [p^h] 盆怕平劈	m [m] 门米木麦	f [f] 飞反凤服	
t [t] 多到定读	t' [t^h] 贪土退踢	n [n] 南鸟念臬		l [l] 来里乱落
		n [n] /ng [ŋ] 爱岸袄恶		
ts [ts] 灾早最昨	ts' [ts^h] 才草菜错		s [s] 三丝随嗓	
tch [tʂ] 中真照壮	tch' [tʂ^h] 抽床船吃		ch [ʂ] 沙水顺拾	j [ʐ] 容软让热
k/tch [tɕ] 剪句九吉	ts'/tch' [tɕ^h] 妻秋起缺		s [ɕ] 虚笑谢学	
k [k] 高古共国	k' [k^h] 开口苦刻		h [x] 花火化活	
ø二五盐月				

这个系统显示出了很多有价值的信息：

第一，中古影疑母开口一等字声母为 n [n]，但《汉语基础学习》第一、二章中将其中少数字标为零声母，第三章词汇表中将部分字在括号中标注声母为 ng [ŋ]，因此该类字实际上存在 n、零声母和 [ŋ] 的变异，如“爱”字在不同位置的三种拼写：nae/ngae/ae。其实，在更早的北京话文献《语言自迩集》中，影疑母一等字就存在零声母和 ng 声母的异读。当代北京话中，城区和郊区、郊县存在口音差别：零声母开口韵字如“安岸”的声母，近郊及昌平、通县、顺义同城区，东部密云、怀柔、平谷等县为 [n]，其他西部各区县为 [ŋ]。② 沃德斯卡尔走遍中国各地，在北京也踏足多个县，《汉语基础学习》中未经统一的拼写，可能正反映了他的汉语老师的异质性，同时也反映了当时北京城区口音北部的变异。

第二，中古精组和见组声母在 [i] [y] 前使用相同的拼写，这显示其所记北京话是尖团合流的。不过，在具体的拼写上又显示出更为微观的差别。声母 [tɕ] 使用了 k 和 tch 两个符号，其区别在于 k 与齐齿呼韵母相拼，tch 与撮口呼韵母相拼。相应地，

---

① 沃氏在声韵拼合表中将合口呼零声母中的 ou [u] 介音改写为 w，并将其作为声母，如 oua（wa）、ouei（wei）。我们这里做音系分析时将其还原为零声母。同类情况还见于齐齿呼零声母，如 yn（in）、yu（iu），我们也将其同样还原为零声母。

② 参见北京大学中文系理论语言学教研室《汉语方音字汇》（第二版重排本），语文出版社，2003 年，第 8 页。

声母［tɕʰ］使用了 ts' 和 tch' 两个符号，其区别在于 ts' 与齐齿呼韵母相拼，tch' 与撮口呼韵母相拼。作者在齐齿呼和撮口呼前分别使用了不同的符号，说明在其听感中，舌面前塞擦音在齐齿呼和撮口呼前音值有细微的差异。

二、韵母

《汉语基础学习》所记北京话共有 42 个韵母。

eu［ɿ］［ʅ］字次支知	i［i］踢启第地	ou［u］布书故户	u［y］女绿玉句
eul［ɚ］儿二			
a［a］巴爬沙骂	ia［ia］架牙恰俩	oua［ua］瓜滑抓夸	
o［o］麽若弱着	io［io］约	ouo［uo］窝左或$_{又}$惑$_{又}$	
ee［ɛ］赊车蛇这	ie［iɛ］别姐野灭	oue［uɛ］或$_{又}$惑$_{又}$	ue［yɛ］雪缺绝月
eu［ɤ］喝得可乐			
ae［ai］拜买来开		ouae［uai］怪坏摔拽	
ei［ɛi］倍非给围		oui［ui］贵魁会退	
ao［ɑo］报刀闹帽	iao［iɑo］表条交晓料		
oo［ou］斗丑周受	iou［iu］油牛九秀六		
an［an］胆竿三寒	ien［iɛn］剪连言欠	ouan［uan］短算船换	uen［yæn］圆权元选
en［ɛn］本怎沉根	in［in］品您林信	ouen［uən］问吞顺浑	un［yn］云旬君群
ang［ɑŋ］帮放张刚	iang［iɑŋ］强讲像样凉	ouang［uɑŋ］床黄光王	
eng［əŋ］横成声更	ing［iŋ］冰星听青	oung［uŋ］红东工送	ioung［iuŋ］兄穷永用
ong［oŋ］风封风梦		ouong［uoŋ］翁瓮	

一些需要说明的情况是：

第一，沃德斯卡尔记录了一些齐齿呼韵母在［l］之后的变体，i［i］介音在 l［l］之后表现为 e［e］，即 ia、iao、iou、iang 在 l 后表现为 ea、eao、eou、eang，以［e］为介音。沃德斯卡尔选用不同的符号来表示这一介音，或许正是注意到了两者之间实际的语音差别。但在归纳音位时，由于介音 i［i］和 e［e］出现环境是互补的，且汉语母语者常常忽略两者的差异，我们将 e［e］看作 i［i］的条件变体，归纳成一个音位 i［i］。

第二，撮口呼单元音韵母有两种拼写形式：u［y］和 iu［iy］。二者分布有所不同。u［y］之前的声母为 l［l］、tch［tɕ］、tch'［tɕʰ］，iu［iy］之前的声母为 k［tɕ］、n［n］、s［ɕ］、零声母。这种分布差异应该反映了实际的音值差别。但是，沃德斯卡尔本人指出 u［y］常常和 iu［iy］一样。鉴于此，我们还是将其归纳为一个音位 u［y］。

类似情况还有 ue 和 iue、uen 和 iuen、un 和 iun。其中，iue、iuen、iun 都只出现在零声母之后。我们将这两种变体归纳成一种：ue［yɛ］、uen［yæn］、un［yn］。

另外，韵母 uen 又有 uan 的变体。uen 出现在声母 s［ɕ］后，uan 出现在 tch［tɕ］、tch'［tɕʰ］后，根据同样的道理，我们将其都归纳为 uen。

第三，韵母 ong［oŋ］韵所辖字仅限于唇音声母字，对应的合口呼韵母 ouong 只出现在零声母后，目前仅发现辖有“翁”。另有“瓮”字拼为 oueng，考虑到辖字过少且没有中古分化条件，暂将其与 ouong 合并。

从古今音对照角度看，这一韵母体系的突出特征是：

其一，中古果摄开口一等韵母与假摄开口三等章组韵母未合流。果开一韵母（例字：喝得可乐）用符号 eu 表示，音值为［ɤ］。假开三章组字韵母（例字：赊车蛇这）用符号 ee 表示，音值为［ɛ］。这一特征比威妥玛《语言自迩集》的记录要保守。

其二，存在 io 韵母，但所辖字只有“约”，以至于在语音说明部分，沃德斯卡尔并未提到该音。根据其语音系统构成特点，应将该音看作 i［i］和 o［o］的组合，发音为［io］。《语言自迩集》中，io 韵只作为中古入声“药、觉”韵字的异读音出现，《汉语基础学习》则消退得更严重，只残留在“约”字中。

其三，韵母 oue 辖字只有“或、惑”，而这两个字同时又有韵母 ouo［uo］的又读。这说明 oue 是行将消失的韵母。沃德斯卡尔在音系说明中没有提到 oue，只在例句和词汇表中有记录。根据构成特点，该音应看作 ou［u］和 e［ɛ］的组合，音值为［uɛ］。这个韵母的情况与戴遂良描写河间府方言的《汉语入门》的情况较为一致。傅林认为这一韵母是旧读书音的残留。① 如果沃德斯卡尔所记北京话事实无误，那说明这种读书音在北京和邻近的河间府的残留情况有相似之处，其语音层次来源应该是相同的。

其四，中古通摄唇音字韵母为 ong，与非唇音声母字 oung 有别，但并未像当代北京话那样与中古梗摄唇音韵母一起变为 eng。这一特征也与河间府方言一致，而不是和年代更早的《语言自迩集》一致。不过，因为《汉语基础学习》收字有限，我们尚不能确定梗摄全部唇音字的具体音值。

最后说一下儿化韵。沃氏所记北京话已经产生儿化韵，他本人对此有清晰的认识，如第一章第 30 课的规则解释部分说：

> 在给出的句子中，经常遇到在名词后面有一个词尾“Eûl 儿”。因为它的存在，有必要把它写下来，特别是在北京话中。但在句子的发音中，它经常与前面的名词合并，与其形成一个单音节，非常难以发出，因此“Ī tièn eûl 一点儿”［Un peu］，不会通过连续的三个音节来发音；在最后两个音节上会有合并，从而形成接近 Tieul 的单一声音。因此，当我们遇到这些词尾时，有必要在它们上面稍作停留，并通过听汉语老师（的发音）来训练耳朵，然后努力，能自己正确发出听到的声音，这是一件很困难的事情。(1/30/3/12)

① 参见傅林《献县方言百年演变史》，河北大学出版社，2021 年，第 31—35 页。

描写清楚儿化韵对欧洲人来说难度非常大，即使比沃氏更为精通汉语的法国耶稣会士戴遂良，在描写儿化韵的音值时也遇到了很大的困难，出现了很多定性错误。① 沃氏对此知难而退是可以理解的，当然我们也因此失去了了解当时北京话儿化韵具体细节的一个机会。

三、声调

1. 调类与调值

沃德斯卡尔在《汉语基础学习》中记录了四个声调，并指出："声调是每个音的特定重音，足以完全改变其含义。在中国北方，人们一致认为使用四个声调。"② 他对四个声调的描述如下：

第 1 声：上平 Cháng p'ī̄ng　平的声调

音的自然声调，没有音调变化。由音节上方的水平折线表示。

第 2 声：下平 Siá p'ī̄ng　高的声调

尖，短，并有点高的音。由长音符表示。

第 3 声：上声 Cháng chēng　上升的声调

上升而长；声音随延长而升高。由开音符表示。

第 4 声：去声 Tch'ú chēng　低的声调

短而低；声音突然消失。由闭音符表示。(1/预备课)

这四个声调分别对应北京话中的阴平、阳平、上声、去声，分别用"ˉ""ˆ""ˋ""ˊ"在字母上标记。对于具体的调值，我们似乎可以初步看出阴平为平调、上声为升调、去声为降调、阳平难以确定具体调型。但是，沃氏的这一描写，显然对戴遂良《汉语入门》中河间府方言四声调值记录有所沿袭：③

第 1 声：第 1 声"平"，即不上升也不下降。中文称"上平"。有人称"均匀的调"，或"正常调"，嗓音保持无变化。用"ˉ"表示。如"巴"pā，"工"koūng，"秋"ts'iōu，"因"yīnn。

第 2 声：第 2 声汉语称"下平"。锐调，清晰、短促、尖锐，常同于音乐音符的高调。用"ˆ"表示。如"舌"chêe，"毛"mâo，"同"t'ôung，"贫"p'înn。

第 3 声："上升"的斜调，中文称"上声"。上升调，在发音的过程中，拖着上升大约三度。用"ˋ"表示。如马 mà，古 koù，写 siè，火 hoùo。

第 4 声："出发、去"的斜调。中文称"去声"。下降或者关闭的调。简短，冷淡，伴随着嗓音的某种下降，以气息截断的方式突然地结束。用"ˊ"表示。

---

① 参见傅林《献县方言百年演变史》，河北大学出版社，2021 年，第 46 页。

② 沃德斯卡尔：《汉语基础学习》，第 18 页。

③ 参见傅林《献县方言百年演变史》，河北大学出版社，2021 年，第 54—55 页。

如去 k'iú，像 siáng，骂 má，处 tch'óu。

简单地从沃德斯卡尔的描述来推断他认为的北京话的调值，可能很难得到符合实际的结论，因此我们不再对具体的调值进行构拟。《汉语基础学习》所述北京话声调情况的主要价值应该在于它和《语言自迩集》《汉语入门》等著作一样，完全抛弃入声，以语言实际为目标进行描写。

2. 中古入声字的归派

中古入声的流变情况是观察北京话演变史的重要课题。我们统计了《汉语基础学习》中所有中古入声字的今调类情况。有异读的算作不同字，每类小括号外为与今北京话同调类的字，括号内为不同调类的字，具体情况是：

（1）中古全浊入声字

①归阳平：拔薄达独读乏罚佛盒活嚼什十拾食熟$_{文}$熟$_{俗}$习协学$_{文}$学$_{白}$闸宅昨合实筏$_{文}$雹蚀笛敌白$_{文}$石$_{文}$叠$_{文}$毒$_{文}$滑$_{文}$舌$_{文}$服$_{文}$核$_{文}$直$_{文}$值$_{文}$贼$_{文}$席$_{文}$惑$_{文}$杂$_{文}$侄$_{文}$极$_{文}$赎$_{文}$（淑属$_{文}$）

②归阴平：（截席$_{文}$贼$_{文}$值$_{文}$杂$_{文}$侄$_{文}$极$_{文}$）

③归上声：属$_{文}$（席$_{文}$舌$_{文}$）

④归去声：穴特度或$_{文}$或$_{白}$惑$_{文}$（席$_{文}$直$_{文}$核$_{文}$滑$_{文}$值$_{文}$白$_{文}$石$_{文}$叠$_{文}$毒$_{文}$赎$_{文}$筏$_{文}$贼$_{文}$服$_{文}$）

（2）中古次浊入声字

①归去声：辣蜡烙勒历六鹿禄落$_{文}$落$_{白}$律绿略脉莫墨木目热日肉入若$_{文}$若$_{文}$月越拽袜纳立$_{文}$乐$_{文}$药$_{文}$易$_{文}$玉$_{文}$蜜$_{文}$灭$_{文}$末$_{文}$叶$_{文}$业栗骆$_{文}$弱$_{文}$疟$_{文}$钥力麦役牧褥狱$_{文}$

②归阴平：拉摸$_{文}$（刺$_{文}$骆$_{文}$抹$_{文}$）

③归阳平：额没（刺$_{文}$灭$_{文}$摸$_{文}$药$_{文}$乐$_{文}$叶$_{文}$末$_{文}$蜜$_{文}$疟$_{文}$狱$_{文}$）

④归上声：抹$_{文}$（立$_{文}$蜜$_{文}$弱$_{文}$易$_{文}$玉$_{文}$）

（3）中古清入声字

①归阴平：拆吃出$_{文}$搭褡割搁刮黑揭劈霹$_{文}$扑七缺刷说剔脱挖削押摘拙溻托卓[1]跌夹$_{文}$[2]鸽胳督八$_{文}$剥$_{文}$擦$_{文}$插$_{文}$滴$_{文}$發$_{文}$喝$_{文}$哭$_{文}$漆$_{文}$掐$_{文}$撒$_{文}$杀$_{文}$失$_{文}$贴$_{文}$歇$_{文}$压$_{文}$一$_{文}$扎$_{文}$只$_{文}$织$_{文}$忽$_{文}$秃$_{文}$鸭$_{文}$瞎$_{文}$帖$_{文}$湿$_{文}$（答不$_{文}$涩革$_{文}$角$_{文}$刻$_{文}$血$_{文}$窄$_{文}$爵$_{文}$察$_{文}$竹$_{文}$隔$_{文}$）

②归阳平：得福$_{文}$国吉劫菊爵$_{文}$则足折阁德$_{文}$革$_{文}$隔$_{文}$竹$_{文}$察$_{文}$媳结夹$_{文}$（撒$_{文}$法$_{文}$叔昔锡屋剥$_{文}$插$_{文}$各$_{文}$喝$_{文}$角$_{文}$客$_{文}$杀$_{文}$贴$_{文}$雪$_{文}$压$_{文}$只$_{文}$發$_{文}$帖$_{文}$湿$_{文}$秃$_{文}$鸭$_{文}$掇$_{文}$息$_{文}$劈$_{文}$髮$_{文}$）

③归上声：百北宿铁嘱塔甲法$_{文}$鹊觉$_{文}$笔$_{文}$尺$_{文}$给骨$_{文}$脚$_{文}$渴$_{文}$匹雀$_{文}$色$_{文}$獭$_{文}$雪$_{文}$血$_{文}$窄$_{文}$只$_{文}$谷$_{文}$髮$_{文}$帖$_{文}$（八$_{文}$杀$_{文}$一$_{文}$出$_{文}$剥$_{文}$瞎$_{文}$错$_{文}$）

④归去声：必不$_{文}$掣彻赤错$_{文}$恶阔契切塞瑟吓咽作撤$_{文}$喝$_{文}$色$_{文}$各$_{文}$刻$_{文}$客$_{文}$霍式雀$_{文}$

---

① "卓"用在"卓子"中，"卓子"今作"桌子"，因"桌"今为阴平，这里将"卓"计入与今北京话相同调类。

② "夹"今有阴平、阳平、上声三读，这里计入与今北京话相同调类。

血$_{又}$（识踢湿$_{又}$笔$_{又}$擦$_{又}$尺$_{又}$滴$_{又}$脚$_{又}$接觉$_{又}$渴$_{又}$哭$_{又}$漆$_{又}$掐$_{又}$撒$_{又}$歇$_{又}$扎$_{又}$织$_{又}$失$_{又}$忽$_{又}$德$_{又}$福$_{又}$掇$_{又}$谷$_{又}$压$_{又}$戚骨$_{又}$獭$_{又}$）

这一分布的突出特点是又读非常多，这里面不排除有沃氏标注失实的原因（见下文对特殊字调的分析），但是应该也在很大程度上反映了北京话自身的变异。有又读的字中，全浊入声和清入声归去声的比例相当高，这种情况也见于时代更早的《语言自迩集》。① 即使存在诸多变异，但入声的分派大势仍很明显：中古全浊入声字主要归阳平，次浊入声主要归去声，清入声分归四声。与《语言自迩集》和当代北京话相比，《汉语基础学习》中的中古清入声字归阳平的比例偏高，出现这种现象的原因值得研究。《语言自迩集》的作者威妥玛曾认为中古入声在北京话中都归阳平，② 虽然这已经被其实际字音的标注所否定，但这种认知是否和《汉语基础学习》实际列出的变异所反映的现象有关，是有待进一步考察的。

3. 连读变调和特殊字调

沃德斯卡尔注意到了连读变调的存在：

> 语音谐调规律在口语中起着重要作用，有时要求一个音节声调的改变，因为它在另一个音节之前或之后，这个音节并不总是具有相同的声调。
>
> 因此，在词汇表中看到一个词有一种声调，并在句子中发现它有另一种声调，也就不足为奇了。这是因为语音谐调会起作用，要求发生这种变化。(1/预备课)

但是，从正文汉语词语和例句的标音看，我们并没有发现系统的连调规律。一个主要的干扰因素就是特殊字调的存在。这里的“特殊字调”指与今北京话调类不一致的字调。

有的特殊字调似乎可以用语音层次来解释，比如中古清入声字“杀、瞎”有阴平和上声两读，今北京话无上声类别，但在元代《中原音韵》和今北京周边的冀鲁官话保唐片方言中，上声才是本源层次，③ 王洪君（2006）④ 曾论证北京话清入声的本源层次也是上声。这样来看，“杀、瞎”的上声读音反映的有可能就是北京话的原有层次，只不过在今北京话中已经消亡了。

有的特殊字调似乎可以从周边方言得到解释，比如“叔、屋、窝、奸”，除了阴平调之外，又有阳平又读。在北京周边的方言中，保唐片方言的阴平调多为高升调，与北京话的阳平相同；承德北部到内蒙古宁城等地的连读变调中，阴平常并入阳平。在今东北方言中，阴平字也有很多读同阳平。这些因素提示我们《汉语基础学习》中

---

① 参见高晓虹《北京话入声字的历史层次》，北京语言大学出版社，2009 年，第 109—112 页。

② 参见高晓虹《北京话入声字的历史层次》，北京语言大学出版社，2009 年，第 108 页。

③ 参见刘淑学《中古入声字在河北方言中的读音研究》，河北大学出版社，2000 年。

④ 王洪君：《北京话清入归调的层次与阶曲线判定法——兼评〈基本词汇与语言演变〉(汪、王 2004)》，载《语言学论丛》第三十三辑，商务印书馆，2006 年，第 223—245 页。

“叔、屋、窝、奸”类字的现象可能是受周边方言的共同影响产生的。

但是，又有很多特殊字调很难归结为上述原因，比如非入声字的“根、钩、庄”等字也有上声又读；“龙、尝、墙”等阳平字有阴平又读；等等。一个合理的怀疑是这些字调是由于沃德斯卡尔标注错误，并非是对实际声调的反映。因为沃德斯卡尔本人对语音部分的准确性并没有太严格的要求，而声调在欧洲人处理起来又是较难的部分，所以出现这些调类标注错误也是有很大可能性的。与特殊字调的数量相比，特殊声韵的数量要少得多，这也说明特殊字调本身的存在更可能是标注错误。下面列出所有的特殊字调，以供方家共同讨论。为便于观察，调类使用数字表示。

表 2-1 《汉语基础学习》特殊字调表

所在词语	汉字	普通话调类	《学习》标调	所在词语	汉字	普通话调类	《学习》标调
叔	叔	1	2	杀	杀	1	3
淑	淑	1	2	试一试	一	1	3
摔破	摔	1	2	摔	摔	1	3
藩台	藩	1	2	根子	根	1	3
野鸭	鸭	1	2	假的	的	1	3
跟着	着	1	2	勾	勾	1	3
结实	结	1	2	钩子	钩	1	3
奸	奸	1	2	逛一逛	一	1	3
溜	溜	1	2	晾一晾	一	1	3
罗锅	锅	1	2	蜜事	蜜	1	3
猫	猫	1	2	庄	庄	1	3
屋子	屋	1	2	登	登	1	3
窝	窝	1	2	登位	登	1	3
旁边儿	边	1	2	登着	登	1	3
锡	锡	1	2	瞎子	瞎	1	3
打哈息	息	1	2	打哈息	哈	1	3
抽息	息	1	2	打呼	呼	1	3
天涛	涛	1	2	龙	龙	2	1
拾掇	掇	1	4	熥火	熥	2	1
胡椒	椒	1	4	问答	答	2	1
扔	扔	1	4	席	席	2	1
光	光	1	4	席子	席	2	1
螺丝钉	钉	1	4	台甫	台	2	1
拿出	出	1	4	尝一尝	尝	2	1

续表 1

所在词语	汉字	普通话调类	《学习》标调	所在词语	汉字	普通话调类	《学习》标调
洼地	洼	1	4	侄女	侄	2	1
平安	安	1	4	侄子	侄	2	1
玻璃杯	杯	1	4	对答	答	2	1
周	周	1	4	咱	咱	2	1
踢	踢	1	4	墙	墙	2	1
亲戚	戚	1	4	于	于	2	1
聪明	聪	1	4	舌头	舌	2	3
拾掇	掇	1	4	下棋	棋	2	3
胡椒	椒	1	4	识	识	2	4
扔	扔	1	4	逛	逛	2	4
光	光	1	4	马贼	贼	2	4
螺丝钉	钉	1	4	王爷	爷	2	4
拿出	出	1	4	折	折	2	4
紧；要紧	紧	3	1	臣	臣	2	4
古	古	3	1	裁缝	缝	2	4
古书	古	3	1	法	法	3	2
管事的	管	3	1	粉	粉	3	2
恐怕	恐	3	1	哄骗	哄	3	2
懒惰	懒	3	1	立法	法	3	2
板子	板	3	1	搂着	搂	3	2
窄	窄	3	1	拧	拧	3	2
枕头	枕	3	1	匹	匹	3	2
种子	种	3	1	擤鼻子	擤	3	2
多昝	昝	3	1	算法	法	3	2
总领	总	3	1	撣	撣	3	2
倒茶	倒	3	3	筒子	筒	3	2
数一数	数	3	4	字典	典	3	2
规矩	矩	3	4	哑吧	哑	3	2
晚晌	晌	3	4	书信	信	4	1
靶	靶	3	4	丧事	事	4	1
晓	晓	3	4	俱	俱	4	1
玉米	米	3	4	天旱	旱	4	1
风	风	4	2	醋	醋	4	1

续表 2

所在词语	汉字	普通话调类	《学习》标调	所在词语	汉字	普通话调类	《学习》标调
户部	户	4	2	少年	少	4	3
坏	坏	4	2	荐举	荐	4	3
力量	量	4	2	刻字匠	字	4	3
链子	链	4	2	涝	涝	4	3
碍	碍	4	2	令爱	令	4	3
怒	怒	4	2	蚂蚱	蚂	4	3
弄	弄	4	2	蚂蚱	蚱	4	3
味儿	味	4	2	牝	牝	4	3
闷	闷	1，4	2	四季	季	4	3
称	称	1，4	4	乡下人	下	4	3
处	处	3，4	2	秀才	秀	4	3
极好	极	2	1	答应	应	4	3
喜鹊	鹊	4	3	差错	错	4	3
找着	着	2	3	凳子	凳	4	3
虹	虹	2	4	头发	发	4	3
多一倍	倍	4	3	印；印板	印	4	3
材料	料	4	3	玉石	玉	4	3
荫凉儿	荫	4	3	玉米	玉	4	3

四、语音层次

权威方言会通过文化教习等方式对一般的方言产生影响，使其原本的字音和字音分合关系发生变化，形成语音层次。北京话虽然在元代以来逐渐成为权威方言，但仍存有更早时候的权威方言的层次，在明代又受到有江淮官话特征的读书音的影响。观察这些层次，可以了解语言接触的具体过程和不同状态。《汉语基础学习》作为北京话教材，其字音也显露出一些重要的语音层次。声调的层次主要见于中古入声字，上文已述，这里只分析声母和韵母的层次。

1. 声母的层次

声母的语音层次主要表现在中古影疑母开口一二等字和喻母字中。先看《汉语基础学习》中第一类字的语音形式，见表 2-2。

表 2-2　中古影疑母开口一等字在《汉语基础学习》中的层次和变异

汉字	[n]	[ŋ]	ø	中古音韵地位
挨	nae			蟹开二上骇影
碍	nae	ngae		蟹开一去代疑
爱	nae	ngae	ae	蟹开一去代影
安	nan	ngan		山开一平寒影
鞍	nan			山开一平寒影
按	nan	ngan		山开一去翰影
案	nan	ngan		山开一去翰影
岸	nan	ngan		山开一去翰疑
袄	nau	ngau		效开一上晧影
鹅		ngeu	ouo	果开一平歌疑
饿			ouo	果开一去个疑
俄	neue	ngeu		果开一平歌疑
额	neu	ngo		梗开二入陌疑
恶	neu			遇开一去暮影

可以看到，中古影疑母开口一二等字主要有三个语音层次，分别是 [n] [ŋ] 和零声母。在分布上，[n] [ŋ] 较均衡，零声母分布较少。如上所述，沃氏是将 [n] 作为正例的，这可能反映了一种自然存在的数量优势。零声母分布较少的特征与《语言自迩集》将零声母作为正例的情况正相反，如果二者描述的均为事实，那有可能说明在清末时期北京人对该类字还未形成明显的共同正音选择倾向。三类声母究竟是北京话内部原生的变异，还是受周边方言影响形成的层次，并不是很容易研判。不过，鉴于三类声母在周边方言中都能找到，这里还是将其处理为语音层次。当然，不管是原生变异还是层次，其最终演变的结果都是相同的，即在今北京话中归一为零声母。

再看喻母字的层次。根据语音演变规律，中古梗通摄部分喻母字在北京话中应该是零声母，如“荣容融蓉庸”，我们把这类字称为“荣”类字。元代《中原音韵》中“荣”类字都是零声母，清末文献中则出现了读同日母的记载。如戴遂良所记直隶河间府方言中，“荣”类字已有读同日母的音值 [ʒ]，但在“融”“容”“庸”中还保留零声母的读音，而反映北京官话的《语言自迩集》中则已都发展为读同日母的 j [ʐ]。“荣”类字在《汉语基础学习》中虽然也有零声母和 [ʐ] 声母两个层次，但只在“容”中保留零声母层次，其他字都已发展为 [ʐ] 声母，同中古日母字。

2. 韵母的层次

韵母的层次主要体现在中古果摄字和宕江曾梗通摄入声字。

先看果摄字。果摄见系一等字有韵母 eu [ɤ] 和 ouo [uo] 两类，在《汉语基础学习》用字中，其分化条件见表 2-3（加下画线的是存在异读的字）。

表 2-3　中古果摄一等韵母的分化

中古开合	中古声母	字音类别	
		[uo]	[ɤ]
开口	非疑母	—	哥歌可个河何荷
	疑母	鹅我饿	鹅俄
合口	溪母	—	颗棵科
	非溪母	卧过锅果裹火伙货	—

与今北京话相比，[uo] 韵母的分布范围略大，多出“饿”和“鹅”，这揭示出该类字的早期音值应为 [uo]，向 [ɤ] 的合并是后起的，今北京话只残留“我”一字了。中古咸山摄一等入声和宕摄合口一等入声韵母与果摄一等合并，也存在相应的分化情况（见表 2-4），但这些字的韵母和今北京话非常一致。

表 2-4　中古咸山摄一等入声和宕摄合口一等入声韵母的分化

中古开合	中古声母	沃氏字音类别	
		[uo]	[ɤ]
开口	非疑母	—	合盒喝鸽磕割渴
	疑母	—	—
合口	溪母	阔	—
	非溪母	活豁霍郭	—

再看中古宕江曾梗通摄入声字的情况。

《汉语基础学习》中，中古宕江摄合口入声字韵母为读同果摄的 [uo]，没有异读；开口字韵母有两个层次：读同效摄的 [ɑo] 类（[ɑo] [iɑo] [o]）和读同果摄假摄的 [ɤ] 类（[ɤ] [uo] [yɛ]），对应现代北京话的白读和文读。宕江摄入声常用字的音值分布见表 2-5。

中古梗摄二等入声字和曾摄开口三等庄组入声字韵母相同，读同蟹摄的 [ai] 类（[ai] [uai]）和读同果摄的 [ɤ] 类（[ɤ] [uo]）分别对应今北京话的白读和文读。分布情况见表 2-6。

表 2-5 中古宕江摄入声的韵母分化

中古开口		中古合口
[ɑo] 类（[ɑo] [iɑo] [o]）	[ɤ] 类（[ɤ] [uo] [yɛ]）	[uo]，与果摄同
剥削约爵学薄嚼雹勺凿雀鹊脚角岳落烙疟药钥觉着乐若	托麗乐落搁胳摸阁学恶各	涿卓锅捉镯昨错廓作

表 2-6 中古梗摄二等和曾摄开口三等庄组入声字韵母的分化

	[ai] 类（[ai] [uai]），同蟹摄	[ɤ] 类（[ɤ] [uo]），同果摄
梗摄	拍拆摘白帛宅百窄麦	册额隔厄革核客伯
曾摄	色	色

中古曾摄一等入声字韵母有三个层次：[uɛ] [ɛi] 和同果摄的 [ɤ] 类（[ɤ] [uo]）韵母。分布情况见表 2-7。

表 2-7 中古曾摄一等入声字韵母的分化

[uɛ]	[ɛi]	[ɤ] 类（[ɤ] [uo]），同果摄
或惑	黑勒贼北	得勒国刻墨肋

在沃氏记录的清末北京话中，oue [uɛ] 是一个独立的韵母，没有相应的开口呼、齐齿呼、撮口呼相配合，所辖字只有“或惑”。在威妥玛记录的清末北京话中，“或惑”则没有独立的韵母地位。沃氏与戴遂良记录的清末河间府方言较为一致，后者记录的 oue 韵母所辖字正是“或惑搣”等。傅林（2021）讨论了韵母 oue 的演变情况，认为戴遂良拼音中的 oue [ue] 韵母应该并不是当时献县话口语中实际存在的韵母，而是“读书音”的一种残留。从音系特征来看，这一韵母的来源应该是中原官话。《汉语基础学习》的记录表明，oue 韵母可能还是实际存在的，但所辖字都有 [uo] 韵母又读，已经比河间府方言中的分布还要式微了。

中古通摄三等入声字韵母中，屋韵有三个语音层次：同遇摄一等的 ou [u] 韵、同遇摄三等的 u [y] 韵、同流摄三等的 oo [ou] 韵；烛韵有两个语音层次：同遇摄一等的 ou [u] 韵和同遇摄三等的 u [y] 韵。分布情况见表 2-8。

表 2-8　中古通摄三等入声字韵母的分化

中古韵类	[u] 类，同遇摄一等	[y] 类，同遇摄三等	[ou] 类，同流摄三等
屋韵	竹肃木目牧叔熟	菊	六宿熟肉
烛韵	足录嘱赎属褥俗	绿局玉狱	—

综合上述宕江曾梗通摄入声字的韵母情况，我们可以发现其层次表现与今北京话非常一致，也和邻近的河北中部方言一致，这种层次早在辽代就已经形成了，① 在元代《中原音韵》中也有体现，但其各层次的辖字一直处在变动中。《汉语基础学习》中各层次的辖字几乎与今北京话完全一致，这可以证明今北京话的层次字音分布已经在清末定型了。

① 参见傅林《契丹语和辽代汉语及其接触研究》，商务印书馆，2019 年，第 179—245 页。

第三章 《汉语基础学习》的词汇

《汉语基础学习》记录的汉语词汇非常丰富。第一章和第二章的每一课都将新词词表列于卷首，第三章又专门以法汉、汉法对照形式列出了教学用的所有词语。这对我们观察清末北京话的词汇特征提供了很有价值的材料，也为了解其词汇教学的理念和方法提供了便利。

词汇表的词语列举形式是：法语释义、汉字、汉字拼音。因为是列表形式，所以释义较为简单，一般是以词解词，例如：

Tirer	拉	Lā	Ensemble	一块儿	Ī k'ouaé eûl
Louer	雇	Koú	Derrière	后边	Hoó piēn
Vendre à perte	不够本	Poū koō pèn	Gâteaux	点心	Tièn sīn
Pousse-pousse	车子	Tch'eē tseù	Européen	洋	Yâng
Marché	市	Cheú	Tas	堆	Toūi

在第一、二章的课程内容中，词语则有较多的语义阐释和语用说明。如：

"Yuèn tsèu 院子"[Maison]，这个词表示同一围墙内的全部建筑。(1/11/3/6)

"T'oûng tch'ouāng 同窗"[même fenêtre]，意思是在同一个窗户下学习的学校的同学。(2/31/3/5)

"Peí choū 背书"[Réciter]，因为学生在背诵时，背对着老师。(2/31/3/6)

"Tìng 顶"，专指无边软帽和帽子。这个词本身指的是官帽上的球状物。推而广之，它适用于一般的帽子。其用途与"P'ì 匹"相同。

"Kiēn 间"，适用于房间和公寓，但它不是一个真正的量词，因为它本身有一个常见且明确的含义，意思是房子的隔间、房间。因此，当我们说"Kiēn oû tsèu 间屋子"时，有一个赘词，因为我们在陈述两个意思相同的词；我们必须按惯例使用它；但它可以在句子中单独使用。(1/2/3/8)

Une paire 是说"Ī chouāng 一双"，这时涉及两个物品聚集在一起，彼此不可分离以供人们使用，如手套、鞋子。

Une paire 可以说是"Ī toúi 一对"，当涉及两个挂在一起的物体（两幅画，两个花瓶），或两个动物时使用。(2/8/3/3)

在本章中，我们全面采撷整理《汉语基础学习》中的汉语词汇，对其特征进行总结分析。

第一节 沃德斯卡尔对构词法的认识

沃德斯卡尔对汉语的构词方式有自己的见解，首先是定义单纯词和复合词①：

汉语中所有词都是单音节（mono-syllabiques）的；确实有许多复合词（mots composés），但每个成分都有自己的含义，而且有时可以单独使用。（1/预备课）

这一认识在分析“说话”“吃饭”这样的组合时表现得很清晰：

例句：来同我说话。（1/41/2/1）他的话说的不明白。（1/41/2/2）

注解：动词 Parler 由两个成分“Choūo houá 说话”构成，第 1 句。当这两个成分互换时，它们各自恢复其应有的意义：说和话，第 2 句。这由位置决定。（1/41/3/1）

例句：我们晌午吃饭。（1/41/2/6）这个饭好吃。（1/41/2/7）

注解：第 6 句。“Tch'eū fán 吃饭”［manger de la nourriture］。第 7 句。“Fān tch'eū 饭吃”［nourriture mangee］。这里与法语基本相同，我们可以推断，所有由两个成分组成的动词，一个是动词性的，另一个是名词性的，可以分开使用，每个词单独使用，但顺序相反。（1/41/3/5）

他在介绍形容词、名词、动词的形式时又说：

汉语形容词有 3 种形式：（1）单纯的，即由单个字（caractère）表示。（2）复合的，即由多个字表示。（3）单纯或复合的，加上“Tì 的”。前两类的所有形容词都可以有这种形式。（1/24/3/1）

汉语名词有单纯的或复合的，这取决于它们是由一个还是多个汉字表示。（1/25/3/1）

如果不做分类，在基础工作中是没有用的，我们可以说，汉语动词是单纯的或复合的。复合词包括一个动词性成分和另一个词，可以是动词也可以是其他词。（1/35/3/1）

这种认识反映出沃德斯卡尔认识到了汉语的基本单位“字”（一个汉字所对应的音义结合体）与现代语言学定义的语素有基本的对应关系。这种对汉语基本单位的较为朴素的认知，其实正反映出汉语的实际。当然，沃德斯卡尔把“词＋的”作为构词行为，显见他是从语法功能的角度而不是单纯从语义角度来理解和定义“词”。

沃德斯卡尔虽然对汉语构词法有一定的认识，但因为构词法本身并不是他的主要

---

① 本书此处及之后的“复合词”指两个及以上的成分构成的词，与现代汉语语法中的“复合词”所指范围不同。

关注对象，所以《汉语基础学习》并没有像其他西人汉语教材如戴遂良《汉语入门》那样对构词法尤其是派生构词的方法做详尽分析。

第二节　沃德斯卡尔所记北京话词汇的特征

作为一部直接面向实际应用的汉语教材，《汉语基础学习》的汉语词汇选择，表现出沃氏对其时代生活、日常口语、地方特色的偏向，这给我们观察清末北京当地的实际语言面貌提供了重要的材料。

一、时代和地方特征

沃德斯卡尔在中国生活的年代，正是中国政局最为动荡、新旧思想和东西方文化碰撞最激烈的时代。1903 年成书的《汉语基础学习》，也带上了鲜明的时代烙印。同时，作为北京话口语教材，北京的地理风物也自然而然地经常出现在书中。

首先，与清代行政体制和社会生活有关的词语很常见，如皇上、皇后、万岁、皇太后、翰林、钦差、秀才、银号、御史、奴才、巡抚、臬台、藩台、举人、衙役、知县、衙门、总督、官印、官禄、老爷、老公（太监）、大学士、太子、知府、知州、臣、举人、提督、顶戴、丫头、大差，等等。因为这些词语对于入华的欧洲人很重要，所以沃氏在第四章对这些词语又进行了系统的介绍。

清末中上层人士见面有较为程式化的礼貌用语，沃氏通过相连的两节对话课，将一个整套的对话模式展示了出来：

第二章第 13 课课文例句：

1　钱老爷好阿。

2　好。师老爷好。

3　好好。

4　老没给您请安了。

5　岂敢。我这一程子出门儿了。前天才回来。

6　府上令尊令堂大人都好。

7　托福都好。您的令昆仲都好阿。

8　他们都好。承问。哼。有人叫门。请进。

9　啊广老爷来了。我给您二位引见引见。

10　这位是广老爷。这位是师老爷。

11　总没会过面纳。久仰。久仰。

12　彼此。彼此。

13　您几位令郎。

14 他们小哥儿三个。
15 您昆仲几位。
16 我们哥儿俩。
17 您行几。
18 我行二。
19 您在那衙门行走。
20 我在户部当差。

第二章第14课课文例句：

1 您请坐。
2 请坐请坐。
3 广老爷。您这一向忙不忙。
4 不忙。没有许多的事情。
5 您认得吏部的贾老爷不认得。
6 认得。那是我一位朋友。
7 阿。我们俩是同乡。都是保定府人。
8 老爷请喝茶。
9 您请您请。
10 现在皇上在万寿山。您没听说多昝回宫阿。
11 下月初五回来。
12 我要跟您告假。
13 请多坐会儿。不忙。
14 替我给老爷子老太太请安罢。
15 是了。替您说。见了大爷二爷都替我问好罢。
16 是了。都替您说。
17 您请留步。别送。
18 该当的。
19 请回罢。再见。
20 再见再见。

这一对话展现出鲜明的时代感，也从侧面显示出沃德斯卡尔本人及其汉语教师的交际阶层。除了这种较为程式化的礼貌语言外，沃德斯卡尔还敏锐地感受到通过细致的构词和选词造成的礼貌效果，如：

例句：我大姨子很体面。(1/30/2/11)

注解：当谈到一个可敬的女人时，应尽可能少地使用短语“很漂亮”。礼貌也要求我们认为所有的女人都很漂亮，她们被认为是漂亮的，但是不能说出来，除

非我们使用诗意的措辞。(1/30/3/5)

这里的观察是非常细腻的，所记录的表达方式也颇具北京地方色彩。

《汉语基础学习》的会话课文，明显采自日常对话，因为北京城内及周边地区的地名出现得非常频繁，如羊肉胡同、东山、西山、京北、通州、前门大街、芦沟桥、杨村、东直门、哈达门大街，等等。再比如以下例句：

出西便门儿。(2/11/2/8)

我们去逛一逛白云观。(2/11/2/9)

是。我们回去进彰仪门。(2/12/2/15)

现在皇上在万寿山。(2/14/2/10)

那是芦汉铁路的机器厂。(2/15/2/19)

阿。我们到了长辛店。(2/15/2/20)

结合第一章关于沃氏生平的介绍，可以推测这其实就是他本人的日常行动轨迹。沃氏还饶有兴致地在注解中对这些地名的含义做了介绍：

"Sī pién mên 西便门"，是中国北京城的城门之一，位于城墙的西北方。(2/11/3/3)

"Paê yûn kouān 白云观"，白云的解释：高大而美丽的道教塔，离西便门不远。(2/11/3/4)

"Tchāng Î Mên 彰仪门"。中国北京的一个城门，在西侧。(2/12/3/9)

"Ouán choó chān 万寿山" [Montagne des 10000 longévités]。颐和园中的山和塔。通常引申指整个皇宫。(2/14/3/8)

"Loû Hán tiè loú 芦汉铁路"。从北京到汉口的铁路，之所以这么称呼，是因为原来的起点不是北京，而是芦沟桥，终点是汉口。然后，用两地名称的第一个音节表示。现在最好叫"Peì Hán t'iè loú 北汉铁路"，来自各城市的首音节。(2/15/3/6)

"Tchāng Sīn Tién 长辛店"。芦沟桥附近的村庄，在这里建立了铁路车站。(2/15/3/7)

当然，北京周边地区的地方也经常被提及，如下面的例句：

在北京有四十万中国人。(1/4/2/19)

北京大城周围。有四十四里多长。(1/31/2/19)

珐琅瓶都是北京作的。(1/34/2/4)

从前在北京东边有铸铜炮厂。(1/34/2/19)

从北京到天津有多远。有二百多里地。(1/31/2/1-2)

人说天津有霍乱的病。(2/30/2/1)

他们都是从保定府武备学堂里学习出来的。(2/32/2/16)

这是什么地方的煤。这个是从唐山来的。(2/25/2/14-15)

至于北京的饮食、服饰、生活用具、手工艺人等词汇，则更比比皆是，试整理如下：

有关服装的词语，如皮衣裳、靴子、坎肩儿、马褂子、大衫儿、大夹袄、大棉袄、皮袄、套裤、手套儿、耳帽、汗溻儿、小裤子等。

有关食物的词语，如烧鸡子儿、山药、羊排骨、荤油、胡椒、芥末、馒头、栗子、奶子、蹄子、长生果、落花生、饺子、白菜、苜蓿、棒子、蔓菁、戛非/加非、面头、苹果、萝卜、挂面等。

有关日常物品的词语，如帘子、洗脸盆、刮脸的刀子、胰子、盆架子、牙刷子、刷牙粉、擦脸手巾、胰子面、煤、被单子、枕套儿、茶几儿、取灯儿、蚊帐、醒钟、糨子、扫帚、钱褡子、杌子、胡梯、要子、桩子、棉被窝等。

有关手工职业的词语，如修脚的、剃头的、洗衣裳的、卖肉的、抄纸的、行走、表糊匠、工人、大夫、先生、庄稼人、伙计、放羊的、掌柜的、赶车的、厨子、刽子手、跟班的、媒人、钟表匠、管事的、买卖人、要饭的、木匠、看门的、裁缝等。

这些词语遍布在课文对话中，能让学习者感受到清末北京鲜活的生活气息。

清末中西方之间的货物和人员往来，给汉语带来了大量新词，《汉语基础学习》对此也有集中的反映。外来词以意译或音译的方式出现。这些词由于刚刚出现，词形经常有很多变异，沃德斯卡尔注意到这一点，如：

Pardessus，译为“Tá ngào 大袄”。我们可以听到它另有说法，欧洲物品名称的翻译词语，尚未在语言中固定。(2/4/3/6)

音译词则更甚，使用哪些汉字进行音译，不同人、不同文献有很大差别，如“咖啡”，《汉语基础学习》自己就有三种写法：“加非”“嘎非”“戛非”，读音均记作 Kā feī。同时期的其他汉语文献也有写作“咖啡”“嘎啡”“加非”等形式的。

总的来看，《汉语基础学习》的词汇有通语所具有的包罗万象的特点，但其主体是清末时代的北京口语，这对观察当时北京的社会状态和民俗风情有很重要的价值。

二、口语和方言特征

《汉语基础学习》以北京话口语为教学目标，这必然会将北京话的口语和方言词汇输入其中。我们分析《汉语基础学习》的词汇，并将其与同时代北京话材料和当代北京话对比，可以了解当时北京方言的词汇特征、变异和演变情况，也可以从中观察普通话词汇的形成过程。

首先，《汉语基础学习》有丰富的“-儿”缀、“-子”缀词，这具有鲜明的口语和方言特征。

1. “-儿”缀

沃氏本人观察到“-儿”缀在北京话中的高频使用：

许多词有词缀“Eûl 儿”。“儿”与名词合并，形成一个音节，有时难以理解。这个后缀在北京很常用。(2/21/3/2)

沃氏虽只提到了名词后加“儿”的情况，但其实际用例中还包括动词、形容词、副词、代词、量词的儿化，用例如下：

(1) 名词＋儿

汗溻儿、手套儿、昨儿、明儿、尖儿、菊花儿、花儿、桃儿、取灯儿、烟卷儿、面儿（扇面）、老花儿、家雀儿、石头花儿、坎肩儿、大衫儿、烧鸡子儿、钱儿、鸡子儿、荫凉儿、船主儿、天儿、画儿、煤球儿、盆儿、仁儿、小车儿、盖儿、弯儿、子儿、脸蛋儿、枕（头）套儿、茶几儿、嘴巴儿、鼻子眼儿、名儿、信儿、影儿、主儿、火锅儿、道印儿、梗儿、印儿、棍儿、声儿、河沿儿、猴儿、鸟儿、味儿、旁边儿、北边儿、媳妇儿、头儿、枣儿、雀儿、道儿、小门儿、饭厅儿、哥儿、十分儿（十分钟）、三十儿（月份的三十日）、小灯儿、劲头儿、人儿、劲儿、孙女儿、侄女儿、票儿、匣儿、原告儿、被告儿、起首儿、末末了儿、亮儿、胰子面儿、洗衣裳房儿、热气儿、胡椒面儿、皮儿、小勺子儿、门口儿、时候儿、说书厂儿、对过儿、颜色儿、山水儿、地方儿、花草儿、样儿、厚底儿、小棚子儿、药水儿、桌儿、表链儿、玫瑰花儿、小鹿儿、材料儿、大兜儿、狐狸皮桶儿、阔家儿、烟儿煤、住家儿、大搂儿、跟班儿。

(2) 动词＋儿

剥皮儿、玩儿、打嗝儿、出花儿、发芽儿、够本儿、返青儿、歇一歇儿、出门儿、走儿。

(3) 形容词、副词、代词＋儿

单儿、不多儿、大儿、一块儿、好好儿、哪儿、这儿、初几儿、一般儿、软点儿、对劲儿。

(4) 量词＋儿

瓣儿、个儿、卷儿、下儿、条儿、本儿、一点儿、点儿、会儿、一会儿、一半儿、大块儿、一本儿、一盘儿、一对儿、一阵儿、两步儿、些儿、一样儿（一种）。

从当代普通话的立场看，这些词中有的一般并不加“儿”缀，如“十分儿（十分钟）”“初几儿”“大儿（年长的）”等，这说明沃氏完全是从北京话的立场来收录“儿”缀词的。相同的情况也见于“子”缀词。

2. “-子”缀

北京话“子”缀词丰富，沃氏认为其基本功能是小称，具体用例有：

A. 骡子、房子、屋子、帽子、孩子、村子、刀子、椅子、裤子、扇子、儿子、鸭子、样子、院子、碟子、金子、银子、名子、炉子、箱子、叉子、勺子、瓶子、果子、旗子、胡子、褥子、棒子、厨子、鼻子、雹子、铺子、柜子、领子、日子、筷子、瞎子、肚子、法子、辫子、疟子、孙子、侄子、大舅子、大伯子、小叔子、大姨子、大姑子、嫂子、小姨子、票子、钉子、锤子、板子、匣子、缎子、绸子、剪子、斧子、帐子、伙子、笼子、叶子、胰子、盆架子、帘子、靴子、钮子、扣子、栗子、裤子、盘子、桌子、句子、奶子、毯子、袜子、一下子、车子、鸽子、蹄子、麦子、程子、册子、底子、花儿洞子、园子、豆子、谷子、柿子、茄子、袖子、呈子、口子、镜子、棚子、棍子、饺子、竹子、橙子、帖子、肠子、镯子、嚼子、瘸子、刷子、钱褡子、带子、担子、架子、秃子、柱子、靶子、凿子、被子、身子、钩子、脖子、梯子、铁锯子、髈子、杌子、疯子、绳子、鞭子、种子、小子、细馃子、沙子、弦子、杆子、套子、兔子、蒲子、耍子、狮子、镜子、手梏子、蝇子、蚊子、橘子、篮子、亭子、篦子、丸子、钳子、椿子、虱子、杷子、河沟子、刨子、筏子、燕子、苇子、尥蹶子、鞍子、台子、小褂子、虫子、耗子、花子、轿子、木厂子、篷子、塞子、嗓子、席子、孝帽子、胆子、池子、笛子、凳子、对子、腿腕子、腿肚子、筒子。

B. 出门子、枝子、根子、牙刷子、马褂子、被单子、兜子、翅子、锁子、片子、地窖子、码子、烟子、冰床子、树身子、饭铺子、眼镜子、廊子、湾子、小米子。

我们这里把“子”缀词分成了 AB 两类。其中，A 类词在北京话和现代汉语普通话中均较为常见；B 类词较少或不带“子”，如“地窖子”“眼镜子”“饭铺子”等。这和“儿”缀比当代普通话分布更宽的情形是一致的，反映了当时北京话的特征。

为更清晰地了解《汉语基础学习》词汇的方言特征，我们选取了其中具有鲜明方言色彩的词语，将其与《语言自迩集》《汉语入门》和今北京话进行对照。威妥玛《语言自迩集》反映了同时代的北京话，戴遂良《汉语入门》反映了同时代京畿直隶河间府的方言，今北京话采自《现代北京口语词典》等辞书，见表 3-1。

表 3-1 《汉语基础学习》与其他汉语资料词汇对照

普通话	今北京话	《汉语基础学习》	《语言自迩集》	《汉语入门》
何时 什么时候	多会儿/多咱/多早晚儿	多昝	多噆/多咱	多咱
等到	赶	赶	赶	赶
明天	明儿/明儿个	明儿/明天	明天/明儿/明儿个	明天/明儿个/赶明儿
鸡蛋	鸡子儿	鸡子儿	鸡蛋/鸡子儿	鸡蛋
早晨	早起	早起	早起	早起
中午	晌和/晌午	晌午	晌午	晌午/正晌午
太阳	日头/老爷儿/老阳儿	日头	太阳/日头	老爷儿/日头

续表

普通话	今北京话	《汉语基础学习》	《语言自迩集》	《汉语入门》
嫁	寻①	寻	出嫁	娶/寻
麻雀	家雀儿	家雀儿	家雀儿	家雀儿
肥皂	胰子	胰子	胰子	胰子
蛇	长虫	长虫	蛇/长虫	长虫
老鼠	耗子	耗子	耗子/老鼠	老鼠
我们	我们/咱们	我们/偺们	我们/偺们	我们/偺们/俺们
最后	末了儿/末末了儿/到了儿	末末了儿	到了儿/末末了儿	末了
特意	特特儿	特特的	特/特意（儿）	特故意儿的/特为
学校	学校	学房	学房	学房
胡同	胡同儿	衚衕	—	过道/伙巷
出嫁	出门子	出门子	出门子	—
火柴	（洋）取灯儿	取灯儿	—	洋焌灯儿
乌鸦	老鸹/老鸦儿	老鸹	—	老鸹
膝盖	胳棱瓣儿	骼髅膊	—	髁髅膊儿
欺骗	赚，擫	赚	—	赚
膀胱	尿脬，尿泡	尿泡	—	尿脬

通过对比可见，《汉语基础学习》和同时代北京话和京畿方言资料有相当大的一致性，与当代北京话也有直接的传承关系。当然，《汉语基础学习》与《语言自迩集》《汉语入门》两书还是互有参差，如“鸡子儿、耗子”，与《语言自迩集》一致，而“寻、赚”等与《汉语入门》一致。

另外，《语言自迩集》中有一些典型的北京话词语未见于《汉语基础学习》，如布、穿换、担待、估摸、黑下、挤对、就手儿、冷孤丁、四下里、着儿、势派、实诚，等等。《汉语入门》中也有一些典型的河间府方言词语未见于《汉语基础学习》，如伴不得（比不得）、大估量着、高底儿、略薄的、打整、家走、结记、肯前儿、圪洁、实牢、直正，等等。这应该和《汉语基础学习》的收词规模限制有一定关系，但也可能反映出沃德斯卡尔有避免使用通行范围有限的方言词的倾向。

“寻、赚”等方言词，《汉语基础学习》《汉语入门》和今北京话一致，这表明清末的北京话从京畿地区吸纳的词语规模要大于今天的普通话。下面我们结合沃氏的描述，对“寻、赚”等一些有特色的词语进行分析。

① 来自高艾军、傅民《北京话词语》，北京大学出版社，2001年，第907页。

【寻】沃氏释义为“嫁”。

例句：他小姨子寻的李老爷。(1/30/2/16)

讲解：Marier quelqu'un，可译为“Sîn tì 寻的”。(1/30/3/8)

按：“寻”是北京和京畿地区一个较具特色的词语，在今河北方言中往往既有“嫁”又有“娶”的意思，以施事的性别而异，除沃氏例句外，还可以说“寻媳妇儿”。沃氏例句有限，我们还不能据之确证当时的北京话是否也是类似情况。

【山药】土豆，马铃薯。

例句：煮牛肉。一盘子炒鸡子儿。山药。还有一个烤羊排骨。(2/5/2/7)

按：“山药”对应法语的 Pommes de terre，指土豆。北京官话、冀鲁官话、中原官话、晋语的部分地区称“土豆”为“山药”，但很多地区又称“红薯”为“山药”。

【醒钟】闹钟。

例句：我还得了些个醒钟。很便宜。(2/34/2/16)

按：与《汉语基础学习》同时期的汉语文献中，如《官话指南》《官话北京事情》等，均有“醒钟”的记载，但《北京方言词典》《现代北京口语词典》中写作“醒子钟”。

【骼髅膊】膝盖。

按：“骼髅膊”对应法语的 Genou，义为“膝盖”，沃氏记音为 K'eū loô poû。顾赛芬《官话会话指南》(1890) 记为“髁髅膊”[K'ō leôu pě]，《北京方言词典》《现代北京口语词典》记为“胳棱瓣儿”，《正音撮要》中记为“髁髅盖”，京味儿小说如《儿女英雄传》《张铁汉》《劫后再生缘》等记为“磕膝盖（儿）”“颏膝盖”。今献县：“胳了拜=”；北京西城：“磕膝盖儿”，延庆：“胳了拜儿”，北京其他城区：“波棱盖儿”。沃氏所记与同时代北京话材料和今北京话存在差异，鉴于“膝盖”这一概念在汉语方言中的形式有较大的多样性，这也许反映了实际上也存在这样多的变异。

【开手】开始。

按：原文法语为 conmencer，疑应为 commencer，义为“着手、开始”。狄考文《官话类编》中有南北官话使用“上手”和“开手”的区别：“无论是交友，是交财，若是一（上手/开手）能交到好处，以后自然越交越厚，就是有点不好，也叫以前的好处盖掩了。”这里南方用“上手”，北方用“开手”。“开手”也写作“开首”，《儿女英雄传》、老舍小说等作品中有“开首”的写法，《现代北京口语词典》中写作“开首”。

【特特的】特意，故意。

按：“特特的”对应法语的 exprès，义为“特意、故意地”。狄考文《官话类编》将“特特儿的”记为北京话的用例，《现代北京口语词典》中记有“特特儿的”，义为“特为、专门”。

【定妥】确定。

按："定妥"对应法语的 ferme、certain，义为"肯定的、确定的"。《现代北京口语词典》有"定砣"：拿定主意；成为定局。

【短礼】失礼。

按："短礼"对应法语的 impolitesse，义为"无礼/失礼"。《北京土语辞典》释义为：言其礼节不周，是亲友间的客气话。

【腿腕子】膝弯。

按："腿腕子"对应法语的 jarret，读音为 T'oùi ouán tsèu，义为"腿弯/膝弯"。《北京方言词典》写作"腿弯子"，其中"弯"为去声，释义：膝盖的背面，膝胭，也叫"腿折窝儿"。从声调看，当以沃氏所取本字"腕"为是。

【赚】欺骗，捉弄。

例句：我买了九升米。他赚了我。只给了我八升。(1/31/2/14)

我已经告诉他他赚我了。(1/39/2/3)

按："赚"的"欺骗"义对应法语 tromper，发音为 Tsouán，也写作"攥"。该词见于古代白话作品，在京畿地区今河北省中部方言中仍存。

第四章 《汉语基础学习》的语法

语法是《汉语基础学习》的主要教学内容。沃氏认为语法学习是非常枯燥的，不应该一开始就专门钻研语法，因此在体例设计上，它不像一般的汉语教材那样先介绍规则再举例，而是先给出例句，让学习者先自然感受到规则后，然后再给出规则并加以解释。

沃德斯卡尔强调了他所教的汉语语法的单纯性，即纯粹的北京话，并指出其语法和南方方言以及戴遂良《汉语入门》这样的北方方言都是有所不同的：

> 所有的句子都是用的北京话，如果帮助自己的文人来自南方，他可能会提出反对意见说某些句子不正确。不要听，不要理会。
>
> 同样地，一些语法规则与各种著作中给出的规则不同，尤其是戴遂良神父的著作，虽然他写得很好。这些作品不是用北京话写的，因此在使用上存在差异。(1/单词阅读指南)

这种对自己所教语法正确性的自信态度，表明沃氏通过多年的认真学习，已经对北京话和其他地方的方言，尤其是语法，有了很坚定的认识。下文我们会看到，在具体的语法规则上，沃氏专门指出了北京话和戴遂良所教的直隶河间府方言的具体差别。

虽然语法是《汉语基础学习》的主要教学内容，但沃德斯卡尔本人并没有试图在这样一本追求实用性的教材中建构一套完善的语法体系。本章通过梳理沃氏散见于各个课文中的规则和注解，尝试提炼出其语法框架。

第一节 词类

一、词类观

词类是根据词的语法功能划分出来的类别。汉语因为缺乏形态变化，是否有印欧语言那样的词类，一直是汉语研究中的重要课题。早期来华西方人在学习汉语的过程中，往往参照印欧语语法体系来研究汉语，因此也将印欧语中关于词类的认知运用于汉语。瓦罗《华语官话语法》(1682) 开始用希腊-罗马语言学传统语法中八大词类体系来给汉语划分词类。马建忠《马氏文通》(1898) 借鉴西方的语法体系，将汉语词类分为名字、代字、动字、静字、状字、介字、连字、助字、叹字等9类，但他认识到汉语与印欧语不同的“词无定类”的现象——“字无定义，故无定类。而欲知其类，当先知上下之文义何如耳”①，这实际上已经是在根据分布来确定词类。

沃德斯卡尔对汉语的词类也有类似的认识。关于汉语中的词和词类，沃氏说：

首先，这一点将被一言以蔽之：汉语词即一切，且永远不变。它们不仅是名词，或形容词，或动词，或介词，等等，可以是任何一种，取决于它们在句子中的位置。(1/1/3/前言)

在汉语中，位置有能力改变词语的语法意义，这些词语根据其在句子中的位置，遵循动词、形容词或名词等的规则。(1/41/3/8)

这种认识和几乎同时代的《马氏文通》如出一辙。不过，《汉语基础学习》并不是《马氏文通》那样专门而系统的语法著作，沃德斯卡尔在《汉语基础学习》中也没有对各个词类给出明确的定义，我们只能通过其对各词类的论述，梳理出他对词类的认识。《汉语基础学习》中明确提到的词类有九种：量词、数词、动词、形容词、名词、代词、副词、介词、连词②，此外还有一个比较特殊的种类“小品词（particule）”。沃氏没有明确小品词的概念，但我们可以观察他归类为小品词的具体例证来了解其意义：

小品词	所属词类
个、匹	量词
什么	代词
罢	（语气词）
别	副词
把	介词
很、更	副词
总是	副词
之（表示分数时使用）	（助词）
的	（助词）

“所属词类”中加括号的语气词、助词是我们根据当代语法术语补入的，沃氏并未命名语气词和助词这两个类别。现代语言学所说的小品词又称为小词，语法描写用来指具有语法功能的不变形词项，特别指那些不容易归入词类标准分类的词。③ 这与沃氏的“小品词”概念相吻合，大致相当于汉语中通常指称一般只有语法意义的虚词。这种朴素的分类虽然不够完善，但显示出沃德斯卡尔对汉语语法不同于印欧语言的特征有清楚的认知。

---

① 马建忠：《马氏文通》，商务印书馆，2010年，第18页。

② 为便于读者对照阅读，本书对词类部分的论述采用原书的讨论顺序。

③ 参见戴维·克里斯特尔编，沈家煊译《现代语言学词典》，商务印书馆，2000年，第258页。

二、量词

量词是汉语中非常独特的一类词，沃氏使用术语 spécificatif 来指称，并且将其定性为“小品词”（particule）。《汉语基础学习》在规则注解中进行了解释的量词共26个：

个、匹、顶、间、蹋、棵、处、辆、只、头、件、本、块、张、把、位、座、管、棵/颗、眼、支、片、疋、所、座、朵。

除此以外，例句中还出现了25个量词但并未进行注解：

床、条、根、瓣、杆、伙、班、下、分（份）、双、封、符（副）、对儿、道、部、套、卷、样、宗、挂、次、群、回、堆、句。

沃氏对量词的性质和作用有着自己的认识：

为了纠正许多词的同音异义，中国人使用放在名词之前的小词，并通过某种方式对其进行分类来明确指出它。

这使我们有可能在两个具有相同的音、受相同声调影响的词发音时，分辨出所讲的是哪个词。

……

恰当通顺的言语要求使用适合于指定事物的量词。(1/1/3/6)

这里他虽然认识到了量词和名词之间的语义指定关系，但对量词功能的解释显得牵强。量词的出现和存在，显然不是为了降低所搭配名词的同音歧义度，所以实际上沃氏也并没有举出合适的例证来支持他的论断。不过，对于沃氏这样的西方学习者来说，在口语中同音词的听辨因量词的不同而降低，可能确实是因为量词所实际产生的附带作用。

沃德斯卡尔对量词语法功能的观察则很敏锐：

量词的使用，总是在名词之前，而不是在名词之后。正如我们将看到的那样，它有时并不立即出现在前面，而且在某些情况下，可以取代名词。(1/1/3/6)

他以量词“块”为例对这一点进行了说明：

例句：给我另拿一块擦脸手巾来。这一块不干净。(2/1/2/16) 您要一块新的不。(2/1/2/17)

注解：在对话中，当一个已经说过名称的名词与它的量词出现时，没有必要重复名词，我们只需要说出量词。这就是为什么我们只说：“Yaó ī k'ouaé 要一块。”(2/1/3/12)

类似的发现当然也见于其他著作，如《语言自迩集》提到“可以把陪伴字（按：

指量词）做为替换之用”①。这种对语法功能的敏感，可能是印欧语言母语背景者在面对汉语时所自然具有的共同心理习惯。

在对具体量词的描写上，沃德斯卡尔采用的方法是：

第一，说明量词的搭配对象，如：

“Pèn 本”，专门用于书籍。(1/1/3/6)

“Pà 把”，指刀、叉、勺、扇、茶壶、某些工具等。(1/12/3/12)

“K'eū 棵。颗”，表示直立的树木，植物。(1/19/3/8)

第二，说明量词的本义，便于学习者联想量词和名词的语义关联，如：

“Tìng 顶”，专指无边软帽和帽子。这个词本身指的是官帽上的球状物。推而广之，它适用于一般的帽子。其用途与“P'ì 匹”相同。

“Kiēn 间”，适用于房间和公寓，但它不是一个真正的量词，因为它本身有一个常见且明确的含义，意思是房子的隔间、房间。(1/2/3/8)

沃德斯卡尔认为“顶”的本义是指“官帽上的球状物”，这与汉语的实际不符。“顶”的量词用法应远早于清代表示官帽装饰的“顶子”，他在语义引申的时序上有误。但是，这种对语义关联的解释，即便是俗词源或错误解读，可能在帮助学习者记忆量词和名词的搭配关系上还是有益的。

三、数词

汉语数字的构词规则性较强，因此规则的发现也显得容易得多。沃德斯卡尔在《汉语基础学习》中对数词的构造和读法的介绍较为精准。

我们先看沃氏对从 11 开始的基数词的构造规则的描述：

从 11 到 19，我们在数字 10 上加上表示个位数的数字。因此，12 会说“Cheû eúl 十二”；14“Cheû Seú 十四”。

19 以上，我们在 10“Cheû 十”的前面放置表示十的个数的数字，并在它后面加上个位数数字。所以对于 25，我们在“Cheû 十”前面放上“十”的个数，也就是 2，然后加上个位数，也就是 5“Où 五”，即“Eúl cheû où 二十五”。以此类推，直到 99。

超过 100，直到 999，都要说明百位数，然后是十位数，最后是个位数。因此，356 可以说是“Sān pàe 三百”，或 3 百，其次是“Où cheû 五十”，或 5 十，再次是“leóu 六”，或 6 个，即“Sān pàe où cheû leóu 三百五十六”。

超过 1000，规则相同。(1/4/3/1)

“零”是数字空位的标志，在汉语基数词的读法中有着重要位置，沃氏对它的描

① 参见宋桔《〈语言自迩集〉的汉语语法研究》，复旦大学出版社，2015 年，第 307 页。

述是：

当所述的数字包含一个零时，这个规则很重要，就用“lîng 零”一词代替，比如说 507：“Où pàe lîng ts'ï 五百零七”。如果 2 个或 2 个以上的零相继出现，则“lîng 零”只说一次。如果零不相继出现，每次都要说明。(1/4/3/2)

当一个数字以零结尾时，我们在谈话中省略十位的“cheû 十”，因此，250 说成“Eúl pàe où 二百五”，这不应该被理解为 205，根据规则 2，应该说“Eúl pàe lîng où 二百零五”。(1/4/3/5)

这些描述无疑是很准确和充分的。与其他材料和当代用法稍有不同的是“二”和“两”的用法，我们看其描述：

当 2 与另一个数字相连时，它被说成是“Eúl 二”，所以 25 称为“Eúl cheû où 二十五”。

当它单独出现时，称为“Leàng 两”，所以 deux hommes，称为“Leàng keū jên 两个人”。(1/4/3/3)

2，单独使用，作为规则的一个例外，在所有表重量的数量和某些度量名称中称为“Eúl 二”。(1/4/3/6)

有疑义的是“二”在单独表示重量和其他度量时的词形，沃氏认为一律为“二”，而威妥玛《语言自迩集》中认为“二”不能与个体量词共现。①《现代汉语词典》(第 7 版) 认为“二”和“两”一般都可以用于传统的度量衡单位前，新的度量衡单位前一般用“两”。《语言自迩集》在年代上早于《汉语基础学习》，二者在此规则上的迥异可能意味着在前后两个时期主流的规则发生过变化。当代“二”“两”都可以用在传统度量衡前，则可能是继承了之前的变异。

四、动词

与名词、形容词一样，沃德斯卡尔也把动词分为单纯动词和复合动词。单纯动词指由一个音节构成的动词，复合动词则包括一个动词性成分和一个动词或其他词。沃氏提到的复合动词有两类：一是趋向复合动词，如“上去”；二是一般复合动词，如“做活”“剥皮”“刮脸”等。沃氏注意到了动词的一些形式变化特征，比如在正反问句中，动宾式复合词的宾语可以省略：

在疑问表达中，当我们重复“Poū 不”前面的动词时，复合动词的第二个成分不能重复。因此，对于 Travaillez-vous? 没有必要说“Nì tsoúo hoûo poū tsoúo houô 你做活不做活”，我们可以直接说“Nì tsoúo hoûo poū tsoúo 你做活不做”。(1/10/3/5)

① 参见宋桔《〈语言自迩集〉的汉语语法研究》，复旦大学出版社，2015 年，第 180 页。

再比如受到韵律限制，汉语不以单纯动词结句，遇到单纯动词的时候要使用重叠的方式：

这把剪子不快。该当磨磨。(1/35/2/7)

与对其他词类的观察一样，沃氏的印欧语言背景使得他对汉语外显的语法形式更为敏感一些，这有利于发现汉语母语者习焉不察的规则。

《汉语基础学习》中讨论了一些特殊的动词，沃氏称其为“助动词”或“修饰词”等。

首先是“修饰性助动词（Verbes auxiliaires modificateurs）”，相当于当代语法分析中的趋向动词。沃氏注意到了“动词＋趋向动词”结构的一些性质，如整个结构的可分离性和趋向动词本身独立具有的方向义：

汉语有大量的助动词，它们帮助构词，并修饰主要动词。它们形成由可分离的词项（terme）组成的动词，即一个词在开头说明，另一个在结尾说明，补语在中间。

这些修饰性动词可以单独使用，在这种情况下，它们有本义。(1/12/3/前言)

“Laê 来”［Venir］，与其他动词相连，表示向说话人移动。“Tch'ú 去”［Aller］，表示相反的运动。它们形成了由 2 个词项组成的动词，如 Apporter“Nâ laê 拿来”，Emporter“Nâ tch'ú 拿去”，这些动词是可分离的，也就是说，在两个词项之间允许出现补语。

除了在构成动词方面的这种作用外，它们还修饰许多其他动词，并表示动作的方向。(1/12/3/1)

整个结构的可分离性的例证有：

进屋里来。(1/12/2/3) 上车来罢。(1/12/2/4)

在当代语法分析中，一种结构主义的分析模式是将“进屋里来”看作由“进屋里”和“来”构成的连谓结构，这种分析模式的理论基础是要求言语片段的直接成分必须是线性连接的。这种结构主义模式实际上割裂了“进来”与“进屋里来”两种结构之间的关系。从现代构式语法理论出发，“进来”这样的“动词＋趋向动词”结构可以定义为中间可嵌入名词的一种构式，这样就可以把“进屋里来”看作是构式的一种派生形式了。由此可见，沃德斯卡尔对“动词＋趋向动词”结构性质的认知，实际上是很独到而敏锐的。

其次是修饰性动词（Verbes modificateurs），指“得”“起”“见”“完”“住”“着”等通常接续在动词后表结果或状态的动词。下面看其部分用例及注解：

例句：您记的这件事情不记的。(1/13/2/1)

注解：“Teû 得”，或“Tî 的”（这个字只有一个音，汉语字典中有不同变体），表示具有动词意义所相关的心智能力。它是动词的一部分，没有它就不能成词。

(1/13/3/1)

例句：人先问他。他才起首说话。(1/13/2/2)

多昝刮起风来。天气甚冷。(1/25/2/4)

注解："Ts'ì 起"，本身的意思是 se lever，给动词赋予一种"开始"的意思，并很好地翻译了法语词组 Se mettre à。在这种情况下，它可以位于前面，如第 2 句中，其后加了"Chòo 首"[Tête]，或者位于后面，借助于"Laê 来"。因此，Se mettre à parler，可以说"Ts'ì choò chouō houá 起首说话"，也可以是"Chouō houá ts'ì laê 说话起来"。(1/13/3/2)

这里值得分析的是"着"。先看沃氏的用例和分析：

例句：我找你的刀子了。我没有找着。(1/13/2/9)

如今他在门外头等着你出去呐。(1/13/2/10)

注解：Tchò，Tchào 着，表示状态，动作的连续性，以及它的结果。它也是现在分词的标记。(1/13/3/6)

"着"在上述两例句中的功能很不相同，当代北京话中二者语音也不同，前者为阳平的 tʂɑu，后者为轻声的 tʂə。沃氏这里记录的两个音 Tchò、Tchào 未说明如何分配，或仅是文白异读。"着"字在戴遂良所记直隶河间府方言中音值只有 Tchao [tʃɒ]，其后代方言如献县话为 tʂɔ，只是声调有别，前者为阳平，后者为轻声。因此，在沃氏生活于北京时期，两种功能的"着"有可能音值仍相同，后来才随着功能的不同而逐渐分化。

五、形容词

沃德斯卡尔把形容词（adjectif）按构成方式分为三类：

(1) 单纯的，即由单个字（caractère）表示。

(2) 复合的，即由多个字表示。

(3) 单纯兼复合的，加上"Tì 的"。前两类的所有形容词都可以有这种形式。(1/24/3/1)

这种分类标准把内部结构类型和整体语法功能两种标准混为一谈了。沃氏将"形容词＋的"结构仍看作形容词，应该是受法语的语法形式影响，他实际上正是用法语的语法框架来分析汉语形容词的句法位置：

(1) Un chien blanc. "Ī keú paê koò 一个白狗"。法语中没有动词 Etre，形容词在名词之前。

(2) Ce chien est blanc. "Tchée keú kòo paê 这个狗白"。法语中存在动词 Etre，在汉语中被删除，形容词在名词后面。

(3) Un chien très-blanc. "Ī keú hén paê tì koò 一个很白的狗"。没有动词 Etre，

带“Tì 的”形容词在名词之前。

(4) Ce chien est blanc. “Tcheé keú kòo cheú paê tì 这个狗是白的”。存在动词 Etre，它的中文译法是，带“Tì 的”形容词在名词之后，也在动词之后。(1/24/3/12)

这里的认识关键是：汉语形容词要实现陈述功能，不必借助系词，但“形容词+的”结构又需要和系词一起实现陈述功能，后者在形式上和法语更接近，所以将“形容词+的”结构看作是形容词就顺理成章了。从法语的立场看，类型（2）这种不带系词的句式才是需要注意和学习的。这种思维模式和处理方法虽然被当代的汉语语法所抛弃，但对于有印欧语言背景的人来说反倒是一种合理而自然的认识汉语语法的方式。沃德斯卡尔对“的”字结构的定性当然掩盖了“的”在语法功能上的复杂性，但我们应该注意到这并没有妨碍一个汉语学习者按照其方式去习得汉语的效果。这种理论上存在错误的方式可能反倒更适合初学者去理解汉语的结构。

六、名词

沃德斯卡尔根据字的数量将汉语名词（substantif）分为单纯名词（substantifs simples）和复合名词（substantifs composé）。如“海”“风”都是由一个汉字构成，是单纯名词；“肚子”“鲤鱼”都是由两个汉字构成，是复合名词。

按意义划分出的次类，沃氏提及了两种：

一是处所名词（le nom de lieu），如下面例句中的“广东”“京城”“天津”，这类词也兼属于专有名词。

这个锡茶壶是从广东来的。(1/34/2/5)

京城南边有大块儿的花园子。(1/34/2/16)

明天我下天津去。(1/42/2/17)

二是物质名词（le nom de matière），通常用来表示某一事物的材质，如下面例句中的“槐木”表示桌子的材质，“钢”表示斧子的材质，“槐木”和“钢”本身是名词，加上“的”后成为形容词。

这张桌子是槐木的。(1/34/2/1)

这把斧子是钢的。你可以用他砍这颗树。(1/36/2/4)

沃德斯卡尔重点讨论了与名词相关的数范畴。《汉语基础学习》中列举了表示名词复数的方式：

首先是附加词缀“们”。沃氏定义“们”为词尾（la terminaison），“名词+们”的例证有：

官们都在城里住。(1/25/2/1)

凶手们都是旗人。(1/25/2/2)

作官的们没有在这村里住过。(1/6/2/18)

你们喂这鸡们面包。他们不吃。(1/9/2/8)

这里明显的问题是“们”所附名词并不限于指人的类型。一般来说，今北京话中“们”不可加在非人名词后面，但是，当所述非人名词存在拟人的情况时可以加“们”，如丁声树（1999）指出，“在童话故事里，人格化的动物名称也可以加‘们’字尾表示复数，如‘猫们、狗们、蜜蜂们’”①；吕叔湘（1999）认为“指物名词后边加‘们’，是拟人的用法，多见于文学作品。有时是一种比喻的手法”②。这种解释实际上并没有否定“们”的分布特征，因为这是通过对非人名词在语用层面人格化来实现的。《汉语基础学习》的“鸡们”只是普通的用法，并非修辞。

汉语北方方言中“们”搭配非人名词的情况当然并非罕见。元代文献中就有非人名词加“们”表复数的用法，如反映北京官话的《老乞大》中有“马们”“头口们”。③不过我们对清末北京话文献语料④进行了初步检索，未见非人名词加“们”的非拟人用法。威妥玛在《语言自迩集》中明确指出，“‘们’在口语中专门用于指示表人名词或者代词的复数”，“‘们’可以用于大部分表人名词的复数，以及所有人称代词的复数”。⑤ 这和《汉语基础学习》的用例存在矛盾。

《汉语基础学习》中非人名词加“们”仅有上述的“鸡们”这一处用例，但因为涉及整体的语法规则，应该并不是偶然的错误。一种可能的解释就是当时的北京话本身就有异质性，“鸡们”来自早期北京话的遗留或者周边方言的渗透。在沃氏的重要参考著作、其同胞戴遂良教授京畿河间府方言的《汉语入门》中，“们”就存在可附加于非人名词的情况，如“事儿们”“话们”“东西们”“虫子们”，这种搭配在当代方言后代中已不存在，个别例外用法只有“初几们儿”“二十几们儿”。⑥ 如果将考察范围扩大到更多邻近方言，则有完整保存该规则的情况，如武邑、新乐、藁城等地（张晓静、陈泽平，2015）。因此，我们推断北京话可能和其他邻近方言一样，“们”的组合范围曾发生过扩展，但一直没固定成为北京人的共同语感，在清末时代还存在变异，而《汉语基础学习》正好记录了其中的一些蛛丝马迹。

沃德斯卡尔认识到当名词前添加数量词时，不能带“们”：

当名词前面有数量形容词时，通常不带词尾“Mēn 们”。(1/25/3/3)

---

① 丁声树：《现代汉语语法讲话》，商务印书馆，1999 年，第 223 页。

② 吕叔湘：《现代汉语八百词》，商务印书馆，1999 年，第 385 页。

③ 参见宋苗境《从〈老乞大〉中看“们”的使用和发展》，《现代语文》（语言研究版），2008 年第 6 期，第 28—31 页。

④ http://www.bdc2020.cn/page/corpusSearch/query.jsp#.

⑤ 转引自宋桔《〈语言自迩集〉的汉语语法研究》，复旦大学出版社，2015 年，第 143 页。

⑥ Dr L. Wieger S. J. CHINOIS PARLÉ MANUEL 官話 koan-hoa du Nord, non-pékinois. Troisième édition refondue. 1912. p. 39.

例证如：

你们有三匹马。(1/1/2/5)

把这个西瓜打开分三瓣儿。(1/25/2/6)

拿这些果子跟我来。(1/25/2/9)

我家里有好几个使唤丫头。(1/25/2/14)

门前头有几个要饭的瞎子。(1/25/2/17)

这几件东西都没有毛病。(1/25/2/18)

除附加“们”外，沃德斯卡尔把名词的重叠形式也看作是表达复数的语法手段：

例句：这些孩子们都有毛病。天天该当罚他们。(1/25/2/8)

注解：复数有时通过重复名词来表示，正如，第 8 句“T'ièn t'iēn 天天”[Tous les jours]。(1/25/3/9)

某些名词的重复形成复数。因此有，“T'iēn t'iēn 天天”[les jours]，“Jên jên 人人”[les hommes]。(1/44/3/8)

汉语其实不存在与印欧语言数范畴相当的语法范畴。沃德斯卡尔努力寻找和北京话名词数量有关的形式手段，这自然是欧洲语法传统的惯性使然，虽未免有僵化之感，但好在并未影响他对汉语事实的观察，比如他最终认识到名词的数量有时只能由上下文来推断，如：

海里头没有鲤鱼。(1/25/2/3)

这样的事实已经否定了数范畴作为语法范畴的存在。

七、代词

沃氏提及的代词次类有人称代词、主有代词、关系代词、泛指代词、指示代词。其中指示代词因为和法语差别不大，并没有被单独分析，下面只讨论其他几种代词。

1. 人称代词

《汉语基础学习》中列举的人称代词如下：

法语	汉语	法语	汉语
Je，me，moi	我	Nous	我们/偺们
Tou，te，toi	你/您纳/你纳	Vous	你们/您们
Il，lui，elle	他	Eux，elles	他们

这里比较突出的是第二人称的敬称“您纳”“你纳”的存在。这种形式也见于威妥玛《语言自迩集》，① 有比较鲜明的北京话方言特征。不过，《语言自迩集》还有第三人称的同类形式“他纳”，在《汉语基础学习》中则未见。

① 参见宋桔《〈语言自迩集〉及其近代汉语语料》，文汇出版社，2020 年，第 248—252 页。

沃氏注意到，人称代词的复数是通过在其后加“们”形成的，而人称代词复数后常常带有“都”，表示普遍性、整体性，如：

他们都喜欢。为什么他们还要哭。(1/10/2/20)

2. 主有代词

主有代词是借用法语的术语，其实是指汉语的“人称代词＋的”结构，如：

我有你的车么？(1/3/2/1)

你们有我的骡子么。(1/3/2/5)

他们有他们的马么。(1/3/2/6)

沃德斯卡尔注意到该结构中的“的”是可以省略的：

一个公认的规则是，当我们谈论人，尤其是亲属时，主有代词可以用人称代词代替。(1/29/3/9)。

3. 关系代词

关系代词是借用法语的术语。法语中关系代词连接主句和从句，代替主句中的某个词。沃氏将法语关系代词 qui、que 对应汉语中的助词“的”，于是定性“的”为关系代词：

“的”代替了关系代词 qui、que，但是正如我们所知，法语句子与汉语句子相反，如结构方面。(1/36/3/9)

在河里洗澡的孩子们都淹死了。(1/36/2/11)

当代汉语语法中一般不把“的”看作代词。沃氏的这种分析当然还是和他从法语的立场来看汉语有关。谓词性结构修饰名词时，汉语用“的”将其标记成定语，而法语用关系代词标记成从句。如果淡化“助词”“关系代词”这种适用于个别语言的专门术语，改用“修饰性语法标记”这样中性的术语，则汉语的“的”和法语的关系代词未尝没有同一性。因此，其实我们不必指责沃氏对“的”这样的“助词”定性错误，至少对汉语教学来说，这种术语借用和事实比较是有其合理性的。

4. 泛指代词

泛指代词是借用的法语术语。在第一章第 27 课中，沃氏集中列举说明了他所认为的泛指代词，见表 4-1。

表 4-1 《汉语基础学习》列举的汉语泛指代词

法语	法语含义	对应汉语	汉语例句
Quelqu'un	单数，指一个不确定的人。	一个人	有一个人拿了你的刀去。所以我没有找着。
Personne	单数，对 Quelqu'un 的否定。	没有一个人	他们彼此商量。没有一个人听见他们。

续表

法语	法语含义	对应汉语	汉语例句
Certains，Certaines	指其他人或物中的某一些人或物。	有人	有人喜欢在天津住。有人喜欢在北京住。
Aucun	和 ne 连用或在 sans 的后面，表示否定的概念。	没一个	这些个针。没有一个尖的。
Chaque	强调个体性，单数形容词。	各	各国有各国的律法。
Chacun	强调个体性，单数代词。	每	每兵有几支箭。一张弓。
Nul	表示 aucun（e)，用于雅语或行政用语。	没一个	若是不学。没有一个会写字的。
Tel	表示不确定性。	某	某村修庙。某村不修庙。
Quelconque	单数形容词，指一个不确定的人。	谁	谁买谁该当给钱。
Autrui	一般用作补语。	别人	不该当拿别人的东西。

用当代汉语语法术语来说，这些概念在法语中实现为“词”，但在汉语中实现为“词”或“短语”。我们可以指责沃氏还不能严格区分词和短语，但这其实并不是很关键。从语言类型学的角度看，法语对不定指概念的范畴化深度要高于汉语，即在语言单位的实现层级上更低，将这种宏观差异应用于教学是有利的。实际上，汉语本身的短语形式“一个人”“有人”等也有进一步词汇化的倾向。

八、副词

《汉语基础学习》列出了副词的若干次类，包括数量副词、时间副词、地点副词、方式副词等。沃氏在课文注解中明确解释的副词见表 4-2。

表 4-2　沃德斯卡尔明确解释的副词

分组	沃氏定义的副词	次类	当代语法分析方式	
			词	词组
A	很多	数量副词		副词+形容词
	不多	数量副词		副词+形容词
B	常常的	方式副词	副词	
	整整的	方式副词	副词	
	明明的	方式副词	副词	
	慢慢的	方式副词	副词	
	单单的	方式副词	副词	

续表

分组	沃氏定义的副词	次类	当代语法分析方式	
			词	词组
	糊俚糊涂的	方式副词	副词	
C	好		副词	
	还		副词	
D	那里	地点副词	疑问代词	
	多昝	时间副词	疑问代词	
	多少（钱）	数量副词	疑问代词	
E	明天/昨天、后天	时间副词	名词	
	之后、然后	时间副词	副词	
F	很、更	小品词	副词	

表 4-2 中的分组是我们添加的。各组对应的例句如下：

A 组：山上有树很多。(1/4/2/9) 在道路上人不多。(1/4/2/10)

B 组：他常常的打官司。(1/28/2/6) 我们整整的走了一天。也没有走到村里。(1/22/2/16) 他明明的给我讲了这句话的意思。(1/36/2/16) 你慢慢的走。(1/44/2/10) 他单单的卖骡子。(1/39/2/19) 你糊俚糊涂的说。他也听见你的话了。(1/36/2/17)

C 组：您说的很好。好说好说。(1/41/2/3) 他还没有还我的银子。(1/42/2/6)

D 组：你往那里去。(1/43/2/15) 你赶多昝从北京回来。(1/43/2/16) 这匹马您多少钱买的。(1/43/2/17)

E 组：昨天我卖了我那匹大骡子。(1/43/2/20)

F 组：我们走的很快。(1/5/2/10)

沃氏的这种分类与当代语法分析方式的差异是很明显的。他这样做的原因就是这些词对应的法语词在法语体系中都属于副词，如“很多”beaucoup，“常常的”continuellement，“那里”où，“明天”demain，“还”encore。沃氏是用法语的“副词”来概称汉语的这些片段。沃氏显然能意识到这种简单的命名会产生问题，比如 A 组，当代汉语语法会将其看作“副词+形容词”构成的词组，具有形容词属性。沃氏注意到：

> Beaucoup 译为“hén touō 很多”，放在名词后面。如果想把它放在前面，就必须反过来，把数量副词变成形容词，加上“Tì 的”，然后说“Chān cháng ioù hèn touō tì choú 山上有很多的树”。(1/4/3/17)

也就是说，这种归类模式会不得不面临汉语中词和句子成分之间的复杂对应这一难题，只能用允许词可以改换词类的方式来解决。相同的问题也见于 C 组：

第 3 句第一部分中"Hào 好"的位置，使其成为一个形容词。在第二部分中，它是一个副词，仅位置就提醒了我们这一点。(1/41/3/3)

第一个"Houân 还"是副词，意思是"仍然"，第二个是动词，意思是"归还"，只有位置能说明这些特定的含义。(1/42/3/4)

当然，C 组的这种情况可以用分化词项的方式解决，即将不同位置上的"好""还"处理为不同的词，不过沃氏在这种地方反倒囿于汉字的限制，仍作为同一词处理。

D 组中的"那里""多昝""多少"对应的法语是 où、quand、combien，在法语中均为副词，当代汉语语法分析为疑问代词，分别代指地点、时间和数量。

E 组中，沃氏认为时间副词可以放在主语之前或之后，但这里给出的时间副词"明天/昨天"在当代汉语语法中分析为时间名词。

F 组中的词，沃氏明确定义小品词"很""更"，认为是加强语意的标记：

动词和形容词一样，都有加强语意的标记，如"Hén 很""Kéng 更""Lí haé 利害"等。与形容词类似，根据不同情况，这些小品词在动词之前或之后。(1/43/3/15)

其中"很""更"都是程度副词，表示程度深。

沃德斯卡尔在《汉语基础学习》中对副词的归类过于拘泥法语的方式，难免会掩盖汉语的事实，比如"那里""多少"等的名词性功能很难用副词的用法概括。

九、介词

沃德斯卡尔从法语的立场来看汉语的介词，所以当遇到法语和汉语在结构上差异较大的情况时，就会出现和当代语法分析迥异的处理。沃氏将法语的介词 sur、dans 等对应于汉语的"上""里"：

法语的介词 sur、dans 由"Chang 上"表示，意思是在……上 (sur)；"Lì 里""lì t'ôo 里头"，意思是在……里 (dans)。但应该注意的是，这些介词是后置的，即放在名词之后。中国人不说上山①，他们说山上②。

"Cháng 上""lì 里""lì t'ôo 里头"，这些词经常由"Tsáe 在"辅助，本身的意思是存在③，但在特定情况下，它与所表示的词连接在一起，以便与它们构成一个带有可分离成分的介词词组，并且词或句子成分插入其中。(1/2/3/3)

我们知道，在当代汉语语法分析中一般把"在"看作介词，而把"上""里"等看作方位名词或单独的方位词。从汉语者的语感出发，方位词的"上""里"单用时和用

① 原书为 Sur la montagne。

② 原书为 Montagne sur。

③ 原书为 Etre à、être dans。

在名词后时有很强的同一性，因此会不容易接受其相当于法语纯粹的介词 sur 的观点。沃氏之所以会将“上”等同于 sur，是因为当名词作为处所和方位的论元角色出现时，法语外显的语法标记是介词，汉语外显的是语义和功能尚未完全虚化的方位词，单纯的介词“在”正像沃氏观察到的那样经常可以省略，这是在编码方式上的一种根本差异。从汉语学习者的立场，将两种语言中外显的语法标记等同起来，用法语的术语对其归类，在心理上是合乎情理的。虽然在深入的学习过程中会发现很多与法语不同的功能，但在初级的学习过程中，也许反倒是必要的。这应该是《汉语基础学习》这样初级的二语学习教材在编写方式上给我们汉语教学研究展示的值得深思的地方。

十、连词

连词用于连接词、短语、分句和句子等，起连接作用，通常表示并列、选择、转折、因果等关系。沃氏注意到了连词在汉语中的使用：

> 请注意，在大多数句子中，各种命题或结论是由“Tsioú 就”或“Tsaé 再”连接在一起的。这些连词，表示 Alors，encore，de nouveau，par suite① 等，很常用，一旦缺失，听起来就会不通顺。它们通常不起语法作用，但从语音谐调的角度看是很重要的，我们知道它在汉语中有多重要。为了满足它，规则经常可以变通，许多汉语特色词（sinicismes）没有其他来源。(1/40/3/20)

在现代汉语语法中，通常认为连词作为虚词是表示语法意义的主要手段。与此不同，沃氏认为连词仅在语音谐调的角度发挥重要作用。沃氏能够认识到连词在维持句子连贯性方面的作用，但对其语法作用的认知却不够准确。

并列连词在法语中用 et 表示，汉语用“和/跟/同”，如：

你们该当拿馒头和饭。(1/8/2/12)

这些白菜和米。你们拿的到厨房里去拿不到。(1/17/2/12)

你同你的朋友买过什么东西。(1/7/2/10)

给您牙刷子同刷牙粉。(2/1/2/15)

沃氏注意到法汉在使用连词上的差异，汉语中两个句子语义上前后相连时，可以省略连词，如下面例句是两个连续的命令行为，没有使用连词，对应法语则以 et 相连。

给我扇子。把手巾拿回去。(1/44/2/11)

沃氏所记北京话使用转折连词“到底”，未见“但（是）”的用例，且有类似并列连词省略的情况，如：

例句：我愿意去天津。去不了。(1/44/2/15)

我要买他的狗了。到底他不卖给我。(1/44/2/16)

---

① 义为：因此、还、再、因而。

当法语中的连词是 Mais 时，在汉语中，我们可以删除它，第 15 句（上下文已经充分说明了并列复合句），或者用“Táo tì 到底”翻译 Mais，第 16 句，常用。(1/44/3/13)

但值得商榷的一点是沃氏认为“也”属于连词，例句如下。“也”虽然兼有关联作用，表示前后几种情况并存，但在汉语语法中一般认为“也”为副词。

我也不去天津。也不去北京。(1/44/2/19)

其他连词的用例如下：

他从前就认的这个人。(1/5/2/3)

我要回去。因为天晚了。(1/44/2/20)

我告诉你。怎么作。你就怎么作。不然我不喜欢。(1/40/2/11)

不拘什么。只要我吃了就行了。(1/44/2/12)

第二节　句式与句类

一、句式

沃德斯卡尔直接用法语句子分析框架和术语去讨论汉语的句子结构，并没有建立起一套独立的句子分析系统，但汉语的特殊句式有的并不容易用法语语法框架去分析，所以沃氏做了专门的讨论。这里我们主要分析一下他对把字句、被字句和比较句的认识。

1. 把字句

沃氏对把字句中“把”字的定性是做宾格标记的小品词，并认为整个句式的作用在于引起人们对直接宾语的注意：

汉语中宾格用小品词“Pà 把”表示，其本身的意思是拿。必须指出这种形式在汉语中经常使用。相比于：带着这个[①]，我们更多地说：把这个带着[②]。

这种形式可以一直使用，而且对初学者很有价值，因为它允许你构建两个简单句而不是一个复杂句。(1/12/3/9)

例句：把这本书给他。(1/43/2/2)

注解：直接宾语可以在动词之前，但此时必须使用宾格标记“Pà 把”。这引起了人们对这一宾语的注意。很常见的表达。(1/43/3/3)

一般的汉语学习者通常认为把字句较难掌握，但沃氏看法显然正相反，他认为把

① 原书为 Apportez ceci。

② 原书为 Prenez ceci et apportez-le。

字句更容易。其中的道理他本人说得很明白：

例句：若是裁缝把您的马褂子拿了来。该怎么办。(2/4/2/16)

注解：请注意在这些句子中宾格“Pà 把”的使用。这是一个中国人习惯的表达，它使我们有可能构建短小、可理解的句子，而且比那些带有插入成分的长句子更清晰。中国人自己也不得不重视其单音节语言的困难。(2/4/3/11)

我们在上节中已经讨论过沃氏对“动词＋趋向动词”结构的认识，如果不用把字句，这种结构中插入宾语后，原有的直接成分就会被推开很远。如上述例句，不用把字句就是“拿了您的马褂子来”，这从法语立场去理解就会是一种特殊的结构，而如果用把字句，中间的成分就会作为宾格单独出来，原结构保持不变，这从法语的立场反倒好理解。这种基于具体语言背景对第二语言难点的认知差异，对我们研究汉语教学是有启示意义的。

此外，沃氏也注意到了把字句和其他句式之间的变换关系：

例句：拿茶壶来。(1/43/2/6)

注解：在带有助词“Laê 来”和“Tch'ú 去”的复合动词中，直接宾语置于动词两个成分之间，第 6 句。

它也可以放在前面，加上“Pà 把”，例如，这个相同的句子可以表示为“Pà tch'ā hoû nâ laê 把茶壶拿来”。(1/43/3/7)

这种变换关系表明沃氏是把“动词＋宾语＋趋向动词”这种结构作为与把字句对应的基本句的。

2. 被字句

被字句的情况较为简单，先看相关例句：

我被这个人打了。(1/18/2/8)

他被雷击伤了。(1/18/2/12)

我听见说。今年有两个人被雷劈了。(2/20/2/6)

被字句的数量远少于把字句，这跟它们的分布有关。《汉语基础学习》中，被字句所述均为从受事者角度而言较不如意的事情，当代仍然如此。不过，通过统计所有的被字句，我们发现其结构均为“主语＋被＋宾语＋动词”，“被”后的宾语没有省略的情况，这种状态应该不是语料规模限制造成的，因为我们在同为北京话教材的《语言自迩集》中找到的被字句，也都是同样的情况。

3. 比较句

从法语的分析框架出发，沃德斯卡尔将汉语的形容词也总结出“比较级”和“最高级”的形式，但因为汉语缺乏形态变化，这种划分实际上只是把形容词放到比较句中进行了观察，因此我们在句式部分讨论有关问题。

沃氏对“比较级”的论述可以总结如下：

（1）只有一个比较项时，通过将形容词放在句末表示比较级，如例句①；或将“至”“顶”“再”“更”放在形容词之前，如例②、例③；或用“一点儿”表示，放在形容词前，与动词“有”相伴，或在形容词后，不需要动词“有”，如例④。

①人是旧的好。衣裳是新的好。(1/19/2/1)

②这管笔是顶好的。(1/19/2/2)

③这个柜子是至小的。(1/19/2/3)

④这件汗褟儿有一点儿短。(1/19/2/4)

（2）有两个比较项时，用“比”把两个比较项隔开，比较结果置于句末，如例⑤、例⑥。

⑤我比他岁数大。(1/19/2/11)

⑥这个纸比那个厚。(1/19/2/9)

（3）表示相等时，将“一样”置于句末，表明整体比较，如例⑦，或者用“一般（儿）”“一样”置于句末的形容词之前，如例⑧。

⑦这两个表一样。(1/19/2/13)

⑧这两颗树一般儿高。(1/19/2/14)

（4）不及类比较结构由“不如”表示，置于第二个比较项之前，句末为表示性质或优点的词语，如例⑨。

⑨在天津不如在北京好。(1/19/2/16)

沃德斯卡尔将例①这样的句子识别为比较句，观察是很细致的。朱德熙（1982）曾提到，“性质形容词单独作谓语含有比较或对照的意思，因此往往是两件事对比着说”①，指的正是这种情况。

再看“最高级”。“最高级”对应汉语中的“极比”。我们把沃氏对最高级的论述总结如下：

将“很”“最”“顶”“十分”置于形容词前，如例⑩。

⑩这只箱子分两很重。(1/20/2/1)

形容词后加“的（得）利害”，如例⑪、例⑫。

⑪去年冷得厉害。(1/20/2/6)

⑫昨天我见了我的朋友。我喜欢的利害。(1/20/2/10)

用“太”表示最高级，一般置于形容词前，如例⑬、例⑭。

⑬芦沟桥太老了。(1/20/2/9)

⑭这些玻璃杯太小。我不要。(1/20/2/11)

用“过于”表示最高级，如例⑮。

---

① 朱德熙：《语法讲义》，商务印书馆，1982年，第104页。

⑮桌布过于不干净。该当把他洗洗。(1/20/2/15)

由上下文表示最高级关系，如例⑯。

⑯这两个人里头就是他高。(1/20/2/20)

“数”置于最高级事物的前面或后面，如例⑰。

⑰数这匹马跑得快。(1/20/2/18)

这里认为“很”“十分”“的（得）利害”“太”“过于”这些表程度深的词语构成了形容词的“最高级”,① 显然是不合理的，抛开形态变化的有无，即便从语义上也很难说与法语的最高级含义相同。因此我们只能认为沃氏是为了与“比较级”凑成系统才勉强归纳的。

二、句类

《汉语基础学习》是一本基础会话教材，书中的例句均为日常对话，因此疑问句和祈使句是其中最为常用的句类。沃氏在《汉语基础学习》中对疑问句和祈使句各用了一课进行介绍，在此我们只对疑问句和祈使句进行梳理论述。

1. 疑问句

当代汉语语法描写中，一般根据提问的手段和语义情况，把疑问句分为是非问、特指问、选择问、正反问四种类型。我们看沃德斯卡尔的论述：

对于动词“有”，我们在肯定句结尾重复动词前面的否定词“Mêi 没”，我们知道这是动词“有”特有的。

对于其他所有动词，我们以肯定的方式陈述句子，并重复动词，前面加上“Poū 不”。

最后，无论是用动词“有”，还是用其他动词，都可以形成疑问句，即先陈述肯定句，其后加“Mōo 么”，“Mōo 么”本身没有任何意义，仅表示疑问。

这两种疑问方式可以交替使用。

人们还可以借助小品词来提问，这将是第 26 课的主题。其中一个小品词“Chêu mó 什么”，使用频率很高。(1/3/3/1)

以上论述其实涵盖了三种疑问句类型：正反问、是非问和特指问。按照沃氏论述，正反问的格式为：肯定句＋没有（动词为“有”），肯定句＋不＋动词（除动词“有”）。是非问由“肯定句＋么”构成，“么”无实义，仅表示疑问功能。特指问借助于小品词即疑问代词来提问，如“什么”就是一个较为常用的小品词。

下面我们根据《汉语基础学习》中的实际用例梳理四种疑问句类型。

---

① 瓦罗《华语官话语法》中也有类似的用法。

（1）是非问

《汉语基础学习》中涉及的是非问由陈述句加疑问语气词“么”构成，回答是对命题做肯定或否定的答案。例如：

您要很热的水么。——是。到底要比上一回的稍微凉一点儿。(2/2/2/7-8)

老爷叫我了么。——啊。今天早上我们吃什么。(2/2/2/5-6)

早饭得了么。——得了。老爷。(2/2/2/18-19)

（2）特指问

特指问是由疑问代词替换疑问信息，并希望对话者就疑问信息做出回答。《汉语基础学习》第一章第26课中，沃氏总结的表疑问小品词见表4-3。

表4-3 《汉语基础学习》的疑问小品词

疑问小品词	对应法语词	询问的内容
谁	Qui	人
什么	Quoi，quel	物品
哪里	Où	地点
哪一个①	Lequel，laquelle	人/物
岂	Comment	原因
怎么	De quelle façon ? De quelle manière ? Comment ?	情状、方式、原因、行动
几	Combien	数量
多少	Combien	数量
为什么	Pourquoi	原因

沃氏对“岂”做了单独解释，因为这是为数不多的文言成分：

“Ts'ì 岂”，是一个文雅的疑问词。它给句子带来了很大的流畅性。它属于书面语的范畴，只在措辞优美的对话中使用。在假设性表达“我怎么能？我怎么敢？我应该怎样做？”② 中，它对应怎么（Comment）。

具体用例如：

我穷的这么利害。我岂能找得着保人。(1/26/2/11)

其他特指问的用例如：

胰子面儿在那儿呢？——在卓子抽屉里呢。(2/1/2/19-20)

老爷要那一件哪。——我要那件黑哈喇的。(2/3/2/4-5)

---

① 原书“哪里”“哪一个”写作“那里”“那一个”。

② 原书为 Comment pourrai-je ? Comment oserai-je ? Comment devrai-je ?

您要什么裤子。——灰色的。(2/3/2/6-7)

为什么你常常的这么懒惰。——昨天您回来的晚了。我没工夫了。(2/3/2/11-12)

你把我的夹衣服放到什么地方了。——我放到柜里了。(2/4/2/1-2)

这些个旧衣裳怎么着。——这些破了的。我都不要了。(2/4/2/12-13)

若是裁缝把您的马褂子拿了来。该怎么办。——你教他等着。我待不工夫大就回来。(2/4/2/16-17)

今天您几位吃早饭。——我们五个人吃早饭。晚饭六个人。(2/5/2/1-2)

明天早上该当给您预备什么。——你给我预备一双袜子。一个汗溻儿。(2/8/2/2-3)

这一对儿鸽子卖多少钱。——四毛钱。(2/10/2/1-2)

特指问中的语气词可用"呢"或"哪",沃氏认为"呢"只是纯粹的韵律成分,没有语法功能:

句末"Nî 呢",没有任何意义,但在语音谐调角度上使句子完整。我们将经常看到这种情况。(2/1/3/14)

从当代语法知识出发,句尾的"呢"并不能说完全没有功能。《现代汉语词典》(第7版)对疑问句末尾"呢"的功能的定义是"表示提醒和深究的语气",也就是说实际上实现的是一种与说话人主观要求有关的交际功能。这种微妙的功能,即便汉语母语者也很难描述清楚,因此我们也不必苛责沃氏了。

另外,《汉语基础学习》提到了特指问在语境中的一种简略格式,即仅靠句末语气词来实现疑问功能,例句如:

你们这里有什么煤。——有硬煤。也有烟儿煤。——卖多少钱。——硬煤卖一块钱一百斤。——烟儿煤呢。——烟儿煤八毛钱一百斤。(2/25/2/3-8)

根据上下文语境,"烟儿煤呢"实际上表达的是"烟儿煤卖多少钱"。这种省略只有在上文提供了相应语境的情况下才能进行。

(3)选择问

选择问指提出两种或两种以上的选择项,并希望听话人从其中选择一项作为答复。《汉语基础学习》中的选择问均不使用连接成分"还(是)",有两种类型:一是两个选择项并列,即"A、B";二是以"是"串联两个选择项,有"A、是B""是A、是B"两种形式。分别归纳如下:

①"A、B"

给您。您要热水要凉水。——我要热水。到底不要开的。(2/1/2/3-4)

您要素缎子要花儿缎子。——我要带花儿的。(2/21/2/4-5)

劈柴您要大块儿的。要碎块儿的。——整的碎的。两样都要。(2/25/2/12-13)

② “A、是 B”

您要穿鞋呀是穿靴子呢。——给我拿我的靴子来。(2/3/2/8-9)

我们走着去。是坐车去呢。——走着去。我们不很忙。(2/11/2/5-6)

③ “是 A、是 B”

老爷是在这里喝嘎啡。是在客厅呢。——在客厅里罢。(2/6/2/17-18)

庙里有什么人。是和尚。是道士。——是和尚。他们恭敬佛。(2/12/2/3)

这是木板的。是石印的。——是石印的。(2/23/2/9-10)

(4) 正反问

正反问是指提出肯定和否定两种形式，希望听话人从中选择一方进行回答。《汉语基础学习》中正反问的否定词有“不”和“没有”两种。张丹星（2013）根据不确定性语段的完整程度将清末民初北京话反复问句分为了“AB-NEG-AB”“A-NEG-AB”“AB-NEG-A”“AB-NEG”四种类型，即我们常表述的“VO-NEG-VO”“V-NEG-VO”“VO-NEG-V”“VO-NEG”。经过统计，《汉语基础学习》只有“VO-NEG-VO”“VO-NEG-V”“VO-NEG”这三种类型。

第一种，“VO-NEG-VO”式否定词前后没有省略任何内容，例如：

老爷今天黑夜睡觉平安不平安。——不很平安。我净做梦了。(2/1/2/11-12)

上一回那个洗衣裳的您喜欢不喜欢。——可以。还叫他洗罢。不必找别人。(2/2/2/16-17)

今天天儿好不好。(2/19/2/1)

坐托床上东直门行不行。(2/19/2/15)

有一部明史六本儿。您要不要。(2/23/2/14)

河里头冻了没冻。(2/19/2/9)

如今好了没好。(2/29/2/14)

他认了没认。(2/40/2/7)

第二种，“VO-NEG-V”式否定词后的内容有部分省略，可以是动词 V 有所省略，也可以是宾语 O 省略，例如：

老爷。明天洗澡不洗。——洗。明天八点钟你把澡盆给我拿来。(2/2/2/5-6)

您今天刮脸不刮。——刮。把刮脸的刀子给我拿来。(2/1/2/9-10)

您要耳帽不要。——不要。那个不要紧。今天没有风。(2/3/2/8-9)

您认得吏部的贾老爷不认得。——认得。那是我一位朋友。(2/14/2/5-6)

其中第 1 例中动词“洗澡”在否定词后省略为“洗”，后三例否定词后均省略了宾语，分别是“脸”“耳帽”“吏部的贾老爷”。

第三种，“VO-NEG”式省略了否定词后所有内容，例如：

您要一块新的不。——要。把昨天我买的那一块给我。(2/1/2/17-18)

是。也叫一个剃头的来不。——是。叫他给我铰铰头发。(2/2/2/11-12)

鞋匠把我的鞋拿回来了没有。——还没有呢。他明天才来呢。(2/3/2/17-18)

枕头套儿你换了没有。——我忘了这个。(2/7/2/9-10)

以最后一句为例，省略了否定词后的动词“换”，完整式应为“枕头套儿你换了没有换”。

2. 祈使句

祈使句表示命令、祈求、劝告、禁止等含义，沃氏总结了肯定和否定命令式的构成：

(1) 命令式的表示

没有特殊的小品词，仅从句子的语气就可以看出它是命令式的。

通过在句末加小品词“Pá 罢”来表示。

(2) 否定命令式的形成

将小品词“Piê 别”放在动词前面，表示 Il ne faut pas（不可以）。

在动词前放置“Poū yáo 不要”，表示禁止的意思。这两种形式几乎可以互换使用。(1/11/3/1-2)

命令式（impératif）主要通过语气来体现，句末小品词（句末语气词）“罢”是命令式标记，否定命令式则以否定词“别”或“不要”表示禁止，两种形式没有明显差异。这里的“命令式”与汉语“祈使句”所表达的含义基本相同，沃氏对汉语祈使句的认知与现代汉语语法分析较为一致，是比较准确的。

主仆对话所用祈使句多表示命令、禁止或催促，如下面例句①至④；拜访和会见客人时两者地位较为平等，所用祈使句多表示建议、请求、提醒，语调较为舒缓，通常以“罢”表示商量语气，如例⑤、例⑥。

①是。我起。把我的裤子递给我。(2/1/2/2)

②把窗户帘子打开。看不见亮儿。(2/1/2/6)

③给我牙刷子。(2/1/2/14)

④后来别买那个铺子里的。(2/2/2/3)

⑤那么您把这件雨衣穿上罢。(2/20/2/10)

⑥到底您还是借给我一把雨伞罢。(2/20/2/19)

第三节　语法特征的方言属性

我们已经分析了《汉语基础学习》在语音和词汇上的北京话特征。汉语方言在语法上的差异不大，尤其是北方方言内部。太田辰夫（1991）在综合考虑频率、时代性和方言性的基础上，选定出七个项目作为北京话语法特点：

(1) 第一人称代名词的包括式和排除式用“咱们”“我们”来区别，不用“俺”“咱”等。

(2) 有介词“给”。

(3) 用助词“来着”。

(4) 不用助词“哩”而用“呢”。

(5) 有禁止副词“别”。

(6) 程度副词“很”用于状语。

(7)“～多了”用在形容词之后，表示“……得多”“……得远”的意思。①

刘云、李卉（2015），陈晓（2015），山田忠司（2018）在此研究的基础上进一步考察了北京话语法特征，但是基本都是在太田辰夫的框架上加以补充。本节参照太田辰夫提出的七个项目来考察《汉语基础学习》的语法特征。

一、第一人称代名词

《汉语基础学习》中以使用“我们”为主，只有一处“咱们（偺们）”的用例：

昨天我去望看偺们那位朋友李老爷去了。(2/29/2/9)

我们五个人吃早饭。晚饭六个人。(2/5/2/2)

不要紧。我们回去的时候儿另雇别的。(2/9/2/10)

这里的“偺们”是包括式，“我们”则既有排除式，又有包括式。

二、介词“给”

沃德斯卡尔指出“给”在汉语中使用频率很高，并区分了“给”的不同用法。“给”作为动词表示“给予”，对应法语的 donner；作为介词，相当于法语的 à 和 pour，表示倾向性，涉及说话双方的利害关系。例句如：

(1) 给我拿一只空箱子来。(1/24/2/2)

(2) 把这分礼物给我朋友送去。(1/40/2/2)

(3) 去给我买一双鞋。(1/42/2/18)

(4) 你若愿意。我可以给您带回点儿烟来。(1/16/2/18)

(5) 我天津有一床被窝。你给我拿的回来拿不回来。(1/17/2/15)

(6) 我还要把那件栗子色的衣裳给他。教他给换换钮子。

(7) 您把这些书给包上我好拿着。

(8) 是。我起。把我的裤子递给我。

(9) 到底您还是借给我一把雨伞罢。

---

① ［日］太田辰夫著，江蓝生等译：《汉语史通考》，重庆出版社，1991 年，第 299 页。

注解：À，表示倾向，译为“Keì 给”。(1/24/3/4)

À，在表示“对……有利或不利”的意义上，译为“Keì 给”。(1/40/3/1)

动词“Keì 给”[Donner]，通过位置变成介词 pour。(1/42/3/15)

注意“Keì 给”的频繁使用，它经常不是指给予，而是代替介词 À。(2/1/3/10)①

宋桔（2020）将介词“给”的用法分为三类：完整式、省略式和“V＋给”复合式。② 以上例（4）、例（5）均为完整式“N_1＋给＋N_2＋V＋（N_3）”，N_1 是表示动作的谓语动词 V 的发出者，使用频率最高。宋桔（2020）概括出的“省略式”是省略了“给”后的人称代词，《汉语基础学习》中的例句如例（6）、例（7）。根据例（1）至例（3），《汉语基础学习》中的省略式还包括省略“给”前的人称代词 N_1，这一类往往在祈使句中使用。因此我们认为省略式分为两种情况：第一种是省略“给”前的人称代词 N_1；第二种是省略“给”后的人称代词 N_2，省略的名词均可根据上下文内容补出。“V＋给”复合式在《汉语基础学习》中只有两例，即例（8）、例（9），为“递给”“借给”组合。

三、助词“来着”

“来着”是具有北京话特色的词语。张谊生（2000）区分了两种“来着”：时制助词“来着$_1$”，表示过去时，尤其是近过去时；语气词“来着$_2$”，可以省略不用。《汉语基础学习》中“来着”有两处用例：

（1）上月您要买一匹骡子来着。您买了没有。(1/22/2/14)

（2）是。我知道官问您来着。(2/40/2/15)

注解：疑问句之前，在句末，有词语“Laê tchò 来着”。这个词组与动词“Maè 买”一起构成一种复合动词：买……来着③。我们在这里使用，是因为如果骡子被买了，它就来了。值得一提的是，这一表达没有必要，可以删除。(1/22/3/13)

沃德斯卡尔认为第（1）句中的“来着”与“买”构成了复合动词，具有趋向性，且可以省略。

四、不用助词“哩”而用“呢”

《汉语基础学习》只用“呢”而不用“哩”，并对“呢”的功能做了说明：

例句：胰子面儿在那儿呢。(2/1/2/19)

---

① 前三条注解分别对应前三个例句。

② 参见宋桔《〈语言自迩集〉及其近代汉语语料》，文汇出版社，2020 年，第 213—218 页。

③ 原书为 Venant acheté。

注解：句末“Nî呢”，没有任何意义，但在语音谐调角度上使句子完整。我们将经常看到这种情况。(2/1/3/14)

江蓝生（1986）指出，“呢”的用字存在地域性，《西游记》《儒林外史》等书中写作“哩”，而同时期反映北京话情况的《红楼梦》中，“呢”字取得了独占的地位。现代汉语中一般认为“呢”的用法可以分为两大类，“呢$_1$”表示疑问语气，“呢$_2$”表示非疑问语气。

1. 表示疑问语气

《汉语基础学习》中“呢”表示疑问语气用例如下。

第一，“呢”用于特指问，句中一般包括疑问词“那儿”“多少”“什么”“怎么”等。

胰子面儿在那儿呢。(2/1/2/19)

您看他还得多少日子才能好呢。(2/29/2/16)

你学什么呢。(2/31/2/7)

起来怎么没有逮住他们呢。(2/39/2/13)

此外，还有一类特殊的特指问，由“N+呢”构成，需要根据上下文语境来理解。

烟儿煤呢。(2/25/2/7)

他后边那两个呢。(2/32/2/5)

第二，“呢”用于选择问句，一般位于句末。

您要穿鞋呀是穿靴子呢。(2/3/2/8)

老爷是在这里喝嘎啡。是在客厅呢。(2/6/2/17)

第三，“呢”用于正反问。

您的小儿子出花儿。好了没有呢。(2/29/2/7)

第四，“呢”用于反问。

他的眼睛很有病。他怎么能够看见呢。(1/26/2/16)

2. 表示非疑问语气

“呢”表示非疑问语气用例如下。

第一，表明事实，或构成“还……呢”的形式，在说明事实的基础上增加了强调、夸张的语气。

那是个说书厂儿。他们听书呢。(2/10/2/8)

有好几样子呢。(2/21/2/14)

求您略等一会儿。靴子都还没有刷呢。(2/3/2/10)

第二，表明状态的持续，多与“在”搭配。

在卓子抽屉里呢。(2/1/2/10)

老爷。车子在门口儿呢。(2/9/2/4)

五、禁止副词"别"

禁止副词"别"的来源问题各说不一、未有定论，一般认为是"不要"的合音。江蓝生（1991）提到元曲中已出现表示禁止的"别"，以北京话写成的《红楼梦》中统一用"别"，而同时期或稍晚的江淮官话小说《儒林外史》《镜花缘》等中都不用"别"。因此禁止词"别"也是北京话特征之一。

关于否定命令式的构成，沃德斯卡尔的描述是：

（1）将小品词"Piê 别"放在动词前面，意思是不可以。

（2）在动词前放置"Poū yáo 不要"，表示禁止的意思。这两种形式几乎可以互换使用。（1/11/3/2）

即将"别"或"不要"放在动词前构成动词命令式中的禁止式，两种形式可以换用，没有严格区分。《汉语基础学习》中禁止副词"别"共有 16 例，均表示祈使义，用例如下：

别买猪肉。（1/11/2/10）

我们住在这里。别进院子里去。（1/11/2/11）

到晌午你就别作了。（1/13/2/17）

六、程度副词"很"用于状语

沃德斯卡尔关于程度副词"很"的描述如下：

最高级是通过将"Hén 很""Tsoúi 最""Tìng 顶""Cheû fēn 十分"等放在形容词前面构成的，这些词都有更加、更好、超过、完美、非常的意思。（1/20/3/1）

动词和形容词一样，都有加强语意的标记（les marques intensives），如"Hén 很""Kéng 更""Lí haé 利害"等。与形容词类似，根据不同情况，这些小品词用在动词之前或之后。（1/43/3/15）

一方面，沃德斯卡尔认为"很"放在形容词前可以构成最高级形式；另一方面，他将"很"归为小品词，看作是加强语意的标记，根据语境放在动词或形容词前/后。

清代北京话中，"很"做状语较为常见。《汉语基础学习》中"很"的分布有三种情况：

第一，"很"位于述语或修饰语形容词前做状语。

你买过一匹很好的马没有。（1/7/2/18）

这匹骡子个儿很大。我们买不买。（1/10/2/8）

街上有很多不干净的孩子。（1/13/2/18）

第二，"很"位于动词前做状语。

他的眼睛很有病。他怎么能够看见呢。（1/26/2/16）

我很喜欢在炕上坐着。(1/35/2/13)

第三,“很”用作补语中的状语。

我们走的很快。(1/5/2/10)

这把钢刀子买的很贵。(1/20/2/3)

七、形容词后加“……多了”

相较于前六个典型北京话特征,第七点形容词后加“……多了”表示“……得多”作为北京话特征还未成定论。山田忠司(2018)认为该点也许是属于北京话方言区里某一个地区特有的说法。①《汉语基础学习》中“形容词+多了”仅有 3 例:

你好好的念书。比你吃烟强多了。(1/37/2/13)

不错。比去年刮的风多多了。(2/19/2/6)

他比我强多了。(2/31/2/20)

总的来看,《汉语基础学习》的语法特征与太田辰夫归纳的北京话语法特征非常吻合。除此之外,我们还可以找到《汉语基础学习》的一些其他具有北京话特色的语法特征。

先看“V 不了来”结构。

《汉语基础学习》中存在“V 不了来”格式,表示可能式的否定形式,如“能拿来”这一形式的否定形式用“拿不了来”(而不是“不能拿来”)表示,共有 3 例:

市上没有鱼。厨子买不了来。(1/17/2/2)

这个褥子太沉。我拿不了来。(1/17/2/13)

这个箱子沉的利害。我拿不了来。(1/20/2/12)

晚清民国时期的其他北京话材料中,既有“V 不了来”格式,也有将“来”替换为“去”“走”的形式,如:

那箱子我带不了来,是一时收拾不及。(清·广部精《亚细亚言语集》,1890)

再一说,父一辈子一辈的交情,也怪不好意思的,要是抓不了来也是麻烦。(损公《新鲜滋味·小蝎子》,1920)

你若是一定不认那只死牛是你的,这个赃物你也领不了去,我就把银子和衣服都赏给拿贼的马快了。(清·金国璞《华言问答》,1907)

“我爱给谁,都给了也可以;我不爱给谁,谁也抢不了去!”(老舍《牛天赐传》,1934)

“这件事要一真吵,好比一碗饭里洒一把沙子,你也端不了走,他也吃不了,就算糟蹋了,白给人家作锅。”(损公《新鲜滋味·董新心》)

---

① 参见山田忠司《对北京话特点的再思考》,《语言学论丛》,2018 年第 2 期,第 359—360 页。

“可我们带不了走呢，太紧!”（老舍《樱海集》，1935）①

“V 不了来”这种形式在清末时从北京到京畿的河间府都有分布。戴遂良（1912：82）记录的直隶河间府方言中，有一些动词“来”“去”构成可能式时需要加“了”（如“拿”），有些动词却不需要（如“进”），还有一些动词（如“刷”）可带也可不带。

俞敏（1992：23）曾提到北京话中“不可能拿走”说“拿不了 liao 走”。柯理思、刘淑学（2001）指出，“V 不了来”格式并不局限于冀鲁官话区的某些个别地点，过去的北京话也使用，只不过没有进入规范的普通话，并认为“了”是一种虚补语，“走、来、去”表示以说话人为中心的移动方向，不同于其他趋向成分。②

“V 不了来”这种格式在沃德斯卡尔时代之后应该很快就式微了，以至于没有机会进入普通话，但在邻近的河北省方言中仍完整地保存着。当然，这些后来的变化并不影响我们据之认定《汉语基础学习》具有北京话的语法特征。

再看“VP 去”格式。

“VP 去”是清末民国时期北京官话的一个特点，其中 VP 和“去”都具有同一施动者，“去”表示施动者位移的运动趋向，VP 表示施动者位移后进行的行为动作。在现代汉语中，“VP 去”和“去 VP”是可以互相转换的，两者表达意思基本一致。但是清末民国时期，“VP 去”主要用于北方方言特别是北京话中，“去 VP”主要用于西南官话、闽方言、粤方言等。陆俭明（1985）统计了北京话材料③中“VP 去”和“去 VP”的使用情况，发现北京话口语中“VP 去”出现频率比“去 VP”高得多；张美兰（2011）调查、比较了同时期南北官话方言材料，得出同样的结论，其中一个典型例证是代表南方官话的九江书局版《官话指南》将北京官话版《官话指南》中的“VP 去”改为“去 VP”，表明了这两个结构的地域差异。《汉语基础学习》中“VP 去”用例如下：

他不逛去。(1/2/2/18)

把我的衣裳都拿到睡觉屋子里去。(1/12/2/8)

你领着我到市上去。我要买几吊钱的葱。(1/32/2/10)

盖上锅。别教猫偷了肉去。(1/35/2/12)

把这分礼物给我朋友送去。(1/40/2/2)

明天该当把这些个该洗的东西。都送到洗衣裳房儿去。(2/2/2/15)

我告诉厨子去。(2/5/2/3)

---

① 此处晚清、民国文献语料来自 http://www.bdc2020.cn/page/corpusSearch/query.jsp#。

② 参见柯理思、刘淑学《河北冀州方言“拿不了走”一类的格式》，《中国语文》，2001 年第 5 期。

③ 包括老舍四部剧作、陈建功小说集、相声创作选集和北京口语调查材料。

荤油没有了。我跟您要俩钱儿。再买点儿去。(2/5/2/9)

我困了。我要睡觉去。(2/7/2/1)

他们上城外空地方演操去。(2/32/2/2)

沃氏也注意到了“VP去”这一结构的特殊性：

注意这个特殊的表达：似乎应该说“T'ā poū tch'ú koúang ì kouáng 他不去逛一逛”，但人们却说“T'ā poū kouáng tch'ú 他不逛去”。它是一个 sinicisme，通常与动词“Laê 来”“Tch'ú 去”一起使用。但这不应该成为一个绝对的规则，因为有人说过，而且说得很对：“汉语语法是一种规则很少、例外很多的语法。”(1/2/3/7)

《汉语基础学习》中，“去VP”和“VP去”两种结构是共存的。沃氏对“VP去”的分析表明两种结构也确实存在变异。

此外，沃氏还对“去VP去”结构进行了说明。他认为在汉语中，当动词“去”后加不定式时，要在句末重复“去”。以“睡觉”为例：

Aller me coucher，是说“Chouí kiáo tch'ú 睡觉去”，动词在后面。如果把它放在前面，那就得在后面重复。[①] (2/7/3/1)

沃氏指出“去VP去”主要在北京地区使用，与其他方言有别。

在某些地区，它[②]取代了最后的“Tch'ú 去”，当后者在不定式前面时，可以更换。因此，第15句，有时可以用“Tì 的”代替“Tch'ú 去”。这种形式不在北京使用。(1/36/3/12)

这个把“去VP去”替换为“去VP的”的方言，其实就是戴遂良所记的直隶河间府方言。[③] 总的来看，不管是“VP去”还是“去VP去”，这一结构的存在都再次确认了《汉语基础学习》的北京话语法特征。

最后再看疑问句的几种形式。

“VO不V”是清末民初北京话正反问句的主要形式。张美兰（2011）论述了清末民初北京话中的“VPO不VP”反复问句，指出北京官话以“VO不V”为主。翟赟（2018）比较了不同时期的本土文献及域外汉语材料并进行量化统计，指出北京官话使用“VO-NEG-V”式，南京官话使用“V-NEG-VO”式。《汉语基础学习》中正反问的情况与此一致，没有“V不VO”的用例，只有“VO不V”，例如：

你有一个孩子没有。(1/3/2/2)

他有他的帽子没有。(1/3/2/3)

他问你的孩子不问。(1/3/2/9)

---

① 这里是把“去”看作动词，如果“去”在前，就需要在最后重复，即去睡觉去。

② 指“的”。

③ 参见傅林《献县方言百年演变史》，河北大学出版社，2021年，第77页。

你懂得他的话不懂得。(1/3/2/10)

你们学他们的话不学。(1/3/2/11)

您今天刮脸不刮。——刮。把刮脸的刀子给我拿来。(2/1/2/9-10)

在选择问句中，“是 A、是 B”是清末民初北京话的主要形式。张丹星（2013）统计了清末民初北京话语料选择问句的分类情况，表明“除了早期的《儿女英雄传》以外，在整个清末民初阶段，‘是 A、是 B’形式不管在什么时期都是选择问句主要的表达形式之一，基本上占所有选择问句的五成以上”①。《汉语基础学习》中选择问未见用“还（是）”连接两个选择项，而是以“是 A、是 B”/“A、B”为主，例如：

给您。您要热水要凉水。——我要热水。到底不要开的。(2/1/2/3-4)

您要穿鞋呀是穿靴子呢。——给我拿我的靴子来。(2/3/2/8-9)

老爷是在这里喝嘎啡。是在客厅呢。——在客厅里罢。(2/6/2/17-18)

这是木板的。是石印的。——是石印的。(2/23/2/9-10)

通过上述多个语法特征的分析，我们最终能够确认《汉语基础学习》所教授的北京话与同时代其他材料非常一致，有的甚至能够反映北京和京畿地区的差别。同时，北京话内部的变异也得到了很好的呈现，这让一些语法结构的流变过程更加清晰起来。

---

① 张丹星：《清末民初北京话的选择问句和反复问句研究》，北京大学硕士学位论文，2013年，第41页。

参 考 文 献

[1] 威妥玛. 语言自迩集——19世纪中期的北京话 [M]. 张卫东译. 北京：北京大学出版社，2002.

[2] 太田辰夫. 汉语史通考 [M]. 江蓝生等译. 重庆：重庆出版社，1991.

[3] 弗朗西斯科·瓦罗. 华语官话语法 [M]. 姚小平，马又清译. 北京：外语教学与研究出版社，2003.

[4] Léon. Wieger. CHINOIS PARLÉ MANUEL 官話 koan-hoa du Nord，non-pékinois (Troisième édition refondue)[M]. 1912.

[5] P. Pelliot. Review：Les sépultures impériales des Ming(Che-san Ling)[N]. T'oung Pao，Mar. ，1922，Second Series，Vol. 21，No. 1. pp. 57-66.

[6] The China Press[N]. 1915-06-25(12).

[7] 艾溢芳. 高本汉《北京话语音读本》整理与研究 [M]. 北京：北京大学出版社，2016.

[8] 保尔·巴西. 比较语音学概要 [M]. 刘复译. 北京：商务印书馆，2017.

[9] 北京大学中文系理论语言学教研室.《汉语方音字汇》(第二版重排本) [M]. 北京：语文出版社，2003.

[10] 曹保平，邓霁月.《官话指南》的敬辞、谦辞初探 [J]. 海外华文教育，2019 (01)：21-28.

[11] 陈定民. 法语语音学 [M]. 北京：商务印书馆，1979.

[12] 陈刚，宋孝才. 现代北京口语词典 [M]. 北京：语文出版社，1997.

[13] 陈刚. 北京方言词典 [M]. 北京：商务印书馆，1985.

[14] 陈明娥，李无未. 清末民初北京话口语词汇及其汉语史价值——以日本明治时期北京官话课本为例 [J]. 厦门大学学报 (哲学社会科学版)，2012 (02)：56-63.

[15] 陈明娥. 从词汇角度看清末域外北京官话教材的语言特点 [J]. 国际汉语学报，2015，6 (01)：68-75.

[16] 陈明娥. 日本明治时期北京官话课本词汇研究 [M]. 厦门：厦门大学出版社，2014.

[17] 陈珊珊.《亚细亚言语集》与十九世纪日本中国语教育 [J]. 汉语学习，2005

(06)：64-68.
[18] 陈锡祺．孙中山年谱长编［M］．北京：中华书局，1991.
[19] 陈晓．从满（蒙）汉合璧等文献管窥清代北京话的语法特征［J］．民族语文，2015（05）：21-34.
[20] 陈晓．基于清后期至民国初期北京话文献语料的个案研究［M］．北京：北京大学出版社，2018.
[21] 程龙．浅论威妥玛第一部北京话口语教材《寻津录》［J］．社会科学战线，2013（10）：161-167.
[22] 戴维·克里斯特尔．现代语言学词典［M］．沈家煊译．北京：商务印书馆，2000.
[23] 党静鹏．《语言自迩集》的词汇学价值［J］．河北大学学报（哲学社会科学版），2011，36（05）：126-131.
[24] 翟赟．晚清民国时期南北官话语法差异研究［M］．北京：北京大学出版社，2018.
[25] 丁声树．现代汉语语法讲话［M］．北京：商务印书馆，1999.
[26] 董淑慧，杨爱芬．戴遂良《汉语汉文入门》系列教程的词汇学价值［J］．沧州师范学院学报，2022，38（02）：42-46＋75.
[27] 窦玮婷．《燕京妇语》中的寒暄语［J］．汉字文化，2020（06）：12-13.
[28] 傅林，孔亚萌．论顾赛芬和戴遂良所教“官话”的性质［M］//张西平．国际汉语教育史研究（第5辑）．北京：商务印书馆，2022.
[29] 傅林．河北献县方言一百二十年来的语音演变——以戴遂良（Léon Wieger）系列汉语教材和民国《献县志》为基础［J］．河北师范大学学报（哲学社会科学版），2017，40（01）：92-108.
[30] 傅林．契丹语和辽代汉语及其接触研究［M］．北京：商务印书馆，2019.
[31] 傅林．献县方言百年演变史［M］．保定：河北大学出版社，2021.
[32] 高艾军，傅民．北京话词语［M］．北京：北京大学出版社，2001.
[33] 高晓虹，刘淑学．《语言自迩集》中的入声字读音［J］．语言教学与研究，2006（06）：28-35.
[34] 高晓虹．北京话入声字的历史层次［M］．北京：北京语言大学出版社，2009.
[35] 顾亮．威妥玛与《语言自迩集》［D］．上海：华东师范大学，2009.
[36] 郭锐，翟赟，徐菁菁．汉语普通话从哪里来？——从南北官话差异看普通话词汇、语法来源［J］．中国言语文化学（日本），2017（06）：3-18.
[37] 郭锐．早期北京话在汉语史和现代汉语研究中的重要性［J］．语言学论丛，2018（02）：1-10.

[38] 韩苏日古嘎. 威妥玛《语言自迩集》(1867) 指示代词"这么(着)""那么(着)"研究 [D]. 北京：北京外国语大学，2021.
[39] 贺洁. "去+VP"和"VP+去"的历时考察 [J]. 语文学刊，2005 (05)：21-25.
[40] 胡双宝. 北京话语汇研究略论 [J]. 世界汉语教学，1992 (03)：185-187.
[41] 黄伯荣. 汉语方言语法类编 [M]. 青岛：青岛出版社，1996.
[42] 黄畅. 浅谈19世纪英国外交官威妥玛的汉语教学方法——以《寻津录》为例 [J]. 河北广播电视大学学报，2021，26 (02)：83-90.
[43] 黄畅. 威妥玛《寻津录》研究 [D]. 上海：上海师范大学，2014.
[44] 黄灵燕. 何谓北京话的"基本音"[J]. 语言研究，2012，32 (02)：29-43.
[45] 黄晴. 威妥玛《寻津录》词汇研究 [D]. 南宁：广西大学，2020.
[46] 贾秀英. 汉法比较句的差异 [J]. 山西大学学报（哲学社会科学版），1996 (01)：91-94.
[47] 江蓝生. 《燕京妇语》所反映的清末北京话特色（上）[J]. 语文研究，1994 (04)：15-19.
[48] 江蓝生. 《燕京妇语》所反映的清末北京话特色（下）[J]. 语文研究，1995 (01)：10-16.
[49] 江蓝生. 禁止词"别"考源 [J]. 语文研究，1991 (01)：42-47.
[50] 江蓝生. 疑问语气词"呢"的来源 [J]. 语文研究，1986 (02)：17-26.
[51] 柯理思，刘淑学. 河北冀州方言"拿不了走"一类的格式 [J]. 中国语文，2001 (05)：428-438+480.
[52] 黎锦熙. 汉语构词法和词表研究（上）[J]. 北京师范大学学报（社会科学），1959 (05)：83-104.
[53] 黎锦熙. 汉语构词法和词表研究（下）[J]. 北京师范大学学报（社会科学），1959 (06)：71-93.
[54] 李婧超. 狄考文《官话类编》语音研究 [D]. 大连：辽宁师范大学，2014.
[55] 李沫. 清代两种域外汉语教材音系研究 [D]. 南京：南京师范大学，2016.
[56] 李木谢子. 狄考文的汉语教学：《官话类编研究》[D]. 上海：华东师范大学，2011.
[57] 李蕊. 狄考文《官话类编》研究 [D]. 上海：上海师范大学，2010.
[58] 李薇薇. 北京官话区词汇研究 [D]. 哈尔滨：黑龙江大学，2016.
[59] 李文娟. 《华语官话语法》语法研究 [D]. 济南：山东师范大学，2013.
[60] 李无未. 日本明治时期北京官话教科书研究的基本问题 [J]. 吉林师范大学学报（人文社会科学版），2007 (01)：83-88.
[61] 李银菊. 近代美国来华传教士狄考文的汉语观 [D]. 济南：山东师范大学，

2013.
[62] 栗叶. 罗伯聃与《华英说部撮要》[D]. 上海：华东师范大学，2011.
[63] 栗源. 近代美国来华传教士汉语教材研究 [D]. 济南：山东师范大学，2015.
[64] 刘淑学. 中古入声字在河北方言中的读音研究 [M]. 保定：河北大学出版社，2000.
[65] 刘云，李卉. 清末民初北京话的语法特点 [J]. 现代语文（语言研究版），2015（04）：87-89.
[66] 鲁健骥. 谈对外汉语教学历史的研究 [J]. 语言文字应用，1998（04）：33-38.
[67] 陆俭明. 关于“去＋VP”和“VP＋去”句式 [J]. 语言教学与研究，1985（04）：18-33.
[68] 路云云.《亚细亚言语集》与《华英文义津逮》对比研究 [D]. 济南：山东师范大学，2020.
[69] 吕叔湘. 现代汉语八百词 [M]. 北京：商务印书馆，1999.
[70] 吕叔湘. 中国文法要略 [M]. 北京：商务印书馆，2014.
[71] 马建忠. 马氏文通 [M]. 北京：商务印书馆，2010.
[72] 齐灿. 19 世纪末南北京官话介词、助词比较研究——以《官话指南》《官话类编》注释为例 [D]. 北京：北京外国语大学，2014.
[73] 钱鸿儒. 狄考文《官话类编》语汇研究 [D]. 杭州：浙江财经学院，2013.
[74] 全文灵. 从《问答篇》到《语言自迩集》的改编看清代北京话语法特征的变化 [D]. 北京：北京外国语大学，2021.
[75] 山田忠司. 对北京话特点的再思考 [J]. 语言学论丛，2018（02）：357-372.
[76] 沈玲，方环海，陈秀玉. 19 世纪英国汉学中的汉语词类观——以《汉语手册》与《语言自迩集》为例 [J]. 国际汉学，2016（03）：165-174＋204-205.
[77] 施正宇. 从《语言自迩集》看威妥玛的汉语字词教学 [J]. 国际汉语教学研究，2016（04）：77-91.
[78] 宋桔.《马氏文通》前西人的汉语量词研究——以《语言自迩集》为核心 [J]. 语言研究，2014，34（04）：93-101.
[79] 宋桔.《语言自迩集》的汉语语法研究 [M]. 上海：复旦大学出版社，2015.
[80] 宋桔.《语言自迩集》的文献和语法研究 [D]. 上海：复旦大学，2011.
[81] 宋桔.《语言自迩集》及其近代汉语语料 [M]. 上海：文汇出版社，2020.
[82] 宋桔. 国内《语言自迩集》存世文献及实物流通考察 [J]. 国际汉学，2016（01）：133-140＋203-204.
[83] 宋苗境. 从《老乞大》中看“们”的使用和发展 [J]. 现代语文（语言研究版），2008（06）：28-31.

[84] 孙伟杰. “威妥玛式”拼音研究 [D]. 长春：吉林大学，2009.
[85] 孙霞. 新中国70年汉语逆序词研究（1949—2019）[J]. 苏州教育学院学报，2019，36（06）：65-76.
[86] 太田辰夫，陈晓. 论清代北京话 [J]. 语言学论丛，2013（02）：352-368.
[87] 太田辰夫. 清代の北京语について [J]. 中国语学，1950（34）：1-5.
[88] 唐健雄. 现代汉语同素异序词语分析 [J]. 语文研究，2004（02）：32-34.
[89] 万晓丽. 19世纪域外官话文献语气词研究 [D]. 武汉：华中师范大学，2020.
[90] 王福堂. üan韵母主要元音的音值 [J]. 语文建设，1995（01）：2.
[91] 王洪君. 北京话清入归调的层次与阶曲线判定法——兼评《基本词汇与语言演变》（汪、王2004）[M] //北京大学汉语语言学研究中心《语言学论丛》编委会. 语言学论丛（第三十三辑）. 北京：商务印书馆，2006.
[92] 王卉. 清末官话教材《官话类编》的词汇特点及其汉语史价值 [J]. 宁夏大学学报（人文社会科学版），2019，41（05）：25-28+37.
[93] 王澧华. 《语言自迩集》的编刊与流传 [J]. 对外汉语研究，2006（02）：182-195.
[94] 王澧华. 日编汉语读本《官话指南》的取材与编排 [J]. 上海师范大学学报（哲学社会科学版），2006（03）：66-72.
[95] 王树瑛. 再谈疑问语气词“呢”的来源 [J]. 福建教育学院学报，2007（07）：73-76.
[96] 王帅. 《燕京妇语》研究 [D]. 南京：南京大学，2020.
[97] 王琬嫣. 《燕京妇语》的话题研究 [D]. 成都：四川师范大学，2017.
[98] 王为民，吴静. 西方最早的北京话口语汉英对照课本及其编纂方式 [J]. 中国语言文学研究，2019，26（02）：210-220.
[99] 王宇宏，吴长安. 《亚细亚言语集》与日本近现代军用汉语教科书 [J]. 延边大学学报（社会科学版），2017，50（06）：80-88.
[100] 魏薇. 北京官话教科书词汇研究 [M]. 长春：吉林大学出版社，2013.
[101] 魏兆惠. 清代北京官话特殊副词“白”来源于满语的若干旁证 [J]. 中央民族大学学报（哲学社会科学版），2017，44（04）：128-135.
[102] 魏兆惠. 试论清末北京官话特殊的“所”及其来源 [J]. 湖南师范大学社会科学学报，2014，43（02）：143-147.
[103] 吴丽君. 日编北京口语教材《官话指南》的语言特点分析 [M] //北京外国语大学中国语言文学学院. 人文丛刊（第三辑）. 北京：学苑出版社，2008.
[104] 吴晓芳. 《语言自迩集》词汇专题研究 [D]. 石家庄：河北师范大学，2018.
[105] 夏靓. 早期北京话处置式研究 [D]. 长春：黑龙江大学，2021.

[106] 邢公畹. 论汉语的“连锁复句”——对《官话类编》一书连锁复句的分析 [J]. 世界汉语教学，1990 (03)：129-134.

[107] 邢公畹. 论汉语的“连锁复句”(续)——对《官话类编》一书连锁复句的分析 [J]. 世界汉语教学，1990 (04)：224-236.

[108] 邢心蕊. 清末汉语教科书《汉语入门》词汇研究 [D]. 广州：广州大学，2019.

[109] 徐丹. 汉语河州话及周边地区非指人名词的复数标记“们” [J]. 民族语文，2011 (06)：9-23.

[110] 徐丽.《官话指南》称谓语研究 [J]. 汉字文化，2020 (05)：46-50.

[111] 徐世荣. 北京土语辞典 [M]. 北京：北京出版社，1990.

[112] 宣璐. 威妥玛之《语言自迩集》与对外汉语教材编写原则探讨 [D]. 杭州：浙江大学，2013.

[113] 杨小曼. 日本明治时期汉语教材 [D]. 沈阳：沈阳大学，2021.

[114] 杨杏红. 日本明治时期北京官话课本语法研究 [M]. 厦门：厦门大学出版社，2014.

[115] 姚澜.《寻津录》初探 [D]. 成都：四川师范大学，2014.

[116] 叶青青. 广部精《亚细亚言语集》研究 [D]. 成都：西南交通大学，2020.

[117] 殷静静. 近代英国来华外交官汉语教材研究 [D]. 济南：山东师范大学，2015.

[118] 俞敏. 俞敏语言学论文二集 [M]. 北京：北京师范大学出版社，1992.

[119] 岳岚. 晚清时期西方人所编汉语教材研究 [D]. 北京：北京外国语大学，2015.

[120] 张丹星. 清末民初北京话的选择问句和反复问句研究 [D]. 北京：北京大学，2013.

[121] 张德鑫. 威妥玛《语言自迩集》与对外汉语教学 [J]. 中国语文，2001 (05)：471-474.

[122] 张惠芬.《语言自迩集》教材编写的解构与启示 [J]. 华文教学与研究，2019 (03)：71-78.

[123] 张金发. 清末民国四种国语语音教材及拼音方案比较研究 [D]. 福州：福建师范大学，2013.

[124] 张美兰.《官话指南》汇校与语言研究 [M]. 上海：上海教育出版社，2017.

[125] 张美兰.《华语官话语法》中语法问题分析 [J]. 国际汉学，2004 (01)：288-306.

[126] 张美兰.《语言自迩集》中的清末北京话口语词及其贡献 [J]. 北京社会科学，2007 (05)：83-88.

[127] 张美兰. 常用词的历时演变在共时层面的不平衡对应分布——以《官话指南》及其沪语粤语改写本为例 [J]. 清华大学学报（哲学社会科学版），2016，31

(06)：54-63＋192-193.
[128] 张美兰．从文本比较看威妥玛所编汉语教材的北京口语特征［J］．语言学论丛，2018（02）：301-323.
[129] 张美兰．反复问句结构的历时演变与南北类型关联制约——以《官话指南》及其沪语粤语改写本为例［J］．语言研究，2018，38（03）：9-18.
[130] 张美兰．继承与创新：清末北京官话的域外传播模式［J］．清华大学学报（哲学社会科学版），2021，36（02）：135-143＋210.
[131] 张美兰．明清域外官话文献语言研究［M］．长春：东北师范大学出版社，2011.
[132] 张美兰．明治期间日本汉语教科书中的北京话口语词［J］．南京师范大学文学院学报，2007（02）：146-167.
[133] 张美兰．施受关系之表达与南北类型特征制约——以《官话指南》及其沪语粤语译本为例［J］．学术交流，2018（02）：139-149.
[134] 张天皓．罗伯聃《正音撮要》研究［D］．北京：北京外国语大学，2019.
[135] 张卫东．《语言自迩集》译序［J］．汉字文化，2002（02）：46-50.
[136] 张卫东．北京音何时成为汉语官话标准音［J］．深圳大学学报（人文社会科学版），1998（04）：93-98.
[137] 张卫东．从《语言自迩集·异读字音表》看百年来北京音的演变［J］．广东外语外贸大学学报，2002（04）：15-23.
[138] 张卫东．论《中原音韵》东锺庚青之“两韵并收”［J］．语言学论丛，2013（02）：238-257＋375.
[139] 张卫东．试论近代南方官话的形成及其地位［J］．深圳大学学报（人文社会科学版），1998（03）：73-78.
[140] 张卫东．威妥玛氏《语言自迩集》所记的北京音系［J］．北京大学学报（哲学社会科学版），1998（04）：135-143.
[141] 张西平，李真．西方早期汉语研究文献目录［M］．北京：商务印书馆，2021.
[142] 张晓静，陈泽平．河北武邑方言复数标记“们”［J］．中国语文，2015（02）：153-157.
[143] 张谊生．略论时制助词“来着”——兼论“来着1”与“的2”以及“来着2”的区别［J］．大理师专学报，2000（04）：61-67.
[144] 赵金铭．论汉语的“比较”范畴［J］．中国语言学报，2001（01）：1-16.
[145] 郑明明．从《语言自迩集》看清末国外汉语教材内容的编排［D］．石家庄：河北师范大学，2022.
[146] 中国社会科学院语言研究所词典编辑室．现代汉语词典（第7版）［M］．北京：

商务印书馆，2016.
［147］朱德熙. 朱德熙文集（第三卷）［M］. 北京：商务印书馆，1999.
［148］朱德熙. 语法讲义［M］. 北京：商务印书馆，1982.
［149］朱培培. 《官话类编》被动句研究［J］. 淮北职业技术学院学报，2019，18（01）：70-71.
［150］朱晓琳. 从《语言自迩集》版本变化看对外汉语教材编写［D］. 成都：四川师范大学，2017.
［151］祖生利. 《疑问语气词呢的来源》补说［J］. 西北师大学报（社会科学版），1996（05）：102-106.
［152］祖生利. 近代汉语“们”缀研究综述［J］. 古汉语研究，2005（04）：49-55.
［153］BDC语料库［DB/OL］http://www.bdc2020.cn/page/corpusSearch/query.jsp#.
［154］法国文化部国家档案馆数据库［DB/OL］www.culture.gouv.fr.
［155］Henri Cordier, Bibliotheca Sinica. Dictionnaire bibliographique des ouvrages relatifs à l'Empire chinois. Supplément et index. Fascicule 1er［M］. Paris: Libraire Orientaliste Paul Geuthner, 1922.

清末法国汉学家
沃德斯卡尔
《汉语基础学习》
整理与研究

整理篇

整理说明：

1. 本编是对《汉语基础学习》原书进行人工识别、录入和校对后的成果。为尽量呈现原貌，除明显的错字和误拼外，对原书中的汉字繁体字、异体字一般不做改动。有改动处均加脚注说明原书形式。

2. 正文中用（▲＋数字）形式显示原书页码，如“（▲5）”表示原书第5页内容在此终止，以下开始第6页。

3. 原书中声调符号主要标在韵腹元音上，少数标在韵尾的n或g上，具体标调位置无规律。整理中尽可能按照作者原本书写形式标调，若出现声调符号跨越两个字母的情况，则标在就近的字母上。

4. 原书在列举近义词时，会在汉字之间使用句号，如“道。路”，相应的拼音之间使用下划线，如“Táo _ Loú”；个别地方原文使用换行来区隔，不使用下划线。对于这种情况，本书在重新排版时，为了排列整齐，有的排列到一行，改用逗号来间隔。

5. 原书正文中有需要用逗号或句号等标点符号的地方，实际用了下划线，限于整理者的水平，未擅改为相应标点符号。

6. 标“???”的地方表示原书过于模糊无法识别。

前言

Etude élémentaire de la langue chinoise

But et plan de l'étude

Il est superflu d'insister sur l'utilité de l'étude de la langue chinoise. Il est vraisemblable que nous augmenterons un jour le contact que nous avons avec la Chine, par le Tonkin, et que les efforts de l'expansion française se porteront surtout vers le Yun Nan. Or, par une coincidence heureuse, la langue du Yun Nan se rapproche beaucoup de celle du Tche Li.

Il n'y a que des différences d'accentuation, et quelques mots changés. En étudiant le Pékinois, qui est la langue correcte, on pourra donc, sans grandes difficultés, se faire comprendre au Yun Nan. D'ailleurs le dernier mot n'est pas dit au Tche Li.

Je crois que pour l'étude du Chinois, il ne faut pas commencer par approfondir exclusivement la grammaire, et ne pratiquer que quand on s'est rendu maître des règles. C'est aride et désagréable et on se rebute bien vite.

J'estime que dans une étude de ce genre, il faut, non pas surmonter un déplaisir, mais bien éprouver une satisfaction réelle, et l'étude de la grammaire est déplaisante au possible.

D'autre part, les simples vocabulaires, renfermant des mots et des phrases, sans aucune explication, ne sont pas goûtés par nos esprits européens, toujours inquiets du pour et du contre, et d'ailleurs façonnés, par l'instruction française, à rechercher des règles pouvant guider et diriger.

Mon travail tiendra de la grammaire et du vocabulaire ; mais au lieu de présenter des règles suivies d'exemples, je ferai l'inverse, et je donnerai d'abord des phrases, dont les règles seront déduites.

Cette façon de faire peut paraitre paradoxale, et a l'air de mettre la charrue devant les bœufs, ou bien, comme dit le proverbe chinois : « L'âne derrière le rouleau » . Mais il semble pourtant que ce soit la façon logique d'apprendre une langue ; les enfants ne font pas autrement, ni les chinois non plus, attendu qu'en Chine, si la langue écrite a des règles étroites et sévères, la (▲5) langue parlée n'e pas de grammaire, et ce mot est, en Chine, vide de sens.

Le plan de mon travail sera le suivant :

D'abord quelques indications sur les tons chinois et la prononciation ceci est indispensable, mais ne doit prendre que le moins de temps possible.

Ensuite, entrer immédiatement dans le vif de la question, en donnant à chaque leçon un certain nombre de mots, puis en formant, avec ces mêmes mots, quelques phrases usuelles.

Puis, déduire de ces phrases, les règles qui ont servi à les former. On pourra donc, dès les premières leçons, dire quelques phrases, en sachant pourquoi il faut les construire de telle ou telle façon, sans avoir été obligé d'étudier tout d'abord des règles de grammaire.

On présentera ensuite des dialogues.

Si le professeur chinois était capable de donner de vive viox les explications nécessaires, s'il pouvait dire : « Ce mot a tel emploi, il est placé ici ou là pour telle ou telle raison. » il n'y aurait qu'à prendre un livre quelconque et à étudier ; mais je n'ai jamais recontré cet oiseau rare, et mes camarades m'ont exprimé le même avis.

Tout lettré chinois est une machine qui lira, qui, difficilement, se laissera arracher quelques mots, et qui est incapable de guider dans une étude logique, la seule qui permette d'arriver au but avec le minimum d'efforts.

Mon ambition est de supplér ce professeur chinois qui fait défaut. C'est sans doute beaucoup de présomption de ma part, mais je puis toujours mettre au service des camarades le peu que je sais, et ayant surmonté des difficultés, je puis aider les autres à les vaincre.

Sans suivre rigoureusement les divisions de la grammaire, il a cependant paru plus commode de placer les leçons sous des rubriques grammaticales, répondant à nos idées. (▲6)

Division du Travail

Iere Partie

① 这里的页码为照录的原书页码。

Ⅱ eme Partie

Dialogues

Ⅲ eme Partie

Ⅳ eme Partie

Renseignements divers

(▲9)

第一章 课

Iere Partie

Leçons

(▲10)

Indications pour la lecture des mots

Les mots chinois, en caractères latins, sont en écriture penchée.

Les caractères chinois, dans le cours des leçons, dans les vocabulaires et dans les lexiques, doivent se lire de gauche à droite, comme le français.

Les caractères chinois, assemblés en phrases réunies dans un fascicule spécial, doivent se lire de haut en bas, et de droite à gauche, comme cela se pratique en Chine.

Ceci pour faciliter la lecture par le lettré chinois, qui ne sera pas dérouté, et pour préparer l' étudiant à l'étude des caractères, étude qui est le complément de celle de la langue parlée.

Toutes les phrases sont en Pékinois. Si le lettré dont on se servira est du Sud, il pourra objecter que certaines phrases ne sont pas correctes. Ne l'écoutez pas et passez outre.

De même, quelques règles de grammaire différent des règles données dans divers ouvrages, en particulier dans celui, si bien composé, du Père Wieger. C'est que ces ouvrages ne sont pas en Pékinois, et que, par suite, il y a des différences d'emploi.

Ceci dit ! au travail.

(▲11)

Leçon préparatoire

Figuration des sons chinois

Tous les mots de la langue chinoise sont mono-syllabiques ; il y a il est vrai, beaucoup de mots composés, mais chaque élément a une signification propre, et peut, à l'occasion, être employé isolément.

Ils doivent se prononcer d'une seule émission de voix.

Ils ne sont pas fort nombreux, environ 400, lesquels affectés d'un des 4 tons, quelquefois des 4, et combinés entre eux, suffisent pour constituer une langue riche et variée.

Afin d'éviter aux débutants l'étude, très-longue et très-aride, des caractères chinois, on a essayé de représenter, avec des caractères latins, tous les sons de la langue. On n'y est qui imparfaitement parvenu, beaucoup de ces sons ne pouvant être, représentés fidèlement. Il a donc fallu convenir de règles, très elastiques nécessairement, et auxquelles on ne peut accorder qu une importance relative.

Je m en tiendrai à la figuration indiquée par le Dictionnaire de la Mission de Pékin, qui donne un minimum de sons, avec quelques variantes qui m'ont paru nécessaires.

Dans les tableaux des pages suivantes figurent tous les sons en usage à Pékin. On devra se faire lire les caractères et répéter soi-même le son entendu.

Mais cette étude ne doit être qu'une reconnaissance préalable de la langue, un simple moyen de se faire une première idée de ce que sont les mots chinois, dits par un Chinois.

On fera bien de ne pas s'y appesantir, sans toutefois la négliger.

Il faut, de toute nécessité avoir auprès de soi un Chinois qui lira les caractères. Vouloir étudier seul la langue chinoise, surtout dans les commencements, serait courir à un insuccès certain, et il est inutile de le tenter. Mais il faudra se mettre en garde contre la paresse du lettré qui, somnolant doucement à côté de l'éléve, et pour s'éviter la peine de rectifier les fautes, dira toujours que c'est parfait. (▲12)

Cha	沙	Hoo	後	K'ao	考	K'ouo	闊
Chae	晒	Hou	胡	Kei	給	La	拉
Chan	衫	Houa	化	Ken	跟	Lae	來
Chang	晌	Houae	壞	K'en	肯	Lan	懶
Chao	少	Houan	還	Keng	更	Lang	狼
Chee	賒	Houang	皇	K'eng	坑	Lao	老
Chen	伸	Houi	會	Keu	個	Lea	倆
Cheng	生	Houen	渾	K'eu	可	Leang	良
Choo	收	Houng	紅	Ki	雞	Leao	了
Cheu	恃	Houo	活	Kia	家	Leou	六
Chou	梳	I	衣	Kiang	講	Lei	淚
Choua	刷	Ie (Ye)	也	Kiao	交	Leng	冷
Chouae	摔	Ien (Yen)	淹	Kie	街	Leu	樂
Chouan	拴	Iou (You)	油	Kien	堅	Li	里
Chouang	雙	Ioung (Young)	用	Kin	金	Lie	列
Chouen	順	Jan	染	King	井	Lien	臉
Choui	水	Jang	讓	Kiou	九	Lin	林
Chouo	說	Jao	饒	Koo	勾	Ling	令
Eul	耳	Jeu	日	K'oo	口	Loo	樓
Fa	發	Jeue	熱	Kou	古	Lou	路
Fan	犯	Jen	人	K'ou	苦	Louan	亂
Fang	房	Jeng	扔	Koua	刮	Louen	輪
Fei	非	Joo	肉	K'oua	誇	Loung	龍
Fen	分	Jou	入	Kouae	怪	Louo	落
Fong	風	Jouan	軟	K'ouae	快	Lu	綠
Fou	夫	Jouen	閏	Kouan	官	Ma	馬
Fouo	佛	Joui	瑞	K'ouan	寬	Mae	買
Ha	哈	Joung	容	Kouang	光	Man	滿
Hae	海	Ka	嘎	K'ouang	狂	Mang	忙

Han	汗	Kae	改	Koui	貴	Mao	帽
Hang	行	K'ae	開	K'oui	魁	Mei	每
Hao	好	Kan	乾	Kouen	昆	Men	門
Hei	黑	K'an	看	K'ouen	困	Mi	米
Hen	很	Kang	鋼	Koung	工	Miao	廟
Heng	恒	K'ang	抗	K'oung	空	Mie	滅
Heu	合	Kao	高	Kouo	國	Mien	免

(▲13)

Min	民	Pa	八	Sao	掃	Tch'a	差
Ming	明	P'a	怕	Seu (chee)	色	Tchae	摘
Mong	蒙	Pae	白	Seng	僧	Tch'ae	拆
Moo	末	P'ae	拍	Seu	思	Tchan	占
Mou	木	Pan	半	Si	西	Tch'an	產
Na	那	P'an	判	Sia	下	Tchang	長
Nae	奶	Pang	邦	Siang	相	Tch'ang	常
Nan	南	P'ang	旁	Siao	小	Tchao	招
Nang	囔	Pao	包	Sie (sue)	血	Tch'ao	潮
Nao	腦	P'ao	跑	Sien	先	Tchee	這
Ni	内	Pei	北	Sin	心	Tch'ee	扯
Nen	嫩	P'ei	賠	Sing	行	Tchen	真
Neng	能	Pen	本	Siou	修	Tch'en	沉
Ni	尼	P'en	噴	Sioung	兄	Tcheng	正
Niang	娘	Peng	崩	Souo	鎖	Tch'eng	成
Niao	尿	P'eng	碰	Soo	搜	Tchoo	州
Nie	臬	Pi	比	Sou	俗	Tch'oo	仇
Nien	念	P'i	皮	Souan	酸	Tcheu	知
Nin	您	Piao	表	Souen	孫	Tch'eu	吃
Ning	寧	P'iao	漂	Soui	歲	Tchou	竹
Niou	牛	Pie	別	Soung	送	Tch'ou	初
Niu	女	P'ie	撇	Siu	虛	Tchoua	抓
Noo	挪	Pien	便	Sue	雪	Tchouae	拽
Nou	奴	P'ien	偏	Suen	宣	Tch'ouae	揣
Nouan	暖	Pin	殯	Sun	旬	Tchouan	磚
Noung	弄	P'in	品	Ta	打	Tch'ouan	船
Neue (ngeu)	俄	Ping	兵	T'a	他	Tchouang	壯
Ou	五	P'ing	平	Tae	代	Tch'ouang	床
Oua (Wa)	挖	Pou	不	T'ae	太	Tchouen	准

Ouae (Wae)	外	P'ou	葡	Tan	單	Tch'ouen	春
Ouan (Wan)	晚	Pouo	玻	T'an	貪	Tchoui	追
Ouang (Wang)	忘	P'ouo	破	Tang	當	Tch'oui	吹
Ouei (Wei)	威	Sa	洒	T'ang	倘	Tchoung	中
Ouen (Wen)	文	Sae	塞	Tao	刀	Tch'oung	虫
Oueng (Weng)	甕	San	三	T'ao	桃	Tchouo	捉
Ouo (Wo)	我	Sang	喪	Tcha	扎	Tch'ouo	擉

(▲14)

Tchu	句	Tiou	丢	Ts'ang	倉	Tsou	租
Tch'u	去	Too	豆	Tsao	早	Ts'ou	粗
Tchuan	捐	T'oo	頭	Ts'ao	操	Tsouan	揝
Tch'uan	全	Tou	杜	Tsei	賊	Ts'ouan	簒
Tchue	絕	T'ou	土	Tsen	怎	Tsouen	尊
Tch'ue	缺	Touan	短	Ts'en	參	Ts'ouen	村
Tchun	君	T'ouan	團	Tseng	憎	Tsoui	最
Tch'un	群	Touen	鈍	Ts'eng	層	Ts'oui	催
Teu	得	T'ouen	屯	Tseu	子	Tsoung	總
T'eu	特	Toui	對	Ts'eu	次	Ts'oung	從
Teng	登	T'oui	推	Ts'i	七	Tsouo	昨
T'eng	疼	Toung	凍	Ts'ia	恰	Ts'ouo	錯
Ti	地	T'oung	通	Ts'iang	槍	Wong (Ouong)	翁
T'i	提	Touo	多	Ts'iao	瞧	Ya (Ia)	亞
Tiao	刁	T'ouo	脫	Ts'ie	切	Yang (iang)	羊
T'iao	挑	Tsa	偺	Ts'ien	千	Yao (iao)	要
Tie	碟	Ts'a	擦	Ts'in	親	Yn (in)	引
T'ie	貼	Tsae	在	Ts'ing	青	Yng (ing)	英
Tien	點	Ts'ae	才	Ts'iou	求	Yu (iu)	雨
T'ien	天	Tsan	鏨	Ts'ioung	窮	Yue (iue)	月
Ting	釘	Ts'an	參	Tsoo	走	Yuen (iuen)	原
T'ing	亭	Tsang	臧	Ts'oo	湊	Yun (iun)	雲

(▲15)

Voici quelques indications pouvant guider dans la lecture de ce tableau, mais la représentation fidèle des sons étant impossible, ce qui est donné n'est qu'un à peu près, et il faut se former l'oreille soi-même.

Initiales

Ch, f, j, l, m, n, p, t, y, se prononcent à peu près comme en français.

H, signe conventionnel ; est rendu presque par Kr, avec l'r atténué. Il faut se faire lire souvent ce son et le répéter.

K, devant a, e, o, comme le K français.

K, devant i, a parfois le son d'un t ou d'un g.

K', représente un K, suivi d'h aspiré, remplacé par l'apostrophe. Il y a une aspiration à faire entre l'émission de K, et celle de la lettre suivante.

Ou, d'une seule émission de voix, comme le oo anglais. Beaucoup d'auteurs remplacent d'ailleurs ou par oo.

P', comme s'il était suivi d'h aspiré.

S, devant a, e, o, comme l'S français.

S, devant i et u, comme Sh.

T', comme si l'apostrophe tenait la place d'h aspiré.

Tch, son difficile, très mouillé, parfois comme Tch, d'autres fois comme Ti, Ki, Dz, Ds.

Tch', avec aspiration, l'apostrophe remplaçant h aspiré.

Ts, un peu comme Dz ou Dj.

Ts', avec aspiration, l'apostrophe remplaçant h aspiré.

Finales

A, comme l'a français, très bref.

Ae, d'une seule émission de voix, l'e étant très ouvert. On écrit aussi Ai, ce n'est ni l'un ni l'autre.

An, en faisant sentir l'n final, comme ann.

Ang, en faisant sentir le g final, mais pas trop.

Ao, a bref, suivi de o plus accentué.

E, toujours ouvert, jamais muet, comme é ou è.

Ea, e bref, suivi de a long.

Ee, e ouvert prolongé, un peu comme e suivi de a à peine prononcé.

Eang, e bref, suivi de ang.

Eao, e bref, suivi de ao. (▲16)

En, comme s'il y avait enn, quelquefois comme eunn.

Ei, comme si l'i avait un tréma, mais d'une seule émission de voix.

Eng, intermédiaire entre ang et eng.

Eul, très variable, souvent contracté.

Eu, très difficile, entre o très-ouvert et eu.

Eou, entre eou et iou.

I, comme l'i français.

Ia, i bref, a long.

Iang, i bref, ang long.

Iao, i bref, ao long.

Ie, comme i tréma, d'une seule émission de voix avec l'é final.

Ien, comme s'il y avait deux n à la fin.

In, ——d°——.

Ing, très difficile, un peu comme s'il existait un e entre i et ng.

Iou, en appuyant sur ou.

Ioung, d'une seule émission de voix, on sent le g final.

Iu, d'une seule émission de voix.

Oo, o prolonge.

Ou, comme en français.

Oua, ou, suivi de a, d'une seule émission de voix.

Ouae, ou, suivi de ae, d'une seule émission de voix.

Ouan, ou, suivi de an, d'une seule émission de voix.

Ouang, ou, suivi de ang, d'une seule émission de voix.

Ouen, difficile, entre oun et ouen.

Oueng, ou, suivi de eng.

Oui, d'une seule émission de voix, en appuyant sur l'i.

Ouei, ou, suivi de ei.

Ouo, ou, suivi de o peu prononcé.

Ong, en faisant sentir le g.

Oung, d'une seule émission de voix, on sent le g.

U, comme en français, souvent comme Iu, après tch.

Ue, u long, e bref.

Uen, ni uen, ni uan, intermédiaire.

Un, comme s'il y avait deux n. (▲17)

Tons chinois

La langue chinoise monosyllabique serait impuissante à rendre tout ce qu'il faut dire, si chaque son n'était affecté de plusieurs tons.

Les tons sont l'accentuation propre à chaque son, accentuation qui suffit à en changer le sens complètement.

Dans la Chine du Nord, on convient que 4 tons sont en usage.

Les voici, avec la façon dont ils sont représentés dans cette étude.

1er Ton

上平 Cháng p'îng　　Ton égal

Ton naturel de la voix, sans modulation.

Représenté par un brait horizontal au, dessus de la syllabe.

2eme Ton

下平 Siá p'îng　　Ton aigu

Aigu, bref, et un peu élevé comme note.

Représenté par un accent circonflexe.

3eme Ton

上聲 Cháng chēng　　Ton montant

Montant et long ; la voix monte en se prolongeant.

Représenté par un accent grave.

4eme Ton

去聲 Tch'ú chēng　　Ton grave

Bref et grave ; la voix meurt brusquement.

Représenté par un accent aigu.

Il faut se faire lire, et répéter soi-même les mots suivants, affectés des 4 Tons :

(▲18)

1er Ton		2eme Ton		3eme Ton		4eme Ton	
Lā	拉	Lâ	刺	Là	喇	Lá	辣
Tchaē	摘	Tchâe	宅	Tchàe	窄	Tcháe	債
Hān	酣	Hân	含	Hàn	喊	Hán	旱
Jāng	嚷	Jâng	攘	Jàng	壤	Jańg	讓
Hāo	蒿	Hâo	毫	Hào	好	Háo	浩
Chēe	賒	Chêe	舌	Chèe	捨	Chée	舍
Iēn	菸	Iên	延	Ièn	眼	Ién	宴
Fēi	非	Fêi	肥	Fèi	匪	Féi	肺
P'ēng	烹	P'êng	朋	P'èng	拌	P'éng	碰
K'ēu	科	K'êu	喀	K'èu	可	K'éu	刻
Sī	西	Sî	昔	Sì	洗	Sí	細
Kiā	家	Kîa	袷	Kià	假	Kiá	架
Siāng	相	Sîang	詳	Siàng	想	Siańg	向
T'iāo	挑	T'iâo	調	T'iào	跳	T'iáo	跳
Siē	些	Siê	協	Siè	血	Sié	謝
Yn̄	因	Yn̂	銀	Yǹ	引	Yń	印
Sīng	星	Sîng	行	Sìng	醒	Síng	姓
Niōu	妞	Niôu	牛	Niòu	扭	Nióu	拗
Ioūng	雍	Ioûng	容	Ioùng	永	Iouńg	用

Yū	於	Yû	魚	Yù	雨	Yú	玉
Chōo	收	Chôo	熟	Chòo	手	Chóo	受
P'oū	撲	P'ôu	葡	P'où	普	P'oú	鋪
Ouēn	温	Ouên	文	Ouèn	穩	Ouén	問
Fōng	風	Fông	逢	Fòng	捧	Fóng	奉
Tch'oūng	充	Tch'oûng	虫	Tch'òung	寵	Tch'oúng	揰
Tchū	居	Tchû	菊	Tchù	矩	Tchú	句
Sūe	靴	Suê	學	Suè	雪	Sué	穴
Suēn	宣	Suên	玄	Suèn	選	Suén	楦
P'oūo	坡	P'oûo	婆	P'oùo	笸	P'oúo	破

(▲19)

Je dois dire qu'il ne faut pas s'effrayer outre mesure de ces tons et qu'ils entrent assez facilement dans l'oreille.

Il vaut mieux, d'ailleurs, écouter la prononciation spéciale de chaque mot, et sans s'inquiéter du ton, que de se demander à chaque syllabe :

De quel ton est-elle affectée ?

Les Chinois, pour la plupart, sont fort embarrassés de préciser le ton de telle ou telle syllabe, et pourtant ils ne se trompent pas en parlant. Il faut essayer de faire comme eux, et apprendre le son de chaque mot isolément, dans une bienheureuse ignorance de ces tons.

Il est nécessaire de les employer, pour la représentation graphique.

Les lois de l'euphonie, qui jouent un grand rôle dans la langue parlée, exigent parfois le changement de ton d'une syllabe, parce qu'elle suit ou précède une autre syllabe qui n'a pas toujours le même ton.

Il ne faudra donc pas s'étonner de voir un mot affecté d'un ton dans les vocabulaires, et de le retrouver, dans les phrases, avec un autre ton. C'est que l'euphonie sera intervenue, exigeant cette modification.

Les tons donnés sont ceux employés à Pekin ; ils varient souvent de ville à ville.

Nous avons fait connaissance avec les sons de la langue chinoise que nous avons fait lire par le lettré, et que nous avons lus après lui.

Nous n'ignorons plus les différences de tonalité qui affectent chaque syllabe.

Tout ceci doit nous avoir pris peu de temps, car il est préférable de prendre les mots un à un, comme ils se présenteront dans les leçons, et de s'efforcer alors de les dire correctement, que de vouloir posséder parfaitement les sons, avant d'étudier quoique ce soit.

Nous sommes en état de commencer la première leçon.

(▲20)

1ere Leçon

Formes affirmatives du présent

Vocabulaire

Je, me, moi	我	Oùo	Vendre	賣	Maé
Tu, te, toi	你	Nì	Cheval	馬	Mà
Il, lui, elle	他	T'ā	Mulet	騾子	Loûo tsèu
Nous	我們	Ouò mēn	Ami	朋友	P'êng iòu
Vous	你們	Nì mēn	Vite	快	K'ouáe
Eux, elles	他們	T'ā mēn	Lentement	慢	Mán
Aller	去	Tch'ú	Un, une	一	Ī
Venir	來	Laê	Deux	二。兩	Eúl_Lèang
Marcher	走	Tsòo	Trois	三	Sān
Arriver	到	Táo	Spécificatif	個	Kēu
Avoir	有	Ioù	-d°-	匹	P'ì
Acheter	買	Maè			

Phrases

1 J'ai un ami.

Ouò ioù ī kēu p'êng ioù.

2 Tu as deux chevaux.

Nì ioù lèang p'ì mà.

3 Il a un mulet.

T'ā ioù ī p'ì louô tsèu.

4 Nous avons deux amis.

Ouò mēn ioù lèang keū p'êng ioù.

5 Vous avez trois chevaux.

Nì mēn ioù sān p'ì mà.

6 Ils ont deux mulets.

T'ā mēn iòu leàng p'ì louô tsèu.

7 Je vais à Pekin.

Ouò tch'ú Pèi Kīng.

8 Tu marches vite.

Nì tsòo tì k'ouáe.

9 Il vient.

T'ā laê.

10 Nous arrivons à Tien Tsin.

Ouò mēn táo T'iēn Tsīn. (▲21)

11 Vous marchez lentement.

Nì mēn tsòo tì mán.

12 Ils viennent vite.

T'ā mēn laê tì k'ouaé.

13 J'achète un cheval.

Ouo màe ī p'ì mà.

14 Tu vends un mulet.

Nì maé ī p'ì louô tsèu.

15 Il achète deux chevaux.

T'ā màe leàng p'ì mà.

16 Nous vendons deux mulets.

Ouò mēn maé leàng p'ì louô tseù.

17 Vous achetez trois chevaux.

Nì mēn màe sān p'ì mà.

18 Ils vendent trois mulets.

T'ā mēn máe sān p'ì louô tsèu.

19 Elles ont une amie.

T'ā mēn ioù ī kēu p'êng ioù.

20 Elle vient vite.

T'ā laê tì k'ouaé.

Règles et observations

Tout d'abord, et ceci sera dit une fois pour toutes, les mots chinois sont tous et toujours invariables. Ils ne sont pas seulement ou noms, ou adjectifs, ou verbes, ou prépositions, etc... , mais peuvent être l'un ou l'autre, suivant leur place dans la phrase.

1. En général, la phrase chinoise énonce d'abord le sujet, puis le verbe, puis le complément.
2. Le présent de l'indicatif n'a pas de forme particulière, on énonce simplement le verbe.
3. Le pluriel des pronoms personnels se forme en ajoutant, *mēn*, 們 à leur suite.
4. La préposition à, dans les phrases 7 et 10, ne se rend pas ; on peut considérer, dans ces phrases, les mots *tch' ú* 去, *táo* 到, comme étant les verbes : aller à, arriver à. Nous verrons plus tard comment on peut rendre cette préposition à. (▲22) verbe. ①Il faut observer de près l'emploi de ce mot, que nous rencontrerons souvent et qui, suivant l'expression heureuse du Père Wieger, est un véritable Protée de la langue chinoise.

Ici, *Ti* 的, ajouté au verbe, le modifie dans le sens exprimé par la suite. C'est aussi la marque du participe présent. C'est comme si l'on disait : Phrase 9 : tu es marchant vite. Et le génie de la langue chinoise exige que l'on emploie cette forme.

① 原书中 verbe 之前缺少部分内容。

Donc quand le verbe français sera suivi d'un mot qui le modifiera dans un sens de quantité, de qualité, de lieu, de temps, de façon d'être, on placera après le verbe le mot *Ti* 的, et l'on énoncera ensuite le terme modificateur.

6. Des spécificatifs—Pour remédier à l'homonymie de beaucoup de mots, les Chinois emploient des particules qui se placent devant le substantif, et qui le précisent, en le classant en quelque sorte.

Ceci permet de distinguer quel est l'objet dont on parle, quand on énonce deux mots de même son, affectés du même ton.

Ces spécificatifs ne sont pas très-nombreux, nous les étudierons à mesure qu'ils se présenteront.

Nous en voyons deux dans la 1ere leçon :

Kēu 個, est un spécificatif d'usage général, que l'on peut, à la rigueur, et quand on ne connait pas le mot spécial, employer avec tous les substantifs. Il indique alors que les mots qui le suivent sont des substantifs, ce qui donne une première indication pour la compréhension du son entendu.

Il est particulièrement employé pour les personnes, et en général, pour les mots qui n'ont qu'un spécificatif littéraire peu employé.

Son usage est très courant.

P'ì 匹, est le spécificatif des chevaux, des mulets et des ânes ; pour dire : Un cheval, on ne doit donc pas dire : *Ī kēu mà* , 一個馬, qui serait incorrect, mais bien : *Ī p'ì mà* , 一匹馬, qui est correct.

Le bon parler exige que l'on se serve des spécificatifs propres aux choses nommes.

Le spécificatif, de par son emploi, est toujours devant le substantif, et jamais derrière. Il n'est quelquefois pas immédiatement devant, comme nous le verrons, et peut, dans certains cas, remplacer le substantif. (▲23)

2eme Leçon

Formes négatives du présent

Vocabulaire

Courir	跑	P'aò	Chambre	屋子	Oû tsèu
Se promener	逛一逛	Koúang ì kouáng	Arbre	樹	Choú
Etre content	喜歡	Sì hoūan	Chapeau	帽子	Maó tsèu
Demeurer	住	Tchoú	Souliers	鞋	Siê
Etre	是。在	Cheú_Tsáe	Endroit	地方	Tí fāng
Rue	街	Kiē	Dans	裏頭	Lì t'ôo
Route	道路	Taó loú	Sur	上	Cháng
Rivière	河	Heû	Ce, cet, cette	這	Tchée
Montagne	山	Chān	Grand	大	Tá
Maison	房子	Fâng tsèu	Petit	小	Siào
Spécificatif	間	Kiēn	Spécificatif	頂	Tìng

Phrases

1. Je ne suis pas content.

Ouò poū sì hoūan.

2. Tu ne cours pas vite.

Nì p'ào tì poū k'ouáe.

3. Il ne demeure pas dans une grande maison.

T'ā tchoú tì poū cheú tá fâng tseù.

4. Nous ne vendons pas de chapeaux.

Ouò mēn poū maé máo tsèu.

5. Vous n'avez pas un ami.

Nì mēn mêi ioù ī keū p'êng ioù.

6. Ils n'achètent pas de souliers.

T'ā mēn poū màe siê.

7. Je n'ai pas de cheval.

Ouò mêi iòu mà.

8. Sur la montagne il y a des arbres.

Chān cháng ioù choú.

9. Sur la montagne, il n'y a pas d'arbre.

Tsaé chān cháng mêi ioù choú.

10. Dans cette maison, il y a trois chambres.

Tchée keū fâng tsèu lì t'ôo ioù sān kiēn oû tsèu.

11. Il ne monte pas sur la montagne.

T'ā poū cháng chān. (▲24)

12. Nous nous promenons dans la grande rue.

Ouò mēn tsáe tá kiē cháng koúang ì kouáng.

13. Ce chapeau n'est pas grand.

Tcheé tìng máo tseù poū tá.

14. Cette maison n'est pas petite.

Tchée keū fâng tseù poū siào.

15. Dans cet endroit, il n'y a pas d'arbre.

Tchée keū tí fāng mêi ioù choú.

16. Je demeure dans cette maison.

Ouò tsaé tchée keū fâng tsèu lì t'ôo tchóu.

17. Ce cheval ne marche pas lentement.

Tchée p'ì mà tsòo tì poū mán.

18. Il ne va pas se promener.

T'ā poū kouáng tch'ú.

Règles et observations

1. Le négatif présent, et la négation en général, se forment en faisant précéder l'affirmatif du mot *Poū* 不, qui veut dire : non, ne pas.

2. Le verbe Avoir échappe à la règle générale et sa négation s'indique pas le mot *Mêi* 沒, placé devant.

3. Les prépositions françaises, sur, dans, s'indiquent par les mots *Chang* 上, qui veut dire sur ; *Lì* 裏 *lì t'ôo* 裡頭, qui veulent dire : dans. Mais il est à remarquer que ces prépositions sont des post-positions, en ce sens qu'elles se placent après le nom. Le Chinois ne dit pas : Sur la montagne, il dit : Montagne sur.

Les mots *Cháng* 上, *lì* 裡 *lì t'ôo* 裡頭, sont souvent aidés par *Tsáe* 在, qui, par lui-même, veut dire : Etre à, être dans, mais qui, dans le cas particulier, est joint aux mots indiqués, pour former, avec eux, une locution prépositive à termes séparables, et entre lesquels sont intercalés le mot ou le membre de phrase.

C'est ainsi que l'on peut dire pour : Sur la montagne, ou bien, phrase 8, *Chān sháng* 山上, ou bien (phrase 9) *Tsaé chān cháng* 在山上.

4. Phrase 12. On peut remarquer que le mot ‹dans› du membre de phrase : dans la grande rue, est traduit par : *Tsaé... cháng* 在……上 et non pas : *Tsaé... lì* 在……裡. C'est que le Chinois ne se considère pas comme étant dans la rue, mais bien sur la rue.

5. Il y a élision du verbe Etre dans la phrase 13. dans laquelle on dit (▲25) simplement : Ce chapeau pas grand.

On en déduit la règle suivante : Quand l'adjectif est complément direct du verbe Etre, on peut supprimer le verbe lui-même, car alors l'adjectif en tient lieu.

Si l'on veut exprimer le verbe Etre, il faut ajouter à l'adjectif le mot *Tī* 的, lequel, parmi bien d'autres emplois, indique aussi l'adjectif.

Donc, quand on n'exprime pas le verbe Etre, on énonce simplement l'adjectif, qui est alors verbe ; quand on l'exprime, on ajoute *Tí* 的, marque de l'adjectif. Les deux tournures sont facultatives.

6. Dans les phrases 2 et 17, nous voyons l'emploi de *Tì* 的, comme il a été dit dans la première leçon. Il s'agit de modifier les verbes courir et marcher ; on les fait suivre de *Tì* 的.

Phrase 3. Nous voyons : T'ā tchoú tì... 他住的……Ici, *Tì* 的, est plutôt l'indice du participe présent. C'est comme si l'on disait : il est demeurant...

7. Phrase 18. À remarquer la tournure particulière de la phrase : Il semble qu'il faille dire : *T'ā poū tch'ú koúang ì kouáng*. 他不去逛一逛, et cependant on dit : *T'ā poū kouáng tch'ú*. 他不逛去. C'est un sinicisme, d'emploi usuel avec les verbes *Laê* 來, *Tch'ú* 去. Mais il ne faut pas en faire une règle absolue, car on a dit, et justement : « La grammaire chinoise est une grammaire où il y a peu de règles, et beaucoup d'exceptions ».

8. Spécificatifs

Tìng 頂, spécial aux bonnets et aux chapeaux.

Par lui-même, ce mot désigne le globule qui surmonte le chapeau d'un mandarin. Par extension, il s'applique aux chapeaux en général. Son emploi est le même que celui de *P'ì* 匹.

Kiēn 間, s'applique aux chambres et appartements, mais ce n'est pas un véritable spécificatif, parce que, par lui-même, il a un sens courant et bien défini. Il veut dire : Compartiment d'une maison, chambre. Il y a donc superfétation quand on dit :

Kiēn oû tsèu, 間屋子, puisque l'on énonce deux mots de même sens ; on doit cependant l'employer, l'usage le veut ainsi ; mais on peut le rencontrer seul, dans le courant d'une phrase. (▲26)

3ème Leçon

Formes interrogatives du présent

Vocabulaire

Parler	說話	Chouō houá	Mon, le mien	我的	Ouò tì
Apprendre	學	Sûe_Siâo	Son, le sien	你的	Nì tì
Comprendre	懂得	Toùng têu	Ton, le tien	他的	T'ā tì
Interroger	問	Ouén	Nos, le nôtre	我們的	Ouò mēn tì
Monter	上	Cháng	Vos, le vôtre	你們的	Nì mēn tì
Descendre	下	Siá	Les leurs	他們的	T'ā mēn tì
Homme	人	Jên	Où	那裡	Nà lì
Femme	女人	Niù jên	Ici	這裡	Tchée lì
Enfant	孩子	Hâe tseù	Là	那裡	Ná lì
Voiture	車	Tch'eē	Haut	高	Kāo
Porte	門	Mên	Bas	矬	Ts'oûo
Langue (langage)	話	Hoúa	Long	長	Tch'âng
Spécificatif	踢	T'ī	Large	寬	K'ouān
-d°-	顆。棵	K'eū	Spécificatif	處	Tch'oú

Phrases

1. Ai-je ta voiture ?

Ouò ioù nì tì tch'ēe mōo ?

2. As-tu un enfant ?

Nì ioù ī keū haê tseù mêi ioù ?

3. A-t-il son chapeau ?

T'ā ioù t'ā tì maó tseù mêi ioù ?

4. Avons-nous des amis ?

Ouò mēn ioù p'êng ioù mêi ioù ?

5. Avez-vous mon mulet ?

Nì mēn ioù ouò tì louô tseù mōo ?

6. Ont-ils leurs chevaux ?

T'ā mēn ioù t'ā mēn tì mà mōo ?

7. Est-ce que je monte ?

Ouò cháng tch'ú poū cháng tch'ú ?

8. Descends-tu ?

Nì siá laê poū siá laê ?

9. Interroge-t-il votre enfant ?

T'ā ouén nì tì haê tseù poū ouén ? (▲27)

10. Comprenez-vous sa langue ?

Nì toùng teû t'ā tì houá poū toùng teû ?

11. Apprenez-vous leur langue ?

Nì mēn suê t'ā mēn tì houá poū sûe ?

12. Parlent-ils vite ?

T'ā mēn chouō tì k'ouáe poū k'ouáe ?

13. Où allez-vous ?

Nîn cháng nà lì tch'ú ?

14. Cet homme est il grand ?

Tchée keū jên kaō poū kāo ?

15. Cette route est-elle large ?

Tchée keū táo eûl cheú k'ouān tì mōo ?

16. Cette rue est-elle longue ?

Tchée t'í kiē tch'âng poū tch'âng ?

17. Ici il y a un arbre, là il y a une maison.

Tchée lì ioù ī k'eū choú, ná lì iòu ī tch'oú fâng tseù.

Règles et observations

1. L'interrogatif, au présent, se forme de la façon suivante :

Avec le verbe Avoir, on répète, à la fin de la phrase énoncé à l'affirmatif, le verbe précédé de la négation *Mêi* 沒, que nous savons être particulière au verbe Avoir.

Avec tous les autres verbes, on énonce la phrase à l'affirmatif, et on répète le verbe, précédé de *Poū* 不.

Enfin, soit avec le verbe Avoir, soit avec les autres verbes, on peut former la phrase interrogative en énonçant la phrase affirmative et en la faisant suivre de *Mōo* 麽, qui n'a pas de sens par lui-même, et qui est purement interrogatif.

Ces deux façons d'interroger peuvent s'employer indifféremment.

On peut encore interroger à l'aide de particules, qui feront l'objet de la 26eme Leçon_Une de ces particules, *Chêu mó* 什麽, est employée très-fréquemment.

2. Les pronoms ou adjectifs possessifs sont les pronoms personnels, auxquels on ajoute *Tì* 的. Ainsi : *Ouò tì* 我的, veut dire : mon, ma, mes, à moi, le mien, la mienne, les miens.

3. Les mots *Chang* 上, *Siá* 下, que nous avons vus prépositions de lieu, dans la leçon précédente, sont ici les verbes : Monter, Descendre, et suivent les règles communes aux verbes. (▲28)

4. Nous verrons dans la 12eme leçon le rôle spécial des verbes *Tch'ú* 去, *laê* 來, des phrases 7 et 8. Ils sont auxiliaires modificateurs et donnent un sens de mouvement et de direction aux verbes qu'ils accompagnent.

5. Phrase 12. *Tì* 的, a l'emploi que nous lui avons vu dans la première leçon.

6. Phrase 13. *Cháng... Tch'ú* 上……去, est un verbe composé. Nous l'expliquerons plus tard. Disons que l'on peut dire, pour : Où allez-vous ?

Nì nà lì tch'ú ? 你那裡去

Nì cháng nà lì tch'ú ? 你上那裡去

Il y a peut-être préférence pour la seconde forme.

7. Phrase 14_Le mot : grand, de la phrase, est rendu en Chinois par : *Kāo* 高_élevé_C'est logique, car on demande évidemment si l'homme considéré est de taille élevée.

8. Phrase 15. Large, est rendu par : *K'ouān tì*, 寬的, parce qu'il y a emploi du verbe Être (Remarque 5_2eme leçon).

9. Phrase 16. Long, dans le sens de la phrase, sera rendu rarement par *Tch'âng* 長. On emploiera de préférence des mots se rapportant à la distance, car on vert dire que la rue est plus ou moins longue à parcourir, et que, par suite, il y a une distance plus ou moins longue à franchir.

10. Spécificatifs :

T'í 踼, est un mot un peu spécial, dont l'emploi n'est pas courant, il s'applique aux rues et aux ruelles, mais non aux routes et chemins, qui ont un spécificatif spécial.

K'eū 棵, spécifie les arbres sur pied, mais non les pièces de bois abattu. Il est très-employé, mais comme le son se rapproche de celui de *Keū* 個, spécificatif général, on les confond souvent ensemble.

Tch'oú 處, est spécial aux maisons, mais en particulier aux corps de bâtiments formant un ensemble, et ayant mêmes issues.

Il ne s'applique pas aux maisons isolées dont nous verrons le spécificatif propre.

Tch'oú 處, par lui-même, signifie : lieu, endroit. (▲29)

4eme Leçon

Numération

Nous savons former les verbes au présent, au négatif présent et a l'interrogatif présent. Avant de passer aux formes du passé et du futur, nous allons étudier la numération, qui est très simple et qui sera vite retenue.

Vocabulaire

Connaître	認得	Jén teû	Huit	八	Pà
Savoir	會	Hoúi	Neuf	九	Kioù
Vouloir	要	Yaó	Dix	十	Cheû
Desirer	願意	Yuén í	Onze	十一	Cheû ī
Combien	多少。幾	Toūo chào_Kì	Douze	十二	Cheû eúl

Beaucoup	多	Touō	Vingt	二十	Eúl cheû
Peu	少	Chào	Vingt-cinq	二十五	Eúl cheû où
Chine	中國	Tchoūng koûo	Cent	一百	Ī pàe
France	法國	Fà koûo	Mille	一千	Ī ts'iēn
Chinois	中國人	Tchoūng koûo jên	Dix-mille	一萬	Ī ouán
Français	法國人	Fà koûo jên	Le premier	第一	Tí ī
Année	年	Niên	Le deuxième	第二	Tí eúl
Mois	月	Yué	Le troisième	第三	Tí sān
Jour	天	T'iēn	Le quatrième	第四	Tí seú
Village	村子	Ts'ouēn tsèu	Le cinquième	第五	Tí où
Spécificatif	座	Tsouó	Le sixième	第六	Tí leóu
			Le septième	第七	Tí ts'ī
Un	一	Ī	Le huitième	第八	Tí pā
Deux	二。兩	Eúl_Leàng	Le neuvième	第九	Tí kiòu
Trois	三	Sān	Le dixième	第十	Tí cheû
Quatre	四	Seú	Le treizième	第十三	Tí cheû sān
Cinq	五	Où	Le trentième	第三十	Tí sān cheû
Six	六	Leoú	Le centième	第一百	Tí ī paè
Sept	七	Ts'ī	Le millième	第一千	Tí ī ts'iēn

Phrases

1. J'ai 4 chevaux.

Ouò ioù séu p'ì mà.

2. As-tu deux mulets ?

Nì ioù leàng p'ì loûo tseù mêi iòu ? (▲30)

3. Il n'a pas six enfants.

T'ā mêi ioù leóu keū haê tsèu.

4. Dans ce village, il y a 253 hommes.

Tchée ts'ouēn tseù lì t'ôo, ioù eúl paè où cheû sān keū jên.

5. Combien vends-tu ces 7 chapeaux ?

Tchée ts'ī tíng máo tsèu, nì máe touō chào ts'iên ?

6. Ici, je connais 13 hommes.

Tchée lì ouò jén têu chêu sān keū jên.

7. Savez-vous parler chinois ?

Nì mēn hoúi chouō tchoūng koûo houá mōo ?

8. Il désire vous interroger.

T'ā yuén í ouén nì.

9. Sur la montagne, il y a beaucoup d'arbres.

Chān cháng ioù choú hèn touō.

10. Sur la route, il y a peu d'hommes.

Tsaé táo loú cháng, jên poū touō.

11. Combien voulez-vous de chevaux ?

Nì mēn yaó kì p'ì mà ?

12. Une année a 365 jours.

Ī niên ioù sān pàe leóu cheû où t'iēn.

13. Combien y a-t-il de mois dans une année ?

Ī niên, kì kēu yué ?

14. Douze mois.

Cheû eúl keū yué.

15. Combien y a-t-il de femmes dans cette maison ?

Tchée fâng tseù lì t'oô ioù kì keū niù jên ?

16. Il y en a neuf.

Kioù keū.

17. Cette maison a combien de portes ?

Tchée tsoúo fâng tseù ioù kì keū mên ?

18. Deux grandes, trois petites.

Leàng keū tá mên, sān keū siáo mên eûl.

19. À Pékin, il y a 400,000 Chinois.

Tsaé Pèi Kīng ioù seú cheû ouán tchoūng koûo jên.

Règles et observations

1. La numération chinoise est très régulière, elle est décimale. Les 10 premiers nombres ont chacun un nom spécial, et avec eux, on (▲31) forme les 99 premiers nombres de la façon suivante.

De 11 à 19, on ajoute au nombre 10 le nombre qui exprime les unités. Ainsi : 12 se dira. *Cheû eúl* 十二 ; 14 *Cheû Seú* 十四.

Au dessus de 19, on place devant 10, *Cheû* 十, le nombre qui exprime le rang des dizaines, et on fait suivre du chiffre des unités. Ainsi pour 25, on place devant *Cheû* 十 le nombre des dizaines, qui est 2, et on le fait suivre du chiffre des unités qui est 5, *Où* 五, soit : *Eúl cheû où* 二十五. Et ainsi jusqu'à 99.

Au, dessus de 100, et jusqu'à 999, on énonce le chiffre des centaines, puis celui des dizaines, et enfin celui des unités. Ainsi 356 se dira *Sān pàe* 三百, ou 3 centaines, suivi de *Où cheû* 五十, ou 5 dizaines, suivi de *leóu* 六, ou 6 unites, soit *Sān pàe où cheû leóu,* 三百五十六.

Au delà de 1000, même règle.

2. Quand le nombre énoncé renferme un zéro, et cette règle est importante, on le remplace par le mot *lîng* 零, en disant, par exemple, pour 507 : *Où pàe lîng ts'ī* 五百零七. Si 2 ou plusieurs zéros se suivent, on énonce une seule fois *lîng* 零. Si les zéros ne se suivent pas, on l'énonce à chaque fois.

3. Quand 2 est joint à un autre nombre, il se dit *Eúl* 二, ainsi 25 se dira : *Eúl cheû où* 二十五.

Quand il est seul, il se dit *Leàng* 两, ainsi deux hommes, se dira *Leàng keū jên* 两個人.

4. On ne doit pas oublier d'énoncer le chiffre 1, multipliant une dizaine, une centaine ou un mille. Ainsi 215, se dira : *Eúl pàe ī cheû où,* 二百一十五 ; 4116, se dira : *Seú ts'iēn ī pàe ī cheû leóu,* 四千一百一十六.

5. Quand un nombre est terminé par zéro, on omet, dans la conversation d'énoncer le *cheû* 十 des dizaines, ainsi, 250, se dira : *Eúl pàe où,* 二百五, ce qu'il ne faut pas entendre par 205, qui, en vertu de la règle 2, doit se dire : *Eúl pàe līng où* 二百零五.

6. 2, employé seul, et par exception à la règle, se dit *Eúl* 二 dans tous les nombres de poids et dans certains noms de mesures.

7. Les adjectifs numéraux ordinaux se forment à l'aide de la particule *Tí* 第, placée devant les noms de nombres. Il n'y a pas d'exception.

8. Le deuxième se dit toujours *Tí eúl* 第二, même quand il est (▲32) employé seul.

9. Le premier se dit fréquemment *T'oô ī* 頭一, *t'ôo* 頭, par lui-même voulant dire : tête, commencement.

10. Dans les dates, on supprime *tí* 第. Ainsi, la 25eme année de Kouang Siu se dira : *Kouāng Siú eúl cheû où niên* 光緒二十五年.

11. Phrase 5. Remarquer que le Chinois énonce d'abord le sujet de la phrase en disant. Ces 7 chapeaux, tu les vends combien ? , et non pas, comme en Français. Combien vends-tu ces 7 chapeaux ?

12. Savoir se dit *Hoúi* 會, dans le sens de connaissance acquise par le travail physique ou intellectuel. En français, nous confondons souvent ces deux mots : Savoir, connaître. Le Chinois distingue et ne les emploie pas l'un pour l'autre.

Connaître, se dit : *Jén teû* 認得, quand on veut exprimer une connaissance naturelle ; connaître quelqu'un, connaître un pays.

Il y a un autre mot pour rendre Savoir, dans ce sens, nous y reviendrons.

13. Phrases 8 et 11. Désirer et vouloir, sont presque synonimes① dans beaucoup de phrases. En général la volonté ferme se rend par *Yaó* 要, et le simple désir par : *Yuén í* 願意.

14. Phrase 10. On fait élision du verbe Avoir. C'est une tournure fréquente en Chinois. Il est presque toujours loisible de faire ou de ne pas faire l'élision.

15. Combien, se dit : *Toūo chào* 多少, quand la quantité supposée est assez forte. Il remploie toujours dans les expressions de prix.

Il se rend par *Ki* 幾, ??? supposées ???

Il est à remarquer que *Kí* 幾, au 4eme Ton ; veut dire : quelques, plusieurs.

16. Les mots *Niên* 年, année ; *T'iēn* 天, jour ; ne prennent jamais de spécificatif. On doit toujours dire : *ī niên* 一年, *ī t'iēn* 一天, et non pas : *ī kēu niên* 一個年 ; *ī kēu t'iēn* 一個天. Au contraire, *yué* 月, mois, prend toujours *Kēu* 個, et l on dit : *ī kēu yué* 一個月, et non pas : *ī yué* 一月.

---

① 疑应为 synonymes。

17. Beaucoup, peu, se rendent en chinois d'une foule de façons, nous les verrons① quand elles se présenteront.

Phrase 9. Beaucoup est rendu par *hén touō* 很多, placé après le (▲33) substantif. Si on avait voulu le mettre devant, il aurait fallu transformer l'adverbe de quantité en un adjectif, par l'adjonction de *Tì* 的, et dire : *Chān cháng iòu hén touō tì choú* 山上有很多的樹.

Phrase 10. Peu, est rendu par *Poū toūo* 不多_pas beaucoup ; c'est une tournure fréquente, d'ailleurs usitée aussi en français, qui fait remplacer beaucoup, par : pas peu ; et peu, par pas beaucoup.

L'adverbe de quantité pas beaucoup, est place après le substantif, comme il a été dit pour la phrase 9.

18. Phrase 18. À la suite de chacun des adjectifs, grand, *tá* 大, et petit, *siáo* 小, est place le mot *tî* 的, si l'on veut éviter de dire, comme dans la phrase : *Tá mên* 大門, *siáo mên* 小門. Si l'on fait cette substitution, c'est alors le spécificatif *Kēu* 個, qui tient lieu de substantif, et comme l'adjectif est place après, il faut lui adjoindre *tí* 的. Nous verrons cette règle à la leçon des adjectifs. Disons ici que la phrase 18 peut être construite comme dans l'exemple, ou bien comme ci-après : *Leàng kēu tá tì, sān kēu siáo tì* 兩個大的三個小的.

19. Les noms de pays se forment à l'aide du mot *Koûo* 國, qui veut dire : royaume, état, pays, et que l'on fait précéder du nom du royaume. Ainsi la Chine se dira : *Tchoūng koûo* 中國, ou Empire du Milieu ; et la France : *Fà koûo* 法國 ; le mot *Fà* 法 étant la première syllabe de la transcription phonétique de France, prononcé à la chinoise.

Pour désigner l'habitant d'un pays quelconque, on ajoute au nom du pays le mot *jên* 人, homme. Ainsi un Français se dira *Fà koûo jên* 法國人.

20. Nous voyons dans la 4eme leçon le mot *Tsouó* 座, qui s'applique aux maisons, aux bâtisses. Il désigne plus spécialement un seul corps de bâtiment, une maison ou une construction isolée. Son emploi est courant. (▲34)

5eme Leçon

Formes affirmatives du Passé

Vocabulaire

Manger	吃	Tch'eū	Chose, objet	東西	Toūng sī
Boire	喝	Heū	Beau, bon	好	Hào
Dormir	睡覺	Choúi kiáo	Pas bon	不好	Poū hào
Se lever	起來	Ts'ì laê	Hier	昨天	Tsouô t'iēn
Voir	看見	K'án kién	Avant-hier	前天	Ts'iên t'iēn
Pain	麵包	Mién pāo	Autrefois	從前	Ts'oūng ts'iên
Riz cuit	飯	Fán	À (arrivée)	到	Táo

① 原书文本模糊。

Viande	肉	Jóo	De (origine)	從	Ts'oūng
Mouton	羊	Yâng	Spécificatif	輛	Leáng
Bœuf	牛	Niôu	Spécificatif	頭	T'ôo
Père	父親	Foú ts'īn	Spécificatif	隻	Tchēu
Mère	母親	Moù ts'īn			

Phrases

1. Hier, je mangeai son pain.

Tsoûo t'iēn ouò tch'eū leào t'ā tī mién pāo.

2. Avant-hier tu arrivas à Pékin.

Nì, ts'iên t'iēn táo tì Pèi Kīng.

3. Autrefois il connut cet homme.

T'ā ts'oūng ts'iên, tsióu jén tì tchée keū jên.

4. Hier, nous dormîmes sur la montagne.

Tsoûo t'iēn ouò mēn tsaé chān cháng choúi tì kiaó.

5. Hier, vous vîtes ces six bœufs.

Tsoûo t'iēn, nì mēn kién koúo tchée leóu tcheū nioû.

6. Ils avaient deux voitures.

T'ā mēn ioù leàng leáng tch'ēe.

7. Je venais de Tien-Tsin.

Ouò ts'oūng T'iēn Tsīn laê.

8. Tu savais parler la langue chinoise.

Nì hoúi chouō tchoūng koûo huoá.

9. Il dormait dans sa chambre.

T'ā tchéng tsáe t'ā oû tseù lì choúi kiáo.

10. Nous marchions vite.

Oùo mēn tsòo tì hén k'ouáe. (▲35)

11. Vous aviez un ami.

Nì ioù ī keū p'êng ioù.

12. Ils voyaient leurs chevaux.

T'ā mēn k'án kién t'ā mēn tì mà.

13. Je suis venu de Tien Tsin.

Ouò ts'oūng T'iēn Tsīn laê koúo.

14. Tu as acheté de la viande.

Nì màe koúo jóo.

15. Il a vendu deux moutons.

T'ā maé koúo leàng tchēu yâng.

16. Nous avons vu deux grands chevaux.

Oùo mēn k'án kién koúo leàng p'ì tá mà.

17. Vous avez acheté un mauvais cheval.

Nì màe koúo ī p'ì poū hào mà.

18. Ils ont vendu deux beaux mulets.

T'ā mēn maé koúo leàng p'ì hào loûo tsèu.

19. Nous sommes arrivés à Pékin.

Ouò mēn táo koúo Pèi Kīng.

20. J'ai vu cette chose, elle n'est pas belle.

Ouò kién kouó tchée keū toūng sī, poū cheú haò tì.

Règles et observations

1. Le passé défini, qui exprime qu'une chose s'est passée dans un temps déterminé, est indiqué par le mot *Lèao* 了, placé après le verbe. Ce mot se contracte fréquemment et se prononce parfois le ou la.

Le mot *tì* 的 joue le même rôle et indique quelquefois le passé défini, mais il ne s'emploie qu'avec certains verbes.

2. L'imparfait, qui exprime qu'une chose est passée, mais qui n'était pas achevée, quand une autre a eu lieu, n'a pas de forme spéciale, et se déduit du contexte.

Toutes les phrases de la leçon, qui contiennent le verbe à l'imparfait ne sont pas complètes, elles ne forment qu'une moitié de la phrase, et pour que le verbe soit grammaticalement à l'imparfait, il faut supposer l'autre partie. Par exemple, la phrase 7 : Je venais de Tien Tsin, si elle est isolée, ne signifie rien ; elle ne sera correcte à l'imparfait que, si l'on suppose que ce n'est qu'une portion de la phrase : quand je vous ai rencontré, je venais de Tien Tsin. Les phrases ont été tronquées pour (▲36) ne pas ??????① de texte ; il n'était d'ailleurs pas nécessaire de les donner complètes, pour ce que nous voulions expliquer.

L'imparfait est quelquefois indiqué par le mot *Tchéng* 正, placé devant le verbe_Phrase 9.

3. Le passé indéfini, qui exprime qu'une chose a été faite dans un temps indéterminé, se forme à l'aide de *Koúo,* 過, placé après le verbe. Mais il est à remarquer que le Chinois, comme le Français d'ailleurs, emploie souvent en parlant le passé défini pour l'indéfini.

Le mot *Koúo* 過, est employé quand on ne veut exprimer qu'un passé indéterminé, sans aucune idée de préciser.

4. De, indiquant le point de départ, se rend par *Ts'oūng* 從, placé devant le nom de lieu. Le verbe vient alors en dernier. C'est ainsi que la phrase 13 dit : Moi, de Tien Tsin, venu.

5. À, indiquant le point d'arrivée, se supprime souvent, il peut être rendu par *Cháng* 上, ou *táo* 到, placés devant le nom de lieu. C'est ainsi que pour exprimer : Il est venu à... on dit ordinairement : *T' ā táo... laê tì. 他到……來的.*

6. Phrase 3_À remarquer le mot *Tsióu* 就. C'est une conjonction de liaison souvent employée. Nous la retrouverons souvent.

---

① 原书模糊，推测应为 augmenter trop。

7. Phrase 20. À la fin de la phrase : *haò tì*, 好的. Le mot *tì* 的, est ici la marque de l'adjectif ; on l'emploie toujours quand on exprime le verbe Être. Si on ne l'exprime pas, on supprime *tì* 的.

8. Spécificatifs. Deux dans la leçon :

Leáng 輛, s'applique aux chars, aux voitures, aux chaises à porteurs. Ne pas le confondre avec *Leàng* 兩_deux.

Tchēu 隻, s'applique aux moutons bœufs, poulets, bateaux, souliers, bottes, mains, pieds, etc...

Un autre spécificatif des bœufs est :

T'ôo 頭, mais il s'emploie plus rarement. (▲37)

6ème Leçon

Formes négatives du passé

Vocabulaire

Faire	做	Tsouó	Blanc	白	Paê
Travailler	做活	Tsouó hoûo	Noir	黑	Hēi
Lire	念	Nién	Court	短	Touàn
Donner	給	Kèi	Epais	厚	Hóo
Couteau	刀子	Tāo tsèu	Mince	薄	Pâo
Chaise	椅子	Ì tsèu	Aujourd'hui	今天	Kin̄ t'iēn
Lit	床	Tch'oûang	Devant	前頭	Ts'iên t'ôo
Habit	衣裳	Ī chāng	Derrière	後頭	Hóo t'ôo
Pantalon	褲子	K'oú tseù	Lui ?	誰	Choûi
Eventail	扇子	Chán tseù	Spécificatif	件	Kién
Mandarin	官	Kouān	_d°_	本	Pèn
Livre	書	Choū			

Phrases

1. Je n'ai pas vu cet homme.

Ouò mêi ioù kien̄ koúo tchée keū jên.

2. Tu n'as pas acheté de couteau.

Nì mêi ioù maè koúo taō tseù.

3. Il n'a pas donné son éventail.

T'ā mêi ioù kèi koúo t'ā tì chán tseù.

4. Hier, nous ne travaillâmes pas.

Tsoûo t'iēn ouò mēn mêi ioù tsoúo hoûo.

5. Hier, vous ne bûtes pas beaucoup.

Tsouô t'iēn nì mēn heū tì poū toūo.

6. Hier, ils ne virent pas le mandarin.

Tsoûo t'iēn t'ā mēn mêi ioù k'án kién koūan.

7. Je n'avais pas un habit épais.

Ouò mêi iòu ī kień hóo ī chāng.

8. Tu ne lui donnais pas ton pantalon.

Nì poū kèi t'ā nì tì k'oú tseù.

9. Il n'achetait pas d'habit noir.

T'ā poū màe hēi ī chāng.

10. Nous ne voulions pas de lit court.

Ouò mēn poū yáo touàn tch'ouâng. (▲38)

11. Vous ne faisiez pas de chaises.

Nì mēn poū tsoúo ì tsèu.

12. Ils ne mangeaient pas de① pain.

T'ā mēn poū tch'eū mień pāo.

13. Je n'ai pas lu ce livre.

Ouò mêi nién kouó tchée pèn choū.

14. Devant ta maison, tu n'as pas vu de Chinois.

Tsaé nì fâng tseù ts'iên t'oô nì mêi kién kouó tchoūng koûo jên.

15. Derrière la montagne, il n'y a pas d'arbre.

Chān hoó t'oô, ī k'eū choú iè mêi iòu.

16. Nous n'avons pas donné notre cheval blanc.

Ouò mēn mêi ioù kèi koúo ouò mēn tî paê mà.

17. Vous n'avez pas compris mes paroles.

Nì mēn mêi ioù toùng teû ouò tì hoúa.

18. Les mandarins n'ont pas demeuré dans ce village.

Tsoúo kouān tì mēn, toū mêi ioù tsaé tchée ts'ouēn lì tchoú koúo.

19. Qui n'a pas acheté un bon cheval ?

Choûi mêi ioụ̀ maè koúo ī p'ì hào mà ?

20. Qui n'a pas voulu manger ?

Choûi② poū yuén í tch'eū koúo ?

Règles et observations

1. Le passé défini négatif se forme de la façon la plus simple, en plaçant devant le verbe la négation *mêi ioù* 沒有, ou quelquefois, seulement sa contraction *mêi* 沒.

2. L'imparfait, ayant la forme du présent, prend la négation du présent, qui est : *poū* 不.

Je répète que les phrases 7, 8, 9, 10, 11 et 12, ne sont à l'imparfait que si l'on veut bien supposer que ce sont seulement des demi-phrases, et que le reste est sous-entendu. Sans cela, elles n'ont aucun sens,

① 该词原书模糊。

② 原书此处声调不清，推测为阳平。

l'imparfait exigeant impérieusement un autre verbe.

3. Le passé indéfini se forme au négatif comm le passé défini, c'est-à-dire en faisant précéder le verbe à ce temps de *mêi ioù* 沒有.

4. Le passé défini étant suffisamment indiqué par *mêi ioù* 沒有, qui est la négation spéciale au passé, il est inutile d'ajouter la marque du passé, *leào* 了. Ce serait même une faute de le faire. Ainsi, pour dire : Hier, je n'achetai pas, il faut traduire : *Tsoûo t'iēn ouò mêi ioù màe,* 昨天我沒有買, et non pas : (▲39) *Tsoûo t'iēn ouò mêi ioù màe leào* 昨天我沒有買了, qui serait incorrect.

5. Phrase 15_À remarquer la tournure à l'aide de *iè* 也. On pourrait fort bien dire, et très correctement : *Chān hóo t'oô mêi ioù choú,* 山後頭沒有樹.

Mais le Chinois, volontiers porté à l'emphase dira de préférence : Derrière la montagne, un arbre même, il n'y en a pas. Cette tournure, d'ailleurs gracieuse, est très employée quand on veut exprimer le manque absolu. Ainsi, pour : Dans cette maison il n'y a personne, on dira : *Tsaé tchée tsoúo fâng tseù lì t'ôo, ī keū jên iè mêi ioù.* 在這座房子裡頭一個人也沒有.

6. Phrase 19_À remarquer la tournure à l'aide de *tì* 的, qui est ici relatif, et remplace Le pronom Qui. C'est comme si l'on disait : Ceux qui font les mandarins. Cette tournure est très fréquente et maintes fois préférée a la tournure directe. Nous reverrons ce *tì* 的, relatif.

7. Spécificatifs : Deux dans cette leçon :

Kién 件, indique les vêtements de dessus, et les affaires en général.

Pèn 本, est spécial aux livres.

7ème Leçon

Formes interrogatives du passé

Vocabulaire

Rire	笑	Siáo	Sous	底下	Tì siá
Traiter affaire	辦	Pán	Avec	同	T'oûng
Battre	打	Tà	Hors	外頭	Ouáe t'ôo
Attendre	等	Tèng	Dehors	外頭	Ouaé t'ôo
Fils	兒子	Eûl tseù	Bleu	藍	Lân
Fille	姑娘	Koū nîang	Vert	綠	Lú
Affaire	事情	Cheú ts'îng	Rouge	紅	Hoûng
Vin	酒	Tsiòu	Très	很	Hén
Sucre	糖	T'âng	Pain	饅頭	Mân t'ôo
Porc	猪	Tchoū	Habit, robe	衫	Chān
Chien	狗	Koò	-d°-	襖	Nào (ngào)
Dessous	下裡頭	Siá lì t'ôo			

(▲40)

Phrases

1. Hier, mangeai-je du pain chinois ?

Tsoûo t'iēn, ouō tch'eū leào tchoūng kouo mân t'ôo mōo ?

2. Avant-hier, l'attendis-tu ?

Ts'iên t'iēn nì tèng tchō t'ā leào, mêi ioù ?

3. Vit-il son père ?

T'ā k'an kién t'ā foú ts'in leào mêi ioù ?

4. Achetâmes-nous un bon cheval ?

Ouò mēn màe leào ī p'ì hào mà mêi iòu ?

5. Vendîtes-vous un mulet ?

Nì maé leào ī p'ì louô tseù mōo ?

6. Traiteront-ils cette affaire ?

T'ā mēn pán leào tchée kién cheú mêi ioù ?

7. L'a-t-il battu ?

T'ā tà koúo t'ā mêi ioù ?

8. De quoi riaient-ils ?

T'ā men siáo cheû mó leào ?

9. Dans ce vin, il y avait-il du sucre ?

Tchée tsiòu lì t'ôo ioù t'âng mêi ioù ?

10. Avec votre ami, qu'avez-vous acheté ?

Nì t'oûng nì tì p'êng ioù màe koúo cheû mó toūng sī ?

11. N'avez-vous pas vendu votre porc ?

Nì poū cheú maé leào nì tì tchoū mōo ?

12. Dormait-il en dehors de la porte ?

T'ā cheú tsaé mên ouáe t'oô choúi kiaó leào poū cheú ?

13. Combien a-t-il eu de fils ?

T'ā ioù kì keū eûl tseù leaò ?

14. Cette fille avait-elle un habit bleu ?

Tchée keū koū niâng ioù ī kién lân tá nào mōo ?

15. N'avez-vous pas mangé du riz cuit ?

Nì mēn poū cheú tch'eū leào fán mōo ?

16. Avez-vous vu son éventail vert ?

Nì k'án kién koúo t'ā tì lú chán tseù mêi ioù ?

17. Sous le lit, qu'y avait-il ?

Tch'ouâng tì sía ioù cheû mó ?

18. Avez-vous acheté un très-bon cheval ?

Nì màe koúo ī p'ì hén hào tì mà mêi ioù ? (▲41)

19. Vouliez-vous un objet rouge ?

Nì yáo ī kién hoūng toūng sī mōo ?

20. Ne désireriez-vous pas un très-beau chien ?

Nì poū cheú yuén í yaó ī keū hén hào tì koò mōo ?

Règles et observations

1. Le passé défini interrogatif se forme en énonçant la phrase au passé affirmatif, et en plaçant à la fin de la phrase l'expression *Mêi iòu* 沒有, signe de la négation du passé, ou plus simplement *Mōo* 麽, signe de l'interrogation.

2. L'imparfait interrogatif se forme comme le présent interrogatif.

3. Le passé indéfini interrogatif se forme comme le passé défini interrogatif.

4. L'interrogatif négatif, comme : n'avez-vous pas ? se forme à l'aide de *Poū cheú* 不是, placé devant le verbe, et de *Mōo* 麽, placé à la fin de la phrase. Il y a donc une négation et une interrogation, comme dans la phrase française, mais elles sont séparées l'une de l'autre par un membre de phrase.

Il y a, dans ce cas, sens de doute affirmatif.

5. Phrase 20_À remarquer que le verbe désirer, *yuén í* 願意, supporte très bien après lui le verbe vouloir, *yaó* 要, et que quand le Chinois l'emploie ainsi, il le transforme en quelque sorte en un substantif : désir, et que la phrase veut dire : ... Votre désir de vouloir...

6. Phrase 14. Quand le substantif est précédé d'un spécificatif, d'un nom de nombre, et de un ou plusieurs adjectifs, on énonce d'abord le nom de nombre, puis le spécificatif, puis les adjectifs, ceux de quantité en dernier lieu, enfin le substantif le dernier.

7. Phrase 2. Après le verbe attendre, *Tèng* 等, est placé le mot *Tchô* 着, qui se prononce souvent *djee*. C'est un verbe auxiliaire qui marque l'état. Il indique le participe présent : Etais-tu l'attendant ? (▲42)

8ème Leçon

Formes affirmatives du futur

Vocabulaire

Prendre	拿	Nâ	Forgeron	鐵匠	T'iè kiāng
Laver	洗	Sì	Demain	明天	Mîng t'iēn
Falloir	該當	Kaē tāng	Après-demain	後天	Hóo t'iēn
Répondre	答應	Tā iṅg	Après	後來	Hoó laê
Employer	用	Iouṅg	Année prochaine	過年	Kouó niên
Revenir	回來	Hoûi laê	Adroit	巧	Ts'iào
Soldat	兵	Piṅg	Maladroit	拙笨	Tchouō pén
Fer	鐵	T'iè	Jaune	黃	Houâng
Plomb	鉛	Ts'iēn	Trop	太	T'aé
Charpentier	木匠	Moú kiāng	Si	若	Jó_joe
Bois	木頭	Moú t'ôo	Dans (durée)	過	Kouó

Un peu	一點兒	Ī tièn eûl	S'exercer	習	Sî
Spécificatif	塊	K'ouaé			

Phrases

1. Demain, j'irai à Pao Ting Fou.

Mîng t'iēn, ouò tch'ú Pào Tińg Foù.

2. Après-demain, tu laveras les habits.

Hóo t'iēn, nì sì ī chāng.

3. Après, il faudra répondre.

Hóo laê kaē tāng tā īng.

4. Nous ferons des habits.

Ouò mēn yáo tsoúo ī chāng.

5. Si vous l'interrogez, il vous répondra.

Jó cheú nì ouén t'ā, t'ā tsióu tā in̄g nì.

6. Pour faire ces chaises, il faut employer ce bois.

Ouêi① tsoúo tchée siē ì tsèu, kaē tan̄g ioúng tchée k'ouáe moú t'ôo.

7. Demain, le forgeron travaillera et emploiera du fer.

Mîng t'iēn t'iè kiāng yáo tsoúo hoùo iè yáo ioúng t'iè.

8. Tu regarderas si le menuisier est adroit.

Nì k'ań ì k'án moú kiāng, k'ań t'ā ts'iào cheú poū ts'iào cheú.

9. Il faudra laver tes habits.

Kāe tāng sì nì tì ī chan̄g.

10. Les soldats reviendront l'année prochaine.

Pīng mēn koúo niên hoûi laê. (▲43)

11. Il est trop maladroit, il faudra qu'il apprenne à travailler.

T'ā t'aé tchoūo pén, kaē tāng suê sî tsoúo houô.

12. Vous prendrez du pain et du riz cuit.

Nì mēn kaē tāng nâ mân t'ôo heû fán.

13. Demain, vous m'attendrez, et j'irai avec vous.

Mîng t'iēn nì mēn teǹg tchō ouò, oùo yáo t'oūng nì mēn tch'ú.

14. Après, je désirerai apprendre la langue chinoise.

Hoó lâe ouò yuén í suê tchoūng koûo houá.

15. Demain, nous traiterons cette affaire.

Mîng t'iēn, ouò mēn pán tchée kién cheú ts'îng.

16. Dans deux jours nous reviendrons.

---

① 原书此处声调符号实际标在 ue 上。

Ouò mēn kouó leàng t'iēn houî① laê.

17. Il faudra battre ce chien.

Kāe tāng tà tchée keū koò.

18. Nous mangerons de la viande de porc.

Ouò mēn yáo tch'eū tchoū jóo.

19. Allez dans la chambre, sur la table, vous prendrez mon pantalon jaune.

Tch'ú tsáe oū lì tchoūo tseù cháng, nâ oùo tì houâng k'oú tseù laê.

20. Vous marchez trop lentement, il faudrait marcher plus vite.

Nì mēn tsòo tì t'aé mán, kaē tāng tsòo k'ouáe ī tièn eûl.

Règles et observations

1. Le futur n'est souvent indiqué que par le contexte.

Quand la phrase elle-même ne l'indique pas suffisamment, on peut employer le verbe *Yáo* 要_falloir_vouloir_qui est la marque du futur. Mais quand il se trouve dans la phrase une expression de temps, un adverbe de temps (demain, après-demain, après, ensuite, etc.) on n'a nul besoin de l'employer.

2. Les phrases hypothétiques (dans lesquelles entre si) , sont souvent indiquées seulement par le contexte. On peut aussi employer le mot *Jó* 若, ou *Jó chéu* 若是, qui veulent dire : Si.

3. Beaucoup de verbes chinois se répètent dans la phrase ; c'est ainsi que pour : interroger, on dit : *Ouén i ouén* 問一問.

4. Pour, quand il signifie : en vue de, se rend par *Ouêi* 爲.

5. Phrase 8. Le Chinois a une préférence marquée pour les phrases courtes. Il dit, dans cette phrase : Regarde le menuisier, regarde s'il est adroit.

6. La conjonction Et, ne s'exprime pas le plus souvent en Chinois. (▲44) Quand on la rend, on peut employer Heū 和. Elle est remplacée par : Avec, quand il s'agit de personnes. Exemple : Lui et moi_*T'ā t'oûng Oùo* 他同我.

7. Plus, dans le sens de : Un peu plus_se rend par : *Ī tièn eûl* 一點兒, placé après le verbe. Les expressions de comparaison et de supériorité feront l'objet des leçons 19 et 20.

8. À remarquer la place des adverbes de temps qui se placent au commencement de la phrase, avant ou après le sujet.

9. Phrase 20. Emploi de *Tì* 的, pour modifier le verbe qu'il suit, dans le sens du reste de la phrase.

10. Le pluriel des substantifs est obtenu en ajoutant *Mēn* 們 à leur suite_Phrase 10.

11. L'article ne se rend jamais en Chinois, il n'existe pas dans cette langue. Ainsi, ne jamais chercher à rendre : Le, la, les, ainsi que les articles contractés, quand on traduit du français en chinois. Il n'y a qu'à supprimer simplement l'article.

12. Spécificatif_*K'ouáe* 塊, indique les morceaux, les fragments, il signifie par lui-même : Pièce, morceau. On l'emploie pour les pièces de bois, de fer, les morceaux de pierre, d'étoffe, les parcelles de ter-

---

① 原书此处声调符号实际标在 ui 上。

rain, les monnaies, etc.

9ème Leçon

Formes négatives du futur

Vocabulaire

Ouvrir	開	K'aē	Frère cadet	兄弟	Sioūng tí
Fermer	關	Kouān	Poule	雞	Kī
Pleurer	哭	K'oū	Canard	鴨子	Yā tseù
S'asseoir	坐	Tsouó	Mais	到底	Taó tì
Aimer	愛	Naé_Aé	Quelques	好些	Haò siē
Ecrire	寫	Siè	Penser	想	Siàng
Mettre_placer	擱	Keū	Manière	樣子	Yańg tseù
Figure	臉	Lièn	Thé	茶	Tch'ā
Mains	手	Chòo	Froid	冷	Lèng
Tête	腦袋	Nào taé	Chaud	熱	Jée
Pieds	脚	Kiào	Amer	苦	K'où
Frère aîné	哥哥	Keū keū	Maintenant	如今	Joū kīn

(▲45)

Phrases

1. Je n'ouvrirai pas la porte.

Ouò poū yuén í k'aē mên.

2. Tu ne veux pas laver tes mains, mais tu laveras ta figure.

Nì poū yuén í sì chòo, taó tì nì yáo sì lièn.

3. Son frère aîne n'écrira pas.

T'ā keū keū poū yáo siè tseú.

4. Nous n'aimerons pas ces enfants.

Ouò mēn poū naé tchée siē haê tseù mēn.

5. Vous ne vous assoirez pas sur cette chaise.

Nì poū tsaé tcheé keū ì tseù cháng tsoúo tchō.

6. Ils ne fermeront pas la porte.

T'ā mēn poū kouān mên.

7. Cet homme est méchant, mon frère cadet ne l'aimera pas.

Tchée keū jên poū hào, oùo sioūng tì poū náe t'ā.

8. Vous dormez du pain à ces poules, elles n'en mangeront pas.

Nì mēn ouéi tchée kī mēn mién paō, t'ā mēn poū tch'eū.

9. Je pense que demain il ne fera pas froid.

Ouò siàng mîng t'iēn leǹg poū leào.

10. De cette façon il n'aura pas froid à la tête, mais il aura froid aux pieds.

Tchée mó yáng t'oô poū lèng, táo tì kiào lèng.

11. Les canards ne seront pas bons à manger demain.

Tcheé yā tseù keū táo mīng t'iēn yaó poū hào tch'eū.

12. Après-demain il ne sera pas encore arrivé.

T'ā, hóo t'iēn, houân laê poū táo.

13. S'il y avait du sucre dans ce thé, il ne serait pas amer.

Tchée tch'ā lì, jóo cheú keū leào t'âng tsioú poū k'où.

14. Son père ne viendra pas à Pékin.

T'ā foú ts'iñ poū chańg Peì Kiñg laê.

15. Il ne faudra pas que sa mère se lève.

T'ā moù ts'iñ poū kaē tañg ts'ì laê.

16. Il achètera une poule, mais ne voudra pas de canard.

T'ā yáo màe ī tcheū kī, táo tì poū yáo yā tseù.

17. Il voudra ton couteau, mais tu ne lui donneras pas.

T'ā yáo yáo nì tì tāo tseù, tào tí nì poū kèi t'ā.

18. Il est en France, et ne reviendra pas l'année prochaine.

Joû kīn t'ā tsaé Fà kouô, kouó niên t'ā poū hoûi laê.

19. Ils ne dormiront pas dans cette chambre.

T'ā mēn poū tsaé tchée keū oû lì choúi kiáo. (▲46)

20. Ces enfants ne vous répondront pas.

Tchée siē haê tseù mēn poū tā īng nì mēn.

Règles et observations

1. À remarquer que, de même que pour l'imparfait, quelques phrases sont incomplètes, et qu'il faut supposer la partie absente, pour leur donner un sens grammaticalement intelligible.

2. La forme négative du futur est celle de l'affirmatif, précédée de la négation *Poū* 不. Et comme le futur n'est parfois indiqué que par le contexte, le futur négatif ressemble parfois au présent négatif.

3. Phrase 5_*Tchō* 着, placé après le verbe *Tsoúo* 坐, s'asseoir, indique l'état.

4. Phrase 10. Le verbe : Avoir froid, se rend par *Lèng* 冷_froid, sans aucune particule. Il en est souvent de même pour des verbes se rapportant à des sensations, à des souffrances. Ainsi : Mal à la tête, se rend par : *Nào táe t'êng,* 脑袋疼. Ce dernier mot, qui veut dire : douleur, souffrance, est alors par position le verbe souffrir. (la tête souffre)

5. Pour : Arriver, on dira de préférence : Venir arriver, et, phrase 12 : Venir pas arriver.

6. Ph. 13_La conjonction *Tsioú* 就, unit les deux membres de la phrase qui dit : Dans ce thé, si on avait mis du sucre, alors il ne serait pas amer.

7. Ph. 17_Le verbe *Yáo* 要, est répété 2 fois ; le premier est la marque du futur, le second, le verbe vouloir. Cette tournure, peu agréable à l'oreille, est rarement employée.

8. Ph. 1. Doit être comprise dans le sens de : Je ne désirerai pas ouvrir la porte.

9. Ph. 20. Le pronom ou adjectif démonstratif : Ces_se rend souvent par : *Tchée siē* 這些.

10. Ph. 9. *Lèng poū leào* 冷不了_indique l'impossibilité, et la phrase veut dire : Je pense que demain il ne pourra pas faire froid. Nous étudierons cette forme dans la leçon 17eme.

11. Ph. 8_Il y a emploi d'un mot spécial : *Ouéi* 喂, qui veut dire : Donner à manger aux animaux.

12. Ph. 11_Le *Taó* 到, de la phrase a le sens de : Jusqu'à. La phrase dit : Ces canards, restant jusqu'à demain, ne seront pas bons à manger. (▲47)

10eme Leçon

Formes interrogatives du futur

Vocabulaire

Oublier	忘	Ouáng	Allemand	德國人	Teû koûo jên
Ecouter	聽	T'īng	Italie	意國	Í koûo
Entendre	聽見	T'īng kién	Italien	意國人	Í koûo jên
Mourir	死	Seù	Loin	遠	Yuèn
Eau	水	Choùi	Près	近	Kín
Feu	火	Houò	Pourquoi	爲什麼	Ouêi cheû mō
Terre	地	Tí	Parce que	因爲	Īn ouéi
Maçon	瓦匠	Ouà kiāng	Avec	同	T'oûng
Commerçant	買賣人	Màe máe jên	Quand	多咎	Toūo tsān
Angleterre	英國	Īng kouô	Et	和	Heû
Anglais	英國人	Īng koûo jên	Ces	這些	Tchée siē
Allemagne	德國	Teû koûo	Et, aussi	也	Iè
			Peut, être	恐怕	K'oùng p'á

Phrases

1. Irez-vous à Tien Tsin demain ?

Mīng t'iēn nì tch'ú T'iēn Tsīn poū tch'ú ?

2. S'il me parle, devrai-je l'écouter ?

T'ā jóo t'oûng oùo choúo, oùo nêng t'īng t'ā poū nêng ?

3. Quand tu le verras, lui parleras-tu ?

Touō tsān nì k'án kién t'ā, nì t'oûng t'ā choūo houá poū chouō ?

4. Peut-être oublieront-ils de traiter cette affaire !

K'oùng p'á t'ā mēn yáo ouáng leào pán tchée kién cheú ts'īng !

5. Demain, achèterons-nous un cheval.

Mīng t'iēn ouò mēn maè ī p'ì mà poū maè ?

6. Quand reviendrez-vous ?

Nì touō tsān hoûi laê ?

7. Vous donneront-ils leurs bœufs ?

T'ā mēn keì nì t'ā mēn tì niôu poū kèi ?

8. Parce qu'il est grand, achèterons-nous ce mulet ?

Tchée p'ì louô tseù keū eûl hén tá, oùo mēn maè poū maè ?

9. Sur la route, loin du village, y aura-t-il de l'eau ?

Lî ts'ouēn yuèn tì, táo eūl① chańg, ioù chouì② mêi ioù ?

10. Après-demain le maçon travaillera-t-il ?

Hoó t'iēn ouà kiāng tsoúo hoûo poū tsoúo ? (▲48)

11. L'année prochaine, ce commerçant ira-t-il en Angleterre ?

Mîng niên tchée keū maè maé jên tch'ú Yn̄g kouô poū tch'ú ?

12. M'attendront-ils en dehors de la porte ?

T'ā mēn tsaé mên ouaé t'oô tèng ouò poū tèng ?

13. Avec votre ami, où irez-vous demain ?

Mîng t'iēn nì t'oûng nì tì p'êng ioù yáo cháng nà lì tch'ú ?

14. Derrière-la maison, l'entendrons-nous parler ?

Tsaé fâng hoó t'ôo ouò mēn t'iǹg kién t'ā choūo houá leào mōo ?

15. Il fait froid, n'aurait-on pas allumé de feu dans la chambre ?

T'iēn ts'í lèng, oû lì poū cheú yaó loûng louò moō ?

16. Vous ne l'interrogez pas, pourquoi répondrait-il ?

Nì mêi ioù ouén t'ā, ouêi cheû mó t'ā yaó tā iṅg ?

17. Quand fera-t-il ce travail ?

Touō tsān t'ā tsoúo tchée keū hoûo ?

18. Votre frère aîné ira-t-il avec lui à Pao Ting Fou ?

Nì tì keū keū yáo t'oûng t'ā cháng Pào Tińg Foù tch'ú moō ?

19. Aimeriez-vous à manger du pain ?

Nì náe tch'eū miên t'ôo poū naé tch'eū ?

20. Ils sont contents, pourquoi pleureraient-ils encore ?

T'ā mēn toū sì houān, oûei cheû mó t'ā mēn houân③ yáo k'oū ?

Règles et observations

1. Les formes interrogatives du futur sont les mêmes que celles du présent. Le futur est indiqué par le contexte ou par l'adjonction de *Yáo* 要.

Il faudra donc, pour interroger au futur, énoncer le verbe à l'affirmatif et le répéter à la fin de la phrase, en le faisant précéder de *Poū* 不 ; ou bien terminer la phrase affirmative, sans répéter le verbe, par le

① 原书此处不清，看起来也像是阳平。

② 原书此处不清。

③ 原书此处声调符号实际在 ua 上。

signe de l'interrogation *Moō* 麼.

2. À remarquer que le Chinois dit : Causer avec quelqu'un, et non : Causer à quelqu'un. Ph. 2.

3. Parce que, est souvent sous-entendu. Quand on ne l'exprime pas, on se contente d'énoncer la raison donnée, puis la conséquence de cette raison_Ph. 8_on dit : Ce mulet, qui en est un grand, l'achèterons-nais ? Parce que est sous-entendu.

4. *Lî* 離, est employé dans les expressions de distance, il peut se traduire par : De, De la, Des, indiquant l'origine_Ph. 9.

5. Dans les verbes composés, comme *Tsoúo houô* 做活_Travailler_ (▲49) Phrase 10_Lorsque, dans la tournure interrogative, on répéte le verbe précédé de *Poū* 不, on peut ne pas répéter le deuxième terme du verbe composé. Ainsi, pour : Travaillez-vous ? Il n'est pas nécessaire de dire : *Nì tsoúo hoûo poū tsoúo houô,* 你做活不做活, on peut se contenter de dire : *Nì tsoúo hoûo poū tsoúo,* 你做活不做.

6. Près_se traduit fréquemment par : Pas loin, comme dans la phrase 12.

7. Fréquemment, dans les expressions embrassant la totalité de ce dont on parle, le Chinois place, après le pronom personnel ou le substantif au pluriel, le mot *Toū* 都, qui indique la généralité, l'ensemble, et qui veut dire : Tous, Phrase 20.

8. À remarquer, et nous l'avons déjà vu, que les adverbes de temps, placés dans la phrase française, soit en tête, soit en queue de la phrase, sont toujours placés au commencement, en Chinois, soit avant, soit après le nom ou le pronom, sujet du verbe.

11ème Leçon

Impératif

Vocabulaire

Perdre	丢	Tioū	Chat	貓	Mâo
Chercher	找	Tchào	Chien	狗	Kòo
Sauter	跳	T'iáo	Yeux	眼	Ièn
Tuer	殺	Chā	Oreilles	耳朵	Eùl tòo
Jeter	扔	Jeńg	Encore	再	Tsaé
S'arrêter	站住	Tchán tchoú	Entrer	進	Tsiń
Bateau	船	Tch'ouân	Maison	院子	Yuén tseù
Chemin de fer	火車	Hoùo tch'eē	Caractères	字	Tseú
Ane	驢	Lû	Marque de l'impératif①	罷	Pá

(▲50)

Phrases

1. Mon couteau est perdu, cherche-le.

Ouò tì taō tseù tioū leào, tchào í tchào pá.

---

① 原书此处为 l'imperatif。

2. Ce chien est méchant, tuons-le.

Tchée keū kòo poū hào, tà seù t'ā pá.

3. Jetez cet objet dehors.

Pà tchée keū toūng sī, jéng táo ouaé t'oô pá.

4. Monte sur l'âne.

Chańg lū pá.

5. Descendons de la montagne.

Ouò mēn siá chān pá.

6. Sautez en bas.

T'iáo siá tch'ú pá.

7. Fais ce travail.

Tsoúo tchée keū hoûo pá.

8. Frappons ce cheval, il marchera vite.

Tà tchée p'ì mà, t'ā tsáe tsoò tì k'ouáe.

9. Allez voir son père, il veut vous parler.

Tch'ú kién ì kién t'ā foú ts'īn, t'ā yáo t'oûng nì choūo houá.

10. N'achète pas de viande de porc.

Piê màe tchoū jóo.

11. Restons ici, n'entrons pas dans la maison.

Ouò mēn tchoú tsaé tchée lì, piê tsín yuén tseù lì tch'ú.

12. C'est mon habit, ne le jetez pas.

Tchée cheú ouò tì ī chāng, poū yaó jéng leào.

13. Ne lui parle pas.

Piê t'oûng t'ā chouō houá.

14. Ne montons pas sur le bateau.

Ouò mēn piê cháng tch'ouân.

15. Le train n'est pas arrêté, ne descendez pas.

Houò tch'ēe mêi ioù tchán tchoú, poū yaó siá tch'ú.

16. Ne viens pas demain, viens après-demain.

Mîng t'iēn piê laê, hóo t'iēn tsaé laê pá.

17. Le chat a mangé le poulet, frappe-le.

Mâo tch'eū leào kī, tà t'ā pá.

18. Ne marchez pas vite, marchez un peu lentement.

Piê tsòo k'ouáe leào, mán tièn eûl tsòo. (▲51)

19. Apprenons à écrire.

Ouò mēn suê siè tseú pá.

20. Asseyez-vous sur la chaise.

Nì tsoúo tsáe ì tseù cháng.

Règles et observations

1. L'impératif s'indique.

1° sans particule spécial, le ton de la phrase, seul, montrant qu'elle est à l'impératif.

2° par l'adjonction de la particule *Pá* 罷, placée à la fin de la phrase.

2. L'impératif négatif se forme.

1° En plaçant devant le verbe la particule *Piê* 别, qui veut dire : Il ne faut pas.

2° En plaçant devant le verbe l'expression *Poū yáo,* 不要, indiquant la prohibition. Ces deux formes peuvent s'employer à peu près indifféremment.

3. Phrase 3_Le verbe 到, est un modificateur que nous verrons à la 12eme leçon.

4. Phrase 3_*Pà* 把, est la marque de l'accusatif_V. 12'leçon.

5. Dans plusieurs phrases, nous voyons *Tch'ú* 去. C'est un auxiliaire modificateur que nous allons étudier dans la leçon suivante.

6. Phrase 11. Maison, est rendu par : *Yuèn tsèu* 院子. Ce mot indique l'ensemble des constructions d'une même enceinte.

7. Phrase 12. *Leào* 了, à la fin de la phrase, n'indique pas le passé, il est là par euphonie, le Chinois répugnant à terminer les phrases sur un verbe simple. Dans ce cas, il se prononce *Le, La*.

8. Phrase 19. À remarquer que le Chinois ne dit pas : Ecrire, mais bien : Ecrire des caractères : *Siè Tseú* 寫字.

9. Phrase 6. *Siá* 下, est un modificateur dont nous verrons le rôle plus loin. (▲52)

12eme Leçon

Verbes auxiliaires modificateurs

Laê 來 Tch'ú 去 Chańg 上 Siá 下

Vocabulaire

Apporter	拿來	Nâ lâe	Pagode	廟	Miáo
Emporter	拿去	Nâ tch'ú	Salle à manger	飯廳	Fán t'iṅg
Prendre	把。拿	Pà_nâ	Ch. à coucher	睡覺屋子	Chouí kiáo oû tseù
Sortir	出去	Tch'oū tch'ú	Gras (animaux)	肥	Fêi
Déposer	放	Fańg	Gras (hommes)	胖	P'ańg
Rapporter	拿回來	Nâ hoûi laê	Maigre	瘦	Choó
Remporter	拿回去	Nâ hoûi tch'ú	On	人	Jên
Tasse	碗	Ouàn	Tous	都	Toū
Théière	茶壺	Tch'ā hoû	Chaque	每	Mèi
Assiette	碟子	Tīe tseù	Chaque	各	Kéu
Spécificatif	張	Tchāng	Spécificatif	把	Pá

Phrases

1. Prenez la théière et apportez-là.

Pà tch'ā hoû, nâ laê.

2. J'ai emporté son pantalon.

Ouò nà leào t'ā tì k'oú tseù tch'ú leào.

3. Entrez dans la chambre.

Tsín oû lì laê.

4. Montez dans la voiture.

Cháng tch'eē laê pá.

5. Je veux sortir.

Ouò yáo tch'oū mên.

6. Il sort de la salle à manger.

T'ā ts'oûng fán t'īng eûl lì tch'oū laê.

7. Nous voulons entrer dans la pagode.

Ouò mēn yáo tsín miáo lì tch'ú.

8. Prenez mes habits et apportez-les dans la chambre à coucher.

Pà ouò tì ī chāng, toū nâ táo choúi kiáo oû tseù lì tch'ú.

9. Tous les hommes sont sortis.

Jên toū tch'oū tch'ú leào.

10. Déposez les assiettes sur la table.

Pà tiê tseù toū fáng tsaé tchoūo tseù cháng. (▲53)

11. Apportez-moi un poulet gras.

Keì oùo nâ ī tcheū feî kī laê.

12. Ce canard est trop maigre, je n'en veux pas, emportez-le.

Tcheé tcheū yā tseù t'aé choó, ouò poū yaó, nâ tch'ú pá.

13. Descendez du lit.

Siá tch'ouâng pá.

14. Nous sortirons par la grande porte.

Ouò mēn ts'oûng tá mên lì tch'oū tch'ú.

15. Quand vous reviendrez de Tien Tsin, rapportez-moi un beau couteau.

Toūo tsān nì ts'oûng T'iēn Tsīn hoûi laê, keì ouò taé ī pà hào tāo tseù laê.

16. Remportez ce livre, je ne le lirai pas.

Pà tchée pèn choú, nâ hoûi tch'ú pá, ouò poū nién leào.

17. Montez dans la voiture.

Cháng tch'eē.

18. Sortez.

Tch'oū tch'ú pá.

19. Ouvrez la porte et entrez.

Pà mên k'aē k'aē, tsín tch'ú pá.

20. Prenez cette chaise et asseyez-vous.

Nâ tchée tchāng ì tseù, tsoúo siá pá.

Règles et observations

La langue chinoise possède un grand nombre de verbes auxiliaires, qui aident à la conjugaison, et modifient le verbe principal. Ils forment des verbes composés de termes séparables, c'est-à-dire que l'un des termes est énoncé au commencement, et l'autre à la fin du membre de phrase, le complément s'intercalant entre eux.

Ces verbes modificateurs peuvent être employés seuls, ils ont alors leur sens propre.

1. *Laê* 來, _Venir_joint aux autres verbes, indique le mouvement vers la personne qui parle. *Tch'ú* 去_Aller_indique le mouvement contraire. Ils forment des verbes composés de 2 termes, comme : Apporter _*Nâ laê* 拿來_Emporter_*Nâ tch'ú,* 拿去, qui sont séparables, c'est-à-dire qu'ils admettent le complément entre leurs deux termes.

En sus de ce rôle joué pour former des verbes, ils modifient nombre d'autres verbes, et indiquent le sens de l'action.

En voici des exemples : (▲54)

Ainsi, phrase 3_*Tsín... laê.* 進……來, indique que la personne qui parle est dans la chambre, et que le mouvement se fera vers elle ; tandis que, phrase 7. *Tsín tch'ú,* 進……去, indique que la personne qui parle est à l'extérieur, et que l'action se fera en s'eloignant du lieu où elle se trouve.

De même pour *Tch'oū* 出_Sortir_Phrase 18_*Tch'oū tch'ú* 出去, indique que la personne qui parle est à l'intérieur, tandis que Ph. 6_*Tch'oū laê* 出來, indique que la personne qui parle est à l'extérieur.

2. Les verbes *Chang* 上_Monter_*Siá* 下_Descendre_qui sont des verbes modificateurs de même espèce, sont eux-mêmes modifiés par *Laê* 來 *Tch'ú* 去. Ainsi, ph. 4. *Cháng laê* 上來, indique que la personne qui parle est sur la voiture, et que le mouvement se fera vers elle, tandis que *Cháng tch'ú* 上去, indiquerait que la personne qui parle est à terre, et qu'on s'eloignera d'elle en montant en voiture.

3. Le verbe *Hoûi* 回_Revenir, est modifié par les mêmes verbes, dans les mêmes conditions.

4. *Hoûi laê* 回來 *Hoûi tch'ú* 回去, sont des verbes composés modificateurs, qui servent à conjuguer d'autres verbes. Par exemple, avec *Nâ* _拿_Prendre_ils forment *Nâ hoûi tch'ú*, 拿回去, Remporter et *Nâ hoûi laê* 拿回來_Rapporter.

5. *Cháng* 上, *Siá* 下, quand ils sont employés comme auxiliaires modificateurs, donnent aux autres verbes le sens d'ascension pour le premier, et de descente pour le second. Leur emploi est le même que celui de *Laê* 來, et_*Tch'ú* 去.

6. Les verbes composés et modifiés avec *Laê* 來, et *Tch'ú* 去, forment leur passé d'une manière capricieuse_Tantôt_*Leào* 了, marque du passé est placé après le 1er terme, tantôt après le 2eme, tantôt après les deux. Aucune règle précise, et il faut attendre de l'usage seul la connaissance de ces formations arbitraires.

7. Le passé des verbes modifiés par *Cháng* 上, *Siá* 下, se forme en ajoutant *Leào* 了, après le modificateur.

8. Ph. 8_*Táo* 到, est aussi auxiliaire modificateur. Il implique que le mouvement énoncé a abouti.

9. L'accusatif est indiqué en Chinois par la particule *Pà* 把, qui veut dire par elle-même : Prendre_Il est important de signaler (▲55) cette forme, la langue chinoise l'employant continuellement. On dira beaucoup plus fréquemment : Prenez ceci et apportez-le, que : Apportez ceci.

On peut toujours employer cette forme, et elle est précieuse pour les commençants, en permettant de construire, au lieu d'une phrase compliquée, deux petites phrases simples.

10. Phrase11. Moi, dans : Apportez-moi, est rendu par *Keì oùo* 給我, qui ici signifie non pas : Donnez-moi, mais bien : À moi. La préposition À, quand elle signifie : à l'avantage de, est rendue par *Keì* 給.

11. Phrase 19. Emploi curieux de l'accusatif, qui montre combien le Chinois affectionne cette tournure. Il s'en suit que quand on veut attirer l'attention sur le sujet de la phrase, ou sur le complèment, on se servira plutôt de *Pà* 把.

12. Specificatifs

Tchāng 張, indique les sièges, comme chaises, fauteuils, etc, les feuilles de papier, les tableaux, les pelles, les arcs, etc.

Pà 把, désigne les couteaux, fourchettes, cuillers, éventails, théiéres, certains outils, etc.

Tous ces verbes auxiliaires modificateurs jouent un rôle important dans la construction chinoise. Ils sont employés d'une façon constante. À notre point de vue français, ils paraissent inutiles et semblent une superfétation. En Chinois, au contraire, ils sont absolument nécessaires pour la construction correcte. Il est donc bon de leur accorder l'attention qu'ils méritent.

Ceci dit pour que l'étudiant ne les nèglige pas, quand ils se présenteront dans le cours des phrases. (▲56)

13ème Leçon

Verbes modificateurs

Teû 得　Ts'ì 起　Kién 見　Ouân 完　Tchoú 住　Tchō (Dje)着

Vocabulaire

Obtenir	得	Têu	Midi	晌午	Chaǹg où
Regarder	看	K'án	Le soir	晚上	Ouàn cháng
Voir	看見	K'án kień	Année dernière	去年	Tch'ú niên
Finir	完	Ouân	Année présente	今年	Kīn niên
Connaître	認得	Jén teû	Beaucoup	很多	Hèn toūo
Se mettre à	起首	Ts'ì choò	Or	金子	Kīn tseù
Trouver	找着	Tchaò tchō	Argent	銀子	Īn tseù
Se rappeler	記得	Kí teû	Pierre	石頭	Cheû t'oô
Avertir	告訴	Kaó soú	Morceau	塊	K'ouaé

Lit de camp	炕	K'áng	Propre	乾淨	Kān kiǹg
Le matin	早起	Tsào ts'ì	Aller voir (Visiter)	望看	Ouáng k'án

Phrases

1. Vous rappelez-vous cette affaire ?

Nì kí teû tcheé kién cheú ts'ĭng poū kí teû ?

2. Avant qu'on l'interrogeât, il s'est mis à parler.

Jên siēn ouén t'ā, t'ā tsaé ts'ì choò chouō houá.

3. Je ne connais pas cet homme.

Ouò poū jén teû tchée keū jên.

4. Je l'ai vu dans la rue, il était en voiture.

Ouò tsaé kiē cháng k'án kién, t'ā tsaé tch'eē cháng tsoúo tchò.

5. J'ai écouté, mais je n'ai pas entendu ses paroles.

Ouò t'īng leào t'īng, táo tì ouò mêi ioù t'īng kién t'ā chouō tì houá.

6. Il n'a pas encore fini de parler.

T'ā houân mêi ioù chouō ouân.

7. Ce soir, nous aurons fini de faire ce travail.

Kīn t'iēn ouàn cháng ouò mēn yáo tsoúo ouân tchée keū hoûo.

8. La voiture est arrêtée.

Tch'eē tchán tchoú leào.

9. J'ai cherché votre couteau, et je ne l'ai pas trouvé.

Oùo tchào nì tì taō tsèu leào, oùo mêi ioù tchào tchò.

10. Actuellement, il attend devant la porte que vous sortiez.

Joû kīn t'ā tsaé mên ouaé t'oô tèng tchō nì tch'oū tch'ú neù. (▲57)

11. Je ne me rappelle pas où j'ai vu cet homme.

Oùo poū kí teû oùo tsaé nà lì kién koúo tcheé keū jên.

12. J'ai regardé dans sa chambre, je ne l'ai pas vu.

Oùo k'án leào k'án t'ā oû tseù lì mêi k'án kién t'ā.

13. Je ne désire pas l'écouter parler, il parle trop vite.

Oùo poū yuén í t'īng t'ā chouō houá, t'ā choūo tì t'aé k'ouaé.

14. Je l'ai connu, l'année dernière à Pekin.

Ouò tch'ú niên tsaé Peì Kiǹg jén teû leào t'ā.

15. Il m'a dit qu'il y avait sur la table de l'or et de l'argent.

T'ā kaó soú oùo chouō, tchōuo tseù cháng ioù kiǹ tsèu heû yǹ tseù.

16. Devant la maison, j'ai vu une grosse pierre.

Tsaé fâng tseù ts'iên t'ôo, ouò k'án kién leào ī k'ouáe tá cheû t'oô.

17. À midi, vous vous arrêterez de travailler.

Táo chàng où, nì tsióu piê tsoúo leào.

18. Dans la rue, il y a beaucoup d'enfants pas propres.

Kiē cháng ioù heń toūo poū kān kíng tì haê tseù.

19. Chaque année, il va voir sa mère à Tien Tsin.

Mêi niên t'ā tch'ú T'iēn Tsīn ouáng k'án t'ā moù ts'īn.

20. J'ai trouvé sur le lit de camp un morceau d'argent.

Oùo tsáe k'áng cháng tchào tchò leào ī k'ouáe yñ tsèu.

Règles et observations

Nous voyons dans cette leçon un certain nombre de verbes modificateurs.

On peut aussi considérer quelques-uns de ces verbes, en particulier *Teû* 得, *Kién* 見, comme le deuxième élément de verbes composés de deux termes ; la langue chinoise renfermant un grand nombre de mots composés de deux ou trois syllabes.

Il semble pourtant que ces verbes sont plutôt modificateurs, puisqu'ils changent le sens des verbes auxquels ils sont adjoints, et toujours de la même manière.

On peut donc, à sa guise, considérer par exemple *K'án kién* 看見, comme un verbe composé de deux syllabes, ou bien comme un verbe *K'án* 看, modifié par *Kién* 見.

Le résultat est d'ailleurs le même, et ce n'est qu'une question de classification, dans laquelle il paraît inutile d'entrer.

1. *Teû* 得, ou *Tī* 的 (Ce caractère n'est qu'un son, non fixé par les dictionnaires chinois), modifie le verbe dans le sens de perception (▲58) intellectuelle. Il fait partie du verbe qui ne se conjugue pas sans lui.

2. *Ts'ì* 起, qui veut dire par lui-même : se lever, communique au verbe un sens de commencement, et traduit assez bien l'expression française : Se mettre à_Dans ce cas, il peut se mettre devant, comme dans la phrase 2, où on lui a adjoint *Chòo* 首_Tête_ou bien se placer derrière, avec l'aide de *Laê* 來. Ainsi : Se mettre à parler, se dira aussi bien : *Ts'ì choò chouō houá* 起首說話, que : *Chouō houá ts'ì laê* 說話起來.

3. *Kién* 見, indique que la chose faite a abouti au résultat cherché. Il forme des séries remarquablement simples, par exemple :

K'án 看_Regarder_fait *K'án kién* 看見_Voir_ce qui est le résultat cherché en regardant.

T'īng 聽_Ecouter_fait *T'īng kién* 聽見_Entendre_ce qui est le but cherché en écoutant.

4. *Ouân* 完_Finir_indique que l'action faite est terminée. La construction est très-simple : On place après le verbe d'action le mot *Ouân* 完, et on montre ainsi que l'action est faite.

Par exemple : *Tsoúo* 作_Faire_*Tsoúo oûan* 作完_Avoir fini de faire.

5. *Tchoú* 住_S'arrêter_donne ce sens au verbe et indique que l'action a abouti au résultat, qui est l'arrêt. Il se place, comme les autres modificateurs, après le verbe modifié.

6. *Tchò, Tchào* 着, indique l'état, la continuité de l'action, et son aboutissement. Il est aussi la marque du participe présent.

Phrase 9_Nous voyons *Tchào* 找_Chercher_puis *Tchào tchāo* 找着_Trouver_Avec l'adjonction du modificateur, il y a eu indication que l'action de chercher a abouti, que l'on a trouvé.

Phrase 10. Il marque le participe présent. La phrase dit : Il est vous attendant dehors.

7. Ph. 2_On_est rendu habituellement par : *Jên* 人_homme.

8. Ph. 4_Etre en voiture, se traduit par : assis sur la voiture_Le Chinois n'envisage pas d'autre éventualité, quand on est en voiture, que d'être assis.

9. Ph. 7. Ce soir_est rendu par : _aujourd'hui soir_

10. Ph. 15 À remarquer la tournure : *T'ā kāó soú oùo choūo*, 他告訴我說_Il m'informe et me dit_L'un des 2 termes parait superflu. (▲59) Il n'en est rien, c'est une sorte d'entrée en matière, comme si l'on disait : il m'a informé en me disant_Tournure très-employée.

11. Phrase 18. Le *Tì* 的, de l'expression *Poū kān kińg tì* 不乾淨的, est placé là pour renforcer le sens de l'adjectif. On aurait pu l'omettre, mais la phrase serait moins goûtée. Il vaut d'ailleurs, mieux considérer ce mot comme la marque du tour relatif, amené par : Qui. La phrase serait alors : Des enfants qui ne sont pas propres. Nous reviendrons sur cette particule si intéressante et sur les adjectifs en général.

14ème Leçon

Quelques formules de conversation

Avant de continuer l'étude des verbes, étude sur laquelle pivote tout le travail, nous allons reposer un instant notre esprit, un peu lassé par ces séries verbales, et nous allons étudier quelques formules de conversation, qu'il est indispensable de connaître, parce qu'elles sont d'usage courant, et que tout Chinois bien élevé commencera toujours un dialogue par les dites formules.

Vocabulaire

Nom	姓	Sing	Votre maison	府上	Foù cháng
Prénom	名子	Mîng tseù	Mon père	家父	Kiā foú
Surnom	台甫	T'āe foù	Ma mère	家母	Kiā moù
Vous (poli)	您	Nîn	Mon frère aîné	家兄	Kiā sioūng
Année d'âge	歲	Soúi	Mon frère cadet	舍弟	Cheé tí
Votre père	令尊	Líng tsuēn	Ma sœur aînée	家姐	Kiā tsiè
Votre mère	令堂	Líng t'âng	Ma sœur cadette	舍妹	Chée méi
Votre frère aîné	令兄	Lîng sioūng	Mon fils	小兒	Siào eûl
Votre frère cadet	令弟	Líng tí	Ma maison	舍下	Cheé siá
Votre sœur aînée	令姐	Líng tsìe	Spécificatif p. les personnes (poli)	位	Ouéi
Votre sœur cadette	令妹	Líng méi			
Votre fils	令郎	Líng lâng			

(▲60)

Phrases

1. Comment vous appelez-vous ?

Nì síng cheû mó ?

2. Comment vous appelez-vous ?

Nîn kouí síng ? _Kouí síng ? _Tsuēn síng ?

3. Je m'appelle Li.

Ouò síng Lì.

4. Je m'appelle Kouo.

Tsién síng Kouô.

5. Quel est votre prénom ?

Nì kiáo cheû mó mîng tseù ?

6. Quel est votre prénom ?

Nîn kouān yń? _Tá mîng ?

7. Mon prénom est Teu Cheng.

Mîng tseù cheú Teû Chéng.

8. Mon prénom est Cheu Lin.

Tsién mîng Cheú Lîn_Kouān mîng kiáo Cheú Lîn.

9. Quel est votre surnom ?

Tá háo ? _T'aē foù ?

10. Mon surnom est Pi Chan.

Ts'ào tseú Pí Chān.

11. Quel est votre âge ?

Nîn kāo chóo ?

12. Quel est votre âge ?

Kouí kēng ? _Koúi kià tseù ?

13. Quel est votre âge ?

Toūo tá niên kí ? _Touō tá soúi choú ?

14. Quel âge as-tu ?

Nì kì souí ?

15. J'ai 35 ans.

Ouò sān cheû où soúi leào.

16. J'ai 43 ans.

Ouò siū toú kouāng iǹ seú cheû sān soúi leào.

17. Combien avez-vous de fils ?

Nîn ioù kì ouéi liǹg lâng ?

18. Combien as-tu de fils ?

Nì ioù kì keū eûl tseù ? (▲61)

19. J'en ai trois.

Ouò ioù sān keū.

20. Combien avez-vous de frères ?

Koúi kouēn tchoúng kì ouéi ? _Nîn keū eûl kì ouéi ?

Règles et observations

1. Tout Chinois de la classe moyenne a, en dehors des petits noms d'enfance ou d'école.

1° Un nom *Síng* 姓, qui est celui transmis par les parents, qu'il ne peut changer, et qui est compris dans les 400 et quelques noms qui englobent toutes les familles chinoises.

Le nom est habituellement monosyllabique ; il y en a pourtant de bisyllabiques.

2° Un prénom, *Mîng tseù* 名子, choisi par lui, par son maître ou ses parents, et qui peut devenir officiel s'il occupe un emploi. La politesse exige que l'on n'appelle jamais quel qu'un par son prénom, à moins d'être supérieur ou très-ami.

Le prénom est habituellement bisyllabique. On peut en trouver de monosyllabiques, quand le nom est lui-même bisyllabique.

3° Un surnom, qu'il choisit, mais par lequel il ne devra jamais se désigner, tandis qu'au contraire, ses inférieurs et ses égaux le désigneront toujours par ce surnom.

2. La politesse exige que dans la conversation, on emploie pour parler de l'interlocuteur des syllabes de signification noble, et pour soi-même des syllabes humbles. Ainsi, le mot *Nì* 你_Vous_Toi_est absolument proscrit quand on s'adresse à un égal ou à un supérieur ; il faut employer le pronom correspondant *Nîn* 您, _Vous, ou *Nì ná* 你納_Vous ; ou employer la 3eme personne, avec l'un des nombreux termes voulant dire_Monsieur_et que nous verrons dans la leçon suivante.

Au contraire, en parlant de soi, on dira toujours *Oùo* 我.

3. Des mots spéciaux de politesse sont employés dans les interrogations. L'un, qui est d'usage courant, est *Koúi* 貴_noble_cher_, en parlant des choses ou des personnes se rapportant à celui à qui l'on parle. Le mot correspondant, que l'on emploie pour soi est *Tsién* 賤, humble_vil_ou encore *Pí* 敝.

4. Le prénom se dira *Mîng tseù* 名子, en parlant à un inférieur, et *Kouān yń*官印 ou *Tá mîng* 大名, en parlant à (▲62) un égal ou à un supérieur. Mais cette interrogation n'est pas fréquente. On ne doit jamais, à moins de nécessité, demander le prénom de quelqu'un. On se contente de lui demander son nom et son surnom.

Le prénom, en parlant de soi, se dira : *Mîng tseù* 名子, *Tsién mîng* 賤名, etc.

5. Le surnom, que l'on demande toujours dans une conversation ordinaire, se dira, en parlant à quelqu'un : *Tá háo* 大號, ou *T'aē foù* 台甫, et en parlant de soi : *Ts'ào tséu* 草字.

6. Les formules pour demander l'âge sont variées, nous en donnons quelques-unes. On peut dire que :

Kāo chóo ?	高壽	s'emploie avec les égaux et superieux âgés.
Koúi kēng ?	貴庚	s'emploient avec les égaux et supérieurs d'âge moyen.
Koúi kià tseù ?	貴甲子	
Touō tá niên kí ?	多大年紀	s'emploient avec les inférieurs seulement.
Touō tá soúi choú ?	多大歲數	
Nì kì soúi ?	你幾歲	

La réponse sera : soit phrase 15 avec les inférieurs, soit phrase 16, avec les égaux et supérieurs_Cette locution de la phrase 16 veut dire : J'ai inutilement passé.

7. Pour désigner les personnes, avec les égaux et supérieurs, et lorsqu'on parle de personnes honorables, on n'emploiera jamais *Kēu* 個, mais bien *Ouéi* 位, qui est le spécificatif poli pour les personnes.

De même, en parlant poliment, pour : fils, on dira : *Líng lâng*, 令郎 ; avec les inférieurs, on dira *Eûl tsèu* 兒子.

La réponse emploiera toujours *Kēu* 個, car alors on parle de soi, ou de choses personnelles, et l'on doit s'exprimer humblement.

8. Même observation pour la phrase 20. On emploie, pour désigner les frères de l'interlocuteur, la forme *Kouēn Tchoūng* 昆仲, au lieu de *Tí sioūng* 弟兄, que l'on utilisera avec les inférieurs.

Nota_Ces formules sont des clichés que tout Chinois connaît et dont il se sert, car on se montre poli, en Chine, en paraissant s'intéresser à son interlocuteur, et en lui demandant des détails que l'on suppose lui être agréables.

Les deux pages suivantes présentent un Tableau Synoptique de la formation des Verbes. Il pourra aider l'étudiant. (▲63)

Tableau synoptique de la Formation des Verbes

Temps	Formes	Divisions des Temps	Modes de Formation	Exemples	Exemples	Exemples
Verbe au présent	Affirmatif		Pas de forme spéciale, le verbe est simplement énoncé	J'achète	我買	*Ouò màe*
	Négatif		Placer devant le verbe Avoir la négation *Mêi* 沒.	Je n'ai pas	我沒有	*Ouò meî ioù*
			Placer devant les autres verbes la négation *Poū* 不	Je ne marche pas	我不走	*Ouò poū tsòo*
	Interrogatif		Enoncer le verbe Avoir à l'affirmatif, le répéter à la fin, précédé de *Mêi* 沒	As-tu ?	你有沒有	*Nì ioù mêi ioù* ?
			Enoncer le verbe à l'affirmatif, le répéter à la fin, précédé de *Poū* 不. ou bien	Parlez-vous ?	你說不說	*Nì chouō poū chouō* ?
			Avec tous les verbes : Enoncer à l'affirmatif et terminer par *Mōo* 麼	Comprenez-vous ?	你懂得麼	*Nì toùng teû moō* ?
Verbe au passé	Affirmatif	Passé défini	Faire suivre le verbe de *Leào* 了	Je mangeai	我吃了	*Ouò tch'eū leào*
		Passé indéfini	Faire suivre le verbe de *Koúo* 過	J'ai vu	我看見過	*Ouò k'án kién koúo*
		Imparfait	Pas de forme spéciale, comme le présent, ou bien :	J'avais	我有	*Ouò ioù*
			Précéder le verbe de *Tchéng tsáe* 正在 (rare).	Il dormait	他正在睡覺	*T'ā tchéng tsaé chouí kiáo*
	Négatif	Passé défini	Placer devant tous les verbes la négation *Mêi iou* 沒有	Je ne donnai pas	我沒有給	*Ouò mei iou kei*
		Passé indéfini	Placer devant le verbe au passé indéfini *Mêi ioù* 沒有.	Je n'ai pas lu	我沒有念過	*Ouò mêi ioù nién kouó*

续表

Temps	Formes	Divisions des Temps	Modes de Formation	Exemples	Exemples	Exemples
		Imparfait	Placer devant le verbe *Poū* 不（comme le négatif présent）.	Il ne travaillait pas	他不做活	*T'ā poū tsoúo hoûo*
	Interrogatif	Passé défini	Enoncer au passe défini, et placer à la fin *mêi ioù* 沒有. ou bien.	Attendis-tu ?	你等着了沒有	*Nì tèng tchòo leào mêi ioù*
			Enoncer au passé et terminer par *Moō* 麽.	Vendîtes-vous ?	你賣了麽	*Nì maé leào mōo ?*
		Passé indéfini	Enoncer au passé indéfini et terminer par *Mêi ioù* 沒有.	As-tu ri ?	你笑過沒有	*Nì siáo kouó mêi ioù ?*
		Imparfait	Enoncer à l'imparfait et repéter, précédé de *Poū* 不.	Vouliez-vous ?	你要不要	*Nì yáo poū yaó ?*
Verbe au futur	Affirmatif		Indiqué par le contexte. ou bien	Demain je laverai	明天我洗	*Mîng t'iēn ouò sì*
			Placer devant le verbe le mot *Yáo* 要.	Il reviendra	他要回來	*T'ā yáo houî laê*
	Négatif		Indiqué par le contexte. ou bien.	Il n'aura pas	他沒有	*T'ā meî ioù*
			Placer devant le verbe *Poū yáo* 不要.	Tu ne pleureras pas	你不要哭	*Nì poū yáo k'oū*
	Interrogatif		Comme le présent interrogatif. Pour Avoir, avec *Mêi* 沒	Aurai-je ?	我有沒有	*Ouò ioù meî ioù ?*
			～ d°～ Pour les autres verbes, avec *Poū* 不.	Entendrai-je ?	我聽見不聽見	*Ouò t'īng kién poū t'īng kién ?*
			～ d°～ Pour tous, avec *Mōo* 麽.	Mourra-t-il ?	他要死麽	*T'ā yáo seù mōo ?*
Verbe à l'impératif	Affirmatif		Placer à la fin de la phrase *Pá* 罷.	Va	你去罷	*Nì tch'ú pá*
	Prohibitif		Placer devant le verbe le mot *Piê* 別. _ ou bien	Ne viens pas	你別來	*Nì piê laê*
			～ d°～ les mots *Poū yáo* 不要	Ne jetez pas.	你不要扔	*Nì poū yáo jéng*

Ce tableau donnera une vue d'ensemble de la formation des verbes chinois, et fera voir que leur conjugaison est fort simple. (▲64)

(▲65)

15ème Leçon

Formules de conversation (suite)

Vocabulaire

Votre pays	貴國	Koúi koûo	Mon pays	敝國	Pí koûo
Votre fille	令女	Líng niù	Ma fille	小女	Siào niù
Votre ami	令友	Líng ioù	Mon ami	敝友	Pí ioù
Votre emploi	貴幹	Kouí kán	Monsieur	大人	Tá jên
Ruelle	衚衕	Hoû t'oûng	Monsieur	老爺	Lào yê
Maladie	病	Píng	Monsieur	先生	Siēn chēng
Japon	日本國	Jeú pèn koûo	Japonais	日本人	Jeú pèn jên

Phrases

1. Cet homme est mon frère cadet, celui-là mon frère aîné.

Tcheé keū jên cheú chée tí, ná keū cheú kiā sioūng.

2. J'ai vu hier votre sœur aînée.

Tsoûo t'iēn oùo k'án kién leào líng tsìe.

3. Connaissez-vous ma sœur cadette ?

Nîn jén teû chée méi moō ?

4. Où demeurez-vous ?

Foù cháng tsaé nà eûl tchoú ?

5. Je demeure dans la rue Yang Joo.

Cheé siá tsaé Yâng Joó hoû t'oûng tchoú.

6. Quel est votre pays ?

Koúi kouô.

7. Mon pays est le Japon.

Pí koûo cheú Jeú pèn koûo.

8. Combien avez-vous de filles ?

Nîn ioù kì ouéi líng náe ?

9. Combien avez-vous de filles ?

Nì ioù kì keū niù eûl ?

10. J'en ai deux.

Ioù leàng keū.

11. Avant-hier, j'ai parlé à votre ami.

Ts'iên t'iēn oùo t'oûng líng p'êng ioù chouō houá leaò.

12. L'année dernière, mon ami a été malade.

Tch'ú niên pí ioù ioù pińg leào.

13. Quelle est votre occupation ?

Koúi kán ? (▲66)

14. Je suis marchand à Pekin.

Oùo tsaé Peì Kīng tsoúo màe máe.

15. Monsieur a quel âge ?

Tá jên kāo chóo ?

16. Combien avez-vous d'enfants, Monsieur ?

Lào yê ioù kì ouéi líng lâng, líng naé ?

17. Où allez-vous Monsieur ?

Siēn chēng, nîn cháng nà eûl tch'ú ?

18. Où vas-tu ?

Nì ouàng nà eûl tch'ú ?

19. Où demeures-tu ?

Nì tsáe cheû mó tchoú ? _Nì tchoú cheû mó tí fāng ?

20. Que fais-tu ?

Nì tsouó cheû mó ? _Nì kán cheû mó ?

Règles et observations

1. En parlant des membres de sa famille, on emploie le mot *Kiā* 家, si la personne dont on parle est avant, dans l'ordre de parenté, et *Cheé* 舍, si elle est après. On ajoute à ces termes le mot ordinaire C'est ainsi que : Mon frère aîné, se dira *Kiā sioūng* 家兄, parce qu'il vient avant dans l'ordre de parenté, et : Mon frère cadet, se dira *Chée tí* 舍弟, parce qu'il vient après.

2. En parlant à quelqu'un, on désigne les personnes qui touchent en quelque façon à l'interlocuteur, par le mot *Líng* 令, suivi du mot habituel ou d'un mot spécial.

3. Les expressions pour demander la demeure, sont très nombreuses, celle de la phrase 4 est très polie, ainsi que la réponse, phrase 5.

4. Le mot *Pí* 敝, phrase 7, appliqué aux personnes ou aux choses, est l'équivalent du terme modeste *Tsién* 賤.

5. L'expression *Tá jên* 大人_Monsieur_s'emploie en parlant à des mandarins de rang élevé. Cette appellation n'est jamais donnée à une personne qui n'a pas d'emploi officiel, à moins que l'on ne veuille employer un terme très flatteur.

6. *Laò yê* 老爺_Monsieur_se dira aux mandarins inférieurs et aux, personnes distinguées. Il est très employé.

7. *Siēn chēng* 先生_Monsieur_peut s'employer avec tous les lettrés ou scribes.

8. À remarquer qu'avec ces divers mots rendant notre Monsieur, on (▲67) peut employer le pronom *Nîn* 您, ou *Nì ná* 你納. On commence la phrase par un des mots ci-dessus, et dans le courant de la con-

versation, on n'emploie plus que le pronom personnel.

9. Les phrases 18, 19, 20. s'emploient avec des inférieurs, elles sont d'usage courant.

Nous verrons plus tard d'autres expressions de civilité, elles sont fort nombreuses.

16ème Leçon

La possibilité et l'impossibilité

Vocabulaire

Pouvoir	能穀	Nêng kóo	Poele	爐子	Loû tseù
Pouvoir	可以	K'eù ì	Lampe	燈	Tēng
Porter sur soi	帶	Taé	Caisse	箱子	Siāng tseù
Connaître	認得	Jeń têu	Fourchette	叉子	Tch'ā tseù
Savoir	會	Hoúi	Cuiller	勺子	Chaô tseù
Savoir	知道	Tcheū taó	Vieux	老。舊	Lào_Kioú
Balayer	掃	Sào	Neuf	新	Sīn
Emballer	裝	Tchoūang	Bouteille	瓶子	P'îng tseù
Cuivre	銅	T'oûng	Fruits	菓子	Kouò tseù
Fusil	鎗	Ts'iāng	Sel	鹽	Iên
Drapeau	旗子	Ts'î tseù	Tabac	菸	Iēn
Tout (entier)	全	Tch'uân	Huile	油	Ioû

Phrases

1. Pouvez-vous aller demain à Tien Tsin ?

Mîng t'iēn, nì nêng koó tch'ú T'iēn Tsīn poū nêng kóo ?

2. Je ne le puis pas.

Ouò poū nêng koó tch'ú.

3. Je le puis.

Ouò nêng koó tch'ú.

4. Savez-vous parler Chinois ?

Nîn houí chouō tchoūng koûo houá mōo ?

5. Je connais ce village.

Ouò jén teû tcheé keū ts'ouēn tseù. (▲68)

6. Je sais tirer le fusil.

Ouò houí fáng ts'iāng.

7. Je sais que le drapeau chinois est jaune.

Ouò tcheū taó tchoūng koûo ts'î tseù cheú houâng tì.

8. Il faut acheter des fruits et du sel.

Kaē tāng maè koùo tseù, màe iên.

9. Je puis faire ce travail.

Oùo nêng kóo tsoúo tchée keū hoûo.

10. Il faut que nous lui dormions cette lampe en cuivre.

Ouō mēn kaē tāng keì t'ā tchée keū t'oûng tēng.

11. Savez-vous ce qu'il y a dans cette bouteille ?

Nì tcheū taó tchée keū p'îng tseù lì ioù cheū mó, poū tcheū taó ?

12. Vous n'avez pas de fourchette, pouvez-vous me donner une cuiller ?

Nì mêi iòu tch'ā tseù, nì nêng keì oùo ī pà chāo tseù mōo ?

13. Pouvez-vous vendre ce vieil habit ?

Nì nêng kóo maé leào tcheé kién kioú ī chāng moō ?

14. Je puis le vendre, et j'en achéterai un neuf.

Ouò nêng maé leào t'ā, oùo tsaé liǹg màe kién sīn tì.

15. Nous sortons, vous pouvez balayer la chambre.

Ouò mēn tch'oū tch'ú, nì mēn k'eù ì pà oū tseù, sáo ì sáo.

16. Il faut mettre toutes les bouteilles d'huile dans cette caisse.

Kaē tāng pà ioû p'îng tseù, tch'uân pà t'ā, tchoūang tsaé tcheé keū siāng tseù lì t'oô.

17. Savez-vous qui a acheté ce poêle neuf ?

Nì tcheū táo choûi màe leào tchée keū sīn loū tseù, poū tcheū taó ?

18. Si vous le désirez, je puis vous rapporter un peu de tabac.

Nîn jée yuén í, oùo k'eù ì keì nîn taé houî tièn eûl iēn laê.

19. Il ne peut parler sans rire.

T'ā choūo houá poū nêng poū siáo.

20. Si vous pouvez faire ce travail, je serai très-content.

Nì jée nêng tsouó tchée keū hoûo, oùo tsioú hèn sì houān.

Règles et observations

Nota_La possibilité et l'impossibilité, exprimées dans les phrases ci-dessus, peuvent se rendre d'une autre façon, comme il sera dit dans la 17ème Leçon.

1. La possibilité se rend à l'aide des verbes *Nêng* 能, *Nêng kóo* 能彀, *K'eù ì* 可以, placés devant le verbe d'action. Les deux dernières expressions ne peuvent pas toujours se prendre l'une pour l'autre. Il (▲69) y a entre elles une nuance assez faible :

Nêng kóo 能彀, se dira plutôt d'une possibilité réelle et physique, et *K'eù ì* 可以, d'une possibilité morale, dépendant de la volonté de celui qui parle. Ainsi, quand je dis : *Ouò nêng kóo tsoúo*, 我能彀做, je veux dire que je suis capable de faire, et quand je dis : *Oùo k'eù ì tsoúo* 我可以做, je veux dire que je puis faire parce que cela m'est permis et que c'est dépendant de ma volonté.

2. L'impossibilité se rend par *Poū nêng* 不能, *Poū nêng kóo*, 不能彀, *Poū k'eù ì* 不可以, avec les mêmes règles.

3. Il est temps de voir les nuances qui existent entre les expressions rendant nos verbes : Connaître_

Savoir.

Jén teû 認得_Connaître_est employé dans le sens de : Etre capable① de distinguer, de reconnaître_Ph. 5.

Hoûi 會, Savoir_est employé dans le_sens de connaissance acquise par le travail physique ou intellectuel _Ph. 4, 6.

Tcheū táo 知道_Savoir_dans le sens de connaissance naturelle, d'avoir l'idée ou la notion de, d'être informé de_Ph. 11, 7.

4. Ph. 7. *Houâng tì* 黄的. Le *Tì* 的, est la marque de l'adjectif.

5. Ph. 8. Au lieu de rendre_Et_, on répéte le verbe Acheter.

6. Ph. 10. Le mot_En_exprimant la matière n'est souvent rendu que par position, le nom de matière étant placé devant le nom de l'objet considéré.

On peut aussi le rendre à l'aide de *Tì* 的, mais alors il faut employer le verbe Etre, et dire, par exemple pour : Cette lampe est en cuivre_*Tchée keū tēng cheú t'oûng tì* 这個燈是銅的.

7. À remarquer dans la phrase 16 l'emploi de l'accusatif *Pà* 把. La phrase chinoise dit : Il faut prendre les bouteilles d'huile, les prendre toutes, et les mettre dans la caisse_On aurait pu dire autrement.

8. Ph. 18_Rapporter, est rendu dans cette phrase par : *Taé houî*... *laê* 帶回……來, parce que le tabac sera porté sur l'individu, et que cette façon de porter se dit : Taé 帶. (▲70)

17ème Leçon

La Possibilité et l'impossibilité

Vocabulaire

Haïr	恨	Hén	Bouche	嘴	Tsoùi
Jouer	玩	Ouán	Dents	牙	Yâ
S'habiller	穿	Tch'ouān	Barbe	鬍子	Hoû tsèu
Se déshabiller	脱	T'ouō	Matelas	褥子	Joú tseù
Finir	完	Ouân	Couverture	被窩	Peí ōūo
Choux	白菜	Paê ts'aé	Oreiller	枕頭	Tchèn t'ôo
Sorgho	高糧	Kāo leâng	Fenêtre	窗戶	Tch'ouāng hoú
Maïs	棒子	Pańg tsèu	Cuisine	厨房	Tch'oû fâng
Ville	城	Tch'êng	Cuisinier	厨子	Tch'oû tsèu
Poisson	魚	Iû	Canon	礮	P'ao
Riz	米	Mì	Lourd	重	Tchouńg
Montre	表	Piaò	Léger	輕	Ts'īng
Nez	鼻子	Pî tseù	Laisser	留	Liôu

Phrases

1. Aujourd'hui, je pourrai finir ce travail.

① 原书此处模糊，疑应为 capable。

Kīn t'iên oùo ouân teû leào tchée keū hoûo.

2. Il n'y a pas de poisson sur le marché, le cuisinier ne peut en acheter.

Chéu cháng mêi ioù iû, tch'oū tseù maè poū leào laê.

3. Peut-on passer dans la ville ?

Tch'êng lì t'ôo koúo teû tch'ú, koúo poū tch'ú ?

4. Je n'ai pas mon pantalon, je ne puis m'habiller.

Ouò mêi ioù k'oú tseù, oùo tch'ouān poū leào.

5. Dans ce village, peut-on trouver du sorgho ?

Tsaé tchée ts'ouēn lì, tchào teû tchò kāo leâng, tchào poū tchò ?

6. On ne peut en trouver, mais on peut trouver du maïs.

Tchào poū tchāo, táo tì tchào teû tchâo páng tsèu.

7. Les enfants jouent dans la rue.

Haê tseù mēn tsaé kiē cháng ouán eûl leào.

8. J'ai cherché ma montre, je n'ai pu la trouver.

Ouò tchào leào tchâo ouò tì piáo, oùo tchào poū tchâo leào.

9. Ce vieux canon ne peut plus servir.

Tchée keū kioú p'aó yoúng poū teû leào.

10. C'est mon ami, je ne puis le haïr.

Tchée cheú oùo tì p'êng ioù, ouò hén poū teû t'ā. (▲71)

11. La porte est fermée, mais nous pouvons sortir par la fenêtre.

Mên kouán tchò neù, táo tì ouò mēn nêng koó ts'oūng tch'ouāng hoú lì tch'oū tch'ú.

12. Pouvez-vous porter ces choux et ce riz dans la cuisine ?

Tchée siē paê ts'aé heū mì, nì mēn nâ tī táo tch'oū fâng lì tch'ú, nâ poū táo ?

13. Ce matelas est trop lourd, je ne puis l'apporter.

Tchée keū joú tseù t'aé tch'ên, oùo nâ poū leào laê.

14. Je monte sur la table, je pourrai voir.

Oùo cháng táo tchoūo tseù cháng, oùo tsioú k'án teû kién.

15. J'ai une couverture à Tien Tsin. Pouvez-vous me la rapporter ?

Oùo T'iēn Tsīn ioù ī tch'ouāng peí oūo, nì keì oùo nâ tī hoûi laê, nâ poū hoûi laê.

16. J'ai de mauvaises dents, je puis manger.

Ouò tì yâ poū hào, oùo tch'eū poū leào fán.

17. Peut-on entrer ?

Tsín teû laê, tsín poū laê ?

18. C'est une couverture très-légère, je puis l'emporter.

Tchée cheú ī tch'ouāng hèn ts'īng tì péi oùo, oúo nâ tì leào tch'ú.

19. Quand on est vieux, on peut garder la barbe.

Touō tsān jên lào leào, tsioú lioú teû hoū tseù leào.

20. Il a un grand nez, nous pourrons le reconnaître.

T'ā cheú keū tá pî tseù, ouò mēn jén teû tch'oū t'ā laê.

Règles et observations

1. En général, les verbes représentés par une seule syllabe peuvent marquer la possibilité par l'adjonction de *Teû* 得, ou de *Tì* 的, placé immédiatement après le verbe. Phrase 1.

2. Les verbes composés de deux syllabes marquent la possibilité par l'adjonction de *Teû* 得, ou de *Tì* 的, placé entre les 2 termes, Ph. 3, 5, 6, 12, 14, 17, 18.

3. Pour les verbes trisyllabiques, on place *Teû* 得 ou *Tì* 的 entre le terme du verbe principal et le premier terme du verbe auxiliaire. Exemple : *Nâ hoûi laê* 拿回來_Rapporter_*Nâ têu hoûi laê* 拿得回來. Pouvoir rapporter_Ph. 15.

4. L'impossibilité des verbes simples se forme par l'adjonction, après le verbe, de *Poū teû* 不得, *Poū leào* 不了. Exemple : *Màe* 買 Acheter_*Maè poū leào* 買不了_Ne pouvoir acheter_Ph. 2, 4, 9, 10, 16.

5. Les verbes composés de 2 syllabes marquent l'impossibilité à l'aide de *Poū* 不, placé entre les deux termes. Exemple : *K'án kién* 看見_Voir *K'an poū kién* 看不見. Ne pouvoir voir. Ph. 3, 5, 6, 8, 12, 17.

6. Les verbes trisyllabiques forment l'impossibilité en plaçant *Poū* 不, (▲72) entre le verbe principal et le premier terme de l'auxiliaire. Exemple : *Nâ hoûi laê* 拿回來_Rapporter_*Nâ poū hoûi laê*, 拿不回來. Ne pouvoir rapporter. Phrase 15.

7. Phrase 14_*Chang táo* 上到. Ici, *Táo* 到 est modificateur il indique que le but est atteint.

8. Phrase 8. Quand le verbe simple est répété, pour raison d'euphonie ou autre, et qu'il est au passé, la marque du passé s'intercale entre les deux termes.

9. Phrase 20_Le verbe Avoir est remplacé par Etre_Fréquent_

10. Phrase 20_Le verbe Reconnaître, qui est composé avec *Teû* 得, ne peut prendre la marque de la possibilité en *Teû* 得, car alors il y aurait deux syllabes de même son, et ce serait désagréable à l'oreille. On lui ajoute alors un auxiliaire qui indique que l'on peut atteindre le but proposé, par exemple : *Jén teû tch'oū... laê* 認得出……來.

18ème Leçon

Conjugaisons impersonnelle, passive et pronominale

Vocabulaire

Pleuvoir	下雨	Siá iù	Pluie	雨	Iù
Neiger	下雪	Siá suè	Neige	雪	Sùe
Grêler	下雹子	Siá pâo tsèu	Grêle	雹子	Pâo tseù
Tonner	打雷	Tà lêi	Brouillard	霧	Oú
Eclairer	打閃	Tà chàn	Givre	霜	Choūang
Souffrir	被。受	Péi_Chóo	Tonnerre	雷	Lêi
Punir	罰	Fâ	Eclair	閃	Chàn
Blesser	傷	Chāng	Difficile	難	Nân

Mordre	咬	Yào	Heurter	擊	Kī
Moi-même	我自己	Oùo tseú kì	Nous-mêmes	我們自己	Ouò mēn tseú kì
Toi-même	你自己	Nì tseú kì	Vous-mêmes	你們自己	Nì mēn tseú kì
Lui-même	他自己	T'ā tseú kì	Eux-mêmes	他們自己	T'ā mēn tseú kì

Phrases

1. Il a plu hier.

Tsouô t'iēn, siá leào iù.

2. Avant de grêler, il a tonné.

Siá paô tseù ì ts'iên tà lêi leào. (▲73)

3. Il est tombé de la neige sur la montagne.

Chān chańg siá leào suè.

4. Il tonnait et éclairait quand je suis arrivé au village.

Touō tsān ouò táo leào ts'ouēn lì tì cheû hóo, tchêu tà leî, tà chàn.

5. Hier, il a fait du brouillard.

Tsouô t'iēn siá oú lèao.

6. A-t-il plu hier à Tien Tsin.

Tsouô t'iēn T'iēn Tsīn siá yù leào, mêi iòu ?

7. Non, mais il a neigé.

Meî ioù, táo tì siá leào suè.

8. J'ai été battu par cet homme.

Ouò péi tchée keū jên tà leào.

9. On m'a dit que le chien vous avait mordu.

Ouò t'iṅg kién jên choūo kòo yào tchò nîn leào.

10. Le soldat m'a tiré un coup de fusil et m'a blessé.

Pīng tà leào oùo ī ts'iang, tà chāng lèao ouò.

11. J'ai une blessure, et je souffre beaucoup.

Ouò ioù ī tch'oû chāng hèn nân chóo.

12. Il a eté blessé par le tonnerre.

T'ā péi leî kī chāng leào.

13. Je me demande moi-même ce qu'il faut faire.

Ouò tseú kì ouên tseú kì kaē taṅg tsoúo cheû mó.

14. Vas-y toi-même, tu verras qu'il a plu.

Nì tseú kì tch'ú k'án ì k'án, nì tsioú tcheū táo siá leào yù.

15. Il veut lui-même l'interroger.

T'ā yaó tseú kì ouén ì ouén t'ā.

16. Nous ouvrirons la porte nous-mêmes.

Ouò mēn tseú kì pà mên k'aē k'aē.

17. Parlez-lui vous-même, il vous comprendra.

Nì tseú kì t'oûng t'ā chouō pá, t'ā toùng teû nì tì houá.

18. Ils n'ont pas fait ce travail eux-mêmes.

T'ā mēn meî ioù tsoúo t'ā mēn tseú kì tchée keū houô.

19. Il a été puni par son père.

T'ā choó leào t'ā foú ts'īn tì fâ.

20. Votre enfant est méchant, il faut le punir.

Nì tì haê tseù poū hào, kaē tāng fâ t'ā. (▲74)

Règles et observations

1. Nos verbes impersonnels français n'existent pas en Chinois. Tout verbe peut être actif ou impersonnel au sens francais.

Le verbe *Siá* 下_descendre_s'emploie pour tous les phénomènes de la nature, comme : Pleuvoir, grêler, neiger, faire du brouillard, etc_

Pour une autre catégorie, on emploie *Tà* 打_Frapper.

Il n'y a rien à dire sur cette conjugaison, qui, par sa formation même, est active, et suit les règles ordinaires.

2. La tournure passive se forme :

Ou bien en employant les verbes *Peí* 被, *Chóo* 受, placés après le sujet de la phrase ; ou bien en plaçant à la fin le verbe *Chóo* 受, sans complément. La tournure est alors comme la française.

Dans le premier cas, on forme une tournure particulière, dans laquelle les verbes *Péi* 被, *Chóo* 受, conservent leur signification. Ainsi, la phrase 8 peut se traduire par : J'ai souffert que cet homme m'ait battu.

La tournure passive peut être rendue par la voix active, ainsi, phrase 9, qui est active. En se reportant à la règle précédente, on aurait pu dire : *Nîn péi kòo yào leào*, 您被狗咬了. _Vous avez souffert que le chien vous ait mordu.

3. Les verbes pronominaux se rendent par l'emploi des pronoms moi-même, toi-même, etc.

Il sont placés.

1° Ou bien avant et après le verbe_Phrase 13.

2° Ou bien simplement devant le verbe_Phrases 14, 15, 16, etc.

4. Avant_se rend par *Ì ts'iên* 以前, placé après la locution envisagée. C'est la tournure générale ; elle n'est pas la seule.

5. Quand_rendu par *Touō tsān* 多昝, supporte l'expression *Tì cheû hóo*, 的时候, qui veut dire : au moment de. Cette tournure est fréquente. On peut employer *Toūo tsān* 多昝 seul, ou bien *Tì cheû hóo*, 的时候 seul, ou bien les deux ensemble, mais il faut remarquer que le premier se place toujours au commencement de la phrase, tandis que le second se place après le premier membre de phrase ; et il ne saurait en être autrement pour celui-ci, puisque le *Tì* 的, qui le commence, le fait dépendre des mots qui précédent.

6. Phrase 11. *Nân chóo* 難受, veut dire : Difficile de supporter, ou (▲75) souffrance pénible.

7. Phrase 12_*Kī* 擊_Frapper, heurter_s'emploie en parlant du tonnerre. La phrase dit : J'ai souffert que le tonnerre, en me heurtant, m'ai blessé, soit : J'ai été frappé par le tonnerre.

19ème Leçon

Comparatif

Vocabulaire

Gagner	掙	Tchéng	Encre	墨	Móo (mouó)
Gagner	賺	Tchouán	Boutique	鋪子	P'oú tseù
Craindre	怕	P'á	Pas comme	不如	Poū joū
Dépenser	花	Hoūa	Semblable	一樣	Ī yáng
Mouchoir	手巾	Choò kin̄	Plus	至	Tcheú
Chemise	汗溻兒	Hán tā eûl	Plus	頂	Tin̆g
Armoire	櫃子	Koúi tseù	Plus	再	Tsaé
Gants	手套兒	Chòo t'áo eûl	Plus	更	Kēng
Col	領子	Lìng tseù	Spécificatif	棵	K'eū
Papier	紙	Tcheù	d°	管	Kouàn
Pinceau	筆	Pì	d°	座	Tsoúo

Phrases

1. Les hommes ce sont les vieux les meilleurs ; les habits, ce sont les neufs. (Proverbe chinois)

Jên cheú kioú tì hào, ī chāng cheú sīn tì haò.

2. Ce pinceau est le meilleur.

Tchée koùan pì cheú tìng haò tì.

3. Cette armoire est la plus petite.

Tchée keū koúi tseù cheú tchéu siào tì.

4. Cette chemise est un peu plus courte.

Tchée kién hán tā eûl ioù ī tièn eûl touàn.

5. Je crois que cette montagne est la plus haute.

Ouò siàng tchée tsoúo chān cheú tìng kaō tì.

6. Ce cheval est le plus petit.

Tchée p'ì mà cheú tìng siào tì.

7. Je gagne plus d'argent que lui.

Oùo pì t'ā tchéng tì ts'iên toūo.

8. Votre boutique est-elle plus grande que la sienne.

Nîn tì p'oú tseù pì t'ā tì tá poū tá ? (▲76)

9. Ce papier est plus épais que celui-là.

Tchée keū tchèu pì ná keū hóo.

10. Ce mois-ci j'ai gagné plus d'argent que le mois dernier.

Tchée keū yué, oùo pì chańg yué tchéng tì ts'iên toūo.

11. Je suis plus âgé que lui.

Ouò pì t'ā soúi choú tá.

12. Je le crains plus que vous ne le craignez.

Ouò pì nîn p'á t'ā, p'á tì lí háe.

13. Ces deux montres sont semblables.

Tchée leàng keū piào ī yáng.

14. Ces deux arbres sont aussi haut l'un que l'autre.

Tchée leàng k'eū choú ī pān eûl kāo.

15. Mon couteau est aussi beau que le vôtre.

Ouò tì tāo tseù t'oûng nì tì ī pān eûl hào.

16. Il vaut mieux habiter Pekin que Tien Tsin.

Tsaé T'iēn Tsīn poū joû tsáe Peì Kīng hào.

17. Il est préférable de gagner de l'argent que d'en dépenser.

Houâ ts'iên poū joû tchéng ts'iên hào.

18. Plus vous serez mechant et plus on vous haïra.

Nì yué poū haò, jên yué hén nì.

19. Plus il tombera d'eau, plus il y en aura dans le puits.

Siá yù yué toūo tsìng choùi yué tch'âng.

20. Il vaut mieux manger du riz que manger du maïs.

Tch'eū páng tseù poū joû tch'eū mì hào.

Règles et observations

1. Quand un seul terme est exprimé, on rend le comparatif, soit en plaçant à la fin de la phrase le mot *Hào* 好, qui a alors le sens de : Le meilleur_Phrase 1.

Soit en plaçant devant l'adjectif un des mots *Tchéu* 至, *Tìng* 頂, *Tsaé* 再, *Kēng* 更, qui ont tous le sens de : plus, meilleur, Phrases 2, 3, 5, 6_Soit en employant *Ī tièn eûl* 一點兒, qui se place, ou bien devant l'adjectif, avec Avoir, comme phrase 4, ou bien après sans le verbe Avoir_Dans ce cas, la même phrase serait : *Touàn ī tièn eûl* 短一點兒.

2. Quand les deux termes sont exprimés, on les énonce l'un après l'autre, en les séparant par *Pì* 比_Comparer_, puis on place à la fin de la phrase le résultat de la comparaison_Ainsi, Phrase 11, c'est comme (▲77) si l'on disait : Moi, comparé à lui, années grandes, donc je suis plus âgé que lui.

Cette tournure est très régulière et très-facile à construire. Elle est d'usage courant_Phrases 7, 8, 9, 10, 11, 12.

3. Le comparatif d'égalité se rend, soit par *Ī yáng* 一樣, placé à la fin de la phrase, quand il n'y a qu'une comparaison d'ensemble, comme phrase 13.

Soit par *Ī pān* 一般, ou *Ī pān eûl* 一般兒, placès à la fin de la phrase, devant l'adjectif indice_Ph. 14_

15. On peut, dans ce dernier cas, se servir aussi de *Ī yáng* 一様.

4. Les expressions françaises : Il vaut mieux, il est préférable de, se rendent d'une façon originale et gracieuse, à l'aide de *Poū joû*, 不如, placé devant le 2eme terme comparé, avec adjonction de la qualité à la fin de la phrase. Dans ce cas, la phrase devant se terminer par un mot à l'affirmatif, il est nécessaire de renverser la phrase française, et de dire, par exemple Phrase 16 : Rester à Tien Tsin n'est pas comme rester à Pekin bon_par déduction : Il vaut mieux rester à Pekin qu'à Tien Tsin_Phrases 16, 17, 20.

5. Plus... plus, se rend par *Yué... yué*, 越……越, placés immédiatement devant chacun des membres de phrase, ou des mots exprimant la qualité ou la quantité_Phrases 18, 19.

6. Phrase 19. *Tch'âng* 長, est dans le sens de : Augmenter.

7. Le *Tì* 的, de la phrase 10 est pour indiquer que le verbe est modifié par la suite, c'est-à-dire par : beaucoup.

8. Specificatifs.

Tsouó 座 indique les montagnes et les grandes bâtisses.

Koùan 管 indique les pinceaux, les tubes.

K'eū 棵。顆 indique les arbres sur pied, les plantes.

(▲78)

20eme Leçon

Superlatif

Vocabulaire

Mesurer	量	Lêang	Acier	鋼	Kāng
Peser	平	P'îng	Pauvre	窮	Ts'ioûng
Peser	秤	Tch'ēng	Riche	富貴	Foú koúi
Bouillir	開	K'aē	Pont	橋	Ts'iâo
Rotir	燒	Chāo	Cimetière	墳地	Fên tí
Frire	煎	Tsiēn	Palanquin	轎	Kiáo
Cuire	熟	Choû	Puits	井	Kíng (tsíng)
Famille	家	Kiā	Dix parties	十分	Cheû fēn
Serviette	手巾	Chòo kiñ	Extremement	最	Tsoúi
Nappe	棹布	Tchoūo poú	Terrible	利害	Lí haé
Verre à boire	玻璃盃	Pouō lî pēi	Profond	深	Cheñ
Malle	箱子	Siāng tseù	Joli	體面	T'ì mién

Phrases

1. Cette malle pèse très-lourd.

Tchée tcheū siāng tsèu fēn leàng hén tchoúng.

2. Le cimetière de la famille Kouo est très-grand.

Koūo kiā tì fên tí hén tá.

3. Ce couteau d'acier a été acheté très-cher.

Tchée pà kāng tāo tseù màe tì hén koúi.

4. Le puits qui est devant la porte est très-profond.

Mên ts'iên t'ôo ná ièn tsińg hén chēn.

5. Il est extrêmement pauvre.

T'ā t'aé ts'ioûng tì lí haé.

6. L'année dernière, il a fait très-froid.

Tch'ú niên lèng hén lí haé.

7. Le palanquin du sous-préfet est très-joli.

Tcheū sién tì kiáo hén t'ì mién.

8. J'ai mesuré la hauteur de la porte, elle est très-haute.

Ouò leâng leào mên tì tch'èu ts'ouén hén kāo.

9. Le pont de Lou Kou est très-vieux.

Loû Kōo ts'iâo t'aé lào leào.

10. J'ai vu hier mon ami, et je suis très-content.

Tsoûo t'iēn, oùo kién leào ouò tì p'êng ioù, oùo sì houān tì lí haé. (▲79)

11. Ces verres sont trop petits, je n'en veux pas.

Tchée siē poūo lî peī t'aé siào, oùo poū yaó.

12. Cette caisse est très-lourde, je ne puis la porter.

Tchée keū siāng tseù chēn tì lí haé, oùo nâ poū leào laê.

13. Cette viande de porc est trop cuite.

Tchée tchoū jóo t'aé lān leào.

14. Le cuisinier a fait trop rôtir ce poulet.

Tchée tcheū kī, tch'oû tsèu chāo tì hoùo háo t'aé tá leào.

15. La nappe est trop sale, il faut la laver.

Tchoūo poú koúo yū poū kān kíng, kaē tāng pà t'ā sì sì.

16. La viande a trop bouilli, on ne peut la manger.

Tchée jóo tchòu teû t'aé lán tì lí háe leào, tch'eū poū teû lèao.

17. Il parle trop vite, on ne peut le comprendre.

T'ā choūo hoúa koúo yū k'ouáe, jên poū nêng toùng teû t'ā.

18. C'est ce cheval qui court le plus vite.

Choú, tchée p'ì mà p'ào teû k'ouaé.

19. C'est mon père le plus riche du village.

Tchée ts'ouēn lì choú tchô, ouò foú ts'īn foú.

20. C'est lui le plus grand de ces deux hommes.

Tchée leàng keū jên lì t'ôo, tsioú cheú t'ā kaō.

Règles et observations

1. Le superlatif se forme en plaçant devant l'adjectif les mots : *Hén* 很, *Tsoúi*, 最, *Tìng* 頂, *Cheû fen̄*, 十分, etc. qui veulent tous dire plus, meilleur, au-delà, parfait, extrême... Phrases 1, 2, 3, 4, 7, 8.

2. Il se rend encore en plaçant après l'adjectif l'expression *Lí haé* 利害, _Terrible, redoutable, extrême, précédée de *Tì* 的_Phrases 5, 6, 10.

3. Il se rend aussi par l'emploi de *T'aé* 太, le Chinois prenant souvent Très pour Trop, et réciproquement_Phrases 5, 9, 11, 13, 14, 16.

4. Le superlatif français Trop, se rend par *T'aé* 太, ou *Kouó yū*, 過於. En règle générale, *T'aé* 太, est employé devant les adjectifs, et *Koúo yū* 過於, devant les autres mots ; mais cette règle n'est pas absolue.

5. On peut encore rendre Trop, comme phrase 14, en énonçant la phrase entière, et en présentant ensuite la conclusion, à l'aide d'un adjectif précédé de *T'aé* 太.

6. Une façon emphatique de rendre Très, est présentée dans les phrases 5 et 16. C'est par l'emploi de : *T'aé... tì lí haé*, (▲80)太……的利害 : Le Chinois affectionne ces tournures.

7. Le superlatif relatif, ne se rend souvent pas et n'est indiqué que par le contexte.

8. Quelquefois, en emploie *Choú*, 数_Compter_place soit devant la chose à mettre au superlatif, soit apres.

La tournure est facile a construire, mais paraît un peu obscure si l'on veut traduire littéralement le Chinois. La phrase 18 en donne un exemple, elle dit : En comptant en examinant), ce cheval court vite_On en déduit : C'est le plus rapide des chevaux examinés.

9. Pour rendre le superlatif provenant d'une comparaison, on dit, comme ph. 20_Dans ces deux hommes, il est grand_On en deduit : C'est lui le plus grand.

10. Ph. 16. Trop bouilli_Le Chinois dira : bouilli trop mou, avec emploi de *Lán* 爛_Mou_pourri_trop cuit.

11. À remarquer ph. 15, l'emploi de l'accusatif *Pà* 把, et la répétition du verbe final, pour ne pas terminer la phrase sur un verbe simple.

12. La phrase 4 emploie un specificatif peu usité, c'est : *Ièn*, 眼_Oeil_qui est special aux puits.

21ème Leçon

Les mesures du temps

Nous allons traiter, dans 3 leçons, des mesures diverses du temps, elles sont assez confuses, sont nombreuses, et varient dans la façon de les exprimer, souvent d'individu à individu. Il ne faudra donc pas s'etonner de les entendre enoncer d'une autre façon que celle indiquée dans les vocabulaires.

Vocabulaire

Heure	點鐘	Tièn tchoūng	Jour	天。日子	T'iēn_Jeú tseù
Demi-heure	半點鐘	Pán tièn tchoūng	Quantième	幾月幾日	Kì yué kì jeú

Quart d'heure	刻	K'eú	1er Jour	初一	Tch'oū ī
Minute	分	Fēn	15e Jour	十五	Cheû où
Instant	會兒	Hoûi eûl	Dernier jour	三十	Sān cheû
Maintenant	現在。如今	Sién tsaé Joû kīn	Le lendemain	第二天	Tí eúl t'iēn
Demi	半	Pán	Hier	昨兒	Tsoûo eûl
Passer une nuit	宿	Sioù	Moment	時候	Cheû hóo
Dans (durèe)	過	Koúo	Après-midi	候半天	Hoó pán t'iēn

(▲81)

Phrases

1. Quelle heure est-il ?

Sién tsaé cheú cheû mó cheû hoó ? _Joû kīn kì tièn tchoūng ?

2. Il est deux heures.

Leàng tièn tchoūng lèao.

3. Il est 3 heures 1/2.

Sān tièn pán leào_Sān tièn pán tchoūng leào.

4. Il est 4 heures 1/4.

Seú siá ī k'eú leào.

5. Il est 5 heures 35.

Où tièn sān cheû où fēn.

6. Il est 6 heures moins le quart.

Tch'ā ī k'eú leóu tièn tchoūng.

7. Il est 7 heures moins dix.

Tch'ā cheû fēn eûl ts'ī tièn tchoūng.

8. Attendez-moi un instant, je reviens.

Tèng oùo ī hoûi eûl, oùo tsióu hoúi laê.

9. Quel jour sommes-nous aujourd'hui ?

Kīn t'iēn cheú toūo tsān ? _Tch'oū kì ? _Cheû kì ? _Eûl cheû kì ?

10. Aujourd'hui c'est le premier.

Kīn t'iēn cheú tch'oū ī.

11. Le cinq.

Kīn t'iēn tch'oū où.

12. Le dix.

Kīn t'iēn tch'oū cheû.

13. Le quatorze.

Kīn t'iēn cheû seú.

14. Le vingt-six.

Kīn t'iēn eûl cheû leóu.

15. Il viendra dans 3 jours, passera une nuit, et repartira le lendemain.

T'ā, koúo sān t'iēn laê, tchoú ī siòu, tí eúl t'iēn hoûi tch'ú.

16. Le dernier jour de ce mois, nous irons à Tien Tsin.

Tchée keū yué, sān cheû eûl, ouò mēn tch'ú T'iēn Tsin.

17. Hier il faisait froid, aujourd'hui il fait chaud.

Tsoûo t'iēn, t'iēn lèng ; kīn t'iēn, t'iēn jée.

18. Je pense que demain matin il tombera de la neige.

Oùo siàng mîng t'iēn tsào ts'ì, yáo siá sùe. (▲82)

19. Cet après-midi, nous traiterons celle affaire.

Hóo pán t'iēn, oùo mēn pán tchée kién cheú ts'îng.

20. Ce soir, nous mangerons à 6 heures.

Kīn eûl, ouàn cháng, ouò mēn leóu tièn tchoūng tch'eū fán.

Règles et observations

1. Une heure se dit : *Ī tièn tchoūng* 一點鐘, ou *Ī siá tchoūng* 一下鐘. Pour demander l'heure, on peut (Ph. 1) dire : Maintenant c'est quel moment ? _Ou bien : Maintenant, combien d'heures ?

2. La réponse sera quelconque, mais comme le Chinois considere l'action qui a amené le résultat, et non le résultat lui-même, il ajoute *Leào* 了, parceque, dit-il, s'il est deux heures, c'est qu'elles sont passees.

3. Demi, se dit *Pán* 半. Dans la réponse, toutes les fois qu'il n y a pas un nombre entier d'heures, on se contente ordinairement (Ph. 3) d'énoncer le mot *Tièn* 點, ou le mot *Siá* 下, sans y ajouter le mot *Tchoūng* 鐘. Si on voulait l'énoncer, on devrait le mettre après *Pán* 半, en disant : *Sān tièn pán tchoūng leào* 三點半鐘了. On pourrait aussi dire : *Sān tièn eúl k'eú leào* 三點二刻了.

4. Le jour chinois, de minuit à minuit, est divise en 12 parties, et chaque partie en 8 K'eú 刻, qui correspondent par suite a nos quarts d'heure.

5. La minute *Fēn* 分, n'est comme que des habitants des villes.

6. *Tch'ā* 差_Manquer, faire défaut_est employé pour : Moins, dans le compte des heures. Ph. 6_C'est comme si l'on disait : Il manque un quart d'heure à 6 heures.

7. Le mois chinois comprend 29 ou 30 jours.

Pour demander le quantième du mois, on peut, ou bien demander (1ere partie de la phrase 9)_ Aujourd'hui, c'est quand ?

Mais plus souvent, on interroge a l'aide de *Kì* 幾, mais alors il faut distinguer la periode approximative dans laquelle on se trouve et dire, pour les 10 premiers jours : *Tch'oū kì* ? 初幾 ; de 11 à 20 : *Cheû kì* ? 十幾 ; de 20 à 30 : *Eúl cheû kì* ? 二十幾, c'est-à-dire : combien dans les 10 premiers jours ? combien après 10 ? combien après 20 ?

8. Du premier au dixième jour inclus, on fait précéder l'adjectif numéral de *Tch'oū* 初. Au delà_et jusqu'à trente, on énonce simplement l'adjectif numéral indiquant le rang du jour.

9. Dans_indiquant la durée, se rend par *Koúo* 過. (▲83)

10. Ce soir, se rend par : aujourd'hui soir ; -ce matin, par : aujourd'hui matin.

11. Après-midi, qui est rendu, phrase 19, par *Hóo pán t'iēn*, 侯半天, peut se rendre aussi par : *Siá pán t'iēn*, 下半天.

12. En règle générale, à Pekin surtout, on remplace souvent *T'iēn* 天, par *Eûl* 兒, dans les expressions de temps : *Mîng eûl* 明兒_demain.

22eme Leçon

Mesures de Temps

Vocabulaire

Printemps	春天	Tch'ouēn t'iēn	Année dernière	去年	Tch'ú niên
Eté	夏天	Siá t'iēn	Année prochaine	來年	Laê niên
Automne	秋天	Ts'ioū t'iēn	Av. dernière année	前年	Ts'iên niên
Hiver	冬天	Toūng t'iēn	Av. dernier mois	前月	Ts'iên yué
Com-du Mois	月初	Yúe tch'oū	Mois dernier	上月	Cháng yué
Fin du Mois	月底	Yúe tì	Jour	白日	Paê jeú
Demi-mois	半個月	Pán keū yúe	Nuit	黑夜	He iê
Ancien	先前	Siēn ts'iên	Souvent	常常	Tch'âng tch'âng
Jadis	古時候	Koū cheū hóo	Entier_Complet	整	Tchèng
Autrefois	從前	Ts'oūng ts'iên	Passer par	經過	King koúo
Plus tard	後來	Hóo laê			

Phrases

1. Le printemps dernier, j'etais à Tien Tsin.

Tch'ú niên tch'ouēn t'iēn, oùo tsáe T'iēn Tsīn leào.

2. Cet été a été très chaud et très pluvieux.

Kīn niên siá t'iēn hèn jée, yù choùi yé toūo.

3. En hiver, il tombe de la neige très souvent.

T'oūng t'iēn lì tch'âng tch'âng siá suè.

4. L'automne prochain, nous voulons aller en France.

Kouó niên ts'ioū t'iēn, oùo mēn yáo cháng Fà koūo tch'ú.

5. Dans quel mois sommes-nous ?

Tcheé keū yué cheú kì yué ?

6. C'est aujourd'hui le 5eme jour du premier mois.

Kīn t'iēn cheú tchéng yué, tch'oū où.

7. Le 3eme mois a 30 jours.

Sān yué, sān cheû eûl. (▲84)

8. Le 25eme jour du 5e mois intercalaire, son père est mort.

T'ā foú ts'īn, cheú jouén où yué eúl cheû où seù tì.

9. Il m'a dit que le 15e jour du 12e mois, il irait vous voir.

T'ā choūo, t'ā kàn lá yué cheû où laê ouáng k'án nîn.

10. A la fin du mois, je vous donnerai de l'argent.

Kàn yué tì, ouò keì nì mēn yn̂ tseù.

11. Au commencement du mois prochain, nous vendrons nos chevaux.

Siá yûe tch'oū kí eûl, oùo mēn yáo máe lôo oùo mēn tì mà.

12. Autrefois, il y avait très-peu d'Européens en Chine.

Ts'oûng ts'iên tsaé Tchoūng koûo, ouáe koûo jên hèn chào.

13. Dans les temps anciens, la rivière ne passait pas dans la ville.

Siēn ts'iên tì cheû hóo, heû poū tsaé tch'êng lì t'ôo kin̄g koúo.

14. Le mois dernier, vous vouliez acheter un mulet. L'avez-vous acheté ?

Cháng yué nîn yáo màe ī p'ì loûo tseù laê tchò. Nîn màe leào mêi ioù ?

15. Le jour, on travaille ; la nuit, on dort.

Jên toū cheú paê jeú tsoúo hoûo, hēi iê choúi kiaó.

16. Nous avons marché tout le jour sans pouvoir arriver au village.

Ouò mēn tchèng tchèng tì tsòo leào ī t'iēn, ié mêi ioù tsòo táo ts'ouēn lì.

17. Pendant la nuit, quelqu'un est entré dans la maison.

Iê lì ioù ī keú jên tsín leào yuén tseù.

18. Toute la nuit, je n'ai pas dormi.

Ì siōu tì koūng foū, oùo mêi ioù choúi tchô kiaó.

19. Jour et nuit il travaille.

T'ā hēi iê, paê jeú lì tsoué houô.

20. Il a parlé pendant quelque temps, nous ne l'avons pas écouté.

T'ā chouō leào pán t'iēn, ouò mēn mêi ioù t'in̄g t'ā.

Règles et observations

1. Le printemps dernier, le printemps prochain, etc. se rendent par : l'année dernière au printemps, l'année prochaine au printemps.

2. Ph. 2. Pluvieux, est rendu par : *Yù choùi... toūo* 雨水……多, on intercale entre les deux derniers termes : Aussi. La phrase dit : Il a fait très chaud et il est aussi tombé beaucoup d'eau.

3. Ph. 3. En, de : En hiver_est remplacé par : Dans.

4. Ph. 4. *Kouó niên* 過年, est synonime de *Laê niên* 來年 ; c'est une variante.

5. L'interrogation pour le mois emploie *Kì* 幾.

6. Les mois chinois se désignent par l'adjectif numeral cardinal qui (▲85) marque leur rang. Il est fait exception pour le premier mois, qui se dit : *Tchéng yué* 正月, et pour le 12eme qui se dit indifféremment *Cheû eúl yué* 十二月, ou bien *Lá yué* 臘月.

7. Dans les expressions de dates, on énonce d'abord l'année, puis le mois, ensuite le jour, en se servant des adjectifs cardinaux, et jamais des adjectifs ordinaux.

8. Les mois intercalaires se désignent en faisant précéder le numéro du mois du mot *Jouén* 閏, qui indique l'intercalation. Ces mois ne comptent pas dans le nombre des mois de l'année, qui comprend toujours 12 mois numérotés de 1 à 12.

9. Ph. 8_Le verbe est renvoyé à la fin de la phrase, et prend *Tì* 的, marque du participe passé.

10. Ph. 9_On dit : Quand le 15eme jour du 1er mois arrivera, _avec emploi de : *Kàn* 趕, rendant_Quand. Ce mot : Quand, se rend par *Kàn* 趕 ou *Toūo tsān* 多昝, qui ont à peu près le même emploi, mais le premier ne se dit que du futur ; avec le passé on emploie le second.

11. Ph. 11. Au commencement du mois prochain, est rendu par : Le mois prochain, dans les 10 premiers jours.

12. Ph. 13. Temps anciens_est rendu par : *Siēn ts'iên tì cheû hóo*, 先前的時候_Les époques qui ont précédé_On pourrait le rendre aussi par : *Koū cheû hóo* 古時候_Temps anciens.

13. Ph. 14_Avant l'interrogation, à la fin de la phrase, il y a les termes : *Laê tchò* 來着. Cette expression est jointe au verbe *Màe* 買_pour former une sorte de verbe composé : Venant acheté_On l'emploie ici, parce que si le mulet a été acheté, il a pu venir. Il est bon de dire que cette tournure n'est pas nécessaire, et peut être supprimée.

14. Ph. 15. On, répété, est rendu par *Jên toū* 人都_Tous les hommes.

15. Ph. 16. *Tchèng tchèng tì* 整整的, est un adverbe formé à l'aide de *Tì* 的. Il signifie : Entier, complet.

Même phrase_*Táo* 到, est modificateur, il indique que l'action doit aboutir à un résultat.

16. Ph. 18_*Ī sioù* 一宿, signifie une nuit, et la phrase dit : Une nuit de temps...

Même phrase_*Tchò* 着, indique l'etat, en même temps que la (▲86) possibilité.

17. Ph. 19. *Lì* 裡, indique la durée. C'est comme si l'on disait : Dans la nuit, dans le jour... Il y a élision de : Et.

18. Quelque temps, indiquant une durée assez longue, mais inférieure à un jour, se rend par : *Pań t'iēn* 半天. Ces mots sont surtout employés pour exprimer que quelqu'un a parlé ou attendu longtemps_ Cependant on l'emploie aussi dans d'autres cas.

23eme Leçon

Mesures du Temps

Vocabulaire

Lundi	禮拜一	Lì paé ī	Voleur	賊	Tsêi
Mardi	禮拜二	Lì paé eúl	Certainement	一定	Ī tíng
Mercredi	禮拜三	Lì paé sān	Bâtonnets	筷子	K'ouae tseù
Jeudi	禮拜四	Lì paé seú	Vrai	眞	Tchen
Vendredi	禮拜五	Lì paé où	Faux	假	Kià
Samedi	禮拜六	Lì paé leóu	Soleil	日頭	Jeú t'ôo
Dimanche	禮拜	Lì paé	Lune	月亮	Yué leáng

Une semaine	一個禮拜	Ī keú lì paé	Etoiles	星星	Sīng sīng
Voler (larcin)	偷	T'oō	Longtemps	老	Lào
Voler de force	搶	Ts'iàng	Longtemps	大工夫	Tá koūng foū
Partir	起身	Ts'ì chēn	Se servir de	使喚	Cheù houán
Se reposer	歇	Siē	Falloir	得	Teû
Se battre	打架	Tà kiá	Rester, attendre	待	Taé
Ramasser	拾	Cheû	Dépenser	費	Feí
Eclairer	照	Tchaó	Voler (en général)	刼	Tsiê

Phrases

1. Je partirai pour Tien Tsin jeudi.

Lì paé seú, oùo siá T'iēn Tsīn tch'ú_

2. 7 jours font une semaine.

Ts'ī t'iēn, ī keú lì paé.

3. Mardi, son cheval lui a été volé.

Lì paé eúl, t'ā tì mà peí tsêi t'oō leào_

5. #. Le dimanche, on ne travaille pas.

Lì paé jeú, jên poū tsoúo houô.

4. Je marcherai jeudi et vendredi, et je me reposerai samedi.

Ouò lì paé seú, lì paé où tsòo loú, lì paé leoú, oùo siē tchò.

6. Il y a longtemps que j'habite la Chine.

Ouò tsáe Tchoūng koûo, niên choú toūo leào.

10. Il y a longtemps que je vous attends.

7. Dans le temps que je passais au village, j'ai vu deux hommes se battre.

Ouò tsaé ná ts'ouēn lì loú kouó tì cheû hóo, ouò k'án kién leàng keú jên tà kiá leào. (▲87)

11. Dans peu de temps, j'aurai fini de manger.

Koúo poū tá ī houí eûl, oùo tsioú tch'eū ouân leào fán leào.

12. On m'a dit que lundi dernier, sur la route, il avait été volé.

Ouò t'iñg kién jên chouō, cháng lì paé ī, t'ā tsáe loú cháng, peí jên tsiê leào.

13. Pour ramasser tout ce riz, il faudra dépenser beaucoup de temps.

Ouêi toū cheû ts'ì tchée siē mì laê, teû feí hèn tá tì koūng foū.

14. Dans la nuit, la lune et les étoiles éclairent la terre.

Ié lì t'oô, ioù yué leáng, ioù siñg siñg tcháo tchò tí.

15. Cette théière a servi pendant longtemps.

Tchée pà tch'ā hoû cheù houán leào hào siē jeú tseù leào.

16. J'ai, depuis peu de temps, acheté ces bâtonnets.

Tchée chouāng k'ouáe tseù, oùo màe tì jeú tseù poū toūo.

17. Certainement, je reviendrai lundi.

Lì paé ī, oùo ī tiñg houî laê.

_8_Est-ce vrai que le soleil est plus grand que la terre.

Jeú t'ôo pì tí tá, cheú tchēn tì mōo ?

18. Il m'a dit qu'il avait passé une semaine à Tien Tsin_Je crois que c'est faux.

T'ā t'oûng oùo chouō, t'ā tsáe T'iēn Tsīn taé leào ī keū lì paé. Oùo siàng cheú kià tì.

19. Monsieur Li est resté deux semaines à Pekin.

Lì siēn chēng tsaé Peì Kiñg tchoú leào leàng keū lì paé.

20. Cet homme m'a volé mon âne.

Tchée keū jên t'oō leào ouò tì lû.

9. Certainement, c'est vrai.

Ī tíng, cheú tchēn tì.

Règles et observations

1. La semaine de 7 jours n'existe pas en Chine. Cependant comme elle est employée par les Européens, tous les Chinois en contact avec les étrangers, connaissent cette division du temps. Une semaine se dit : *Ī keū lì paé* 一個禮拜. C'est l'expression protestante, mais comme elle est beaucoup plus employée que l'expression catholique : *Ī keū tchoū jeú*, 一個主日, nous nous en servirons exclusivement.

Les jours sont indiqués par le rang qu'ils occupent, sans compter le dimanche. On ajoute après Lì Paé 禮拜 les nombres 1, 2, 3, 4, 5, 6, suivant leur rang, à partir du lundi.

Pour les catholiques, même procedé, mais on emploie les mots *Tchān Lì* 瞻禮, et on compte 1, 2, 3, 4, 5, 6, 7, à partir du dimanche.

2. Ph. 1. À remarquer : *Siá ... tch'ú* 下……去, au lieu de *Cháng... tch'ú* 上……去. C'est une tournure particulière, qui peut s'employer, mais seulement quand, dans le mouvement effectue, il y a descente effective. Il faut supposer que celui qui parle est dans un lieu (▲88) plus élevé que Tien Tsin_Pekin, par exemple.

3. Ph. 3. À remarquer la tournure passive, à l'aide de *Peí* 被, comme nous l'avons expliqué dans la 18e Leçon.

4. Ph. 4. *Siē tchò* 歇着, marque l'état de repos.

Tsòo loú 走路_marcher sur la route, ou plus simplement : Marcher.

5. Ph. 6. Longtemps_se traduit ici par : *Niên choú toūo leào*. 年數多了_Années nombreuses passées.

6. La traduction de nos expressions françaises : Longtemps, pas longtemps, peu de temps, beaucoup de temps, est assez delicate. Voici quelques indications générales à ce sujet.

Longtemps, quand on veut exprimer un temps qui n'excède pas un jour, se rend par : *Koūng foū* 工夫, auquel on ajoute *Tá* 大, ou *Siào* 小, en disant : *Koūng foū tá* 工夫大, *Tá koūng foū* 大工夫, *Siào koūng foū* 小工夫, suivant le temps plus ou moins long. Si c'est un court instant, on dira : *Ī hoúi eûl* 一會兒, auquel on pourra adjoindre *Tá* 大, ou *Poū tá* 不大, suivant que l'instant sera plus ou moins court.

Quand la période dépasse un jour, on emploie *Jeú tseù* 日子, jour, auquel on ajoute, devant, les mots *haò siē* 好些, Quelques_*Kí* 幾_Quelques, etc... ou bien, on place après les expressions de quantité : beaucoup, pas beaucoup, etc...

Si le temps dépasse une année, on suit la même règle, en remplaçant le mot *Jeú tseù* 日子_Jour_par le mot *Niên* 年_Année.

De même pour les périodes de plusieurs mois.

7. Ph. 7. Periode de temps, époque, est rendu par : *Tì cheū hoó* 的時候, que nous avons déjà rencontré plusieurs fois.

8. Ph. 10. *Koūng foū hèn tá* 工夫很大, et Ph. 13_*Heń tá tì koūng foū* 很大的工夫. Quand l'adjectif suit le nom, il joue le rôle de verbe, et ne prend *Tì* 的. Quand il le précède, et qu'il y a un augmentatif, il le prend habituellement.

9. Ph. 13. *Cheû ts'ì... laê* 拾起……來, est un verbe composé, le complément se plaçant entre les 2 termes de l'auxiliaire modificateur.

10. Ph. 14_*Tcháo tchò* 照着. Le mot *Tchò* 着, indique le résultat de l'action, l'état.

11. Ph. 16. *Maè tì* 買的. Le *Tì* 的 peut être considéré, soit comme la marque du participe passé, soit comme remplaçant *Leào* 了, (▲89) comme marque du passé.

12. Ph. 17. Type de la construction chinoise qui enonce d'abord le temps, puis le pronom, ensuite le terme de certitude, et se termine par le verbe. Le pronom, ou l'adverbe de temps, commencent toujours la phrase, l'un ou l'autre le premier, au gré du narrateur.

24eme Leçon

Adjectifs simples et composés

Vocabulaire

Allumer (feu)	爖	Loūng	Proche	近的	Tsiń tì
Eteindre	滅	Mié	Dur	硬	Yńg
Obeir	聽命	T'īng miṅg	Mou	軟	Jouàn
Tuer	殺	Chā	Sec	乾	Kān
Brosser	刷	Chouā	Pointu	尖兒	Kiēn eûl
Compter	數	Choú	Intelligent	聰明	Ts'oūng mîng
Charbon de bois	炭	T'án	Bête	糊塗	Hoû t'oû
Charbon de terre	煤	Meî	Solide	結實	Kiê cheû
Noyer (arbre)	核桃樹	Heú t'aô choú	Faible	軟弱	Jouàn jó
Bambou	竹	Tchoû	Commode	方便	Fang pién
Etroit	窄	Tchaè	Facile	容易	Joûng í
Vide	空	K'ouṅg	Fatigué	乏	Fâ
Plein	滿	Màn	Perche	竿	Kān
Eloigné	遠的	Yuèn tì	Unité_Un	箇	Keû
Spécificatif	條	T'iâo	Spécificatif	根	Kēn

Phrases

1. Je suis passé dans un chemin très etroit.

Oùo tsòo koúo ī t'iâo hèn tchàe tì táo loú.

2. Apportez-moi une caisse vide.

Keì oùo nâ ī tchēu k'oūng siāng tseù laê.

3. Si la lampe est pleine, il faut l'allumer.

Tēng joé cheú màn tì, kaē tāng tièn cháng.

4. C'est dans un endroit très éloigné du village que les voleurs l'ont tué.

T'ā tsaé ī keū lî ts'ouēn hèn yuèn tì tí fāng, péi tsêi chā leào.

5. Proche de la rivière, il y a une grande pagode.

Lî heû poū yuèn, ioù ī tsoúo miáo.

6. Ce charbon de terre est très-dur.

Tcheé keū mêi hèn yńg. (▲90)

7. Le matelas de mon lit est très-mou.

Ouò tch'ouâng cháng tì joú tseù, hèn jouàn.

8. Mon vêtement est sec, vous poussez le brosser.

Oùo tì ī chāng kān, nì k'eù ì pà t'ā chouā ī chouā.

9. J'ai acheté un couteau très-pointu.

Ouò màe leào ī pà hèn kiēn tì tāo tseù.

10. Mon frère aîné est très intelligent.

Ouò keū keū ts'oūng mîng hèn tá.

11. Dans le village, c'est lui le plus bête.

Ts'ouēn lì tì jên, choú, t'ā hoû t'oû.

12. Cette table en noyer est très-solide.

Tcheé keú heú t'aô moú tì tchoūo tseù hèn kiê cheû.

13. Je ne puis plus marcher, je suis trop fatigué.

Ouò tsòo poū leào, là, oùo fâ teû lí haé.

14. En chemin de fer, il est commode d'aller à Pekin.

Chańg Peì Kiñg tsoúo houò tch'ēe hèn fañg pién.

15. Ce travail est très-facile à faire.

Tcheé keú hoûo hèn joûng í tsoúo.

16. Comptez combien il y a de grands chevaux.

Choú ì choú ioù toūo chào tá keû eûl tì mà.

17. Eteignez la petite lampe de ma chambre.

Pà oùo oû lì tì siào tēng eûl, mié leào.

18. On a allumé un grand feu sur la montagne.

Jên tsaé chān cháng loûng leào ī keū tá houò.

19. Je vous ai dit d'acheter 4 grandes perches de bambou. Pourquoi n'avez-vous pas obéi ?

Ouò kaó soú nì maè seú kēn tá tchoû kān tseù, nì ouêi cheú mō mêi ioù t'iñg ?

20. Brosse mon pantalon blanc et mon chapeau noir.

Pà ouò tì paê k'oú tseù heû oùo tì hēi máo tseù, toū chouā ī chouā.

Règles et observations

1. Les adjectifs chinois se présentent sous 3 formes.

1° Ils sont simples, c'est-à-dire représentés par un seul caractere.

2° Ils sont composes, c'est-à-dire représentés par plus d'un caractère.

3° Ils sont simples ou composés, avec adjonction de *Tì* 的. Tous les adjectifs des deux premières classes peuvent présenter cette forme.

2. Les adjectifs simples et composés (1° et 2°), se placent invariablement devant le substantif, apres le nom de nombre ou le spécificatif. Ph. 2, 17, 18, 19, 20, quand la phrase française ne renferme pas le verbe Etre. (▲91)

Quand la phrase française est construite avec le verbe Etre, et en particulier, quand les adjectifs sont accompagnés d'un intensif, comme Très, ils se placent après le substantif Ph. 6, 7, 8, 10, 11, 12, 14, 15.

Il y a toujours élision du verbe Etre, et on peut admettre alors que ces adjectifs sont des composés verbaux, qu'ils font l'office du verbe dont ils tiennent la place.

On en déduit la règle suivante :

Quand la phrase française renferme le verbe Etre, précédant un adjectif ; en traduisant en Chinois, on doit supprimer ce verbe et placer l'adjectif après le substantif. Au contraire, quand le verbe Etre n'est pas exprimé, on place l'adjectif devant le substantif_Règles formelles et sans exception.

3. Les adjectifs en *Tì* 的 suivent une autre règle.

Quand le verbe Etre n'est pas exprimé dans la phrase française, on les place devant le substantif, et on attire ainsi l'attention sur eux_Ph. 1, 4, 9_Dans ce cas, ils suivent la règle générale.

Au contraire, quand le verbe Etre est exprimé ; ils se placent, comme les autres, après le substantif, mais avec emploi du verbe Etre, ce qui les différencie des adjectifs des 2 premières classes, avec lesquels il faut toujours supprimer le verbe Etre.

Exemple_Ce couteau est très pointu_*Tchée pà taō tseù hèn kiēn.* 這把刀子很尖_avec emploi d'un adjectif de la 1ere classe (elision de Etre) Ce couteau est pointu : *Tchée pà taō tseù cheú kiēn tì* 這把刀子是尖的, avec emploi d'un adjectif en Tì 的. On exprime le verbe Etre.

4. Ph. 2_À, exprimant la tendance, se rend par *Keì* 給.

5. Ph. 3. Cháng 上, dans *Tièn cháng* 點上, est auxiliaire.

6. Ph. 4. Conjugaison passive. Dans cette phrase, les mots :

Lî ts'ouēn hèn yuèn tì 離村很遠的, forment une locution adjective signifiant : Tres-loin du village, et suivant les règles des adjectifs composés en *Tì* 的, se plaçant devant le substantif qui est ici : *Tí fāng* 地方_Endroit, et après le spécificatif qui est : *Keū* 個.

7. Ph. 7. On dit : Le matelas qui est sur mon lit.

8. Ph. 11. La traduction littérale est : Du village, les hommes comptés, il est bête. On en déduit qu'il est le plus bête.

9. Ph. 12. Table en noyer_En. exprimant la matière sera expliqué à la 34eme Leçon.

10. Ph. 17 et 20_Emploi de l'accusatif *Pà* 把. C'est une tournure (▲92) chinoise tres frequente.

11. Specificatifs.

T'iāo 條_pour les objets allonges : jambes, pantalons, routes, bancs, etc...

Kēn 根, pour les bâtons, cheveux, bâtonnets, etc...

12. Voici ci-dessous un resumé montrant clairement la place de l'adjectif :

1° Un chien blanc. *Ī keú paê koò*, 一個白狗. Pas de verbe Etre en français, l'adjectif est devant le substantif.

2° Ce chien est blanc. *Tchée keú kòo paê*_這個狗白. Le verbe Etre existe en français, on le supprime en chinois, et on place l'adjectif après le substantif.

3° Un chien très-blanc. *Ī keú hén paê tì koò* 一個很白的狗. Pas de verbe Etre_l'adjectif en *Tì* 的 est devant le substantif.

4° Ce chien est blanc. *Tcheé keú kòo cheú paê tì* 這個狗是白的. Le verbe Etre existe, il est rendu en Chinois, et l'adjectif en *Tì* 的 est après le substantif et après le verbe.

On peut, à volonté, employer les adjectifs ordinaires, ou les adjectifs en *Tì* 的. Cependant, quand il y a un intensif, et que le verbe Etre n'est pas exprimé, on emploie plutôt l'adjectif en *Tì* 的.

D'ailleurs l'usage en apprendra plus que toutes les règles, celles-ci n'echappant pas a la coutume, qui admet de nombreuses exceptions.

25ème Leçon

Substantifs_Nombre des substantifs

Vocabulaire

Punir	罰	Fâ	Carpe	鯉魚	Lì yû
Diviser	分開	Fēn k'aē	Abeille	蜜蜂	Mí fong
Rendre	還	Houân	Chrysanthème	菊花兒	Tchû houā eûl
Tirer	拉	Lā	Pastèque	西瓜	Sī koua
Suivre	跟	Kēn	Tartare	旗人	Ts'î jên
Souffler (vent)	颳	Kouā	Assassin	兇手	Sioūng chòo
Mer	海	Haè	Menuisier	木匠	Moú kiāng
Vent	風	Fong	Bibliothèque	書房	Choū fâng
Mandarin	官	Kouān	Sac	口袋	K'oò taé
Côté	邊	Piēn	Défaut	毛病	Māo ping
Aveugle	瞎子	Siā tseù	Force	勁頭	Kín t'ôo

(▲93)

Vocabulaire (suite)

Ventre	肚子	Toú tseù	Très	甚①
Courage	胆量	Tàn leâng	Descendre (seposer)	落
Servante	丫頭	Yā t'ôo	Tranche	瓣兒
Peuplier	楊樹	Yâng choú	Mal douleur	疼
Poirier	梨樹	Lì choú	Beaucoup	許多

Phrases

1. Les mandarins habitent dans la ville.

---

① 原书中此列词语没有对应拼音。

Kouān mēn toū tsaé tch'êng lì tchoú.

2. Tous ces assassins sont des Tartares.

Sioūng chòo mēn, toū cheú ts'î jên.

3. Dans la mer, on ne trouve pas de carpe.

Haè lì t'ôo, mêi ioù lì yū.

4. Quand le vent souffle, il fait très-froid.

Touō tsān kouā ts'ì fōng laê, t'iēn ts'í chên lèng.

5. Les abeilles viennent se poser sur les chrysanthèmes.

Mí fōng tsaé tchû houā eûl cháng louó tchò.

6. Prenez cette pastèque, et divisez-là en trois tranches.

Pà tchée keū sī kouā, tà k'aē fēn sān pán eûl.

7. Les menuisiers se servent de bois de peuplier.

Moú kiāng cheù ioúng yâng choú①.

8. Ces enfants ont tous des défauts, tous les jours, il faut les punir.

Tchée sīe haê tsèu mēn, toū ioù mâo píng, t'iēn t'iēn kaē tāng fâ t'ā mēn.

9. Prenez ces fruits et suivez-moi.

Nâ tchée siē kouò tseù, keń ouò laê.

10. Ce sac est à lui, il faut le lui rendre.

Tchée keū kōo taé cheú t'ā tì, kaē tāng houân t'ā.

11. Cet homme a beaucoup de force, à lui seul, il tire la voiture dans la cour.

Tchée keū jên kín t'oô eûl hèn tá, t'ā ī keū jên eûl tsaé yuèn tseù lì lā tch'eē.

12. Quelle est sa maladie ?

T'ā ioù cheû mó pińg ?

13. Il a mal au ventre.

T'ā toú tseù t'êng.

14. Dans ma famille, il y a plusieurs servantes.

Oùo kiā lì ioù hào kí keū cheù houán yā t'oô.

15. Je crois que ces soldats n'ont pas de courage.

Ouò siàng tcheé siē pīng toū mêi ioù cheû mō ioùng kàn. (▲94)

16. Dans votre jardin, avez-vous des poiriers ?

Nîn tì yuên tseù lì, ioù lì choú mêi ioù ?

17. Devant la porte, il y a plusieurs aveugles qui mendient.

Mên ts'iên t'ôo, iòu kí keú yáo fán tì siā tseù.

18. Ces objets n'ont aucun défaut.

Tcheé kí kién toūng sī, toū meî ioù mâo píng.

---

① 副册中对应汉字为"木"。

19. Les hommes ont plus de force que les femmes.

Nân jên, toū pì niù jên kín eûl tá.

20. Le vent a soufflé hier toute la journée.

Tsouô t'iēn kouā leào ī t'iēn fōng.

Regles et observations

1. Les substantifs chinois sont simples ou composés, suivant qu'ils sont représentés par un ou plusieurs caractères ecrits.

2. Le pluriel des personnes se forme en ajoutant *Mēn* 們, a leur suite.

3. Quand le nom est précédé d'un adjectif de nombre, il ne prend ordinairement pas la terminaison *Mēn* 們.

4. Tres-souvent, quand on envisage une catégorie d'individu, ou enonce le pluriel *Mēn* 們, puis on le fait suivre de *Toū* 都.

5. Enfin, le pluriel n'est souvent indiqué que par le contexte_Ph. 3.

6. Phrase 4. *Kouā ts'ì... laê* 颳起……來, verbe séparable, composé de *Kouā* 颳_Souffler, et de *Ts'ì lâe* 起來. Se lever et venir, qui indique ainsi l'action du vent.

7. Ph. 5. *Loúo tchò* 落着_Se reposant.

8. Ph. 6. *Tà k'aē fēn* 打開分, Ouvrir en divisant_Diviser. Si on n'emploie pas *Tà* 打, il faut dire : *Fēn k'aē* 分開.

9. Le pluriel se rend parfois par la répétition du substantif, ainsi : Ph. 8_*T'iēn t'iēn* 天天_Tous les jours.

10. Ph. 11_A lui seul_est rendu par : Lui, un homme.

11. Ph. 13_Mal au ventre, est traduit par : *Toú tseù t'êng* 肚子疼. Ventre mal. Tournure employée pour exprimer la souffrance.

12. Ph. 14. Devant le mot : Servantes_est placée l'expression : *Cheù houán* 使喚_Se servir_C'est une superfetation de langage. La phrase, ainsi construite, veut dire : Il y a quelques, faisant le service, servantes.

13. Ph. 17. L'expression *Yáo fán tì* 要飯的_Mendier_mendiant_est ici adjective, elle est placée devant le substantif auquel elle se (▲95) rapporte. C'est comme si l'on disait : Aveugles mendiant.

14. Ph. 20. Tournure spéciale_La phrase dit : Hier il a soufflé une journée de vent. Donc, le vent a soufflé toute la journée.

26ème Leçon

Interrogation

Vocabulaire

Oeil	眼	Ièn	Canonnier	礮手	P'aó chòo
Cœur	心	Sīn	Cordonnier	鞋匠	Siê kiāng

Fleur	花兒	Hoúa eûl	Médecin	大夫	T'aé foū
Image	像。畫	Siáng_Hoúa	Magasin	庫	K'oú
Manière	樣子	Yáng tseù	Cause	原故	Yuên koú
Cour	院子	Yuén tseù	Coutumes	規矩	Koūi tchú
Poing	拳	Tch'uân	Parents	父母	Foú moù
Langue	舌頭	Chêe t'ôo	Fille	姑娘。閨女	Koū niâng Kouī niù
Doigt	指頭	Tcheù t'ôo	Tête	頭	T'ôo
Coton	棉花	Miên houā	Préfet	知府	Tcheū foù
Répondant	保人	Pào jên	Sous-préfet	知縣	Tcheū sién
Entremetteuse	媒人	Mêi jên	Comment ?	豈	Ts'ì
Matelot	水手	Choùi chòo	Talent	本事	Peǹ cheú

Phrases

1. À qui appartiennent ces fleurs ?

Tchée siē houā eûl, toū cheú choûi tì ?

2. Le cordonnier attend dans la cour. Qui lui a dit de venir ?

Siê kiāng tsaé yuén tseù lì tèng tchò neū, choûi kiáo t'ā laê tì ?

3. Que ceux qui aiment le vin boivent.

Choûi naê heū tsioù, choûi heū.

4. Qu'y a-t-il dans les magasins ?

K'oú lì t'oô ioù cheû mō ?

5. Quelles sont ces images que vous m'apportez ?

Nì keì oùo nâ laê tì, toū cheú cheû mō houá eûl ?

6. Où vont ces matelots ?

Tchée choùi chòo mēn cháng nà lì tch'ú ?

7. Le médecin a-t-il gueri le malade ?

Taé foū pà piṅg jên, tchéu hào leào, mêi ioù ? (▲96)

8. Comment s'appelle l'homme que vous a donne un coup de poing ?

Tà leào nì ī k'uân t'ôo tì ná keú jên kiáo cheû mó ?

9. Parmi ces filles, laquelle est la vôtre ?

Tcheé kí keú koū niâng, nà ī keú cheú nîn tì ?

10. L'entremetteuse est-elle allée voir vos parents ?

Meī jên tch'ú kién nì foú moù leào mêi ioù ?

11. Etant pauvre comme je le suis, comment pourrai-je trouver un repondant ?

Oùo ts'ioûng tì tcheé mō lí haé, oùo ts'ì nêng tchào teū tchò paò jên ?

12. De quelle manière le sous-préfet a-t-il traité cette affaire ?

Sién kouān, tsèn mō yáng pán tì tcheé kién cheú ts'îng ?

13. Pour quelle cause dépensez-vous ainsi votre cœur ?

Ouêi cheû mō yuên koú nîn tchée mō yáng feí sīn ?

14. Pour tirer ce canon, combien y a-t-il de soldats ?

Ouêi fáng tcheé keū p'aó, ioù kì keú pīng ?

15. Quelle est cette coutume ?

Tcheé cheú cheû mō koūi tchú ?

16. Ses yeux sont très-malades, comment pourrait-il voir ?

T'ā tì ièn kiňg heń ioù pińg, t'ā tsèn mō nêng koó k'ań kień ní ?

17. J'ai froid aux doigts, comment pourrai-je ecrire ?

Ouò choò lèng, tsèn mō nêng siè tseú ?

18. À quels usages emploie-t-on le coton ?

Miên houā tsoúo cheû mō ioūng ?

19. Aimez-vous a manger la langue et la tête de mouton ?

Nîn naê tch'eū yâng chêe t'ôo heû yâng t'oô moō ?

20. Ce mandarin a beaucoup de talent, pourquoi ne pourrait-il pas traiter cette affaire ?

Tchée keú kouān hén ioù pèn cheú, ouêi cheû mō t'ā poū nêng pán tcheé kién cheú ?

Règles et observations

Les formes interrogatives sont très nombreuses.

1. Pour les personnes, on emploie *Choûi* 誰_Qui ?

2. Ph. 3. *Choûi* 誰, répété, rend les phrases du même genre : Qui... qui. Il n'est pas alors interrogatif.

3. Pour les choses, on emploie *Cheû mó* 什麽_Quoi ? Quel ?

4. Ph. 5. Tournure élégante rendant : Que, à l'aide de *Tì* 的. La traduction est : Vous, à moi, apporte, tout, ce sont quelles images ?

5. L'interrogatif de lieu est : *Nà lì* 那裡.

6. L'interrogation se rend aussi, comme nous l'avons vu dans les leçons des verbes, soit en répétant le verbe précédé de *Poū* 不, pour le present (▲97) et le futur, soit en plaçant *Meî ioù* 沒有, à la fin de la phrase, pour le passé.

7. Ph. 7. Curieux exemple de l'emploi de *Pà* 把. Tournure très-chinoise, on aurait pu dire autrement, mais moins elegamment, et moins agréablement pour l'oreille.

8. Ph. 8_Tournure relative, amenée par Qui, laquelle se rend en Chinois en plaçant en tête de la phrase le verbe et le complément, en les faisant suivre de *Tì* 的, et en énonçant en dernier lieu le sujet qui, dans la phrase française, est placé avant le relatif Qui.

9. Ph. 9. *Nà ī kēu* ? 那一個, forme un interrogatif servant dans le cas où on considere une ou plusieurs parties d'un tout énoncé dans la phrase. Il répond à : Lequel ? Laquelle ?

10. Ph. 11. *Ts'ì* 豈, est un interrogatif distingué. Il donne beaucoup de coulant aux phrases. Il est du domaine de la langue écrite, et n'est employé que dans les conversations en bon langage. Il répond à :

Comment dans les expressions hypothétiques : Comment pourrai-je ? Comment oserai-je ? _Comment devrai-je ? etc.

11. Même phrase_À remarquer l'emphase de la phrase qui dit : Ma pauvreté étant de cette manière terrible...

12. De quelle façon ? _De quelle manière ? _Comment ? se rendent par *Tsèn mō yáng* ? 怎麼樣 *Tsèn mō* ? 怎麼.

13. Ph. 13_Ainsi, est rendu de la même façon.

14. L'interrogation, pour les quantités au-dessous de 10, se fait à l'aide de *Kì* 幾, au 3e Ton. Quand il est au 4eme Ton, il veut dire : Quelques.

15. Pour les quantités au-dessus de 10, on emploie *Touō chào* 多少.

16. Phrase 19. L'interrogation verbale, comme nous le savons, peut aussi être exprimée à l'aide de *Mōo* 麼.

17. Pourquoi_*Ouêi cheû mó* ? 爲什麼, forme aussi un interrogatif ayant même emploi et occupant même place que le terme français dont il est l'équivalent.

(▲98)

27eme Leçon

Pronoms et adjectifs indéfinis

Vocabulaire

Lier garrotter	綁。綑	Pàng_K'ouèn	Lois	律法	Lú fâ
Attacher	拴	Chouān	Bien que, quoique	雖然	Soūi jân
Bâtir	蓋	Káe	C'est pourquoi	所以	Souò ì
Reparer	修	Sioū	Certain (Tel)	有人	Ioù jên
Preparer	預備	Yú peí	Quelque soit	任憑	Jén p'îng
Délibérer	商量	Chāng leáng	Quelconque	不拘	Poú tchū
Arc	弓	Koūng	Tel	某	Moù (mòo)
Flèche	箭	Tsién	Entre eux	彼此	Pì ts'eù
Sabre	刀	Tāo	Quelqu'un	有人	Ioù jên
Chaudron	鍋	Koūo	Quoique	無論	Oû louén
Aiguille	鍼	Tchēn	Autrui	別人	Piê jên
Fil	線	Sién	Spécificatif	支	Tcheū
Moyen	法子	Fâ tseù	-d°-	張	Tchāng

Phrases

1. Chaque état a ses lois.

Keú koūo ioù keú koūo tì lú fâ.

2. Chaque homme aime son pays.

Keú jên naê keú jên tì tí fang.

3. Chaque soldat a plusieurs flèches et un arc.

Mèi piñg ioù kí tcheū tsién, ī tchāng koūng.

4. Aucune de ces aiguilles n'est pointue.

Tchee siē keú tchēn, mêi ioù ī keú kiēn tì.

5. Nul ne sait écrire s'il n'a appris.

Joé cheú poū suê, mêi ioù ī keú hoûi siè tséu tì.

6. Bien que le chemin de fer soit rapide, on ne peut aller de Pekin à Tien Tsin en une heure.

Hoùo tch'eē soūi jân k'ouáe, i tièn tchoùng yé poū nêng ts'oūng Peì Kīng táo T'iēn Tsīn.

7. Chacun parle, tous veulent qu'on les écoute.

Meì jên chouō houá, toū yuén í piê jên t'iñg t'ā mēn.

8. Nous avions beaucoup de travail, tout a été fini en un jour.

Ouò mēn ioù poū chào tì hoûo ; ī t'iēn, toū tsoûo ouân leào.

9. Certaines gens aiment habiter Tien Tsin, d'autres aiment habiter Pekin.

Ioû① jên sì houān tsaé T'iēn Tsīn tchoú, ioù jên sì houān tsaé Peì Kiñg tchoú.

10. Quelque chose que vous fassiez, il ne sera pas content.

Jên p'îng nì tsoúo kién cheû mō cheú ts'îng, t'ā tsoùng cheú poū sì houān. (▲99)

11. Préparez un repas quelconque, nous mangerons ce qu'il y aura.

Poū tchū yú peí cheû mō tch'eū tì pá, ioù cheû mō, ouò mēn tch'eū cheû mō.

12. Dans tel village, on répare les pagodes ; dans tel autre, on ne les répare pas.

Moù ts'ouēn sioū miáo, moù ts'ouēn poū sioū miaó.

13. Ils ont délibéré entre eux et personne ne les a entendus.

T'ā mēn pì ts'eù chāng léang, mêi ioù ī keū jên t'iñg kién t'ā mēn.

14. Qu'y a-t-il dans chacun de ces chaudrons ?

Kéu koūo lì, toū ioù cheû mō ?

15. Je crois qu'il n'y a rien.

Ouò siàng cheû mō, yé mêi ioù.

16. Quelqu'un a emporté votre sabre, c'est pourquoi je ne l'ai pas trouvé.

Ioù ī keū jên nâ leào nì tì taō tch'ú, souō ì oùo mêi ioù tchào tchò.

17. Attachez votre cheval à un arbre quelconque.

Pà nì tì mà, chouān tsaé poū tchū ná ī k'eū choú cháng.

18. Quiconque achète doit payer.

Choûi màe, choûi kaē tāng keì ts'iên.

19. Il ne faut pas prendre les choses d'autrui.

Poū kaē tāng nâ piê jên tì toūng sī.

20. Quoiqu'il ait fait, les voleurs l'ont attaché et battu.

---

① 原书此处声调无法确认。

Oû loúen t'ā ioúng cheû mō fâ tseù, tsêi mēn ié cheú k'ouèn ts'ì t'ā laê, tà t'ā.

Règles et observations

Nous avons déjà vu une partie de ces pronoms dans les leçons, il a paru bon de les réunir ici, avec des exemples.

1. Chaque_exprimant l'universalité se rend par *Keú* 各, placé devant le terme principal, qui est répété avec le pronom. Le *Tì* 的, placé après le 2e terme, indique la provenance, la possession_Ph. 1, 2.

Ph. 1. On dit : Chaque état a, de chaque état, des lois.

2. Chaque_exprimant la totalité, se rend par : *Meì* 每. Ph. 3.

3. Aucun_se rend par *Meî ī Keū* 沒一個_placé devant la résultante de la phrase_Ph. 4.

4. Nul_se rend de la même façon_Ph. 5_La phrase française est inversée dans la traduction chinoise qui, logiquement, énonce d'abord la proposition, puis la conclusion.

5. Bien que_Quoique_se rendent par *Soūi jân* 雖然, placé après le nom, avec adjonction de *Ié* 也, Aussi _devant le résultat de la proposition_Ph. 6.

6. Chacun_exprimant la totalité, se rend comme Chaque_Ph. 7. (▲100)

7. Tout_Tous_se rendent par *Toū* 都_Ph. 7 et 8.

8. Certains_Certaines, se rendent par *Ioù jên* 有人 Ph. 9.

9. Quelque... que ; quelque sort... que, se rendent par *Jén p'îng* 任憑, place au commencement de la phrase, avec adjonction facultative de *Tsoùng cheú* 總是_C'est ainsi_on de toute autre particule exprimant la certitude et l'ensemble Ph. 10.

10. Quelconque_N'importe quoi_N'importe quel_se rendent par *Poū tchū* 不拘, Ph. 11. La traduction littérale de cette phrase un peu complexe est : N'importe quoi préparée quelle chose, il y aura quoi, nous mangerons quoi.

11. Tel_remplaçant un nom, se rend par *Moù* 某_Ph. 12.

12. Entre eux_Mutuellement, se rendent par *Pì ts'eù* 彼此.

Personne, se rend par : *Meî ioù ī keú jên* 沒有一個人, Ph. 13.

13. Rien, se rend par : *Meî ioù* 沒有, Ph. 15. Remarquez la tournure inversée de cette phrase, ce qui la rend plus élégante et beaucoup plus coulante.

14. Quelqu'un, se rend par *Ī keú jên* 一個人, Ph. 16.

Les deux membres de la phrase sont reliés ensemble par *Soùo ì* 所以.

C'est pourquoi—qui joue le même rôle que son équivalent français.

15. Quelconque, est rendu Ph. 17 par *Poū tchū ná ī k'eū* 不拘那一顆_N'importe lequel_Emploi de l'accusatif.

16. Quiconque, Ph. 18_est rendu par la répétition de *Choûi* 誰, devant chacun des membres de phrase.

17. Autrui_Ph. 19_est traduit par : *Piê jên* 別人_Autre homme.

18. Quoique Ph. 20, est rendu par : *Oû louén* 無論, qui signifie : sans considérer, sans s'occuper de... La construction de la phrase est assez curieuse. La traduction littérale en serait : Sans s'occuper des moyens dont il s'est servi, les voleurs, aussi l'ont attaché et l'ont battu.

Attacher_*K'ouèn ts'ì... laê* 綑起……來, est un verbe composé, forme de *K'ouèn* 綑_Attacher, et du verbe modificateur double : *Ts'ì laê* 起來, qui exprime l'aboutissement de l'action.

C'est entre les deux termes du verbe modificateur que l'on a place le complément : *T'ā* 他_Lui.

Cette phrase aurait pu être construite autrement, mais elle aurait en moins de saveur chinoise. (▲101)

19. Spécificatifs :

Tcheū 支, pour les flèches, les branches, etc...

Tchāng 張, très usité_sert pour les arcs, les tables, les chaises, les papiers, les tableaux, les peignes, les pelles, etc.

Nota_les pronoms on adjectifs indéfinis ont un rôle important dans la langue chinoise. Il est bon d'y apporter attention.

28ème Leçon

Verbes Tà 打, Fâ 發 Tāng 當

Vocabulaire

Abaque	算盤	Souán p'ân	Colère	怒	Noú
Paquet	包袱	Paō foû	Richesses	財	Ts'aê
Tresse	辮子	Pién tseù	Marchandises	貨	Houó
Pecher	打魚	Tà yû	Lumière	光	Kouāng
Chasser	打圍	Tà ouêi	Marchand	買賣人	Maè maé jên
Procès	官司	Kouān seū	Domestique	跟班的	Kēn pān tì
Se parer	打扮	Tà pán	Mont de piété	當鋪	Tāng p'oú
Envoyer	打發	Tà fâ	Hypothéquer	當	Tāng
Fièvre	瘧子	Iáo tseù	Fort (robuste)	強壯	Ts'iâng tchouáng

Phrases

1. Ce marchand sait très bien compter sur l'abaque.

Tchée keú maè mae jên, tà souán p'ân, tà tì hèn haò.

2. Prenez ces objets et faites un paquet.

Pà tchée siē toūng sī, tà ī keú paō foû.

3. Tous les Chinois se font tresser la natte.

Tchoūng koûo jên toū tà pién tseù.

4. Tous les hommes de ce village vont pêcher.

Tchée ts'ouēn lì tì jên, toū tà yû.

5. Irez-vous chasser demain ?

Mîng t'iēn nîn tà ouêi tch'ú moō ?

6. Il est continuellement à faire des procès.

T'ā tch'âng tch'âng tì tà kouān seū.

7. Les jeunes filles aiment à se parer.

Niên ts'īng tì niù jên mēn, toū nâe tà pán.

8. Allez dans le jardin puiser de l'eau.

Cháng yuên tseù lì tch'ú tà choùi tch'ú. (▲102)

9. Envoyez un homme porter ce paquet à mon père.

Tà fâ ī keú jên pà tcheé keú paō foû kèi ouò foú ts'īn nâ tch'ú.

10. Pendant toute la nuit, j'ai eu la fièvre.

Ouò fâ leào ī sìou iaó tseù.

11. Pourquoi vous mettez-vous en colère ?

Nì ouêi cheû mō fâ noú ?

12. Il s'est enrichi à faire le commerce.

T'ā tsoúo màe máe fâ leào ts'aê.

13. Le soleil émet de la lumière.

Jeú t'oô fâ kouāng.

14. Demain, nous livrerons ces marchandises.

Mîng t'iēn, ouò mēn fâ houó.

15. C'est lui qui est le chef de la famille.

T'ā cheú tāng kiā tì.

16. Je suis cuisinier chez Monsieur Koûo.

Ouo tsaé Koūo tchaê tāng tch'oû tseù.

17. Les hommes forts peuvent être soldats.

Ts'iâng tchoūang jên k'eù ì tāng pīng.

18. Je cherche un homme pour être mon domestique.

Ouò tchào ī keú jên ouêi tì cheú tāng kēn pān eûl tì.

19. Je vais engager mes habits au Mont de Pieté.

Ouò yáo tch'ú tāng p'oú, tāng oùo tì ī chāng.

20. Mon ami a hypothéqué sa maison.

Ouò p'êng ioù tāng leào t'ā tì fâng tseù.

Règles et observations

Quelques verbes chinois, ayant par eux-mêmes une signification propre, forment, lorsqu'ils sont joints à d'autres mots, des verbes intéressants, dans lesquels on ne trouve parfois pas trace du sens primitif. Nous donnons quelques exemples de 3 de ces verbes, mais ils forment un grand nombre d'autres composés, que l'usage fera connaître.

1. *Tà* 打_Frapper_forme des expressions verbales dans lesquelles on retrouve parfois son sens primitif, et d'autres fois où il a disparu_Ph. 1, 2, 3, 4, 5, 6, 7, 8, 9.

2. *Fâ* 發_Sortir_envoyer_paraître_se manifester_se produire_surgir_forme des composés dans lesquels on retrouve son sens, ou l'un de ses sens primitifs, Ph. 10, 11, 12, 13, 14.

3. *Tāng* 當_Engager, il faut, faire_forme des series du même genre. (▲103)

Il s'applique surtout a la manière d'exprimer l'action de remplir des emplois inferieurs et aux formules relatives aux contrats de prêts, d'hypothéques, d'engagements, etc...

4. Ph. 1. Le Chinois dit : Ce marchand compte sur l abaque, il compte bien ; en formant deux petites phrases.

5. Ph. 3. Tous_est rendu par *Toū* 都, placé après le nom.

6. Ph. 4. Emploi de *Tì* 的, de la possession, de l'origine. On dit : Du village les hommes_Forme reguliere.

7. Ph. 6. *Tch'âng tch'âng* tì 常常的. Adverbe formé avec *Tì* 的.

8. Ph. 8_On dit : *Cháng... tch'ú* 上……去, c'est le façon habituelle, quoique les deux termes ne soient pas nécessaires. Mais si l'on construit ainsi la phrase, il faut redoubler *Tch'ú* 去 a la fin de la phrase, parce qu'il precede un infinitif. Cette règle est generale : Quand le verbe *Tch'ú* 去 est suivi, dans la phrase chinoise, d'un infinitif, il doit etre redoublé a la fin de la phrase.

9. Ph. 9_La traduction est : Envoyez un homme, il prendra ce paquet, à mon père le portera_Tournure frequente.

10. Ph. 10. *Fâ iaó tseù*, 發瘧子, qui est le verbe : Avoir la fievre est séparable. D'ailleurs tous les verbes formés avec *Fâ* 發 suivent cette règle. Leur complément s'intercale.

11. Le passé de ces verbes se forme à l'aide de *Leào* 了, comme les autres verbes, mais quand le verbe formé comprend un element verbal et un elément substantif, la marque du passé se place après le 1er élément. Ainsi on dira : *Fâ leào ts'aê* 發了財, et non pas : *Fâ ts'aê leào* 發財了.

12. Ph. 15. Le *Tì* 的, est rendu oblige par l'emploi du verbe Etre.

13. Ph. 16. La phrase chinoise énonce d'abord le sujet, puis le lieu, puis la situation.

14. Ph. 18. *Ouéi tì cheú* 爲的是, qui relie les deux membrés de la phrase veut dire : Pour ceci, à cause de ceci, pour la raison de, pour être, etc.

15. *Tāng* 當, employé seul, a le sens d'engager, d'hypothéquer. Ph. 19, 20. Il suit les règles des verbes simples.

(▲104)

29eme Leçon

Parenté

Vocabulaire

Beau père de la femme	公公	Koūng koūng	Oncle (frère aîné au père)	伯父	Poūo foú
Beau père du mari	丈人	Tcháng jên	Oncle (frère cadet du père)	叔叔	Chcû choû
Belle-mère de la femme	婆婆	P'oûo p'oûo	Oncle maternel	舅舅	Kioú kioú

Belle-mère du mari	丈母。岳母	Tcháng moù Iaó moù	Tante (femme du frère aîné du père)	伯母	Pouô moù
Frère aîné	哥哥	Keū keū	Tante (femme du cadet du père)	嬸母	Chèn moù
Frère cadet	兄弟	Sioūng tí	Tante (femme du frère de la mère)	舅母	Kioú moù
Frères	弟兄	Tí sioūng	Grand_Père	祖父	Tsoù foú
Sœur aînée	姐姐	Tsìe tsìe	Grand-mère	祖母	Tsoù moù
Sœur cadette	妹妹	Mêi mêi	Se marier (femme)	出門子	Tch'oū mên tseù
Sœurs	姐妹	Tsìe mêi			

Phrases

1. Avez-vous encore votre père et votre mère ?

Nîn tì foú moù houân tsaé poū tsaé ?

2. Mon père est mort l'année dernière, et ma mère vit encore.

Ouò foú ts'īn tch'ú niên seù leào, oùo moù ts'īn houân tsaé.

3. Le beau-père de mon ami habite Tien Tsin.

Ouò p'êng ioù tì tcháng jên tsaé T'iēn Tsīn tchoú.

4. Cette femme n'aime pas son beau-père.

Tchée keú niù jên poū naê t'ā tì koūng koūng.

5. Ma belle-mère désire acheter cet objet.

Ouò iáo moù yuén í maè tchée kién toūng sī.

6. La belle-mère de ma sœur est très-méchante.

Ouò tsìe tsìe tì p'oûo p'oûo hèn poū hào.

7. Mon grand-père a eu, cette année, 70 ans.

Ouò tsoù foú kīn niên ts'ī cheû leào.

8. Ma grand-mère est vieille et marche lentement.

Ouò tsòu moù lào leào, tsòo táo eûl, tsòo tì hèn mán.

9. Mon frère aîné sait parler le français.

Ouò keū keū houí chouō Fà koûo houá.

10. Votre frère cadet est-il revenu de Pekin ?

Nì sioūng tí ts'oûng Peì King hoûi laê leào mêi ioù ?

11. Mes frères sont morts depuis longtemps.

Ouò tì tí sioūng mēn, tsào, tsióu seù leào. (▲105)

12. J'ai vu hier votre sœur aînée.

Tsoûo t'iēn, oùo k'án kién nì tsìe tsìe leào.

13. Je crois que cette femme est sa sœur cadette.

Oùo siàng tchée keú niù jên cheú t'ā mèi mèi.

14. Mes sœurs sont toutes mariées.

Ouò tì tsìe mèi mēn, toū tch'oū leào mên tseù.

15. Chaque mors, mon oncle dépense beaucoup d'argent.

Ouò poûo foú, mèi yué houā ts'iên hèn toūo.

16. Son oncle a vendu beaucoup de chevaux, il est très-riche.

T'ā choû choû mae leào hào kì p'ì mà. T'ā hèn ioù ts'iên.

17. Votre oncle sait-il que je suis arrivé ?

Nì kióu kióu tcheū táo ouò táo leào, poū tcheū táo ?

18. J'ai averti ma tante que vous désiriez la voir.

Oùo kaó soú leào oùo poûo moù, nîn yuén í kień t'ā.

19. Votre tante est-elle encore malade ?

Nì chèn moù houân ioù piṅg mêi ioù ?

20. Sa tante n'est pas contente, elle a perdu son mouchoir.

T'ā kioú moù poū sì houān, yn̄ ouêi t'ā tioū leào t'ā tì chòo kin̄.

Règles et observations

Il y a, en Chine, une multitude d'appellations pour la parenté. Nous donnerons les principales dans les 29e et 30eme Leçons. Il y en a beaucoup d'autres, en tout plus de 100, mais qu'il serait oiseux de vouloir retenir toutes dans une étude élémentaire.

1. Ph. 1. *Tsaé poū tsaé* 在不在, Tournure rendant l'interrogation de la phrase. En somme, on dit : Sont-ils ?

2. Ph. 2. Au lieu de l'emploi du present, dans la phrase : Mon père est mort, le Chinois, qui envisage l'action, et non l'etat, emploie le passé.

3. Il est facile de confondre les termes rendant beau-père et belle-mère. Comme moyen mnémotechnique, on peut se rappeler que les termes qui rendent : beau-père de la femme, belle-mère de la femme, sont composés de deux syllabes semblables : *Koūng koūng* 公公, *P'ouô p'ouô* 婆婆, tandis que pour les beaux-parents du mari, on emploie des termes differents, mais comprenant pour chacun d'eux une même syllabe : *Tcháng jên* 丈人_*Tcháng moù* 丈母.

4. Ph. 10_De_indiquant le point de départ, se rend par : *Ts'oûng* 從.

5. Ph. 11. Frères, en général_quand on ne précise pas, se rend par les mêmes (▲106) termes que Frère cadet, mais ils sont intervertis. Dans cette phrase, Longtemps_est traduit par : *Tsào* 早_de bonne heure.

6. Ph. 13. Que_n'existe pas en Chinois, et doit se supprimer.

7. Ph. 14. *Tch'oū mên tseù* 出門子. Se marier_conserve dans sa conjugaison la forme des verbes simples, c'est-à-dire que la marque du passé se place après le 1er Terme, parce que c'est un verbe composé d'un terme verbal et d'un terme substantif.

8. Ph. 12. Les verbes composés de 2 termes verbaux exigent la marque du passé après le 2eme terme. Quelquefois cette marque du passé est renvoyée à la fin de la phrase, comme dans l'exemple. On aurait pu dire : *K'án kién leào*, 看見了.

9. À remarquer que les pronoms Mon, Ton, Son, etc... qui, régulièrement se forment en *Tí* 的, l'omettent souvent. C'est une règle admise que lorsqu'on parle des personnes, et surtout de la parenté, on peut remplacer le pronom possessif par le pronom personnel.

10. Ph. 16. Est très riche_est rendu par : *Hèn ioù ts'iēn* 很有錢. Cette forme est parfois employée ; les verbes prenant les intensifs comme les adjectifs. Cette tournure dorme de la vigueur à la phrase.

11. Ph. 19. Etre malade_se rend par : Avoir maladie_Cet emploi de Avoir pour Etre, est assez fréquent.

12. Ph. 7. À remarquer la brieveté de la phrase, dans laquelle il y a élision du verbe Avoir, et du mot : Ans. La marque du passé est à la fin ; puis qu'il a 70 ans, c'est que les 70 ans sont passés, dit le Chinois parfois logique.

13. Ph. 8. Marcher, se dit volontiers *Tsòo táo eûl* 走道兒. La phrase énonce d'abord le fait, puis la conclusion. On exprime d'abord que la grand-mère marche, puis on montre qu'elle marche lentement, en employant le mot *Tì* 的, qui modifié le verbe *Tsòo* 走, dans le sens indiqué par ce qui suit.

(▲107)

30ème Leçon

Parenté (suite)

Vocabulaire

Fils	兒子	Eûl tseù	Se marier	婚配	Houēn p'éi
Bru	兒媳婦	Eûl sī foú	Belle-sœur : Aînée d. l. femme	大姨子	Tá î tseù
Fille	女兒	Niù eûl	Belle-sœur : Aînée d. mari	大姑子	Tá koū tseù
Gendre	女壻	Niù siú	Belle-sœur : Femme du frère	嫂子	Saò tseù
Petit-fils	孫子	Souēn tsèu	Belle-sœur : cadette d. l. femme	小姨子	Siaò î tseù
Petite-fille	孫女	Souēn niù	Cousin (même nom)	堂兄弟	T'âng siōung tí
Neveu	姪子	Tcheû tseù	Cousin (nom different)	表兄弟	Piào siōung tí
Nière	姪女	Tcheû niù	Cousine (même nom)	堂姐妹	T'âng tsìe mêi
Beau-frère : frère d. l. femme	大舅子	Tá kioú tseù	Cousine (nom different)	表姐妹	Piaò tsìe mêi
Beau-frère : mari d. l. sœur	姐父	Tsiè foú	Parce que	因爲	Yn̄ oueí
Beau-frère : f. aîné du mari	大伯子	Tá poûo tseù	Marier	尋	Sīn
Beau-frère : f. cadet du mari	小叔子	Siào choû tseù	Gendre	姑爺	Koū iê

Phrases

1. Mon fils ira demain a Pekin.

Ouò eûl tseù mīng t'iēn cháng Peì Kin̄g.

2. Sa bru travaille toute la journée tous les jours.

T'ā eûl sî foú, t'iēn t'iēn tchèng t'iēn kiā, tsoúo houô.

3. J'ai vu votre fille à Tien Tsin. Elle était en bonne santé.

Oùo tsaé T'iēn Tsīn, kién leào nì tì niù eûl. T'ā hen̄ p'îng ngán.

4. Son gendre est sous-préfet dans le Chan Toung.

T'ā koù iê tsaé Chān Toūng tsoúo tcheū sién.

5. Ce jeune homme est mon petit-fils.

Tcheé keú niên tsīng tì, cheú ouò tì souēn tseù.

6. Quel âge a votre petite-fille ?

Nì souēn niù eûl, toūo tá leào ?

7. Mon neveu apprend à lire et à écrire.

Ouò tcheû tseù, suê nién choū, ié suê siè tseù.

8. Où est votre mère ?

Nì tcheû niù eûl tsaé nà lì ?

9. Que fait votre beau frère ?

Nì tá kióu tseù tsoúo cheû mo ?

10. Mon beau-frère a trois fils.

Ouò tsiè foú ioù sān keú eûl tseù. (▲108)

11. Ma belle-sœur est très-jolie.

Ouò tá î tseù hèn t'ì mién.

12. À quelle époque votre belle-sœur doit-elle se marier ?

Nì tá koū tseù touō tsān houēn p'eí ?

13. Mon beau-frère est menuisier.

Ouò tá pouô tseù cheú moú kiāng.

14. On m'a dit que votre beau-frère était malade. Est-ce vrai ?

Jên chouō nì siào choû tseù ioù píng leào, cheú tchēn tì moō ?

15. Est-ce que votre belle-sœur n'a pas deux filles ?

Nì sào tseù poū cheú ioù leàng keú koū niāng moō ?

16. Sa belle-sœur a été mariée à Monsieur Li.

T'ā siào î tseù sīn tì Lì lào yê.

17. Mon cousin est mandarin au Seu Tchouen.

Ouò t'âng sioūng tí tsaé Seú Tch'ouēn tsoúo kouān.

18. Combien d'enfants a votre cousin ?

Nì tì piào sioūng tì ioù kì keú haê tseù ?

19. Ma cousine pleure parce qu'elle a perdu son fils.

Ouò tì t'âng tsìe mêi k'oū leào, yn̄ ouéi t'ā eûl tseù seù leào.

20. Votre cousine viendra demain vous voir.

Nì tì piào tsìe mêi, mîng t'iēn laê k'án nîn.

Règles et observations

1. Ph. 1. Aller, est rendu par *Cháng* 上. On peut le rendre indifféremment par *Cháng* 上 ; *Tch'ú* 去 ; *Cháng*... *Tch'ú* 上……去.

2. Ph. 2. Le Chinois rend : Tous les jours, par *T'iēn t'iēn* 天天. Nous savons que la répétition du nom indique le pluriel_Toute la journée est rendu par : *Tchèng t'iēn kiā* 整天家_Journée complète. L'adjonction de *Kiā* 家, à certains mots est fréquente. Elle n'ajoute rien au sens.

3. Ph. 4. L'indication de lieu prècéde la conclusion de la phrase, à l'inverse du français.

4. Ph. 7_Et_est rendu par *Yé* 也_Aussi.

5. Ph. 11. L'expression : Est très-jolie_est à employer le plus rarement possible, en parlant d'une femme respectable. La politesse exige d'ailleurs que l'on trouve toutes les femmes jolies, qu'on le fasse voir, mais qu'on ne le dise pas, à moins d'employer des tournures poétiques.

6. Ph. 12. *Houēn p'éi* 婚配, est le terme général pour (▲109) rendre : se marier, mariage. Quand on veut preciser, on dit pour la femme : *Tch'oū kiā* 出家, *Tch'oū mên tseù* 出門子, et pour l'homme : *Tch'êng kiā* 成家, *Ts'iú sî foú* 娶媳婦, etc.

7. La tournure hypothétique : Est ce que... n'a pas. Ph. 15, est rendue, comme nous l'avons déja vu, par *Poū cheú... mōo* 不是……麽.

8. Marier quelqu'un, peut se rendre par : *Sîn tì* 尋的. Ph. 16. Il y a d autres formes.

9. Dans la parenté le mot *T'âng* 堂, indique que les parents portent le même nom de famille, qu'ils sont par suite parents en ligne masculine. Au contraire, *Piào* 表, indique la parenté par les femmes. Il s'en suit que, dans ce cas. Ces parents n'ont pas le même nom de famille. Cette parente par les femmes compte peu en Chine. La femme étant entrée, par son mariage, dans une nouvelle famille a, en principe, rompu tous lieus avec sa famille d'origine ; ce qui n'empêche pas qu elle est toujours en promenade chez ses parents.

10. Perdre, en parlant des parents. Ph. 19, se rend par : Mourir_*Seù leào* 死了. Il peut aussi se rendre par : *Poū tsaé* 不在. Ne pas être_ou : *Cheū leào* 失了_Perdu, ce qui est alors l'equivalent exact de notre terme français : Perdre.

11. A remarquer que dans toutes ces phrases, le pronom personnel est, presque invariablement, en tête de la phrase.

C'est là une des règles fondamentales de la syntaxe chinoise. Il peut y avoir des exceptions, mais neuf fois sur dix, on le placera correctement en le mettant en tête.

12. Il se présente souvent, dans le courant des phrases données, que l'on rencontre une terminaison *Eûl* 兒 après les substantifs. Il a fallu l'ecrire, puisqu'elle existe, surtout en Pékinois, mais dans la prononciation des phrases, elle se confond frequemment avec le substantif qui précéde, formant avec lui une seule syllabe, très-difficile à rendre, ainsi : *Ī tièn eûl* 一點兒_Un peu_ne se prononcera pas en énonçant les trois syllabes à la suite l'une de l'autre ; il y aura union entre les deux dernières pour former un seul son se rapprochant de Tieul. Il faut donc, quand on rencontre ces terminaisons, s'arrêter quelque peu sur elles, et se former l'oreille en écoutant le maître chinois, puis s'efforcer, chose difficile, d'enoncer soi-même correctement le son entendu.

(▲110)

31eme Leçon

Mesures de longueur, de poids, de capacité, agraires

Vocabulaire

À peu près	差不多	Tch'ā poū toūo	Picul	石	Tán
Louer	租	Tsoū	Boisseau	斗	Toò
Louer	賃	Lín	Mesure	升	Chēng
Louer	僱	Koú	Arpent	畝	Moù
Tromper	賺	Tsouán	100 arpents	頃	K'ìng
Cultiver	種	Tchoúng	Pas (5 pieds)	步弓	Poú koūng
500^{m} environ	里	Lī	Muraille	城	Tch'êng
Toise	丈	Tcháng	Empiler	摞	Loûo
Pied	尺	Tch'èu	Seulement	只	Tcheû
Pouce	寸	Ts'ouén	Tour (autour)	周圍	Tchōo ouéi
Ligne	分	Fēn	Peser	約約	Yāo yāo (Iō iō)
Livre	斤	Kīn	Peser	重	Tchoúng
Once_Taël	兩	Leàng	1/100 Once	分	Fēn
1/10 Once	錢	Ts'iên	1/1000 Once	厘	Lî

Phrases

1. Quelle est la distance de Pékin à Tien Tsin.

Ts'oûng Peì Kīng táo T'iēn Tsīn, ioù toūo yuèn ?

2. Il y a plus de 200 lis.

Ioù eúl paè toūo lī tí.

3. Ce jardin a 30 pieds de long.

Tchée k'ouáe yuén tseù ioù sān tcháng tch'âng.

4. Je crois que cette table a plus de 3 pieds de large.

Oùo siàng tchée keú tchoūo tseù ioù sān tch'eù toūo k'ouān.

5. Il a 5 pieds 6 pouces de taille.

T'ā ioù où tch'eù leóu ts'ouén kaō.

6. Ces 20 feuilles de papier, empilées ensemble, ont une épaisseur de 2 lignes.

Tchée eúl cheū tchāng tcheù, louô tsaé ī k'ouáe eûl, ioù eúl fēn hóo.

7. Dans une livre, il y a 16 onces.

Ī kīn cheú cheû léou leàng.

8. Achetez 10 onces de viande de mouton.

Màe cheû leàng yāng joó pá.

9. J'ai vendu aujourd'hui 3 livres, 6 onces et 7/10 once de thé.

Kīn t'iēn, ouò maé leào sān kīn leóu leàng ts'ī ts'iên tch'â ié. (▲111)

10. Ce morceau d'or est lourd de 8/100 et 5/1000 d'once.

Tchee k'ouáe kīn tseù tchoúng pā fēn où lî.

11. Pesez celle viande pour voir combien elle pèse.

Iāo iaō tcheé k'ouáe joó ioù touō tchoūng.

12. Il vend chaque année 100 piculs de riz.

T'ā mêi niên mae ī pàe tán mì.

13. Un boisseau vaut 10 mesures.

Ī toò ioù cheû chēng.

14. J'ai acheté 9 mesures de riz, il m'a trompé et m'en a seulement donné 8.

Ouò màe leào kioú chēng mì, t'ā tsouán leào ouò, tcheû keì leào ouò pā chēng.

15. J'ai loué 200 arpents de terre.

Ouò tsoū leào leàng k'ìng tí.

16. J'ai loué un homme pour cultiver ces 25 arpents de terre.

Ouò koú leào ī keū jên, ouêi tchoúng tchée eul cheû où moù tì.

17. Combien cette pièce de terre a-t-elle de pas de longueur ?

Tchée k'ouáe tí ioù touō chào koūng tch'âng ?

18. Elle en a 523.

Ioù où pàe eúl cheû sān koūng tch'âng.

19. Les murailles de la ville tartare de Pekin ont environ 44 lis de tour.

Peì Kīng tá tch'êng tchōo ouêi, ioù seú cheû seú lī touō tch'âng.

20. Combien peut-on peser avec cette balance ?

Tcheé kān tch'ēng tà toūo chào kīn ?

Règles et observations

1. Les diverses mesures chinoises, a l'exception de la livre, qui se divise en 16 onces, comme l'ancienne livre française, sont decimales, mais elles ne sont pas uniformes dans l'empire et varient de province à province, et même de ville à ville, souvent dans de fortes proportions, surtout pour les mesures de capacité, qui peuvent aller du simple au triple.

2. Ph. 1. Quelle est la distance ? se rend par : Combien loin ? On aurait pu dire : *Ioù toūo chào lī tí* ? 有多少里地.

3. Le *Lī* 里 mesure environ 550 mètres dans la province du Tche Li. Il peut atteindre ailleurs 600 mètres et plus.

4. Le pied *Tch'eù* 尺 varie suivant que c'est un pied de menuisier d arpenteur, de march[d] de soie, etc... En moyenne il vaut le pied anglais : $0^{m}305$_10 pieds font un *Tcháng* 丈$=3^{m}05$.

5. Dans les expressions : de long, de large, de haut, etc. On supprime (▲112) en Chinois le mot : de_Plus de_sera expliqué dans la 33eme Leçon.

6. Le *Tch'eù* 尺 se divise en 10 *Ts'ouén* 寸_$0^{m}0305$, le *Ts'ouén* 寸 en 10 *Fēn* 分_$0^{n}00305$.

7. Ph. 6. Ensemble_est rendu par : Etant un morceau.

8. La livre chinoise, *Kīn* 斤, a un poids de 604 gr. 53, au cours de l'administration des Douanes. Le

Taël_*Leàng* 兩_vaut le 1/16=37g. 783

Il faut dire que la livre commune a un poids un peu plus fort.

9. Le *Leàng* 兩 se divise en 10 *Ts'iên* 錢 valant chacun 3 gr. 778

Le *Ts'iên* 錢 se divise en 10 *Fēn* 分 valant chacun 0gr. 377

Le *Fen̄* 分 se divise en 10 *Lî* 厘 valant chacun 0. gr. 037

Le *Lî* 厘 se divise en 10 *Hâo* 毫 valant chacun 0gr. 003

10. Peser_en général, quand on ne désigne pas la balance dont on se sert, se rend par : *Yāo yāo* 約約. Pour : Combien pèse ? on dira volontiers : Combien lourd ?

11. Le *Tán* 石, vaut 10 boisseaux, environ 100 litres.

Dans les transactions avec Européens, on fait souvent usage de cette mesure de capacité, comme mesure de poids, appelée Picul. Elle vaut alors 100 livres, soit 60 Kilogo 453_Mais les Chinois, entre eux, ne s'en servent que comme mesure de capacité.

12. La mesure_*Chen̄g* 升, vaut environ 1 litre, et le boisseau vaut 10 mesures, il s'appelle *Tòo* 斗_Mesures très variables.

13. Les mesures agraires ont pour base le *Moù* 畝.

100 *Moù* 畝 font un *K'in̄g* 頃.

Le *Moù* 畝 est mesuré au moyen d'un compas fixe special, existant dans chaque village, et qui mesure 5 pieds d'ouverture, ou un pas : *Koūng* 弓.

Le *Moù* 畝 est la surface d'un rectangle ayant 240 *Koūng* 弓 de long, sur 1 *Koūng* 弓 de large.

Le pied servant de base à l'établissement du compas est plus grand que le pied ordinaire, et peut avoir 0^m33. Il s'en suit que la valeur du *Koūng* 弓 est de : $0^m33 \times 5 = 1^m65$.

La surface du *Moù* 畝 sera donc :

$\underline{1^m65 \times 240} \times \underline{1^m65} = 6$ ares 53 centiares.

longueur largeur

14. Ph. 19. Murailles de la ville Tartare, est rendu par : Grande ville, ou grande muraiLe. La phrase dit : Pekin, la grande muraille, le tour a...

15. Ph. 20. Emploi de *Tà* 打, comme formant avec *Kīn* 斤, le (▲113) verbe compose *Tà Kīn* 打斤_Peser. Formation semblable a celles indiquées dans la 28eme Leçon.

32eme Leçon

Monnaies

Vocabulaire

Cher	貴	Koúi	20 cents	兩毛	Leàng mâo
Bon marché	賤	Tsién	50 cents	五毛	Où mâo
Esperer	盼望	P'án ouáng	Pomme	蘋菓	P'în kouò
Nourrir	養	Yàng	Raisin	葡萄	P'oû taô
Conduire	領	Lìng	Pêche	桃兒	T'aô eûl

Coûter	價。直	Kiá_Tcheû	Carotte	葫蘿蔔	Hoû louô poû
Une sapèque	一個錢	Ī keú ts'iên	Navet	蔓菁	Mân kiņg
Ligature	吊	Tiáo	Ail	蒜	Souán
6 Ligatures	串	Tch'ouán	Oignon	葱	Tsouņg
Taël	兩	Leàng	Tas	堆	Toūi
Lingot	元寳	Yuēn pào	Marché	市	Cheú
Piastre	洋塊錢	Yâng k'ouaé ts'iên	Boutique	鋪子	P'oú tseù
5 cents	半毛	Pán mâo	Billet de banque	票子	P'iaò tseù
10 cents	一毛	Ī mâo	Lingot	錠	Tíng

Phrases

1. A Pekin, les sapèques sont plus grosses qu'a Tien Tsin.

Peì Kīng cheù tāng cheû ts'iên pì T'iēn Tsīn ts'iên keú eûl tá.

2. Ce poulet m'a couté 3 ligatures.

Tchée tcheū kī, ouò houā leào sān tiáo ts'iên maē tì.

3. Avec 6 ligatures, j'espere qu'on peut acheter deux canards.

Ouò p'án ouáng youńg leóu tiáo ts'iên, k'eù ì maè leàng tcheū yā tseù.

4. Combien ce lingot pese-t-il de taëls ?

Tcheé ī tíng yñ tseù, ioù kì leàng tchoúng ?

5. Il en pese 10.

Ioù cheû leàng tchóung.

6. Vous avez achete ce cheval 35 piastres, c'est trop cher.

Nîn mae tì tchée p'ì mà sān cheû où k'ouáe ts'iên. T'aé koúi.

7. Pour nourrir un homme, il faut plus de 10 cents par jour.

Ouei keì ī keu jên tch'eū fán, ī t'iēn kaē tāng ī mâo touō ts'iên.

8. Cette pièce de 20 cents est fausse, vous m'avez trompé.

Tcheé leàng mâo ts'iên cheú kià tì, nì hoūng p'ién leào ouò. (▲114)

9. Ce tas de pommes coûte 5 cents, c'est très-bon marché.

Tchée p'în kouò, pán mâo ts'iên ī toūi, hèn pién î.

10. Conduisez-moi au marché. Je veux acheter quelques ligatures d'oignons.

Nì lìng tchò oùo táo cheú cháng tch'ú. Ouò yáo maè kí tiáo ts'iên tì tsoūng.

11. Il voulait 50 cents ; je lui en ai donné 40.

T'ā yáo leào où mâo ts'iên. Ouò keì leào t'ā seú mâo.

12. J'ai payé ce tas de carottes et de navets 6 ligatures.

Tcheé ī toūi hoû loûo poû heû mân kiņg, oùo houā leào leóu tiáo ts'iên maē tì.

13. 20 cents le raisin_C'est plus cher qu'hier.

Tchée p'oû t'aô leàng mâo ts'iên, pì tsoûo t'iēn koúi.

14. Suivez-moi, je vais acheter quelque chose dans cette boutique.

Kén oùo laê, ouò yáo tsaé tchée keú p'oú tseù lì maè kí yáng toūng sī.

15. Il y a des lingots de 5, 10, 20 et 50 taëls.

Yuēn páo, ioù où lèang tì, ioù cheū lèang tì, ioù eúl cheū leàng tì, ioù où cheū leàng tì.

16. Aujourd'hui, combien-le taël vaut-il de piastres ?

Kīn t'iēn ī lèang yn̄ tseù houán toūo chào yâng ts'iên ?

17. Combien de sapèques pour un taël ?

Ī lèang yn̄ tseù houán touō chào ts'iên ?

18. Le taël vaut 1 piastre 45.

Ī leàng yn̄ tseù houán ī k'ouaé seú mâo où yâng ts'iên.

19. Pour un taël, on a 8 ligatures et 44 sapèques.

Ī leàng yn̄ tseù houán tāng chêu tá ts'iên pā tiáo pā paè pā.

20. C'est un billet de banque de 5 ligatures.

Tchée cheú ī tchāng où tiáo p'iaò eûl.

Règles et observations

1. Si les mesures sont variables en Chine, c'est bien autre chose pour les monnaies qui varient non seulement dans chaque ville, mais encore chaque jour. La monnaie, en Chine, est considérée comme une marchandise ; et l'abondance ou la rareté du produit amènent des changements de valeur.

2. La sapèque, en cuivre mélange de plomb, est la plus petite monnaie comme valeur intrinsèque.

La façon de compter les sapèques, tout au moins à Pékin, est étrange. Dans l'origine, chaque ligature *Tiáo* 吊, comptait, on devait compter 1000 sapèques ou rondelles ; mais par la suite des temps, le *Tiáo* 吊, restant l'unité de compte, rit diminuer le nombre des sapèques qu'il comprenait tout d'abord, et aujourd'hui ce nombre est descendu de (▲115) 1000 à 50. Seulement, 1 ceci est le comble de la routine, on continue à compter comme s'il y avait toujours 1000 rondelles, c'est à dire que l'on énonce toujours un nombre 20 fois plus fort qu'il n'est en realite. Par exemple, pour dire : 10 rondelles ou sapeques, on dira : *Eul pàe ts'iên* 二百錢 (200 sapèques) .

La ligature, qui soit comprendre 50 sapèques, n'en compte, en réalité que 49, la 50eme étant representee par le prix de la ficelle qui reunit ensemble les sapèques. Cependant certaines continues exigent 50 rondelles pour une ligature par exemple pour acheter du grain.

Ceci est pour Pekin, mais ailleurs on compte differemment.

A Tien Tsin, le *Tiáo* 吊, est la reunion de 10 fois un certain nombre de sapèques reunies ensemble. Les 10 parties sont separées par un nœud de la ficelle. On se rapproche alors beaucoup plus du nombre theorique de 1000 rondelles que doit comprendre le *Tiáo* 吊. À Tien Tsin, il comprend environ 490 rondelles.

3. Les monnaies d argent sont rares en Chine. On se sert de lingots d'argent ayant un poids de 5, 10, 20, 50 et même 100 taëls.

Les lingots sont fractionnés, au moyen de cisailles, en morceaux, suivant les besoins, et donnés en paiement. Il faut alors les peser.

Le taël, qui est une mesure de poids n'est pas une piece ni un morceau ayant forme speciale et reconnue. C'est simplement le poids d'un morceau d'argent pesant une once. Quand donc on enonce : Cette chose vaut 3 taëls, on veut dire qu'elle coute le prix d'un poids d'argent de 3 taëls. Le mot : Taël, employé pour les monnaies, s'est① substittié au poids représente, mais il n'existe pas de pieces ou de lingots pesant exactement un taël.

4. Les pieces d'argent frappées par le gouvernement chinois, ou venant de l etranger, ont difficilement cours dans l'interieur. La piastre vaut ce qu'elle represente d argent, et son cours varie souvent.

Il y a des subdivisions d la piastre : 5 cents *Pán mâo* 半毛, 10 cents *Ī mâo* 一毛, 20 cents, *Leàng m â o* 兩毛, 50 cents *Où mâo* 五毛. Cette monnaie est appelée à remplacer les coupures de lingot.

On a frappé aussi dans certaines provinces, en particulier au Tche Li des pieces en bronze valant 1 cent. Mais ces pieces, qui n'ont qu'une valeur de convention, sont peu appréciées.

5. Ph. 1. Une sapèque de Pekin : *Peì Kiñg cheù tāng cheû ts'iên* 北京使當十錢_Sapèques dont on se sert à Pekin valant 10_Voici l'explication : (▲116) Nous avons vu (2), qu'une rondelle en vaut 20 et non 10. Mais il est admis que les sapèques de Pekin ont une valeur double des autres. Ces sapèques tenant la place de 10 qui valent 2 fois les autres, en valent par suite 20 : Ceci est encore une complication, au moins inutile, à cette question déjà si embrouillée des sapèques. Mais le Chinois a horreur de la ligne droite.

Fin de la phrase : Une sapèque_est rendu par : *Keú eûl* 箇兒 (Unité) .

6. Ph. 2_M'a coûté_est rendu par : J'ai dépensé... acheté.

7. Ph. 9_Elision de : Coûté_jugé superflu.

8. Ph. 10_Le *Tì* 的, final donne à la phrase un tour spécial et rend, en quelque sorte, le verbe Acheter substantif. C'est comme si l'on disait : Je veux faire achat.

9. Ph. 15. De_est rendu par *Tì* 的, placé après l'expression de poids.

10. Ph. 16. Vaut-il ? est rendu par : Changer_*Houán* 換. La phrase dit : Un taël changé, combien de monnaie européenne ?

11. Ph. 18. *Seú mâo où* 四毛五, indique 45 cents. Un nombre, placé après un autre, vaut le nombre qu'il exprime d'unités décimales de rang inférieur. La piastre suivant le système decimal, les 45 cents sont suffisamment indiqués.

12. Ph. 19. Pour trouver le nombre réel de sapèques représentés par ce nombre de *Pā tiáo pā pàe pā* 八吊八百八, faisons le raisonnement suivant, qui n'est valable qu'a Pekin, il faut bien se le rappeler.

8 ligatures à 50 sapèques　$8\times50=400$　puis

880 divisé par 20　$880:20=44$

soit 444 rondelles pour un taël.

Pour une piastre, environ 307_Chiffre très variable.

Tous ces chiffres sont variables avec le jour et la localité, et dans de grandes proportions. À Tien Tsin,

---

① 原书此处模糊。

les sapèques étant plus petites, on en a davantage, le double et plus.

13. Il existe des billets de banque, émis sans contrôle, par les banques et les maisons de commerce. Ces billets sont de toutes valeurs et n'ont généralement cours que dans la localité où ils sont émis.

Comme il n'y a aucune garantie, c'est à celui qui reçoit le billet de l'accepter ou de le refuser. En cas de faillite de l'établissement, chose fréquente, il n'y a qu'à supporter la perte.

Billet de 5 tiaos se dit : De 5 tiaos billet.

(▲117)

33ème Leçon

Approximation_Fractions

Vocabulaire

Plier

Verser	倒	Taò	Pipe à eau	水菸袋	Choùi iēn taé
Coudre	縫	Fông	Trou	窟窿	K'oū loûng
Creuser	挖	Ouā	Fois	次。回	Ts'eú_Hoúi
Accrocher	掛	Kouá	Clou	釘子	Tīng tseù
Clouer	釘	Tīng	Marteau	鎚子	Tch'oûi tseù
Scier	鋸	Kiú	Scie	鋸	Kiú
Moitié	半	Pań	Ecole	學房	Suê fâng
Tiers	三分之一	Sān fēn tcheū ī	Elève	學生	Suê chēng
Quart	四分之一	Seū fēn tcheū ī	Professeur	先生	Siēn chēng
Laisser	留	Lêou	Ecurie	馬號	Mà háo
Allumette	取燈兒	Tch'ù tēng eûl	Hangar	車棚	Tch'ee p'êng
Cigarette	菸捲兒	Ièn tchùan eûl	Planche	板子	Pàn tseù
Phrase	句話	Kiú houá	Boîte	匣子	Siâ tseù
Plier	摺	Tiê	Reste	剩下	Chéng siá

Phrases

1. J'ai cousu dans la journée 5 ou 6 vêtements.

Ī t'iēn tì koung foū, oùo fông leào où leóu kién ī chang.

2. J'ai près une scie et j'ai scié environ 15 planchés.

Ouò nâ kiú, kiú leào cheū kí k'ouáe pàn tseù.

3. J'ai placé sur la table plus de 20 verres.

Ouò fáng tsaé tchoūo tseù cháng leào eúl cheū toūo keú tsioù pēi.

4. Dans cette boîte, il y a environ 150 allumettes.

Tchée ī siâ eûl lì t'ôo, ioù ī paè où cheū toūo kēn tch'ù teng eûl.

5. Il faut creuser un trou de plus de 10 pieds de profondeur.

Kaē tāng ouā ī keú k'ēng oūa ī tcháng touō chēn.

6. Dans l'ecole, il y a environ 50 élèves.

Suê fâng lì ioù où cheû toūo keú suê chēng.

7. On peut mettre plus de 10 chevaux dans l'ecurie.

Mà p'êng lì t'ôo, nêng keū cheû laê toūo p'ì mà.

8. Pour clouer cette caisse, il s'est servi de plus de 20 clous.

Ouéi tińg tcheé keū siāng tseù, cheù leào eúl cheû touō keú tíng tseù.

9. Il y a plus de 3 ans que je ne l'ai vu.

Ioù sān niên touō leào, ouò mêi ioù kién t'ā. (▲118)

10. Je suis resté à Pékin 3 ans de plus que lui.

Oùo pì t'ā tsaé Peì Kiñg toūo taé leào sān niên.

11. Je vous donne la moitié de cet argent.

Ouò pà tchée yñ tseù, kèi nîn ī pán eûl.

12. Prenez le tiers de ces cigarettes et laissez-moi le reste.

Nì pà tchée iēn tchùan eûl, nâ sān fēn tcheū ī, siá chéng tì keì oùo leôu tchò.

13. Versez-moi un quart de verre de vin.

Pà tchée pèi lì, kèi oùo taó cháng seú fēn tcheū ī tsiòu.

14. J'ai vu, dans le hangar, environ 15 voitures.

Oùo k'án kién tch'eē p'êng lì, ioù cheû laê leàng tch'eē.

15. Le seizième d'une livre est une once.

Ī kīn tì cheû leoú fēn tcheū ī, cheú ī leàng.

16. Accrochez cette dizaine d'images.

Kouá ts'ì tcheé cheû laê tchāng houá eûl laê.

17. Pliez ces quelques vêtements.

Tiê ts'ì tcheé kí kién ī chāng laê.

18. La moitié de ces élèves ne travaille pas.

Tcheé suê chēng mēn, ioù ī pán eûl poū tsóúo houô.

19. Ce professeur enseigne à plus de 20 enfants.

Tchée keū siēn chēng kiáo tchò eúl cheû touō keū haê tseù.

20. Prenez le marteau, et clouez ces 7 ou 8 planches.

Nâ tch'oûi tseù, pà tcheé ts'ī pā k'ouaé pàn tseù, toū tińg cháng pá.

Règles et observations

1. L'approximation se rend de plusieurs façons. Quand les chiffres exprimes sont inférieurs à 10, on énonce simplement les deux chiffres à la suite l'un de l'autre, sans particule_Ph. 1, 20.

2. Pour 10 et au-dessus, mais moins de 20, on peut employer *Kí* 幾, placé après 10. C'est comme si l'on disait : Dix et quelques, Ph. 2.

3. Pour 20 et plus, on pourra ajouter *Toūo* 多, après le nombre énoncé_Ph. 3.

4. Ph. 4. Environ_se rend par : Plus, on pourrait encore le rendre par : *Tchā poū toūo* 差不多_Environ_

ou par : *Tá Kaé* 大概_À peu près.

5. Ph. 7. *Laê* 來, placé après le nom de nombre, rend l'approximation. Son rôle est le même que celui de *Toūo* 多. On peut les employer l'un pour l'autre. Il ne s'emploie pas pour les quantités au-dessous de 10. (▲119)

6. Ph. 9. Plus de 3 ans, est rendu par : *Sān niên toūo* 三年多, tandis que : 3 ans de plus_Ph. 10, est rendu par : *Toūo... sān niên* 多……三年. Il faut veiller à ne pas confondre les deux formes.

7. Moitié_Demi_Ph. 11. est rendu par : *Ī pán eûl* 一半兒. Emploi de l accusatif dans cette phrase.

8. Les fractions se rendent en énonçant d abord le denominateur suivi du mot *Fēn* 分_Partie_puis en énonçant la particule *Tcheū* 之, equivalent de *Tì* 的, suivi du numerateur.

Ainsi : 4/5_On énonce le denominateur suivi de *Fēn* 分, soit : *Où fēn* 五分, on ajoute *Tcheū* 之, puis le numérateur, soit : *Où fēn tcheū seú* 五分之四, dont la traduction est : De 5 parties, 4.

Emploi de l'accusatif dans la phrase 12.

9. Ph. 13. La traduction est : Prenez ce verre, dedans, à moi, versez un quart de vin.

10. Ph. 15. Le 1/16 d une livre est traduit par : D'une livre le 1/16.

11. Ph. 16. *Kouá ts'ì... laê* 掛起……來, verbe séparable, composé de la racine verbale Accrocher et du modificateur double qui indique le sens de l'action, et comprend le complément entre les deux termes.

12. Ph. 17. *Tiê ts'ì... laê* 叠起……來_Même formation que le precedent.

13. Ph. 19. *Tchò* 着_Verbe d'etat et marque du participe present. C'est comme si l'on disait : Ce professeur est apprenant.

(▲120)

34ème Leçon

Exprimant la matière et la provenance

Vocabulaire

Réparer	收拾	Chôo cheû	Marbre	花石	Houā cheû
Peindre	畫	Houá	Soufre	硫磺	Leôu houâng
Broder	繡	Sioú	Salpetre	硝	Siāo
Crépir	抅抹	Kōo moùo	Poudre à fusil	鎗藥	Ts'iāng yáo
Fondre (métal)	鑄	Tchoú	Terre	土	T'où
Graver	刻	K'eú	Sud	南	Nân
Acacia	槐樹	Houâe choú	Nord	北	Peì
Orme	楡樹	Yû choú	Est	東	Toūng
Jade	玉	Yú	Ouest	西	Sī
Cloisonné	珐琅	Fá lâng	Amerique	美國	Meì Kouô
Etain	錫	Sī	Ivoire	象牙	Siáng yâ
Chaux	石灰	Cheû hoūi	Vase	瓶	P'îng
Corail	珊瑚	Chān hoû	Satin	緞子	Touán tseù

Fonderie	鑄廠	Tchoú tch'àng	Soie	綢子	Tch'ôo tseù

Phrases

1. Cette table est en bois d'acacia.

Tcheé tchāng tchoūo tseù cheú houâe moú tì.

2. C'est une chaise en bois d'orme.

Tcheé cheú ī tchāng yû moú ì tseù.

3. Les objets en jade sont faits en Chine et coûtent très cher.

Tchoūng kouô soùo tsoúo tì yú ts'í, toū cheú hèn koúi tì.

4. Les vases cloisonnés sont fabriques à Pekin.

Fá lâng p'îng, toū cheú Peì Kiñg tsoúo tì.

5. Cette théière d'étain vient de Canton.

Tchée keú sī tch'ā hoû, cheú ts'oûng Koùang Toūng laê tì.

6. Il arrivera demain un bateau de chaux de Toung Chan.

Ts'oûng Toñg Chān laê ī tch'ouân cheû hoūi, mîng t'iēn táo.

7. Ces plaques de marbre sont venues des montagnes de l'Ouest.

Tchée kí k'ouáe houā eûl cheū, cheú ts'oûng sī chān laê tì.

8. La poudre à fusil est composée de soufre, de salpêtre, et de charbon.

Ts'iāng yáo cheú ioūng leôu houâng, siāo, heū t'án tsouó tì.

9. C'est un mortier de terre et de chaux.

Tcheé cheú houī t'où nî. (▲121)

10. Ce morceau de ??????① d'Italie.

Tcheé kouaé chān hoû tseù, cheú ts'oûng Í tá lí yá koûo laê tì.

11. Cette marmite en cuivre a été fondue a Pekin.

Tcheé keú t'oûng koūo cheú Peì Kīng② tchoú tì.

12. Sa fille brode la soie et le satin.

T'ā koūi niù sióu houā tch'ôo tseù, houā touań tseù.

13. Cette plaque d'or a été gravée au Japon.

Tchée kouáe kīn tchouān, cheú Jeú pén③ k'eú tì.

14. J'ai acheté en Amerique quelques morceaux d'ivoire gravés.

Oùo ts'oûng Meì koûo maè leào kí k'ouáe tiāo k'eú tì siáng yâ.

15. Pour enduire cette maison, il faut employer un mortier de chaux.

Oueí kōo moùo tcheé tch'oū fâng tseù, kaē tāng ioūng hoūi nî.

16. Au Sud de Pekin il y a de grands jardins de fleurs.

---

① 原书此处模糊，根据句意推测应为 corial vient。

② 副册对应汉字是"京北"。

③ 原书此处声调不清晰，看起来也有阳平的趋势。

Kiṅg tch'êng nân piēn, ioù tá k'ouáe eûl tì houā eûl yuên tseù.

17. C'est un peintre d eventails.

Tā cheú keú houá chán mién eûl tì.

18. Portez réparer cet habit de soie.

Pà tchée kién tch'ôo tseù ī chāng, nâ tch'ú chōo cheû chōo cheû.

19. Il y avait, autrefois, une fonderie de canons de cuivre, a l'est de Pekin.

Ts'oûng ts'iên, tsaé Peì Kīng toūng piēn, ioù tchoú t'oûng p'aó tch'àng.

20. Cette boîte est en bois de peuplier.

Tchée keú siâ tseù cheú yâng moú tì.

Règles et observations

1. De_exprimant la matière, se rend par *Ti* 的, place après le nom, qu'il soit simple ou composé. Dans les noms de matière composes de deux termes, le Chinois place invariablement premier celui que nous plaçons second, et inversement. Par ex_Ph. 1. nous disons : Bois d'Acacia_Le Chinois, au contraire, enonce d'abord l'espèce, qui est : Acacia, puis le terme générique qui est : Bois, et il dit : Acacia Bois_Cette règle est générale et importante.

2. L'emploi de *Ti* 的, rendant : De_1 place après le nom de matière, est obligatoire quand on emploie le verbe Etre. Ph. 1.

Quand la phrase ne comporte pas le verbe Etre, on supprime *Tì* 的 et on place le nom de matiere, formé comme nous l'avons dit, devant le substantif_Ph. 2.

3. Ph. 3. En_n'est pas rendu. L mot *Soùo* 所 veut dire : endroit, (▲122) lieu. Le *Tì* 的 de *Tsoúo tì* 作的, est la marque du participe passé.

4. Ph. 4 L'expression de lieu précéde le verbe, à l'inverse de la phrase française. Nous avons déjà vu cette tournure, qui est générale.

5. De_indiquant la provenance, se rend par *Ts'oûng* 從, place devant le nom de lieu.

6. De_indiquant l'espèce, se rend par position, et est supprimé dans la phrase chinoise. Ainsi, ph. 6.. Un bateau de chaux, est rendu par : *Ī tch'ouân cheû houī* 一船石灰. Règle générale. Ne pas confondre avec : De, indiquant l'espèce particuliere de matière. Ainsi : Bois d'acacia, est rendu par : Acacia bois, parce que l'on indique que l'espèce de bois est de l'acacia, taudis que quand l'on dit : Un bateau de chaux, on ne veut évidemment pas dire que le bateau est en chaux, mais bien qu'il contient de la chaux.

7. Ph. 7. Dans les termes de lieu, le Chinois inverse l'expression française. Ainsi : Montagnes de l'Ouest, sera rendu par : Ouest montagnes, avec suppression de : De, indiqué par position.

8. Ph. 8. Simple énumération_Suppression de : De.

9. Ph. 11. Marmite en cuivre, en raison de la regle enoncee est rendu par : Cuivre marmite, avec élision de : En.

10. Ph. 12. Soie et satin rendent fort bien. Etoffes de soie en général.

11. Ph. 13. Gravée au Japon_se dit : Japon graveé.

12. Ph. 14. En amerique, est rendu par : *Ts'oûng Meì kouô,* 從美國_d Amerique, Tournure rare.

13. Ph. 16. Au sud de Pekin est rendu par : Pekin sud côté. Pour traduire ces expressions : Au Sud, à l'Est, etc. si frequentes, on énonce d abord le nom de lieu, on fait suivre du nom du point cardinal, et on ajoute : *Piēn* 邊_Cote.

Dans cette phrase 16, l'emploi de *Tì* 的, est obligé, parce que le specificatif *Kouaé* 塊, est précédé d'un intensif *Tá* 大, et que l'ensemble forme ainsi un substantif précédant, en le modifiant et en le précisant, le reste de la phrase. On dit : Au Sud de Pekin, il y a de grandes pièces de jardins de fleurs.

14. Ph. 17. Traduction littérale : Il est peintre de la surface_*Mień eûl tì* 面兒的, _d'eventails①_*Chān* 扇.

15. Ph. 18. Le verbe. Réparer, est répété à la fin de la phrase, parce que c'est l'usage. Certains verbes exigent cette répétition. (▲123)

16. Ph. 19. Fonderie de canons de cuivre, est rendu par : Fondre cuivre canons etablissement.

35eme Leçon

Verbes en général

Vocabulaire

Mettre (chapeau)	戴	Taé	Mentir	撒慌	Sā houàng
Oter (-d°-)	摘	Tchaē	Suer	出汗	Tch'oū hán
Visiter	看一看	K'án ì kań	Couper (aiguise)	快	K'ouáe
Visiter	瞧一瞧	Ts'iâo ī ts'iâo	Cadavre	死屍	Seù cheū
Crier	喊叫	Hàn kiaó	Pie	喜鵲	Sì ts'ìào
Injurier	罵	Má	Aigle	鷹	Ing̃
Enterrer	埋	Maê	Sueur	汗	Hań
Aiguiser	磨	Moûo	Caserne	兵房	Ping̃ fâng
Engendrer	生	Chēng	Ciseaux	剪子	Tsièn tseù
Recueillir	收留	Chōo leôu	Bonheur	福	Foû
Couvrir	蓋	Kaé	Mendiant	老花兒	Laò hoūa eûl
Etre assis	坐着	Tsouó tchò	Dragon	龍	Loung̃
Etre à cheval	騎馬	Ts'î mà	Phénix	鳳	Fóng
Etre en voiture	坐車	Tsouó tch'eē	Orphelin	孤苦的	Koū k'où tì
Piquer	扎	Tchā	Hôpital	養病院	Yàng ping̃ yuén
Se rejouir	喜歡	Sì houān	Lit de camp	炕	K'áng
Se venger	報讐	Paó tch'ôo	Terrible	利害	Lí háe
Voter (oiseaux)	飛	Feī	Nuisible		

Phrases

1. Quand vous sortirez, vous mettrez votre chapeau.

① 原书此处写作 eventalls。

Toūo tsān nì tch'oū tch'ú, táe cháng nì tì maó tseù.

2. J'ai très-chaud, je vais ôter mon chapeau.

Ouò jeé tì lí haé, ouò yáo tchaē ouò tì maó tseù.

3. Nous désirons aller visiter la caserne.

Ouò mēn yáo tch'ú k'ań ì k'án piñg fâng.

4. Qui est-ce qui criait ainsi après vous ?

Choûi tsaé nì hoó t'ôo hàn kiaó ?

5. C'est un mendiant, je n'ai rien voulu lui donner, et il m'injuriait.

Cheú keú lào houā tseù, ouò cheû mō ié poū keì t'ā, t'ā má oùo. (▲124)

6. Le mandarin a ordonné d'enterrer le cadavre de l'homme qui a ete tué hier.

Kouān míng pà tsoûo t'iēn peí jên chā tì ná keú seù cheū maê leào.

7. Ces ciseaux ne coupent pas, il faut les aiguiser.

Tcheé pà tsièn tseù poū k'ouáe, kaē tāng moûo moûo.

8. Le dragon engendre le dragon, le phénix engendre le phénix (Proverbe) .

Loūng chēng louñg, Fóng chēng Fońg.

9. Il y a, à Pekin, un hôpital pour recueillir les orphelins malades.

Peì Kiñg ioù ī keú yàng píng yuén, oueí choò leôu ná siē koū k'où tì piñg jên.

10. Le mandarin l'a puni d'une amende de 5 piastres.

Kouān fâ leào t'ā où k'ouáe ts'iên.

11. L'aigle vole plus haut que la pie.

Īng pì sì ts'iào feī tì kāo.

12. Couvrez la marmite, pour que le chat ne vole pas la viande.

Kaé cháng koūo pié kiáo mâo t'oô leào joó tch'ú.

13. J'aime beaucoup a être assis sur le lit de camp.

Ouò hèn sì houān tsaé k'ańg chańg tsoúo tchò.

14. Je suis venu à cheval de Tong Tchoo.

Ouò ts'oûng T'oūng Tchōo ts'î mà laê tì.

15. J'irai en voiture à Pei King.

Ouò tsoúo tch'eē, cháng Peì Kīng tch'ú.

16. Le médecin pique les malades pour les guerir.

T'aé foū tchā tchēn tcheú píng.

17. Je me réjouis que cette famille ait du bonheur.

Ouò sì houān tcheé ī kiā tseù jên ioù foû.

18. Il a tué mon frère aîné, je me vengerai.

T'ā châ leào ouò tì keū keū, ouò yaó paó tch'ôo.

19. Comment pouvez-vous mentir ainsi ?

Tsèn mō nì tcheé mō nêng koó sā houàng ?

20. Buvez ce médicament, il vous fera suer.

Heū tcheé yaó pá, ouéi tì cheú tch'oū hán.

Règles et observations

1. Sans faire de classification, inutile dans un travail élémentaire, on peut dire que les verbes chinois sont simples ou composés.

Les composés comprennent un terme verbal et un autre mot, verbe ou autre.

2. Ph. 1 et 2_Il y a des expressions speciales pour : Mettre et ôter le chapeau_On ne peut employer les verbes : s'habiller, se déshabiller. (▲125)

3. Ph. 2. Très-chaud_est rendu par : *Jee tì lí háe* 熱的利害, tournure emphatique.

4. Ph. 4. Après vous, est rendu par : Etant derrière vous.

5. Ph. 5. Rien, est rendu par : Quoi ?

6. Ph. 6. Belle phrase chinoise très élégante et très-coulante. Elle dit : Le mandarin a ordonné de prendre le cadavre de l'homme qui a souffert d'être tué, et de l'enterrer.

Pour rendre ces phrases relatives, amenées par : Qui, le Chinois énonce l'action accomplie, puis le resultat, et joint les deux membres de phrase par *Tì* 的. C'est exactement l'inverse de la phrase française, comme construction.

7. Ph. 7. Le verbe final est répété, pour ne pas finir la phrase sur un verbe simple_Regle générale.

8. Ph. 8. Proverbe chinois equivalent au nôtre : Tel père, tel fils.

9. Ph. 10. Punir d'une amende de 5 piastres, se dit simplement. Punir 5 piastres.

10. Ph. 11. Emploi du comparatif *Pì* 比.

11. Ph. 12. *T'oô... tch'ú* 偷……去, indique que le vol aurait pour effet d'eloigner la chose volée.

12. Même phrase *Piê kiáo* 別教_Ne pas laisser, ne pas permettre.

13. Ph. 13_Etre assis_L'état de celui qui est assis est rendu par *Tchò* 着.

14. Ph. 16. Inutile de traduire le mot : Malades, dans la phrase chinoise, le verbe *Tchā Tchēn* 札針 signifiant par lui-même. Pratiquer l'acuponcture, c'est-à-dire soigner les malades en les piquant.

15. Ph. 19. La traduction est : Comment vous, de cette manière pouvez-vous mentir ?

16. Ph. 20. *Ouéi tì cheú* 爲的是 signifie : C'est pour.

(▲126)

36eme Leçon

Différents emplois de Tì 的

Vocabulaire

Accuser	告	Káo	Hache	斧子	Foù tseù
Se baigner	洗澡	Sì tsào	Tailleur	裁縫	Ts'aê fông
Juger	審	Chèn	Tiroir	抽屜	Tch'oō t'í
Couper (en frappant)	砍	K'àn	Armoire	櫃	Koúi
Couper (avce ciseaux)	鉸	Kiào	Lettre	先生	Siēn chēng

Expliquer	講	Kiàng	Nécessaire	要緊的	Yáo kìn tì
Avaler	嚥下去	Ién siá tch'ú	Tout de suite	立刻	Lí k'eú
Se noyer	淹	Iēn	Honnête	老實	Laò cheû
Etre triste	悶得慌	Mén teū hoûang	Gravement	重	Tchoúng
Avoir faim	餓	Oúo	Soupe	湯	T'āng
Avoir soif	渴	K'eù	Clairement	明明的	Mîng mîng tì
Accusé	被告	Peí káo	Sens	意思	Í seū
Plaignant	原告	Yuên káo	Sottement	糊俚糊塗	Hoû lì hoû t'oû
Cloche	鐘	Tchoūng	Imiter	跟	Kēn

Phrases

1. La cloche de cette pagode pèse 2000 Kilogs.

Tchée tsoúo miáo lì tì tchoūng tchoúng eúl ts'iēn kīn.

2. Il m'a volé mon cheval, je l'ai accusé au mandarin.

T'ā t'ōo leào oùo tì mà tch'ú, ouò tsaé sién lì kaó leào t'ā.

3. Ta manière de parler est mauvaise.

Nì chouō houá tì yâng tseù poū haò.

4. Cette hache est en acier, vous pouvez vous en servir, et couper cet arbre.

Tcheé pà foù tseù cheú kang tì, nì k'eù ì ioūng t'ā, k'àn tcheé k'eū choú.

5. Pour faire ce pantalon, le tailleur a coupé une pièce de soie très-belle.

Ouéi tsoúo tcheé t'iâo k'oú tseù, tsâe fông kiào leào ī k'ouáe hèn hào tì tch'ôo tseù.

6. Les tiroirs de cette armoire sont très étroits.

Tchée keú koúi tseù tì tch'oō t'í, toū cheú tchàe tì.

7. Les caractères écrits par les lettres de maintenant, ne sont pas les mêmes que les anciens.

Joû kīn tì siēn chēng siè tseú poū kēn koù cheû hoó tì tseú ī yâng.

8. Manger et boire, ce sont deux choses très nécessaires.

Tsioú cheú tch'eū, heū, cheú leàng kién yáo kìn tì cheú ts'îng.

9. Les plaignants et les accusés sont tous honnêtes.

Yuên kaó eûl, peí kaó eûl, toū cheú lào cheû tì jên. (▲127)

10. Son père est gravement malade.

T'ā foú ts'īn píng tì li haé.

11. Les enfants qui se sont baignes dans la riviere, se sont tous noyés.

Tsaé heu① lì sì tsào tì haê tseù mēn, toū iēn seù leào.

12. J'ai marché 3 heures, j'ai très-soif et très faim.

Ouò tsòo leào sān siá eûl tchoūng tì taó eûl, oùo ióu k'eù, ioú óuo tì lí haé.

13. Ma mère est morte, je suis très triste.

① 原书此处模糊，难以确认声调。

Ouò moù ts'īn seù leào ouò hèn mén tì houâng.

14. Cette soupe n'est pas chaude, on peut l avaler.

Tchée t'āng poū jée_K'eù ì ién tì siá tch'ú.

15. Va deliberer avec lui.

Nì tch'ú t'oūng t'ā chāng leáng chāng leáng tch'ú_ (Ti) .

16. Il m a clairement expliqué le sens de cette phrase.

T'ā mîng mîng tì keì oùo kiàng leào tcheé kiú houá tì í seū.

17. Vous avez sottement parlé, et il a entendu vos paroles.

Nì hoû lì hoû t'oū tì chouō, t'ā ié t'īng kién nī tì houá leào.

18. Les tiroirs de la table que vous avez achetée ne peuvent s'ouvrir.

Nì màe tì tcheé keú tchoūo tseù tì tch'ōo tí, toū cheú k'aē poū k'aē tì.

19. Il est encore de bonne heure, je vais attendre un instant, puis je me leverai.

T'iēn houân tsào tcheû tì nì, ouò taé hoúi eûl, tsaé ts'ì.

20. Je voulais acheter de la viande, du vin et des fruits, on n'en vendait pas.

Ouò yáo tà tièn eûl tsioù, màe tièn eûl joó, ouā kouô tseù tì, toū mêi ioù maé tì.

Règles et observations

La particule *Tì* 的 a de tels usages en Chinois qu'il a paru nécessaire de les grouper au un leçon que fera voir la variété de ses emplois.

1. *Tì* 的 indique la possession pour les substantifs. Il est la marque du genitif. La phrase française est toujours inversee. Ph. 1. et 1ere partie de la phrase 6.

2. Il joue le même rôle pour les pronoms. Ph. 2.

3. Il remplit le même office pour l'infinitif_Ph. 3_Inversèe.

4. Il indique la matière et est placé après le nom de matière quand il y a emploi du verbe Etre Ph. 4.

5. Il forme des adjectifs placés devant le substantif_Ph. 5.

6. Il forme des adjectifs placés après le substantif, quand il y a emploi du verbe Etre_Ph. 6_fin de la phrase.

7. Joint à des mots n etant pas par eux-mêmes adjectifs, il les transforme en adjectifs placés immédiatement devant le substantif_ (▲128) Ph. 7, 8, 9.

8. Il modifie le verbe dans le sens indique par la fin de la phrase. Ph. 10.

9. Il remplace les pronoms relatifs : Qui, que, mais alors la phrase française, comme nous le savons, est l'inverse, comme construction, de la phrase chinoise. Ph. 11.

10. Il forme des verbes exprimant les passions. Dans cette formation, le premier verbe exprime le genre de souffrance, on lui ajoute *Tì* 的, et l on termine par le mot *Houâng* 慌. Souffrir_Ainsi. Ph. 13 : Mén tì *houâng* 悶的慌_Souffrance de tristesse_Etre triste. Quelquefois le *Tì* 的, est écrit et prononcé *Teû* 得.

Il remplit le même rôle avec *Lí háe* 利害. Ainsi, ph. 12 : *Oúo tì lí haé* 餓的利害_exprime la souffrance d'avoir faim.

11. Il indique la possibilite_Ph. 14. Nous l'avons déjà vu dans ce rôle. Dans cette phrase 14, nous voyons le verbe composé : *Ién siá tch'ú* 嚥下去_Avaler_L auxiliaire indique une action d'eloignement et de descente, ce qui se produit en avalant.

12. Il remplace, dans certaines regions le *Tch'ú* 去, final, quand celui-ci, précédant un infinitif, peut être renouvelé. Ainsi, ph. 15, en pourra parfois remplacer *Tch'ú* 去, par *Tì* 的. Cette forme n'est pas employée à Pekin.

13. Il forme, joint à certains mots, des adverbes comme il a forme des adjectifs. Ph. 16. _Commencement de la phrase_Le 2eme *Tì* 的 s applique à la possession.

14. Même emploi, ph. 17, où il forme un curieux adverbe : Sottement. *Hoû lì hoû t'oû tì* 糊俚糊塗的.

15. Ph. 18. Le premier *Tì* 的 est la marque du relatif, le deuxieme indique la possession, le troisième aide a indiquer l impossibilite, formée ici de façon originale.

16. Ph. 19. Il renforce le sens_On pourrait ne pas l'énoncer, mais la phrase serait moins complète.

17. Il se place parfois à la fin des énumérations. Ph. 20. À remarquer que, dans cette phrase, l'on emploie des termes particuliers pour dire Acheter, suivant la denrée dont il s'agit.

(▲129)

37eme Leçon

Rapports adverbiaux et prépositifs

Vocabulaire

Fumer (tabac)	吃烟	Tch'eū iēn	Sans	沒有	Mêi ioù
Rencontrer	遇見	Yú kién	Excepté	除了	Tch'oû leào
Aider	相帮	Siāng pāng	Malgré	雖然	Souī jân
Prier	求	Ts'ioú	Outre	餘外	Yû ouaé
Inviter	請	Ts'iǹg	Dès	多昝	Touō tsān
Changer	換	Houán	Depuis	從	Ts'oûng
S'occuper de	管	Kouàn	Suivant	按着	Ngań tchô
Respecter	尊敬	Tsouēn kíng	Durant	的工夫	Tì koūng foū
Branche	枝子	Tcheū tseù	Moyennant	只要	Tcheù yáo
Racine	根子	Kēn tseù	Selon	按着	Ngań tchô
Boue	泥	Nî	D'après	按着	Ngań tchô
Poussière	土。塵土	T'où_Tch'ên t'où	Jusqu'à	到	Táo
Facile	容易	Ioûng í	S'appuyer	靠着	K'aó tchô
Commode	方便	Fañg pién	Près de	跟前	Kēn ts'iên
Difficile	難	Nân	À travers	隔着	Keû tchô
Fumée	烟	Yēn	Vers	赶	Kàn
Rideau	帳子	Tcháng tseù	Touchant	論	Louên
Allonger	伸	Chēn	Faire allusion à	提一提	T'î ī t'î

Déterrer 刨 P'aô

Phrases

1. Il ne peut y avoir de fumée sans feu.

Jée cheú mêi ioù houò, ié poū nêng ioù iēn.

2. Je les ai tous invités, excepté lui.

Tch'oû leào t'ā, ouò toū ts'ìng leào.

3. Malgré qu'il soit vieux, il marche encore bien.

T'â soūi jân lào leào, t'ā houân hén k'eù ì tsòo taó eûl.

4. Il faut être respectueux envers ses parents.

Kaē tāng tsouēn kíng foú moù.

5. En outre de la poussière, il y a aussi de la boue sur le chemin.

Táo eûl cháng, t'où hèn toūo, yû ouáe houân ioù nî.

6. Dès que je le rencontrerai, je ferai allusion à vous.

Touō tsān ouò tsaé yú kién t'ā, ouò t'oûng t'ā t'î ī t'î nîn.

7. Depuis qu'il y a le chemin de fer, il est facile d'aller à Pekin.

Ts'oûng ioù leào t'iè loú, cháng Peì Kīng hèn ioûng í. (▲130)

8. Suivant ce qu'il m'aidera, je le récompenserai.

Ouò ngán tchô t'ā siāng pāng ouò tì, toūo chào chàng t'ā.

9. Durant 6 mois de l'année, il est difficile de traverser la rivière.

Ī niên ioù leoú keú yué tì koūng foū, koúo heū hèn nân.

10. Moyennant de l'argent, on peut tout acheter.

Tcheù yaó ioù ts'iên, cheū mō ié nêng koó maè.

11. Selon ce qu'il me demandera, je lui répondrai.

Ouò, ngán tchô t'ā ouén tì, tā īng t'ā.

12. Je le paierai d'après son travail.

Ouò ngán tchô t'ā tsoúo tì hoūo, keì ts'iên.

13. Au lieu de fumer, vous feriez mieux d'étudier.

Nì hào hào tì nién choū pì nì tch'eū iēn k'iâng toūo leào.

14. Pour déterrer un arbre, il faut creuser la terre jusqu'à la racine.

P'aô choú, kaē tāng pà t'oû, tcheū ouā táo choú kēn tseù tì siá.

15. C'est très-commode de s'appuyer contre ce mur.

K'aó tchô ts'iāng hèn fang pién.

16. Les branches de l'arbre s'allongent jusque près de la fenêtre.

Choú tcheū tseù chēn táo leào tch'ouāng hoú kēn ts'iên.

17. Je regardais à travers le rideau, et je l'ai vu prendre l'argent.

Ouò keū tchô tcháng tseù, k'án kién t'ā t'ôo yn̄ tseù leào.

18. Vers le soir, quand j'ai froid, je change de vêtements.

Kàn ouàn chańg, touō tsān ouò lèng leào, ouò tsioú houán chańg ī chāng.

19. Je l'ai prié avec beaucoup de paroles, il ne m'a pas écoute.

Ouò tsioú leào t'ā pán t'iēn, t'ā ié mêi ioù t'īng ouò.

20. Touchant cette affaire, je ne veux m'occuper de rien.

Louên tcheé kién cheú ts'îng, oùo cheú ī tièn eûl poū kouān.

Règles et observations

Nous avons déjà vu, dans le cours des Leçons, un certain nombre d'adverbes et de prépositions. Il a paru bon de réunir, dans ces trois leçons, des rapports adverbiaux et prépositifs, rapports fréquents en français, et dont la traduction chinoise est souvent delicate et difficile.

1. Sans_Ph. 1. _est rendu par : Il n'y a pas. La phrase chinoise est construite à l'inverse de la phrase française, car elle suit l'ordre logique : Elle énonce d'abord la proposition : S'il n'y a pas de feu, puis la conclusion : Il ne peut y avoir de fumée.

2. Excepté_Ph. 2. est rendu par : *Tch'oû leào* 除了. (▲131)

3. Malgré quoique_Ph. 3. est rendu par : *Souī jân* 雖然.

4. Envers_Ph. 4. ne se rend pas le plus souvent. Le Chinois transforme la phrase et dit : Il faut respecter ses parents.

5. En outre_Ph. 5_est rendu par *Yû ouaé* 餘外, placé devant le 2eme membre de la phrase.

6. Des que_Ph. 6_est rendu par : Quand.

7. Depuis. Ph. 7. est rendu par : *Ts'oûng* 從.

8. Suivant. Ph. 8. est rendu par *Ngán tchô* 按着. La phrase dit suivant ce qu'il m'aidera combien je le récompenserai.

9. Durant_Ph. 9. est rendu par *Tì Koung foū* 的工夫, placé après l'expression de temps. On pourrait dire autrement.

10. Moyennant. Ph. 10. est rendu par *Tcheù yáo* 只要. Le 2eme terme *Yáo* 要, a ici le sens de : Si.. ??? souvent employé dans ce sens.

11. Selon. Ph. 11. est rendu comme : Suivant. L expression *Ouén tì* 問的, veut dire : façon de demander.

12. D'après_Ph. 12_est rendu comme : Suivant_Inversion de la phrase française.

13. Au lieu de_Ph. 13, est rendu par la comparaison. La phrase dit : Une bonne etude de toi, comparé a fumer, c est bien meilleur.

14. Jusqu'à_Ph. 14. est rendu par *Táo* 到 Emploi de l'accusatif dans cette phrase_*Tì siá* 底下 veut dire : Sous.

15. Contre joint au verbe s appuyer_Ph. 15_et formant l'expression : S'appuyer contre_est rendu par : *K'áo tchô* 靠着.

16. Près de_Ph. 16_est rendu par : *Kēn ts'iên* 跟前.

17. À travers. Ph. 17. est rendu par : *Keū tchô* 隔着. Cette expression s emploie toujours quand on veut exprimer que l'on est separe par quelque chose (fenêtre, vitre, papier, rideau, etc...) .

18. Vers_Ph. 18_est rendu par : Quand. Dans la phrase est placée la conjonction de liaison *Tsioú* 就.

19. Avec_Ph 19. n est par rendu. Le Chinois transforme legerement la phrase et au lieu de dire : Prie avec beaucoup de paroles, il dit : Prie une demi-journee. Cette expression : *Pán t'iēn* 半天, est souvent employée dans ce sens.

20. Touchant_Ph. 20_est rendu par *Louên* 論. La phrase dit : Touchant cette affaire, même un peu, je ne m'en occuperai pas.

(▲132)

38ème Leçon

Rapports et locutions_Suite

Vocabulaire

Commencer	起首	Ts'ì choò	Origine	根由	Kēn ioû
Finir	完	Ouân	Début	起首	Ts'ì choò
Vivre	活	Hoûo	1ere fois	頭一次	T'oô ī ts'eú
Frapper à la porte	叫門	Kiáo mên	Fin	末末了	Mouó mouó leào
Geler	凍	Toung	Sans cesse	常常的	Tch'âng tch'âng tì
Porter sur le dos	背着	Peí tchô	Chacun son tour	倒替班的	Tào t'í pān tì
Sentir	覺	Kiáo	Tout à coup	忽然	Hoū jân
Cheveux	頭髮	T'oô fà	Soudain	忽然	Hoū jân
Empereur	皇上	Houâng cháng	Sur le champ	忽然	Hoū jân
Marchandises	貨	Hoúo	Bientôt	快	K'ouaé
Patron	掌櫃的	Tchàng koúi tì	Tout juste	可巧	K'eù ts'iào
Apprenti	徒弟	T'oû tí	Au moment de	剛	Kāng
Coutumes	風俗	Fong soû	Entier	全	Tch'uân
Peu à peu	一點兒	Ī tièn eûl	Complet	彀	Koó
	一點兒的	ī tièn eûl tì	Au total	一共	Ī Koúng
En somme	到底	Taó tì	Richesses	富足	Foú tsoû

Phrases

1. Quel a été le début de sa fortune ?

T'ā cheú tsèn mō yâng ts'ì choò eûl fâ tì ts'aê ?

2. Au commencement il vendait des chevaux, après, peu à peu, il est devenu riche.

T'ā ts'ì choò eûl yn maé leào kí p'ì mà, hoó laê, tsioú, ī tièn eûl ī tièn eûl tì foú tsoû leào.

3. J'ai commencé à être malheureux, après la mort de mon père.

Ouò ts'ì choò eûl peí houó, cheú ts'oûng ouò foú ts'in seù tì cheū hoó.

4. L'origine de cette coutume est inconnue.

Tcheé keú fong soû tì ken ioû, jên poū tcheū taó.

5. L'apprenti ne peut pas commencer par être patron.

T'oû tì poū nêng ts'ì choò eûl, tsióu tāng tchàng koúi tì.

6. C'est ce qui me reste de la fin de mes marchandises, J'ai vendu les autres.

Tcheé cheú ouò moúo mouó leào eûl chéng sía tì tièn eûl houó, pie tì toū maé leào.

7. La première fois qu'il a frappé à la porte, je n'ai pas entendu.

T'ā t'oô ī ts'eú kiáo mên, ouò mêi ioù t'iṅg kién.

8. À la fin de la journée, nous avions fini ce travail.

Kàn heī, ouò mēn tsioú ouân leào tchée keú hoûo. (▲133)

9. Le patron frappe sans cesse son apprenti.

Tchàng koúi tì tch'âng tch'âng tì tà t'ā tì t'oū tì.

10. Nous porterons ce sac de grains, chacun à notre tour.

Ouò mēn tào t'í pān tì, péi tchô tchée t'iâo k'oò taé.

11. Tout à coup, la rivière a été gelée.

Heû hoū jân, tsioú toúng leào.

12. Je ne pensais pas à lui, soudain je l'ai rencontré.

Ouò mêi ioù siâng taó, hoū jân yú kién t'ā leào.

13. On lui coupa les cheveux sur le champ.

Hoū jân, jên keì t'ā kiào leào t'oô fà.

14. Bientôt, j'aurai fini de lire ce livre.

Ouò k'ouáe niên ouân tcheé pên choū leào.

15. Tout juste comme j'allais vous voir, vous êtes arrivé.

Ouò tchéng yaó tch'ú kién nì tch'ú, k'eù ts'iào nì laê taó leaò.

16. Au moment de sortir, je me suis aperçu qu'il faisait très froid.

Oùo kāng ī tch'oū mên eûl, ouò tsióu kiáo tchô hèn leṅg.

17. Ces hommes sont entierement de cœur avec, et dépensent leurs forces pour l'Empereur.

Tchée siē keú jên, toū kaē tch'uân sīn tsín lí tí fóng cheú houâng cháng.

18. Il y a là 50 piastres. Voyez si c'est complet.

Tcheé cheú où cheû k'ouaé ts'iên, nì k'án ì k'án koó poū kóo.

19. Au total, combien d'hommes ?

Ī koūng, ioù toūo chào jên ?

20. Vous parlez beaucoup, en somme, qu'est-ce que vous voulez ?

Nì choūo leào tchée mō siē keú houá, táo tì nì yáo cheû mó ?

Règles et observations

1. Ph. 1. Début_est rendu par : Commencer.

2. Ph. 2. La phrase dit : Il a commencé parce qu'il à rendu des chevaux, après, alors, peu à peu, il a eu des richesses.

3. Ph. 3. Forme passive rendue par : *Peí* 被_Souffrir.

4. Ph. 4. Le Chinois dit. De cette coutume l'origine, les hommes ne la connaissent pas.

5. Ph. 6. Fini_est rendu par : *Moúo moúo leào* 末末了，qui signifie aussi : Fin_Dernier terme_Aboutis sement_Terminaison_etc.

6. Ph. 7. 1ere fois est rendu par : *T'oô ī ts'eú* 頭一次，de préférence à *Tí ī ts'eú* 第一次.

7. Ph. 8. Fin de la journée_est dit : Quand arrivera la nuit. Il y a d'autres formes. (▲134)

8. Porter sur le dos. Ph. 10_est rendu par : *Peí tchô* 背着. Il y a, pour chaque façon de porter, un mot spécial.

9. La ph. 11 pourrait se dire : *Hoū jân, heû toúng leào* 忽然河湅了.

10. Soudain, sur le champ, tout à coup, à l'improviste, subitement, etc_se rendent par : *Hoū jân* 忽然.

11. Ph. 14_Fini de lire, est dit : Lire fini. Le verbe finir étant employé ici comme modificateur, se place après le verbe qu'il modifie.

12. Ph. 15. Tout juste, est rendu par : *Tchéng* 正，avec adjonction devant le deuxième membre de phrase de *K'eù ts'iào*，可巧，par bonheur.

13. Au moment de, sur le point de, je viens de, se rendent par : *Kāng* 剛, *Kāng ts'aê* 剛纔.

14. Ph. 17. Longue phrase, un peu pédante, à termes littéraires, qui en somme, veut tout simplement dire : Ils sont entièrement dévoués à l'Empereur.

15. Ph. 18_Complet, dans les expressions de comptes, peut se rendre par : *Koō* 彀_Assez_suffisant.

16. Ph. 20. En somme, n'est pas rendu, vu plutôt est remplacé par : Mais. La phrase dit : Vous avez dit de cette manière ces quelques paroles, mais que voulez-vous ?

39eme Leçon

Rapports et Locutions (suite)

Vocabulaire

Remplir	滿	Màn	Seulement	但	Tán
Gueri	好了	Hào lèao	Uniquement pour	特	T'eú
Atteler	套	T'aó	Déjà	已經	Ì kīng
Prevenir	告訴	Kaó soú	Avoir raison	有理	Ioù lì
Seau	桶	T'oùng	Cela va	正合式	Tchéng heû cheú
Defaut	毛病	Maô píng	Peut-être	恐怕	K'oung p'á
Troupe	夥子	Hoùo tseù	Peut-être	大概	Tá káe
Bande	班	Pān	Pas certain	不一定	Poū ī tíng
Voisin	街坊	Kiē fāng	Probablement	大概	Tá kaé
Cage	籠子	Loûng tseù	Ou bien	或	Houó_Houé
Moineau	家雀兒	Kiā ts'iào eûl	Il est possible que	大半	Tá pán
(▲135)					
Comédiens	戲子	Sí tseù	Il faut absolument	總得	Tsoùng teû
À votre guise	隨便	Soûi pień			

Uniquement	單單的	Tān tān tì	Exprès	特	T'eú
Assurément	一定	Ī tińg	Pas exprès	不是故意的	Poū cheú koú í tì

Phrases

1. Remplissez seulement un de ces seaux.

Pà tchée sīe choùi t'oùng tchouāng màn leào ī keú.

2. C'est uniquement pour vous voir que je suis venu.

Ouò cheú t'eú laê ouáng k'án ouańg k'ań nîn.

3. Je l'ai déjà prévenu qu'il ni avait trompé.

Ouò ì kiñg kaó soú t'ā t'ā tchouán ouò leào.

4. Vous ne parlez pas à vos voisins, vous avez raison.

Nîn poū t'ôung nîn tì kiē fāng chouō houá, cheú nîn ioù lì.

5. Ce cheval attelé à cette voiture, cela va.

Tcheé p'ì mà t'aó tchée leáng tch'eē, tcheńg heū cheú.

6. Il ne pourra peut-être pas guérir.

T'ā k'oùng p'á, poū nêng koó haò leaò.

7. J'irai peut-être demain à Pao Ting Fou.

Tá kaé, ouò mîng t'iēn tch'ú Paò Tīng Foù.

8. Fermez la porte de la cage, de peur que les moineaux ne s'envolent.

Kouān cháng loûng tseù mên eûl, píe kiáo kiā ts'iào eûl feī leào p'ào leào.

9. Il n'est pas certain que vos parents viendront demain.

Nì tì foú moù, mîng t'iēn poū ī tińg laê poū laê.

10. Cette troupe d'hommes arrive probablement de Pekin.

Tchée ī houò tseù jên, tá kaé cheú ts'oûng Peì Kīng taó tì.

11. Il a un défaut, ou bien il est malade.

T'ā poū cheú ioù mâo píng, tsióu cheú ioù pińg.

12. Il est possible que cette bande de comédiens passe par le village.

Tá pán, cheú ī pān sí tseù ts'oûng ná ts'ouēn lì kouó tch'ú.

13. Assurément, quand je pourrai, j'irai en France.

Touō tsān ouò nêng kóo, ouò, ī tińg yaó cháng Fà kouô tch'ú.

14. Pour faire du pain, il faut absolument avoir de la farine.

Ouêi tsoúo mân t'oô, tsoùng teū ioù mién.

15. J'ai acheté ce vin exprès, parce que je sais que vous l'aimez.

Ouò t'eú í màe tì tchée keú tsioù, yñ ouéi ouò tcheū taó nîn ngaê heū tcheé keú.

16. Ce n'est pas exprès que je ne lui ai pas fait de politesses.

Ouó poū cheú koú í tì poū lì t'ā. (▲136)

17. Vous avez traité cette affaire contre mon gré.

Nì tsoúo tì tchée kién cheú ts'îng, poū cheú ouò tì í seū.

18. Buvez ou ne buvez pas, à votre guise.

Nîn heū poū heū, soûi pién.

19. Il fait uniquement le commerce de mulets.

T'ā tān tān tì máe louô tseù.

Règles et observations

1. Ph. 1. Emploi de l'accusatif_Seulement n'est rendu que par le contexte qui dit : Prenez ces seaux, remplissez un.

2. Ph. 2. Uniquement, dans le sens de : Exprès, pour la chose de, est rendu par *T'eú* 特.

3. Ph. 3. Déjà_est rendu par : *Ì kīng* 已經, placé devant le verbe, et après le pronom personnel.

4. Ph. 4. À remarquer la place de la négation *Poū* 不, qui n'est pas devant le verbe. C'est que le Chinois dit : Avec ses voisins causer et pour le négatif : Pas avec ses voisins causer. C'est la tournure admise.

5. Cela convient, cela va, c'est juste comme il faut, sont rendus par : *Tchéng heû cheú* 正合式, ou bien par : *Sîng leào* 行了.

6. Peut-être, quand il signifie : Il est à craindre que_Ph. 6, est rendu par : *K'oùng p'á* 恐怕. Quand il exprime la probabilité ou le desir, on peut employer_Ph. 7_*Tá kaé* 大概, qui signifie : Probablement, il est possible, supposons_etc.

7. Ph. 8. De peur que, n'est pas rendu directement ; on emploie une periphrase en disant : Fermez la porte de la cage, pour ne pas laisser les moineaux se sauver en s'envolant.

8. Ph. 9. Forme interrogative_Vos parents, demain, ce n'est pas certain, viendront-ils ?

9. Ph. 10. Une troupe, quand on désigne une réunion assez nombreux d'hommes ou d'animaux, se dit : *Ī kiûn* 一群, ou *Ī houò tseù* 一夥子. Quand on veut parler d'un petit nombre d'individus, allant habituellement ensemble, on dit : *Ī pān* 一班_Ph. 12.

10. Ou bien_se rend par *Houó* 或, ou encore, ph. 11, par la forme dubitative de la phrase, qui dit : Si ce n'est pas qu'il a un défaut, alors il est malade.

11. Ph. 12. Il est possible que_est rendu par : *Tá pán* 大半, Grande moitié_Expression qui indique la probabilité. (▲137)

12. Ph. 13_Assurément, se rend comme : C'est certain.

13. Ph. 15. Exprès_se rend parfois par *T'eú í* 特意. Dans cette phrase, le *Tì* 的, de *Maè tì* 買的, est la marque du passé.

14. Ph. 16. Pas exprès, est rendu par : *Poū cheú koú í tì* 不是故意的. Ce n'est pas à cause de ma volonté.

15. Ph. 17. Contre mon gré_peut se rendre par : *Poū cheú ouò tì í seū* 不是我的意思_Ce n'est pas mon avis.

16. Ph. 19. Uniquement_dans le sens de : Seulement, se rend par : *Tān tān tì* 單單的.

Nota. Il faut remarquer que les façons qui sont données de rendre toutes ces formules ne sont pas absolues, et qu'il est, presque toujours possible de tourner la phrase autrement.

En effet, ces phrases se prêtent essentiellement à la périphrase, et là, le Chinois excelle. Quand il le peut, il évite de se prononcer catégoriquement, et alors il donne à la phrase des tours spéciaux, forcément très-nombreux, qu'on ne peut analyser tous.

Les indications precédentes sont de simples jalons, permettant de se guider dans une route assez obscure.

40eme Leçon

À_Conjonctions_Locutions diverses

Vocabulaire

Porter (p. offrir)	送	Soúng	Aussi	也	Ié
Tomber	摔	Chouàe	Et	也。合	Ié_Heū
Casser	懷	Houâe	Sinon	不然	Poū jân
Ignorer	不知道	Poū tcheū taó	Quant à	至於	Tcheú yū
Mouiller	淋濕	Lîn cheū	Pour	當	Táng
Pousser (feuilles)	發芽	Fâ yâ	Pour	給	Keì
Tresser	織	Tcheū	Car	因爲	Iñ ouéi
Cadeaux	禮物	Lì oú	Afin que	爲的	Oueí tì
Salle à manger	飯廳	Fán t'ing	Puisque	因爲	Iñ ouéi
Feuilles	葉子	Ié tseù	À cause de	因爲	Iñ ouéi
Natte	蓆	Sî	Et... et...	又……又……	Ioú... ioú
Grains	糧食	Leâng chêu	Oie domestique	鵝	Ngêu
Caractère	脾氣	P'î ts'ì	Oie sauvage	大雁	Tá ién

(▲138)

Phrases

1. Portez ces cadeaux à mon ami.

Pà tchée fēn lì oú, keì oùo p'êng ioù soúng tch'ú.

2. J'ai cassé ce vase en le faisant tomber, mais ça ne fait rien, il était a moi.

Ouò chouàe houâe leào tcheé keú p'îng tseù, táo tì poū yaó kiñ, cheú ouò tseù kí tì. ①

3. Ce n est pas une chose à ignorer, il faut la connaître.

Tcheé cheú poū k'eù poū tcheū taó tì cheú ts'îng, kaē tāng tcheū taó.

4. Je vous prie d'entier dans la salle à manger.

Nîn ts'iṅg táo fán t'iṅg lì tch'ú.

5. Au printemps, les feuilles commencent à pousser.

Tch'ouēn t'iēn tì cheū hoó, choú ié tseù, toū fā yâ eūl.

6. Le village où l'on tresse des nattes est à deux lis d'ici.

Tcheū sî tì ná ts'ouēn tseù, lì tcheé lì ioù eúl lī tí.

7. Les fruits se vendent à la pièce, et les grains au boisseau.

---

① 副册中 1 和 2 的顺序与此处相反。

Maé koùo tseù cheú louên keū eûl, leâng cheû louên tòo.

8. Vous avez été mouillé, moi aussi.

Nîn lîn cheū leào, ouò ié lîn cheū leào.

9. Les poulets que vous avez achetés sont maigres et chers.

Nì maè tì ná kí tcheū kī①, ioú choó, ioú koúi.

10. Est-ce une oie domestique ou une oie sauvage ?

Tcheé cheú ī tcheū ngêu, yâ cheú tcheū tá ién nā ?

11. Faites ce que je dis, sinon je me fâche.

Ouò káo soú nì tsèn mō tsouó, nì tsióu tsèn mō tsouó, poū jân, ouò poū sì houān.

12. Pourvu que j'ai de quoi manger, cela suffit.

Poū tchū cheû mō, tcheú yáo ouò tch'eū leào, tsioú sîng leào.

13. Quant à votre affaire, je la traiterai demain.

Tcheú yū nîn tì cheú ts'îng, ouò mîng t'iēn, tsaé pán.

14. Il est vraiment sot, il prend un mulet pour un cheval.

T'ā tchen̂ cheú hoû t'oû, nà tchò ī p'ì louô tseù tang̃ mà.

15. Je vous prie d'acheter pour moi un beau vase.

Ouò ts'ioú nîn keì ouò màe ī keú hào p'îng tseù.

16. Il a bien fait de partir, car j'allais l'injurier.

T'ā tsoò tì hèn hào, tsaé poū jân, ouò tsioú yaó má t'ā leào.

17. Fermez bien la porte, afin que personne ne puisse entrer.

Pà mên kouān tì haò hào eûl tì, ouéi tì cheú kiáo choûi, ié tsín poū laê.

18. Puisque vous êtes si fort, levez donc cette grosse pierre.

Nì yn̄ ouéi② tcheé mō tsín t'oô eûl tá, pà tchée k'ouáe tá cheû t'oô, nâ ts'ì laê. (▲139)

19. C'est à cause de son mauvais caractère que je ne l'aime pas.

Yn̄ ouéi t'ā p'î ts'ì poū haò, souò ì ouò poū ngaê t'ā.

20. J'ai seulement lu un seul de ces livres.

Tcheé siē choū, ouò tsióu cheú nién kouó ī pên eûl.

Règles et observations

1. À, dans les expressions signifiant : À l'avantage ou au désavantage de, se rend par : *Keì* 給_Ph. 1.

2. À_formant les pronoms possessifs, et en général marquant la possession, est rendu par *Tì* 的, après le nom ou le pronom. Ph. 2.

3. À, devant les infinitifs, ne se rend habituellement pas. Ph. 3. Cette phrase renferme deux négations, ce qui, comme en Français, équivaut à une affirmation. _C'est une affaire qu'il ne faut pas ne pas connaître.

---

① 副册对应汉字无"鸡"。

② 副册中没有"因爲"。

4. À, joignant les 2 termes d'une expression composée, ne se rend pas, Ph. 4.

5. À, au, indiquant l'époque, ne se rendent pas_Ph. 5.

6. À, de la distance, se rend par *Lí* 離_L'expression de distance est à la fin de la phrase_Ph. 6.

7. À, au, dans les expressions de vente et d'achat (à la pièce, à la livre, au boisseau, etc.) sont rendus par *Louên* 論_Ph. 7.

8. Aussi, se rend par *Ié* 也_Ph. 8.

9. Et... et... se rend par : *Ioú... Ioú...* 又……又……, placés devant chacun des termes. Ph. 9.

10. Sinon, est rendu par : *Poū jân* 不然, et d'autres expressions. La phrase 11 dit : Je vous ai dit de faire comment, il faut faire comment, sinon je me fâche.

11. Pourvu que_n'est rendu que par le contexte. La ph. 12 dit : N'importe quelle chose, je mangerai, et cela suffira.

12. Quant à-peut se rendre par : *Tcheú yú* 至於_Ph. 13.

13. Pour, dans le sens de : en place de, en guise de, est rendu par : *Tāng* 當. Ph. 14.

14. Dans le sens de : à l'avantage ou au désavantage de, il est rendu comme : à, par : *Keì* 給. Ph. 15.

15. Car, ne se rend pas, ou s'exprime par : *Poū jân* 不然_Sinon_Ph. 16.

16. Afin que_se rend par : *Ouéi tì* 爲的. Ph. 17_Longue phrase, peu claire, et bien dans le goût chinois. (▲140)

17. Puisque_Ph. 18_est rendu par le sens de la phrase.

18. A cause de. Ph. 19 est rendu par : *Yīn oueí* 因爲, qui supporte en tête du deuxième membre de phrase l expression *Souò ì*, 所以_C'est pourquoi. La phrase chinoise dit : Parceque... c'est pourquoi...

19. Seulement_Ph. 20. n'est pas rendu et est indique simplement par le contexte.

20. À remarquer, dans la plupart de ces phrases, que les diverses propositions ou conclusions sont reunies entre elles par : *Tsioú* 就, ou *Tsaé* 再. Ces conjonctions, qui signifient : Alors, encore, de nouveau, par suite, etc_, sont très employées, et quand elles manquent, l'oreille n'est pas satisfaite. Elles ne jouent le plus souvent aucun rôle grammatical, mais sont importantes au point de vue euphonique, et l'on sait quelle importance elle a en Chinois. Pour la satisfaire, on fait souvent fléchir les règles et beaucoup de sinicismes n'ont pas d'autre origine.

41ème Leçon

Règle de position

Nous allons traiter, dans les cinq derrières leçons, de la syntaxe chinoise et de la formation des propositions. Ce sera, en somme, une révision de ce qui a été vu, et un rappel de quelques règles utiles à connaître.

Phrases

1. Venez me parler.

Laê t'oūng oùo chouō houá.

2. Les paroles qu'il a dites ne sont pas claires.

T'ā tì houá chouō tì poū mîng paê.

3. Vous avez bien parlé_C'est bien dit (formule de politesse) .

Nîn chouō tì hèn haò_Haò chouō haò chouō.

4. Je désire aller à Tien Tsin.

Ouò yuen í tch'ú T'iēn Tsīn.

5. Son désir est d'être en France.

T'ā tì sīn yuén cheú tsaé Fà koûo.

6. Nous mangerons à midi.

Ouò mēn chàng où tch'eū fán. (▲141)

7. Cette nourriture est bonne à manger.

Tchée keú fán haò tch'eū.

8. J'ai bu du bon vin_Ce vin est bon à boire.

Ouò heū leào haò tsiòu_Tchee keú tsioù haò heū.

9. Dites au charpentier de faire ce travail.

Káo soú moú kiāng tsoúo tcheé keú houô.

10. Ce travail est difficile à faire.

Tchee keú hoûo poū joūng í tsoûo.

11. Ne dites pas de plaisanterie.

Piê chouō siaó houá.

12. Ce qu'il dit est risible.

T'ā chouō tì houá tóo siaó.

13. J'emploierai ces planches pour faire une table.

Ouò yoùng tcheé kí k'ouáe pàn tseù ouéi tsoúo ī tchāng tchoūo tseù.

14. Quel est l emploi de ces planches ?

Tchee kí k'ouaé pàn tseù ioù cheû mō yoûng ?

15. Quel est votre nom ?

Nîn koúi sîng ?

16. Comment s'appelle-t-il ?

T'ā síng cheû mō ?

17. Le mandarin l'a puni de 20 jours de prison.

Kouān fâ leào t'ā eúl cheû t'iēn tì kien̄.

18. C'est une punition legere.

Tcheé keú sîng fâ hèn ts'īng.

19. Cet homme a blessé ???① fière aîné.

Tcheé keú jên chāng leào t'ā tì keū keū.

---

① 原书此处有涂抹，疑应为 son。

20. Il a reçu une blessure grave.

T'ā choó leào tchoúng chāng.

Règles et observations

1. La règle de position est importante dans toutes les langues, ainsi, en français, quand nous disons : Pierre bat Paul, ce n'est que par la position des mots Pierre et Paul, que nous savons que c'est Paul qui est frappé, et Pierre qui frappe. Nous n'avons pas d'autre moyen de le reconnaître.

En Chinois, la règle de position est encore plus à considérer ; elle est presque la base de la langue, et il ne saurait en être autrement, puisque les syllabes ne peuvent être classées grammaticalement, et que leur rôle (▲142) varie suivant leur place dans la phrase.

Nous donnerons quelques exemples, mais sans insister sur les règles, qu'il est facile de s'assimiler par la pratique.

2. Le verbe Parler est forme des deux termes *Choūo houá* 說話 Ph. 1. Quand les termes sont intervertis, ils reprennent chacun leur signification propre : dire et paroles_Ph 2. C'est la position qui le détermine.

3. La position de *Hào* 好 dans la ph 3_1ere partie, en fait un adjectif. Dans la 2e partie, c'est un adverbe, et la position seule nous en avertit.

4. Nombre de verbes deviennent substantifs par position. Ainsi, ph 4 : *Yuén* 願_Desirer_Ph. 5, c'est le substantif Desir.

5. Ph. 6_*Tch'eū fán* 吃飯_manger de la nourriture.

Ph. 7_*Fān tch'eū* 飯吃_nourriture mangee.

Ici, c'est sensiblement comme en français, et on peut en déduire que tous les verbes composés de deux termes, l'un verbal, l'autre substantif peuvent se séparer et s'employer, chaque terme isolément, mais dans un ordre inverse.

6. Ph. 8_Même remarque.

7. Ph. 9 et 10_Même remarque.

8. Ph. 11 et 12_*Siáo houá* 笑話_Plaisanterie_est substantif, et *Houá siáo* 話笑, risible, est adjectif, et ceci par position.

La position a donc le pouvoir, en Chinois, de changer la valeur grammaticale des mots qui, suivant leur place dans la phrase, suivent les règles des verbes, ou des adjectifs, ou des substantifs, etc...

9. Ph. 13 et 14_*Yoûng* 用, est verbe dans la 1ere phrase, et substantif dans la seconde. La plupart des verbes simples peuvent être verbes ou substantifs.

10. Ph. 15. *Sīng* 姓 est substantif_Ph. 16, il est verbe.

11. Ph. 17. *Fâ* 罰 est verbe_Ph. 18 il est nom.

12. Ph. 19. *Chāng* 傷 est verbe_Ph. 20 il est nom.

13. On voit que tous ces mots changent de valeur, suivant leur position. Il est, par suite, impossible de les classer grammaticalement, quand on les prend isolement. C'est ce qui explique en partie pourquoi la grammaire chinoise ne peut pas être précise, et aussi pourquoi la position est si importante.

(▲143)

42eme Leçon

Règle de position (suite)

Phrases

1. Montez sur le bateau_Il est sur le bateau.

Cháng tch'ouân pá_T'ā tsaé tch'ouân cháng.

2. Il est plus grand que moi.

T'ā pì oùo kaō.

3. Quelle est la hauteur de cette maison ?

Tcheé tsoúo fâng tseù ioù touō kaō ?

4. Il est venu de Tien Tsin.

T'ā ts'oûng T'iēn Tsīn laê.

5. L'obéissance vaut mieux que le respect.

Koūng kíng poū joû ts'oûng míng.

6. Il ne m'a pas encore rendu mon argent.

T'ā houân mêi ioù houân ouò tì yn̄ tseù.

7. L'eau bout_Je veux de l'eau bouillante.

Choùi k'aē leào_Ouò yaó k'aē choūi.

8. Dans une demi-heure, je reviendrai.

Ouò kouó pán tièn tchoūng hoûi laê.

9. Revenez dans une heure et demie.

Nì koúo ī tièn pan tchoūng houî laê.

10. Qui répond de lui ? _Voici son répondant.

Choûi paò t'ā ? _Tcheé cheú t'ā tì paò jên.

11. Ce sont des fleurs en pierre.

Tcheé toū cheú cheû t'oô houā eûl.

12. C'est une plaque de marbre.

Tcheé cheú ī k'ouáe houā eûl cheû.

13. Il viendra bientôt_Il est venu vite.

T'ā k'ouáe laê leào_T'ā laê tì k'ouae.

14. J'ai été à Pekin l'année dernière.

Tch'ú niên ouò tch'ú koūo Peì Kin̄g.

15. On ne peut pas passer_Je ne passe pas.

Jên koúo poū tch'ú_Ouō poū kouó tch'ú.

16. Il est mort de faim.

T'ā cheú ouó sèu tì.

17. Je vais à Tien Tsin demain.

Mîng t'iēn ouò siá T'iēn Tsīn tch'ú. (▲144)

18. Allez acheter pour moi une paire de souliers.

Tch'ú keì oùo màe ī chouāng siê.

19. On ne peut monter.

Jên cháng poū tch'ú.

20. On ne monte pas.

Jên poū cháng tch'ú.

Règles et observations

1. En vertu de la règle de position, dans la phrase 1. le *Chang* 上 de la 1ere partie est le verbe Monter, et celui de la 2e partie est la préposition : Sur ; et c'est la position seule qui modifie le sens.

2. Ph. 2_*Kāo* 高 est adjectif_Ph. 3 il est substantif.

3. Ph. 4. *Ts'oûng* 從 est la préposition De. Dans la phrase 5, c'est un des deux termes du substantif : Obeissance, si l'on considère le nom composé ; et c'est le verbe : Suivre, de l'expression : Suivre les ordres, si on envisage les deux syllabes isolément.

4. Ph. 6. Le premier *Houân* 還 est adverbe, et veut dire : Encore, le second est verbe et signifie : Rendre, et c'est la position seule qui nous eclaire sur ces sens particuliers.

5. Ph. 7. 1er P[re] *K'aē* 開 est le verbe : Bouillir ; dans la 2eme partie, c'est un adjectif : Bouillante, par position.

6. Le mot *Pán* 半 demi, placé devant le substantif signifie la moitie, placé après, il veut dire une moitie en plus.

7. Ph. 10. 1er P[re] *Pào* 保 est le verbe : Répondre de, garantir, dans la 2e partie, c'est l'adjectif : Répondant, par position.

8. Ph. 11. *Cheû t'oô houā eûl* 石頭花兒. La position de *Cheû t'oô* 石頭, avant *Houā eûl* 花兒, indique que les fleurs sont en pierre. Cette règle mérite attention. En français, nous exprimons la matière par les mots De, en ; disant par exemple : Objet en fer. Le Chinois ne rend pas ces mots, de, en_Ce n'est que par la position du nom de matière avant le substantif qu'il rend cette forme, en disant pour : Objet en fer : *T'iè toūng sī* 鐵東西.

9. Ph. 12. Ici, *Houā eûl* 花兒, n'est pas nom de matiere, c'est simplement l'indication de l'espèce de pierre : le marbre.

10. Ph. 13. *K'ouáe* 快, place devant le verbe veut dire : bientôt_Après il signifie : vite.

11. Ph. 14. Le 1er *Tch'ú* 去 est adjectif, le second, verbe, grâce à la position.

12. La position permet également de rendre la possibilite ou l'impossibilité, comme nous l'avons vu dans la 17e Leçon. (▲145)

Ph. 15. Le 1er membre de phrase renferme *Poū* 不, placé entre *Koûo* 過 et *Tch'ú* 去. Il indique l'impossibilite.

Le 2eme membre de phrase, avec *Poū* 不, place devant *Kouo tch'u* 過去, indique simplement la negation.

13. Ph. 16. La position de *Ouó* 餓_Avoir faim_devant *Seù* 死, mourir, indique le genre de mort.

14. Ph. 17. Le verbe *Siá* 下, descendre_devient par position la preposition à, qui se place devant le nom

de lieu.

15. Ph. 18. Le verbe *Keì* 給. _Donner_devient par position la préposition : Pour.

16. Ph. 19, 20_Meme remarque que ph. 15.

17. Ces exemples suffisent pour faire voir l'importance de la position Il est facile d'en deduire quelques règles :

Nous savons que le verbe est précédé de son sujet ; donc quand une syllabe douteuse sera précédée d'un pronom ou d'un nom, on ??? qu'elle est verbale, et on la rendra par un verbe.

Si une syllabe occupe la place d'un adjectif, c'est-à-dire si elle est avant le substantif, ou après, avec ou sans *Tì* 的, on lui donnera une valeur adjective.

Les prepositions sont placees après le nom. Quand on rencontrera des syllabes à aspect prépositif, si elles sont apres le nom, on les rendra par des prépositions, et non par des verbes.

Et ainsi de suite. C'est une simple affaire de pratique et il parait superflu de s'etendre sur des règles, alors que l'usage apprendre mieux et plus vite.

Nous allons, dans les leçons suivantes, examiner la syntaxe du verbe et de l'adverbe ; nous avons déjà vu celle de l'adjectif ; ceci suffira pour permettre de donner aux syllabes, en traduisant, leur veritable valeur et leur sens exact, et evitera de confondre par exemple : *Chang* 上_Monter, avec *Cháng* 上_Sur.

(▲146)

43eme Leçon

Syntaxe du verbe et de l'adverbe

Phrases

1. J acheté un cheval.

Ouò maè ī p'ì mà.

2. Donnez-lui ce livre.

Pà tcheé pên choū keì t'ā.

3. Je lui acheté.

Ouò maè t'ā.

4. Je lui parle.

Ouò t'oûng t'ā chouō houá.

5. Il me donne un eventail.

T'ā keì ouò ī pà chán tseù.

6. Apportez la théière.

Nâ tch'ā hoû laê.

7. Quand vous reviendrez, rapportez des fruits.

Touō tsān nì hoûi laê, nâ hoûi kouō tseù laê.

8. Couvrez la marmite.

Kaé cháng kouō.

9. Hier, j'ai vu votre ami.

Tsoûo t'iēn, ouò k'an kién nì tì p'êng ioù leào.

10. Avant-hier, il m'a averti de cette affaire.

Ts'iên t'iēn, t'ā káo soú leào ouò tcheé kién cheú ts'iñg.

11. Il a parlé pendant deux heures.

T'ā chouō leào leàng tieǹ tchoūng tì houá.

12. Hier, il entra chez moi.

Tsouô t'iēn, t'ā chańg ouò tcheé eûl laê leào.

13. Nous nous sommes promenés dans la forêt.

Ouò mēn tsaé choú lîn tseù lì kouáng leào kouang.

14. Je suis très pressé.

Ouò mâng teû lí haé.

15. Où allez-vous ?

Nì oûang nà lì tch'ú ?

16. Quand reviendrez-vous de Pekin ?

Nì kán touō tsañ ts'oûng Peì Kiñg hoûi laê ?

17. Combien avez-vous acheté ce cheval ?

Tcheé p'ì mà nîn toūo chào ts'iên maè tì ? (▲147)

18. Cette année, il fait continuellement du vent.

Kīn niên tch'âng tch'âng tì kouā foñg.

19. Où riez-vous demain ?

Mîng t'iēn, nì cháng nà lì tch'ú ?

20. Hier, j ai vendu mon grand mulet.

Tsoûo t'iēn, ouò maé leào ouò ná p'ì tá louô tseù.

Règles et observations

1. Le verbe est presque toujours précédé de son sujet.

2. Le complément direct suit le verbe, quand la construction est la même que la construction française. Ph. 1.

3. Le complément direct peut précéder le verbe, mais alors il faut employer la marque de l'accusatif *Pà* 把. On attire ainsi l'attention sur ce règime_Tournure très fréquente_Ph. 2.

4. Le complément indirect, quand, dans la phrase chinoise, il n'est pas lié par une préposition, se place après le verbe_Ph. 3.

5. Quand le complément indirect est lié au sujet par une préposition chinoise, il se place avant le verbe, et après le sujet. Ph. 4.

6. Quand la phrase renferme un complément direct et un complément indirect, le premier est placé après le verbe, et suivi du second. Ph. 5.

7. Le complément direct, dans les verbes composés avec les auxiliaires *Laê* 来 et *Tch'ú* 去, se place en-

tre les deux termes du verbe, Ph. 6.

On peut aussi le placer devant, avec adjonction de *Pà* 把, et, par exemple, rendre cette même phrase par : *Pà tch'ā hoû nâ laê* 把茶壶拿來.

8. Le complément direct, dans les verbes trisyllabiques, formés d'un verbe et d'un auxiliaire composé avec *Laê* 來 et *Tch'ú* 去, se place entre les.deux termes de l'auxiliaire. Ph. 7.

On peut aussi le mettre devant, avec emploi de *Pà* 把.

9. Le complément direct, dans les verbes composés sans *Laê* 來, ni *Tch'ú* 去, se place après les deux termes du verbe_Ph. 8.

10. La marque du passé *Leào* 了, suit, comme position, certaines règles particulières. Quand le verbe est, composé d'un terme verbal, auquel est adjoint *Kién* 見, comme *K'ań kién* 看見, *Leào* 了 est placé soit après le 2eme terme, soit à la fin de la phrase. Ceci est facultatif, mais il ne se met jamais entre les deux termes. Ph. 9. (▲148)

11. Quand le verbe est composé de deux termes ayant chacun une signification verbale, comme *Kaó Soú* 告訴, la marque du passé se place après le 2eme terme, et jamais entre les deux. Ph. 10.

12. Quand le verbe est composé d un terme verbal et d'un terme substantif, comme *Chouō houá* 說話, la marque du passé se place après le terme verbal, et jamais après le 2eme Ph. 11.

13. Dans les verbes composés avec *Laê* 來 *Tch'ú* 去, la marque du passé n'a pas de place absolument déterminée. Quelquefois *Leao* 了 est après le 1er terme, quelquefois après le 1er terme et redoublé a la fin, D autres fois, après le 2e terme. L'usage seul peut apprendre ces formations capricieuses.

14. Quand un verbe simple termine une phrase, il est nécessaire de le redoubler, par raison d'euphonie. Ces mêmes verbes peuvent aussi être redoublés dans le courant de la phrase, pour donner plus de force à l'expression_Ph. 13.

15. Les verbes prennent, comme les adjectifs, les marques intensives, comme *Hén* 很 *Kéng* 更 *Lí haé* 利害 etc... De même que pour les adjectifs, suivant le cas, ces particules sont avant ou après le verbe_ Ph. 14.

16. L'adverbe de lieu se place avant le verbe_Ph. 15.

17. L'adverbe de temps se place avant le verbe_Ph. 16.

18. L'adverbe de quantité est géneralement place avant le verbe. Ph. 17. Il peut cependant être parfois après.

19. L'adverbe de manière se place avant le verbe. Ph. 18.

20. Quand il y a deux adverbes, l'un de temps, l'autre de lieu, l'adverbe de temps est placé le premier, et l'autre le suit. Tous les deux sont avant le verbe_Ph. 19.

21. Quand il y a emploi de l'adverbe de temps, on peut le placer avant ou après le sujet, Ph. 20_le sujet est placé après, mais on aurait pu aussi bien dire : *Ouò mîng t'iēn*. 我明天.

Nota_Ces quelques indications suffisent. La syntaxe d'une langue s'apprend en la parlant et la pratique en apprendra beaucoup plus. Les Chinois n'etudient pas de grammaire, et ils ne s'en trouvent pas plus mal.

Faisons comme eux.

(▲149)

44eme Leçon

Propositions simple et coordonnee

Phrases

1. Le chat mange la souris.

Mâo tch'eū haó tseù.

2. J'ai acheté ce cheval à son frère aîné.

Tcheé p'ì mà, oùo cheú màe tì t'ā keū keū tì.

3. 50 soldats sont arrivés hier.

Tsouô t'iēn laê taó leào où cheú keú pīng.

4. Le sous-préfet a demande un congé parce qu'il etait malade.

Tcheū sién kouān kao leào píng kiá.

5. Il etait sur l'échelle et est tombé.

T'ā ts'oûng t'ī tseù cháng chouaè siá laê leào.

6. Je doute de ses paroles.

T'ā chouō tì houá, ouò pán sin̄ pán î tì.

7. Le frère aîné de cette dame est mon ami.

Tchee ouei t'aé t'ae tì keū keū cheú oùo tì p'êng ioù.

8. Chaque jour, il faut travailler.

T'iēn t'iēn, kaē tāng tsoúo hoûo.

9. Dis-lui d'amener son mulet, je veux le voir.

Kiáo t'ā là kouó t'ā tì loûo tseù laê, ouō yaó ts'iâo ts'iâo.

10. Marchez lentement.

Nì mán mán tì tsoò.

11. Donnez-moi l'eventail et remportez le mouchoir.

Keì oùo chán tseù, pà chòo kin̄ nâ hoûi tch'ú.

12. Il y a des hommes qui aiment à jouer, et d'autres à boire.

Yé ioù jên sì houān ouán eûl, yé ioù jên sì houān heū tsiòu.

13. Est-il on n'est-il pas à la maison ?

T'ā tsaé kiā poū tsaé kiā ?

14. Achetez un canard ou achetez un poulet.

Maē ī tcheū yā tseù hóuo cheú màe ī tcheū kī.

15. Je désire aller à Tien Tsin, mais je ne le puis.

Ouò yuén í tch'ú T'iēn Tsīn, tch'ú poū leào.

16. Je voulais acheter son chien, mais il n'a pas voulu me le vendre.

Ouò yaó maè t'ā tì kòo leào, taó tì t'ā poū maé keì ouò.

17. Il est méchant, c'est pourquoi je ne veux pas lui-parler.

T'ā poū cheú haò jên, souō ì ouò poū t'oûng t'ā chouō houá. (▲150)

18. Je ne sors pas, parceque je suis malade.

Yn̄ ouéi ouò ioù píng, souò ì ouò poū tch'oū mên.

19. Je ne veux aller ni à Tien Tsin, ni a Pekin.

Ouò yé poū tch'ú T'iēn Tsīn, yé poū tch'ú Peì Kin̄g.

20. Je retourne chez moi, car il est tard.

Ouò yáo hoûi tch'ú, yn̄ ouéi t'iēn ouàn leào.

Règles et observations

1. La proposition simple, comme nous l avons déjà vu, est formee comme la proposition française, en énonçant d'abord le sujet, puis le verbe, enfin le complement, Ph. 1.

2. Ph. 3_Il y a parfois inversion du sujet, qui est alors placé après le verbe, ce qui attire l'attention sur lui.

3. Ph. 2. Pour la même raison, le complément direct, qui a sa place après le verbe, est parfois avant.

4. La construction inverse emploie aussi très-souvent l'ellipse ; le Chinois s exprimant parfois d une façon très concise. Ainsi, ph. 4 : *Káo píng kiá* 告病假, qui veut dire : Demander un congé pour cause de maladie.

5. Le pleonasme est connu en Chinois. La ph. 5 en donne un exemple Tomber en bas, étant sur une échelle. Il est evident que *Siá laê* 下來, place apres_Tomber, est superflu, mais la construction impose cette forme, et on ne pourrait dire autrement.

6. Une des originalités de la langue chinoise est l'emploi d expressions contraires, accolées l une a l'autre, lesquelles, de façon fort gracieux, donnent a la phrase un cachet de bon ton. Ainsi_ph. 6_Douter, est rendu par. Croire a demi, douter à demi. On peut ranger ces tournures dans la categorie de l'antithèse.

7. La répétition est aussi employee. C est quelquefois, comme dans la ph. 7, la répétition d'un substantif *T'aé t'aé* 太太_Madame_*Keū keū* 哥哥_Frère aîné, qui donne un sens spécial ou etendu au mot composé formé.

8. La répétition de certains substantifs forme un pluriel_Ainsi : *T'iēn t'iēn* 天天_les jours_*Jên jên* 人人_les hommes.

9. Ph. 9. Répétition du verbe simple.

10. Ph. 10. Répétition de l'adverbe.

11. La construction coordonnée peut être amenée par : Et. Le plus souvent le Chinois ne rend pas cette conjonction. Les deux phrases se (▲151) suivent sans particule_Ph. 11.

Quelquefois, Et_est rendu par : *Yé... yé* 也……也, placés devant chacune des propositions. Ph. 12.

12. La proposition coordonnée peut-être amenée par : Ou_En Chinois, on le supprime souvent. Les deux propositions se suivent simplement. Ph. 13. Quelquefois, Ou, est rendu par *Houó cheú* 或是 Ph. 14.

13. Quand, en Français la conjonction de liaison est Mais, on peut, en Chinois, ou bien la supprimer_ Ph. 15 (la proposition coordonnée etant suffisamment expliquée par le contexte), ou bien rendre Mais par *Táo tì* 到底_Ph. 16_Emploi fréquent.

14. Avec l'emploi, pour la proposition coordonnée de : C'est pourquoi Parce que, on peut, ou bien. Ph.

17. rendre la phrase comme en français, en traduisant : C'est pourquoi par : *Souò ì* 所以, ou bien. Ph.

18, en renversant la phrase française, mettant en tete de la 1ere proposition *Yn̄ ouéi* 因爲, et devant la 2eme *Souò ì* 所以.

15. La conjonction de liaison. Ni_peut ne pas se rendre, ou bien, comme dans la ph. 19, la traduire par *Yé... yè...* 也……也.

16. La conjonction_Car, est rendue par : Parce que_Ph. 20.

45eme Leçon

Proposition subordonnée

Phrases

1. Vous ne saviez pas encore que j etais malade.

Nì① houân poū tcheū taó oùo ioù leào píng.

2. Il faut que je travaille.

Ouò kaē tāng yoúng koūng.

3. J'irais certainement si je pouvais, mais je ne puis pas.

Ouō jeé nêng kóo ouò pí tch'ú, táo tì ouò poū nêng koó.

4. Mon frère m'a dit que c'était cet homme qui l'avait volé.

Ouò keū keū kaó soú oùo choūo, tsióu cheú tchée keú jên t'ôo leào t'ā.

5. Ce qui est le plus nécessaire, c'est l'argent.

Tsioú cheú yn̄ tseù cheú kéng yáo kin̄ tì.

6. Ecrivez-moi, quand vous serez arrive en France.

Touō tsān nîn taó leào Fà koûo keì oùo laê ī foñg sīn.

7. Les objets qu'il a achetés sont tous très-beaux.

T'ā màe tì tcheé siē toūng sī tōu hèn hào. (▲152)

8. Je ne savais pas qu'il était aussi habile.

Ouò houân poū tcheū taó t'ā tcheé mō ioù peǹ cheú.

9. Ce mandarin, qui est très-intelligent, sera aimé du peuple.

Tchee keú kouān hèn mîng paè, mîn jên toū sì houān t'ā.

10. Nous passerons la nuit là où nous trouverons une auberge.

Ouò mēn tsaé nà lì tchào tchò tién, ouo mēn tsióu tsaé nà lì tchoú ī ié.

11. Pendant qu il était à cheval, il perdit son argent.

---

① 副册对应汉字为"您"。

T'ā ts'î mà tì cheú hoó tiōu leào t'ā tì yn̄ tseù.

12. Quand vous serez à Tien Tsin, allez voir mon ami.

Touō tsān nîn táo leào T'iēn Tsīn nîn tch'ú kán ì kań ouò tì p'êng ioù.

13. Avant qu'il fût arrivé, j etais deja parti.

Tā mêi taó, ì ts'iên, ouò ì kiñg tsòo leào.

14. Il a cherché jusqu à ce qu'il eût trouvé.

Tā tchào leào tchào tcheú táo tchào tchò leào, tsâe tcheù.

15. Depuis que je suis arrive a Pekin, je suis malade.

Oùo ts'oûng táo Peì Kiñg tsióu ioù píng.

16. Après qu'il fût nommé mandarin, il ne voulut plus reconnaître ses amis.

Tā tsoúo leào kouān ī hoó, tsióu tch'uân poū jên teû p'êng ioù leào.

17. Il faut parler fort pour qu il entende.

Kaē tāng tá tièn eûl chēng choūo hào kiáo t'ā t'ing kién.

18. Je n'ai pas d'argent pour acheter ces objets.

Ouò mêi ioù ts'iên maè tcheé siē keú toūng sî①.

19. Attachez le cheval, de peur qu'il ne se sauve.

Pà mà chouān cháng ouéi tì cheú p'à t'ā p'aò leào.

20. Il est habile, quoiqu'il soit paresseux.

Tā souī jân làn toúo, táo tì hèn ts'iào cheú.

Règles et observations

1. La proposition subordonnée peut être amenée par Que. Ce mot n'existe pas en Chinois, il faut toujours le supprimer. Ph. 1 et 2.

2. Proposition amenée par : Si_La proposition subordonnée est placée en tête, avec Si, et la proposition principale suit Ph. 3.

3. Amenée par : Qui_On peut supprimer Qui_Ph. 4, ou bien traduire par le tour relatif, a l'aide de *Tì* 的.

4. Amenée par : Ce qui_Traduction à l'aide du relatif_Phrase inversée si l'on veut_Ph. 5.

5. Amenée par : Quand_La proposition subordonnée est en tête, precedee de : Quand, et la proposition principale suit Ph. 6. (▲153)

6. Quand la proposition subordonnée est adjective, on peut, ou bien comme. Ph. 7. placer la proposition subordonnee avant la principale, en rendant par *Tì* 的, ou bien, ph. 8_en plaçant simplement la proposition subordonnée apres la principale, sans particule de liaison.

7. Ph 9_Quand la proposition subordonnée est explicative, et forme avec la proposition principale une longue phrase, il est préférable de former deux phrases complétes. Ainsi, on dira : Ce mandarin est intelligent, le peuple l'aimera_C'est plus facile et plus dans le genie chinois.

---

① 原书此处声调不清晰。

8. Quand la proposition subordonnée est amenée par les adverbes de lieu : Là où, on place la proposition subordonnée avant la principale, en la faisant preceder de *Tsaé nà lì* 在那裡, et on répéte ces mots devant la proposition principale. Ph. 10.

9. La proposition subordonnée, amenée par un adverbe de temps, se place avant la principale. Il y a plusieurs cas :

Elle peut être amenée par : Pendant que que l'on traduit par : *Tì cheú hoó* 的時候, placé après la proposition subordonnée_Ph. 11.

Amenée par : Quand_On traduit par *Touō tsān* 多昝, placé avant la proposition accessoire. Ph. 12.

Amenée par : Avant. On traduit par *Ì ts'iên* 以前, placé après la proposition accessoire. Ph. 13.

Amenée par : Jusqu'à. On traduit par *Táo* 到, ou *Tcheú táo* 直到. La proposition accessoire est avant ou après la principale. Ph. 14.

Amenée par : Depuis. On traduit par *Ts'oûng* 從, placé devant la proposition accessoire. Ph. 15.

Amenée par : Après_On traduit par : *Ì hóo* 以後, placé après la proposition accessoire Ph. 16.

On voit que, en règle générale, la proposition subordonnée est avant.

10. La proposition subordonnée de but peut être amenée par : Pour. On peut ne pas le rendre_Ph. 18, ou bien le rendre par des tournures qui ne sont pas l equivalent exact de : Pour, mais qui rendent le sens.

11. La proposition subordonnée amenée par : De peur que, est rendue par : *Ouéi tì cheú p'á* 爲的是怕 ou d'autres locutions_Ph. 19.

12. La proposition concessive, amenée par : Quoique, est placée avant la principale et precedee de *Souī jân* 雖然. La proposition principale est alors précédée de *Taó tì* 到底. Ph. 20.

(▲154)

第二章　对话

IIeme Partie

Dialogues

(▲155)

1er Dialogue

Le lever et la toilette

Vocabulaire

Chercher de l'eau	打水	Tà choùi	Rêves	夢	Móng
Ouvrir	打開	Tà k'aē	Savon	胰子	Î tseù
Verser	倒	Tào	Table de toilette	盆架子	P'ên kiá tseù
Rideau	簾子	Liên tseù	Brosse à dents	牙刷子	Yâ chouā tseù
Raser	刮臉	Kouā lièn	Poudre dentifrice	刷牙粉	Chouā yâ fèn
Donner (passer)	遞	Tí	Serviette	擦臉手巾	Ts'ā lièn chòo kīn
Clair_clarté	亮	Leáng	Pondre de savon	胰子麪	Î tseù mién
Cuvette	洗臉盆	Sì liên p'ên	Frais_froid	涼	Leâng
Rasoir	刮臉的刀子	Kouā liên tì taō tseù	Poudre_farine	粉。麪	Fèn_Mién
Paix	平安	P'îng ngán	Essuyer	擦	Ts'ā
Bouillir	開	K'aē			

Phrases

1. Monsieur, levez-vous, il est 7 heures.

Lào iê, ts'ì laê pá, ts'ī tièn tchoùng leào.

2. Je me leve, donne moi mon pantalon.

Cheú, ouò ts'ì, pà ouò tì k'oú tseù tí keì ouò.

3. Le ??? , voulez-vous de l'eau chaude ou de l'eau froide ?

Keì nîn, nîn yáo jée choùi yaó leâng choùi ?

4. Je veux de l'eau chaude, mais pas bouillante.

Ouò yáo jeé choùi, taó tì poū yáo k'aē tì.

5. Je vais la chercher.

Ouò tch'ú kèi nîn tà choūi tch'ú.

6. Ouvre les rideaux, on ne voit pas clair.

Pà tch'ouāng hoú liên tseù tà k'aē, k'án poū kién leáng eûl.

7. J'ai apporte l'eau et je l'ai versee dans la cuvette.

Choùi nâ laê leào. Kèi nîn taò tsaé p'ên lì leào.

8. C'est bien.

Cheú leào pá. Hào.

9. Voulez-vous vous raser aujourd'hui ?

Nîn kiñ t'iēn kouā lièn poū kouā ?

10. Oui, donne-moi le rasoir.

Kouā, pà kouā lièn tì taō tseù kèi oùo nâ laê.

11. Monsieur a-t-il bien dormi cette nuit ?

Laò iê kiñ t'iēn hēi ié choúi kiáo, p'îng ngán poū p'îng ngán ? (▲156)

12. Pas très-bien, j'ai fait des rêves.

Pou hèn p'îng ngan, oùo tsíng tsoúo mong leào.

13. J'ai mis le savon sur la table de toilette.

Ouò pà î tseù keì nîn, keū tsaé p'ên kiá tseù chang leaò.

14. Donne-moi la brosse à dents.

Keì ouò yâ chouā tseù.

15. La voici, avec la poudre dentifrice.

Keì nîn yâ chouā tseù t'oûng chouā yâ fēn.

16. Apporte-moi une autre serviette, celle-ci n'est pas propre.

Keì ouò líng nâ ī kouaé ts'ā lièn choò kiñ laé, tchee ī k'ouaé poū kān kíng.

17. Voulez-vous une serviette neuve ?

Nîn yao ī k'ouáe sīn tì poū ?

18. Oui, donne-moi une de celles que j'ai achetées hier.

Yáo, pà tsoûo t'iēn oùo màe tì ná ī k'ouaé keì ouò.

19. Ou est la poudre de savon ?

Î tseù mién eûl tsaé nà eûl nî ?

20. Dans le tiroir de la table.

Tsaé tchoūo tseù tch'oō t'í nî.

Observations

1. Ph. 1. Il est 7 heures_Le Chinois emploie le passé et dit : Il a été 7 heures_Cet emploi du passe pour notre present, est frequent ; le Chinois, nous l'avons déjà remarque, envisageant l'action, et non l'etat qui a résulté de cette action.

2. Ph. 2. Emploi de l'accusatif.

3. Ph. 3. Ou_est sous_entendu. On y supplée en repétans le verbe.

4. Ph. 4. Tì 的, final, est la marque de l'etat on dit : Je veux de l'eau qui ne soit pas bouillante.

5. Ph. 5. Exemple de ferle① forme avec *Tà* 打 : *Tà chouì* 打水 aller chercher de l'eau Dans la même phrase, *Tch'ú* 去 est redoublé parce qu il precede un infinitif.

6. Ph. 6. Autre exemple de verbe forme avec *Tà* 打 : *Tà k'aē* 打開. Ouvrir_Emploi de l'accusatif. Marque de l'impossibilite a l'aide de *Poū* 不, *K'án poū kién* 看不見_Il est impossible de voir_la clarté.

7. Ph. 9. Le premier terme seul du verbe compose est répété dans l'interrogation_C'est suffisant.

① 原书此处模糊，无法确认拼写。

8. Ph. 10. La réponse énonce de même le premier terme seul. (▲157)

Le mot Oui. français, est rarement employé par le Chinois, a toute demande, il repond, pour l'affirmative, par le verbe qui a servi à interroger.

9. Ph. 13. Emploi de l'accusatif.

10. À remarquer l'emploi frequent de *Keì* 給, qui, souvent, ne veut pas dire : donner, mais remplace la préposition À.

11. Ph. 16. *Líng* 另, est placé avant le 1er terme du verbe Apporter l mot, qui signifie : Autre, a sa place avant le verbe.

12. Ph. 17. Dans la conversation, quand revient le nom d'un substantif déjà énoncé avec son spécificatif, il est inutile de le repeter, on se contente d'énoncer le spécificatif. C'est pourquoi on dit simplement :*Yaó ī k'ouaé* 要一塊.

13. Ph. 18. Emploi du *Tì* 的 relatif, remplaçant que, avec construction inverse de la construction française.

14. Ph. 19. *Nî* 呢, final, n a aucun sens, mais complété la phrase au point de vue euphonique. Nous le verrons souvent.

15. Ph. 20_Tiroir de la table_Le Chinois dit Table tiroir, avec élision de : De_Règle générale.

2eme Dialogue

Le lever et la toilette (suite)

Vocabulaire

Jeter (eau)	倒	Tào	Peu	稍微	Chaó ouēi
Se baigner	洗澡	Sì tsào	Pédicure	修脚的	Sioū kiaò tì
Faire attention	留神	Leôu chēn	Coiffeur	剃頭的	T'í t'oô tì
-d°-	經心	Kiṅg sìn	Pas besoin	不必	Poū pí
Laisser	留	Leôu	Air chaud	熱氣	Jeé ts'í
Baignoire	洗澡盆	Sì tsaò p'ên	Pure (eau)	淨	Tsíng
Dernière fois	上一回	Chańg ī hoûi	Blanchisseur	洗衣裳的	Sì ī chaṅg tì

(▲158)

Phrases

1. Ce savon est très-mauvais, où l'as tu acheté ?

Tcheé î tseù poū hào, nì tsaé nà eûl maè tì ?

2. Dans la rue Tsien Men.

Tsaé Ts'iên Mên tá kiē maè tì.

3. Tu n'en achèteras plus dans cette maison.

Hoó laê pié màe ná keú p'oú tseù lì tì.

4. Jette cette eau et apporte m'en d'autre propre.

Pà tcheé choùi tào leào, líng keì oùo nâ tièn eûl tsíng choùi laê.

5. Monsieur prendra-t-il un bain demain ?

Laò iê, mîng t'iēn sì tsào poū sì ?

6. Oui, demain à 8 heures, tu apporteras la baignoire.

Sì, mîng t'iēn pā tièn tchoūng nì pà tsào p'ên keì ouò nâ laê.

7. Voulez-vous que l'eau soit très-chaude ?

Nîn yáo hèn jeé tì choùi moō ?

8. Oui, mais moins que la dernière fois.

Cheú, táo tì yáo pì chańg ī hoûi tì chaó ouēi leâng ī tièn eûl.

9. J'y ferai attention.

Cheú leào, ouò leoû tièn eûl chēn_Ouò kīng tièn eûl sīn.

10. Tu diras aussi à un pédicure de venir après mon bain.

Ouò sì tsào hóo keì ouò kiáo ī keú sioū kiào tì laê.

11. Bien monsieur, faudra-t-il aussi appeler le coiffeur ?

Cheú, ie kiáo ī keú t'í t'oô tì laê poū ?

12. Oui, il me coupera les cheveux.

Cheú, kiáo t'ā keì oùo kiào kiào t'oô fà.

13. Ou as-tu mis la serviette que tu as apportée ?

Nì nâ laê tì ná ts'ā tsào choò kīn keū tsaé nà eûl leào ?

14. Elle est derrière vous, sur la chaise.

Tsaé nîn chēn hoó t'ôo nà tchāng ì tseù cháng nî.

15. Il faudra demain, porter tout ce linge au blanchisseur.

Mîng t'iēn kaē tāng pà tcheé siē keú kaē sì tì toūng sī, toū soûng taó sì ī chāng fâng eûl tch'ú.

16. Monsieur, êtes-vous content du dernier blanchisseur.

Cháng ī hoûi ná keú sì ī chāng tì, nîn sì houān poū sì houān.

17. Oui, assez content, donne-lui encore à laver, n'en cherche pas d'autre.

K'eù ì, houân kiáo t'ā sì pá, poū pí tchào pié jên.

18. Quand vous serez sorti, je ferai le lit.

Touō tsān nîn tch'oū tch'ú, oùo pà tch'ouâng keì nîn chōo cheû choō cheû. (▲159)

19. Oui, et tu laisseras les fenêtres ouvertes pour changer l'air.

Hào, taǒ tì kaē tāng leôu siá tch'ouâng hoú k'aē tchô, tch'oū tch'oū jeé ts'í eûl.

20. Alors, je ne ferai le lit que dans deux heures.

Ná mō tchò, kouó leàng tièn tchoūng hoó, ouò ts'aê chōo cheû tch'ouâng.

Observations

1. Ph. 3_*Pié* 别 Impératif négatif.

2. Ph. 4_Emploi de l'accusatif_Jeter, en parlant de l'eau, se rend par : Verser_A remarquer la place du mot *Líng* 另, conforme a ce qui a ete dit dans le 1er Dialogue_Ph. 16.

3. A signaler de nouveau l'emploi fréquent de *Keì* 給_Pour_à.

4. Ph. 7. Le Chinois ne dit pas : Voulez-vous que l'eau soit très-chaude, mais : Voulez-vous de l'eau très-chaude.

5. Ph. 8. La comparaison est rendue par *Pì* 比. Dans cette phrase, *Chaó ouēi* 稍微, l un peu_est une superfetation. On pourrait le supprimer.

6. Ph. 10. Après_*Hoó* 後, est placé à la suite du mot auquel il se rapporte. Règle générale pour les prépositions.

7. Ph. 11. *Yé* 也. Aussi, est au commencement de la phrase, l'interrogation est rendue simplement par *Poū* 不, sans répétition du verbe. _Fréquent dans la conversation courante.

8. Ph. 13. *Tì* 的, rendant : Que, avec la phrase française inversée.

9. Ph. 15. *Kaē sì tì toūng sī* 該洗的東西_Objets qu'il faut laver_rendant : Linge à laver. Le Chinois ne portant pas de linge de corps rend cette expression de plusieurs façons.

10. Ph. 17. *K'eù i* 可以, est une réponse affirmative : Cela va, cela convient_c'est bien.

11. Ph. 18. Faire le lit_est rendu par : *Choō cheû choō cheû* 收拾收拾_Arranger, réparer. On pourrait dire autrement.

12. Ph. 19. *K'aē tchò* 開着 indique que les fenêtres, quand elles seront ouvertes, devront rester dans cet état. La fin de la phrase, au lieu de dire : Pour changer l'air, dit : Pour sortir l'air chaud.

13. Ph. 20. *Kouó leàng tièn tchoūng hoó* 過兩點鐘後. Après qu'il y aura deux heures de passées.

(▲160)

3ème Dialogue

L'Habillement

Vocabulaire

Cirer	刷	Chouā	Bottes	靴子	Suē tseù
Revêtir	穿	Tch'ouān	Souliers	鞋	Siê
Enlever	脱	T'ouō	Paresseux	懶惰	Làn touó
Rapporter	拿回來	Nâ hoûi laê	Tout de suite	立刻	Lí k'eú
Tomber	掉	Tiáo	Cordonnier	鞋匠	Siê kiāng
Coudre	縫	Foûng	Bouton	鈕子	Nioù tseù
Temps	天氣	T'iēn ts'í	Bouton	釦子	K'oó tseù
Vêtement fourré	皮衣裳	P'î ī chāng	Négligent	不經心	Poū kiñg sīn
Drap	哈喇	K'ā lā	Couleur	色	Chaé
Gris couleur	灰色	Hoūi chaé	Un peu	畧	Leáo

Phrases

1. Quel temps fait-il aujourd'hui ?

Kīn t'iēn t'iēn ts'í hào poū haò ?

2. Il fait froid.

T'iēn ts'í lèng.

3. Alors donne-moi mon vêtement fourré.

Nà moō keì oùo nâ ouò tì p'î ī chāng laê.

4. Lequel Monsieur veut-il ?

Laò iê yáo nà ī kién nā ?

5. Le vêtement en drap noir.

Ouò yaó ná kién heī k'ā lā tì.

6. Et quel pantalon ?

Nîn yáo cheû mō k'oú tseù ?

7. Mon pantalon gris.

Hoūi chaé tì.

8. Voulez-vous des souliers ou des bottes ?

Nîn yáo tch'ouān siê, yá, cheú tch'ouān suê tseù nî ?

9. Apporte-moi mes bottes.

Keì oùo nâ ouò tì suē tsèu laê.

10. Veuillez attendre un instant, elles ne sont pas cirées.

Ts'ioû nîn leáo teng ī hoúi eûl, suē tseù, toū houân mêi ioù chouā nî.

11. Pourquoi es-tu toujours aussi paresseux ?

Oueí cheû mó nì tch'âng tch'âng tì tcheé mō làn toûo ? (▲161)

12. Vous êtes rentré tard hier, je n'ai pas eu le temps.

Tsouô t'iēn nîn hoûi laê tì ouàn leào, ouò mêi ioù koūng foū leào.

13. Tu mens, et mon pantalon n'est pas propre.

Nì sā houàng, nì k'án ouò tì k'oú tseù ié poū kān tsíng.

14. Monsieur, hier j'ai oublie.

Lào iê, tsoûo t'iēn ouò ouáng leào.

15. Il ne faut pas oublier, quand je quitte un habit, il faut de suite le brosser.

Poū kaē tāng ouáng leào, toūo tsān ouò t'oūo siá ī kién ī chang laê, kaē tāng lì k'eú chouā tch'oū laê.

16. Bien monsieur.

Cheú, laò iê.

17. Le cordonnier a-t-il rapporté mes souliers ?

Siê kiāng pà ouò tì siê nâ hoûi laê leào mêi ioù ?

18. Pas encore, il ne viendra que demain.

Houân mêi ioù nî, t'ā mîng t'iēn tsáe laê nî.

19. Regarde, il y a un bouton de décousu, tu es trop négligent.

Nì k'án ì k'án, ioù ī keú niòu tseù tiáo siá laê leào, nì t'aé poū king sīn.

20. Je vais le recoudre de suite.

Ouò lí k'eú tch'ú pà t'ā foūng cháng.

Observations

1. Ph. 1_Interrogation ordinaire pour le temps qu'il fait.

2. Ph. 3_*Keì oùo nâ ... laê* 給我拿……來_Apporte-moi.

3. Ph. 4_*Nà ī* 那一, Interrogation.

4. Ph. 5. En drap noir_Le Chinois dit : Noir, en drap.

5. Ph. 11. *Tch'âng tch'âng tì* 常常的. Adverbe formé à l'aide de *Tì* 的.

6. Ph. 12. *Tì* 的, n'est pas ici la marque du passé, qui est indiqué par *Leào* 了. Il indique que le verbe : Revenir_est modifié dans son sens par le mot suivant : Tard.

7. Ph. 15. *Poū kaē tāng* 不該當. Forme de l'impératif prohibitif. Il a son sens propre de : Il ne faut pas.

Dans la même phrase, deux exemples de verbes composés d'une racine verbale et d'un modificateur double, entre les deux termes duquel peut se placer le complément. *T'oūo siá ... laê* 脫下……來 ; *Chouā tch'oū laê* 刷出來.

8. Ph. 19. Même formation pour le verbe *Tiáo siá laê* 掉下來.

(▲162)

4ème Dialogue

Le Vêtement (suite)

Vocabulaire

Déplier	打開	Tà k'aē	Robe fourrée	皮襖	P'î ngào
Plier	疊	Tiê	Caleçons chinois	套褲	T'áo k'oú
Exposer au soleil	曬一曬	Chaé ī chaé	Feutre	氈	Tchān
Exposer à l'air	晾一晾	Leáng ī leáng	Gants	手套兒	Chòo t'aó eûl
Avoir raison	說對	Choūo toúi	Couvre-oreilles	耳帽	Eùl máo
Dechiré	破了	P'ouó leào	Vieux	舊	Kioú
Gilet sans manche	砍肩兒	K'àn kiēn eûl	Mouchoir	手巾	Chòo kiñ
Vêtement court	馬褂子	Mà kouá tseù	Tailleur	裁縫	Ts'aê foûng
Robe simple	大衫兒	Tá chān eûl	Vêtement de cheval	馬褂子	Mà kouá tseù
Robe doublée	大袷襖	Tá kiā ngào	Marron (couleur)	栗子色	Lí tseù chaé
Robe ouatée	大棉襖	Tá miên ngào	Spécificatif	符	Foû

Phrases

1. Où as-tu placé mon vêtement doublé ?

Nì pà ouò tì kiā ī foû fáng táo cheū mō tí fāng leào ?

2. Je l'ai mis dans l'armoire.

Ouò fańg táo koúi lì leào.

3. Il faut le déplier de temps en temps et l'exposer au soleil.

Ioù cheū hóo kaē tāng pà t'ā tà k'aē chaé ì chaé.

4. Quel chapeau monsieur mettra-t-il ?

Laò iê, taé cheû mō maó tseù ?

5. Le chapeau en feutre.

Ouò taé tchān máo.

6. Voici un mouchoir propre et vos gants.

Keì nîn tcheé k'ouáe kān tsińg choò kiñ, heû nîn tì choò t'aó eûl.

7. Je ne veux pas de ceux-là, donne-moi les gants fourrès.

Ouò poū yáo tcheé ī foû, keì ouò ná p'î chòo t'aó eûl.

8. Voulez-vous un couvre-oreille ?

Nîn yaó eùl máo poū yaó ?

9. Non, ce n'est pas nécessaire, il ne fait pas de vent aujourd'hui.

Poū yaó, ná keú poū yáo kiñ, kiñ t'ien mêi ioù foñg.

10. Il fait froid, Monsieur devrait prendre son pardessus.

Kiñ t'iēn leǹg, laò iê kaē tāng tch'ouān tá ngào.

11. Tu as raison, donne-le moi.

Nì chouō tì toúi, keì oùo nâ laê. (▲163)

12. Que faut-il faire de ces vieux vêtements ?

Tcheé siē keú kioú ī chāng tsên mō tchò ?

13. Ceux qui sont déchirés, je n'en veux plus.

Tcheé siē p'oúo leào tì, oùo toù poū yaó leào.

14. Et ceux-ci, qui sont encore mettables ?

Tcheé kí kién houân k'eù ì tch'ouān tì ?

15. Il faut les plier et les mettre dans une caisse.

Kaē tāng tiê ts'ì laê keū tsaé siāng tseù lì.

16. Si le tailleur apporte votre vêtement de cheval, que faudra-t-il faire ?

Jeé cheú ts'aê fông pà nîn tì mà koúa tseù nâ leào laê, kaē tsên mō pán ?

17. Tu lui diras d'attendre, je ne serai pas longtemps.

Nì kiáo t'ā tèng tchò, oùo taé poū koūng foū tá tsioú hoûi laê.

18. Je lui donnerai aussi le paletot marron, pour changer les boutons.

Ouò houân yáo pà ná kién lí tsèu cháe tì ī chāng keì t'ā, kiáo t'ā keì houán houán niòu tseù.

19. Oui, tu me prépareras mes autres habits, je changerai en rentrant.

Cheú, nì pà oùo pié tì ī chāng keì oùo yú peí hào loò, oùo hoûi laê hào houán.

20. Bien Monsieur.

Cheú lào iê.

Observations

1. Il parait bon de donner quelques indications sur le vêtement chinois :

Le vêtement court, sans manche, ressemblant à un gilet européen, mais plus ample, et se portant par dessus les autres vêtements, s'appelle : *K'àn kiēn eûl* 砍肩兒.

Le vêtement court de dessus, avec des manches larges et longues, s'appelle *Mà kouá tseù* 馬褂子.

La robe longue, quand elle n'est pas doublée et qu'elle est faite d'une seule étoffe s'appelle : *Tá chān eûl* 大衫兒.

Suivant qu'elle est doublée d'une autre étoffe, ou ouatée, ou fourrée, elle prend le nom de *Tá kiâ ngào* 大袷襖, *Tá miên ngào* 大棉襖, *P'î ngào* 皮襖. On remplace quelquefois le mot *Ngào* 襖, par le mot *Koúa* 褂.

Le vêtement en général se dit : *Ī chāng* 衣裳, ou *Ī foû* 衣服.

Le pantalon se dit : *K'oú tseù* 褲子.

La paire de caleçons chinois, ressemblant à des jambes de pantalon, non cousues ensemble, et s'attachant à la ceinture au moyen de lacets, se dit, pour une paire : *Ī chouāng t'áo k'oú* 一雙套褲.

2. Ph. 2_Où as-tu placé ? est dit : Dans quel lieu as-tu mis ? (▲164)

3. Ph. 1 et 2_*Táo* 到, est verbe modificateur, indiquant l'aboutissement de l'action.

4. Ph. 3. De temps en temps_est rendu par : Il y a des moments.

5. À remarquer, et nous l'avons déjà dit, que l'on se sert de mots spéciaux pour dire : Mettre et ôter son chapeau.

6. Ph. 10. Pardessus_est rendu par : *Tá ngào* 大襖. On pourra l'entendre dire autrement, les mots traduisant les noms d'objets européens, netant pas encore fixés dans la langue.

7. Ph. 11. Tu as raison, est rendu par : *Nì chouō tì toúi*. 你說的對_Ta parole est conforme.

8. Ph. 12_Que faut-il faire ? est rendu par : *Tsên mō tchò* 怎麽着_De quelle manière, comment ? Emploi fréquent pour ce genre d'interrogation.

Vieux, en parlant des personnes, se dit : *Lào* 老.

En parlant des choses, il se dit : *Kioú* 舊, ou *Lào* 老.

Quand il s'agit de très vieilles choses, ou de personnes de l'ancien temps, on le rend par : *Koū* 古, ancien.

9. Ph. 14_*Tì* 的, placé après le verbe : S'habiller_en fait un adjectif : mettable.

10. Ph. 15. *Tiê ts'ì laê* 叠起來_est un de ces verbes composés que nous voyons fréquemment.

Keū 擱_*Fáng* 放_Placer, mettre, déposer_Sont synonimes et s'emploient l'un pour l'autre.

11. A remarquer dans ces phrases l'emploi de l'accusatif *Pà* 把. C'est une tournure familière aux Chinois, qui permet de construire des phrases courtes, compréhensibles, et plus claires que les longues phrases à incidendes. Le Chinois lui-même, est obligé de compter avec les difficultés de sa langue monosyllabique.

12. Ph. 17. *Tèng tchò* 等着, marque l'etat. La phrase chinoise se répète et dit : Dis-lui de m'attendre, il ne m'attendra pas longtemps. Pas longtemps : *Poū koūng foū tá* 不工夫大.

13. Ph. 18. Le verbe : Changer, est répété à la fin, par euphonie, et pour renforcer la phrase.

14. Ph. 19. *Hào lòo... hào hoúan* 好嘍……好換, veut dire : Convenablement... pour changer facilement.

(▲165)

5eme Dialogue

Le déjeûner et le dîner

Vocabulaire

Le déjêuner	吃早飯	Tch'eū tsaò fán	Pommes de terre	山藥	Chān iáo
Le diner	吃晚飯	Tch'eū ouàn fán	Côtelettes mouton	羊排骨	Yâng p'aê koù
Cuire	燒	Chāo	Graisse	葷油	Houēn ioû
Bouillir	煮	Tchoù	Nappe	棹布	Tchouō poú
Rôtir	燒。烤	Chāo_K'ào	Serviette	飯禪	Fán tān
Frire	煎	Tsiēn	Assiette	碟子	Tiê tseù
Brûler	煳	Hoû	Fourchette	叉子	Tch'ā tseù
Griller, roussir	煳	Hoû	Cuiller	勺子	Châo tseù
Se servir de	使	Cheù	Poire	梨	Lî
Mettre la table	擺棹子	Pàe tchoūo tseù	Invité	客	K'eú
Servir la table	開飯	K'aē fán	Prêt	得了	Teû leào
Personne (une)	位	Ouéi	Plat	盤子	P'ân tseù
Omelette	燒鷄子兒	Chaō kī tseù eûl	Servir quelqu'un	端	Touān

Phrases

1. Combien serez-vous à déjeuner ?

Kiñ t'iēn, nîn kì ouéi tch'eū tsaò fán ?

2. Nous serons cinq et six au diner.

Ouò mēn où keú jên tch'eū tsào fán, ouàn fán leoú keú jên.

3. Je vais avertir le cuisinier.

Ouò kaó soú tch'oû tseù tch'ú.

4. Dis-lui de venir me parler.

Kiáo t'ā laê t'oûng ouò chouō houá.

5. Vous m'avez fait appeler, Monsieur ?

Lào iê kiáo ouò leào moō ?

6. Oui, que mangerons-nous ce matin ?

Neū. Kiñ t'iēn tsào cháng, ouò mēn tch'eū cheû mō ?

7. Du bœuf bouilli, une omelette, des pommes de terre et des côtelettes de mouton rôties.

Tchoù nioù joó, ī p'ân tseù chaō kī tseù eûl, chān yáo, houân ioù ī keú k'ào yâng p'aê koù.

8. Hier, les côtelettes étaient brûlées.

Tsouô t'iēn tì p'aê koù k'aò hoû leào.

9. Je n'ai plus de graisse, je vous demande quelque argent pour en acheter.

Houēn ioû mêi ioù leào, ouò keñ nîn yaó leà ts'iên eûl, tsaé maè tièn eûl tch'ú.

10. Tu en emploie beaucoup trop, tu en as acheté avant-hier.

Nì cheù tì t'aé feí, nì ts'iên t'iēn tsaé màe tì houēn ioû. (▲166)

11. Oui, mais maintenant elle est très-chère, et j'en avais acheté très-peu.

Cheú, táo tì sień tsáe houên ioū koúi tì lí haé, ouò màe leào poū touō eûl.

12. Mets la table et n'oublie rien.

Paè cháng tchoūo tseù, pié ouáng leào cheū mō toūng sī.

13. À quelle heure Monsieur désire-t-il déjeûner ?

Nîn yuén í kì tièn tchoūng yoūng tsào faǹ ?

14. À onze heures. Tu changeras la nappe et les serviettes.

Cheû ī tièn tchoūng. Nì pà tchouō poú heû fán tān, toū houań leú.

15. Faut-il mettre les fruits sur la table ?

Pà kouò tseù keū tsaé tchoūo tseù chańg poū ?

16. Oui, mets le raisin sur une assiette et les poires sur une autre.

Paè cháng ī tiê tseù p'oû t'aô, ī p'ân eûl lî.

17. Je vais apporter les fourchettes, les cuillers et les verres.

Ouò tch'ú nâ tch'ā tseù, châo tseù heû tsioù peī tch'ú.

18. Le déjeûner est-il prêt ?

Tsào fán teû leào moō ?

19. Oui, Monsieur, il est prêt.

Teû leào, laò iê.

20. Il faut d'abord servir les invites, ensuite les gens de la maison.

Kaē tāng siēn keì k'eú mēn touān, hoó laê tsaé keì tchoù jên mēn.

Observations

1. Ph. 1. Combien serez-vous ? La politesse exige que le serviteur emploie le mot *Ouéi* 位, en parlant des personnes.

2. Ph. 2_Le supérieur, lui, emploie simplement le mot *Keú* 個.

3. Ph. 3_Répétition du verbe *Tch'ú* 去, parce qu'il est suivi d'un infinitif.

4. Ph. 5. Interrogation à l'aide de *Moō* 麼.

5. Ph. 6. *Neū* 啊, mot dépourvu de sens, c'est une simple approbation.

6. Ph. 7. Le mot *Jóo* 肉, viande-est toujours joint au nom de l'animal. On dit : Manger de la viande de bœuf—et non pas : Manger du bœuf_Omelette-peut se dire : Rôtis œufs_À remarquer que dans toutes ces expressions, les mots chinois sont placés dans un ordre inverse de celui des mots français.

7. Ph. 9. Argent_en général, et pour une petite quantité, se dira : *Leā ts'iên eûl* 倆錢兒_Deux sapèques.

8. Ph. 10. *Tì* 的, placé après *Cheú* 使, le modifie dans le sens indiqué. (▲167) par le reste de la phrase.

9. Ph. 11. Cher, adjectif, est rendu avec emphase par : *Koúi tì lí háe* 貴的利害.

10. Ph. 12. *Paè cháng* 擺上. Verbe composé avec un modificateur.

11. Même phrase_Rien est rendu par : *Cheû mō touńg sī* 什麼東西_Quelle chose ?

12. Ph. 14. À remarquer l'adjonction fréquente de *Lōo* 嘍, qui veut dire : diligent, avec soin. Ce mot pourrait se supprimer, mais quand on l'emploie, il renforce le sens.

13. Ph. 18. *Teû* 得, *Teû leào* 得了, s'emploie toutes les fois que l'on veut demander si une chose, qui est en train de se faire, est terminée. Ce mot est d'usage général.

14. Ph. 20. La phrase dit : Il faut d'abord, aux invites servir, après, alors, aux gens de la maison.

6ème Dialogue

Le déjeûner et le diner (suite)

Vocabulaire

À point (cuit)	對	Toúi	Salé	鹹	Siên
Verser	斟	Tchēn	Excellent	正好	Tcheńg hào
Former un tout	扮	Fēn	Fort (vin)	力量大	Lí leañg tá
Peler	剝皮兒	Paō p'î eûl	Salade	生菜	Chēng ts'aé
Sel	鹽	Iên	Vinaigre	醋	Ts'oū
Poivre	胡椒	Hoû kiāo	Ail	蒜	Souán
Moutarde	芥末	Kié moúo	Gousse	瓣	Pán
Soupe	湯	T'āng	Orange	橘子	Kiû tseù
Café	嘎非	Kā feï	Lait	奶子	Nàe tseù
Salon	客廳	K'eú t'īng	Tasse	碗	Ouàn
Sucre	糖	T'âng	Rôtir	炒	Tch'ào

Phrases

1. Ces œufs ne sont pas assez cuits.

Tchée kī tseù eûl tch'aò tì poū choû.

2. Je le dirai au cuisinier.

Ouò kaó soú tch'oû tseù.

3. Donne-moi le sel et le poivre.

Keì oùo iên heū hoû kiaō mién eûl. (▲168)

4. Voulez-vous aussi la moutarde ?

Nîn yáo kié moúo poū yaó ?

5. Ce poulet est trop rôti, il est dur et on ne peut le manger.

Tchée kī chāo lào leào, t'ae yńg, tch'eū poū teû leào.

6. La soupe est trop salée.

T'añg t'aé siên leào.

7. Cette viande de porc est cuite à point. Elle est excellente.

Tcheé tchoū joó tch'ào tí toúi kīn eûl. Tchéng haò tch'eū.

8. Verse du vin à Monsieur Li.

Keì Lì laò iê tchēn tsiòu.

9. Quel vin faut-il verser ?

Kaē tāng tchēn cheû mò tsioù ?

10. D'abord du vin blanc dans le petit verre, puis du vin rouge dans le grand.

Siēn tchēn paê tsioù tsaé siaò péi lì, tsaé tchēn hoūng tsioù tsaé tá poūo lî pēi lì.

11. Ce vin est très-fort, il faut ajouter de l'eau.

Tcheé keú tsiòu lí leâng tá, kaē tang toúi choùi heû.

12. Donne-moi la salade, je la ferai-moi-même.

Keì ouò cheng ts'aè, ouò tseú kì fen.

13. La voici, Monsieur, et voici l'huile et le vinaigre.

Lào iê keì nîn, houân ioù tcheé ioū heû ts'oū.

14. Apporte-moi une gousse d'ail.

Keì oùo nâ ī tá pán eûl souán laê.

15. Faut-il peler les pommes ?

Tchée p'în kouò paō leào p'î eûl poū pāo ?

16. Non, mais tu peux peler les oranges.

Poū ioūng, táo tì nì k'eù ì pà kiû tseù p'ī pāo leào.

17. Monsieur, prendrez-vous le café ici ou dans le salon ?

Laò iê cheú tsaé tchée lì heū kā feï, cheú tsaé k'eú t'ing nî ?

18. Tu le serviras dans le salon.

Tsaé k'eú t'ing lì pá.

19. Apporte le sucre, le lait et toutes les liqueurs.

Pà t'âng, naè tseù, heû tsioù, toū nâ laê.

20. J'ai rempli les tasses à café, et tout est préparé.

Kā feï ouàn toū tchēn màn leào. Pié tì ié toū yú peí haò leào.

Observations

1. Pour dire qu'un mets n'est pas assez prepare, le Chinois énonce d'abord la façon dont il devait être cuit : Bouilli, frit, rôti... puis (▲169) il ajoute *Poū choû* 不熟_Règle suivre.

2. Ph. 5. Trop rôti_pourrait se dire : *T'aé chāo* 太燒.

On le rend dans la phrase par un équivalent qui est : Roti longtemps. Cet emploi de *Lào* 老_Vieux_pour : Longtemps est d'usage fréquent et correct.

Tch'eū poū teû 吃不得. Exemple de l'impossibilité pour les verbes simples.

3. Ph. 7. À point, peut se rendre par : *Touí kin eûl* 對勁兒.

4. Ph. 8. Verser à quelqu'un_se rend par : À quelqu'un verser. Le verbe est souvent placé en dernier lieu, dans la phrase chinoise.

5. *Peī* 盃, ou *Poūo lî peī* 玻璃盃, se disent des récipients à boire, dans la deuxième expression, les deux premiers termes signifient : Verre (matière) et le dernier : Récipient_soit : Verre à boire.

6. Ph. 11. Fort, en parlant des boissons se dit : *Lí leâng* 力量, ou *Lí haé* 利害.

7. Ph. 12. Verbe pronominal.

8. Voici, peut se dire : *Keì nîn* 給您.

9. Ph. 15. Peler, est un verbe composé, il se dit : *Paō p'î* 剝皮.

Le premier terme veut dire : Peler, écorcer, écorcher, suivant le mot qui lui est adjoint.

10. Ph. 19_Après une énumération, on emploie *Toū* 都_Tous.

11. Ph. 20_Tasse à café est rendu par : Café Tasse_avec suppression de À_Règle générale que nous connaissons et que l'on peut rappeler en quelques mots : Enoncer d'abord la spécialité de l'objet, puis sa catégorie générale.

Pie Tì 別的, est employé dans cette phrase pour signifier les autres choses.

(▲170)

7ème Dialogue

Le Coucher

Vocabulaire

Préparer, arranger	鋪	P'oú	Oreiller	枕頭	Tchèn t'oô
Se coucher	躺下	T'aǹg siá	Taie d'oreiller	枕套兒	Tcheǹ t'áo eûl
Enlever	撤	Tch'êe	Moustique	蚊	Ouēn
Souffler	吹	Tch'ouī	Moustiquaire	蚊帳	Ouēn tcháng
Envie de dormir	睏	Kouén	Table de nuit	茶几兒	Tch'â kī eûl
De bonne heure	早	Tsào	Bougie	蠟	Lá
Fatigué	乏	Fâ	Allumette	取燈兒	Tch'ù tēng eûl
Draps	被單子	Peí tān tseù	Couverture	床被窩	Tch'ouâng peí ouō

Phrases

1. J'ai envie de dormir, je veux aller me coucher.

Ouò k'ouén leào, ouò yáo choúi kiáo tch'ú.

2. Il est encore de bonne heure.

T'iēn houân tsaò tcheú tì nî.

3. Oui, mais je suis très fatigué.

Cheú, taó tì ouò fâ tì lí haè.

4. Je vais aller préparer la couverture.

Ouò tch'ú p'oú cháng tch'ouāng tch'ú.

5. Va, et comme il fait froid, mets deux couvertures.

T'iēn hèn lèng, nì p'oú cháng leàng tch'ouâng péi ouō.

6. Faut-il faire du feu dans la chambre ?

Oû lì loûng cháng hoùo poū loûng ?

7. Pas besoin, je me coucherai de suite.

Poū yaó kīn, ouò tsióu yáo t'àng siá.

8. J'ai mis aujourd'hui des draps et une enveloppe de matelas propres.

Kīn t'iēn ouò p'oú cháng tì peí tān tseù, joú tān tseù, toū cheú kan̄ tsíng tì.

9. As-tu aussi changé les taies d'oreiller ?

Tchèn t'oô t'aó eûl nì houân leaò mêi ioū ?

10. Ah ! j'ai oublié.

Ouò ouáng leaò tcheé keú.

11. Il faudra les changer demain.

Mîng t'ien̄ kaē tāng toū houań leaò.

12. Votre oreiller est très dur, je vais en apporter un peu plus mou.

Nîn tì tchèn t'oô t'aé yńg, ouò keì nîn nâ ī keú jouàn tièn eûl tì laê. (▲171)

13. Non, je n'aime pas les oreillers mous.

Poū ioūng, ouò poū sì houān jouàn tchèn t'oô.

14. J'ai enlevé aujourd'hui la moustiquaire.

Kin̄ t'iēn ouò keì nîn pà ouên tchanḡ tch'eé leào.

15. Tu as bien fait, en hiver, il n'y a pas de moustique.

Haò, toūng t'iēn ie mêi ioù ouên tseù.

16. Faut-il fermer les rideaux ?

Pà liên tseù fáng siá laê moō ?

17. Ferme-les, tu les leveras demain matin.

Fáng siá laê pá, mîng t'iēn tsaò cháng nì tsaé pà t'ā tà k'ae①.

18. Faut-il que je laisse la lampe allumée ?

Keì nîn leoû siá tēng tièn tchò pá ?

19. Tu l'éteindras quand je serai couché.

Kàn oùo t'àng siá leào, nì tsioú tch'ouī leào pá.

20. Il y a sur la table de nuit une bougie et des allumettes.

Tch'â kī eûl cháng ioù ī tcheū lá, ié ioù tch'ū ten̄g eûl.

Observations

1. Ph. 1_Aller me coucher, est dit : *Chouí kiáo tch'ú* 睡覺去, avec le verbe après. Si on l'avait mis avant, il aurait fallu le répéter après.

2. Ph. 2_*Tsào tcheú tì* 早直的 rend : de bonne heure. C'est une expression composée.

3. Ph. 3. Quand on veut renforcer le verbe avec une expression intensive, et qu'on veut la placer après, il faut faire suivre le verbe de *Tì* 的. Ainsi : Je suis très fatigué : *Ouò fâ tì lí haé*, 我乏的利害. Si on ne veut pas employer *Tì* 的, on doit alors placer l'intensif devant le verbe : Je suis très fatigué : *Ouò hèn fâ* 我很乏.

4. Ph. 4. *P'oú cháng* 鋪上_Arranger, mettre, disposer, faire_est composé de : *P'oú* 鋪_Même sens_et

① 原书此处声调模糊。

de *Cháng* 上, auxiliaire qui ajoute une idée d'ascension, d'action.

5. Ph. 6. *Loûng cháng* 攏上_Allumer_Même composition.

6. Ph. 7. *Tsioú* 就_Alors_que nous voyons si souvent, est très usité, et son usage convenable, assez délicat il est vrai, complete les bonnes phrases_Impossible d'etablir des règles precises, car, à vrai dire, il ne parait pas en exister.

T'àng siá 躺下_Etre couché_Même composition que les précédents, avec cette différence que l'auxiliaire est *Siá* 下, qui ajoute une idée de (▲172) descente. Il s'agit, en effet, quand on se couche, d'un mouvement de descente. On ne pourrait employer *Cháng* 上.

7. Ph. 8_*Tì* 的, de *P'oú cháng tì*, 鋪上的, indique le passé.

8. Ph. 9. La phrase dit : Les taies d'oreiller, les as-tu changées ? et non : As-tu changé les taies d'oreiller ? Les deux formes peuvent s'employer, mais nous savons que le complément direct, qui a sa place après le verbe, peut se placer devant, quand on veut attirer l'attention sur lui.

9. Ph 12_*Jouàn tièn eûl tì* 軟點兒的. On voit que l'expression de quantité est placée entre l'adjectif et la marque de l'adjectif. C'est une règle générale : Quand un adjectif en *Tì* 的 est modifié par une expression de quantité, on place cette expression entre l'adjectif et *Tì* 的.

10. Ph. 14_Emploi de l'accusatif et de *Keì nîn* 給您_À vous, pour vous_que nous rencontrons si souvent.

11. Ph. 16. *Fáng siá laê* 放下來, _abaisser_formé de : *Fáng* 放, deposer, placer, et de *Siá laê* 下來, modificateur double, indiquant qu'il y a une action de descente vers celui qui fait l'action.

L'accusatif est employé ici, mais il n'est pas nècessaire et on pourrait fort bon dire : *Fańg siá liên tseù laê mōo* 放下簾子來麼.

Le complément serait alors placé entre les deux termes du verbe modificateur.

12. Ph. 18. *Teñg tièn tchō* 燈點着_Lampe restant allumée. _Verbe d'etat_*Tièn cháng tēng* 點上燈, voudrait dire : Allumer la lampe.

13. Emploi fréquent de *Pà*, 罷, marque de l'impératif.

(▲173)

8ème Dialogue

Le Coucher (suite)

Vocabulaire

Aider	幫	Pāng	Paire	雙	Chouāng
Préparer	預備	Yú peí	Paire	對	Toúi
Réveiller	叫醒	Kiáo siǹg	Chemise	汗溻兒	Hań tā eûl
Manquer	短	Touàn	Couverture ouatée	棉被窩	Miên péi oūo
Balayer	掃	Sào	Poële	爐子	Loû tseù
Mouvoir	動	Toúng	Tapis	毯子	T'aǹ tseù
Eteindre	滅	Mié	Poussière	塵土	Tch'eñ t'où

Bas-chaussettes	襪子	Ouá tseù	Lourd	沉	Tch'ên
Coolie	苦力	K'où lí	Battre (tapis)	摔打	Chouàe tà.

Phrases

1. Aide-moi à me déshabiller.

Siāng pāng ouò t'ouō leaò ī chāng.

2. Que faut-il vous préparer pour demain matin ?

Mîng t'iēn tsaò cháng kaē tāng keì nîn yú peí cheû mō ?

3. Tu me donneras des chaussettes et une chemise.

Nì keì ouò yú péi ī chouāng ouá tseù, ī keú hań tā eûl.

4. Je vais emporter vos souliers pour les crier.

Ouò pà nîn tì siê nâ tch'ú keì nîn chouā chouā.

5. Je crois que j'aurai froid, donne-moi la couverture ouatée.

Ouò siàng lèng, keì ouò nâ tch'ouāng miên péi ouō.

6. Demain, j'allumerai le poële vers 6 heures du soir.

Mîng t'iēn ouàn cháng leoú tièn tchoūng, ouò pà loû tseù loûng chańg.

7. Allume-le demain matin, avant que je me lève.

Mîng t'iēn tsaò chańg ouò ts'ì laê ì ts'iên, tsióu loûng chańg pá.

8. À quelle heure faudra-t-il vous réveiller demain ?

Mîng t'iēn tsaò cháng kì tièn tchoūng kiáo nîn nā ?

9. Tu me réveilleras à 7 heures.

Nì ts'ī tièn tchōung kiáo ouò pá.

10. J'ai placé sur la petite table de l'eau et du sucre.

Choùi heū t'âng, toū fáng tsaé tch'â kī eûl cháng leaò.

11. Bien, mais il manque une petite cuiller.

Haò, taó tì houân touàn ī pà siào châo tseù eûl.

12. Je vais la chercher.

Ouò tch'ú keì nîn tchào tch'ú. (▲174)

13. Tu n'as pas balayé le tapis aujourd'hui, il y a de la poussière dessus.

Kīn t'iēn nì mêi ioù saò t'àn tseù, cháng t'ôo i siá tseù t'où.

14. Si Monsieur, j'ai balayé, mais il a fait grand vent, et la poussière est outrée.

Ouò sào leaò, cheú yn̄ ouéi fońg kouā tì t'aé tá, kouā tsín laê leaò ī siá tseù t'où.

15. Demain, il faudra sortir le tapis pour le battre.

Mîng t'iēn kaē tāng pà t'an̍ tseù nâ tch'oū tch'ú chouāe tà chouaē tà.

16. Monsieur, il est trop lourd, je ne puis tout seul.

Laò iê, tcheé keú kouó yū tch'ên, oùo ī keú jên eûl nâ poū toúng.

17. Tu diras au coolie de t'aider.

Nì kiáo k'où lí pańg tchò nì.

18. Monsieur, voulez-vous encore quelque chose ?

Laò iê, nîn houân yaó cheú mō poū yaó ?

19. Non, va-t-en.

Poū yaó leaò, nì tch'ú pá.

20. J'éteins la lampe et je ferme la porte.

Ouò mié leào tēng kouān cháng mên.

Observations

1. Ph. 1. À_n'est pas rendu_On dit simplement : Aide-moi ôter habits.

2. Ph. 2. Le Chinois dit : Demain matin, il faut pour vous, préparer quoi ?

3. Ph. 3. Une paire se dit : *Ī chouāng* 一雙, quand il s'agit de deux choses allant ensemble, inséparables l'une de l'autre pour l'usage qu'on veut en faire_des gants, des chaussures.

Une paire se dit *Ī toúi* 一對, quand il s'agit de deux objets qui se font pendant (2 tableaux, 2 vases), ou de deux animaux.

4. Ph. 6. Emploi original de l'accusatif.

5. Ph. 7. Avant_se rend par : *Ì ts'ên* 以前, placé après_On pourrait le remplacer par *Siēn* 先, placé devant.

6. Ph. 12. Emploi de *Keì nîn* 給您.

7. Ph. 13. *Cháng t'oô* 上頭_dessus_*Ī siá tseù* 一下子, substantif signifiant : descente_Il y a eu, sur le tapis, une descente de poussière.

8. Ph. 14. *Tì* 的, de *Fong kouā tì* 風颳的, est modificateur.

9. Ph. 15. *Chouaè tà* 摔打, signifie : Jeter à terre et battre. C'est la façon dont les Chinois battent les tapis.

10. Ph. 16. *Nâ poū toúng* 拿不動_Exemple de l'impossibilité rendue par *Poū* 不.

11. Ph. 20. *Kouān cháng* 關上. Verbe composé avec *Cháng* 上.

(▲175)

9ème Dialogue

Au Marche

Vocabulaire

Tirer	拉	Lā	Ensemble	一塊兒	Ī k'ouaé eûl
Louer	僱	Koú	Derrière	後邊	Hoó piēn
Vendre à perte	不穀本	Poū koō pèn	Gâteaux	點心	Tièn sīn
Pousse-pousse	車子	Tch'eē tseù	Européen	洋	Yâng
Marché	市	Cheú	Tas	堆	Toūi

Phrases

1. Appelle un pousse-pousse, je veux aller au marché.

Kiaó ì leàng tch'eē tseù laê, ouò yáo cháng cheú chang tch'ú.

2. Faut-il vous accompagner ?

Ouò ié t'oûng nîn ī k'ouaé eûl tch'ú mōo ?

3. Oui, tu viendras avec moi.

Cheú, nì t'oûng ouō ī k'ouaé eûl tch'ú.

4. Monsieur, le pousse-pousse est devant la porte.

Laò iê, tch'eē tseù tsaé mên k'òo eûl nî.

5. Dis-lui d'aller rue Tsien Men.

Kaó soú t'ā cháng Ts'iên Mên tá kiē.

6. Montez Monsieur, mon pousse-pousse marchera derrière le vôtre.

Laò yê cháng tch'eè tseù pá, ouò tì tch'eē tseù tsaé nîn hóo piēn eûl tsoò.

7. Tu vas trop lentement, marche plus vite.

Nì lā tì t'aé mán, lā k'ouáe tièn eûl.

8. Arrêté-toi, nous sommes arrivés.

Tchán tchoú pá, ouò mēn taó leào.

9. Faut-il dire aux pousse-pousse de nous attendre ?

Kaē tāng kaó soú tch'eē tseù teǹg tchò ouò mēn poū ?

10. Ce n'est pas la peine, nous en loverons d'autres au retour.

Poū yáo kiǹ, ouò mēn hoûi tch'ú tì cheû hoó eûl líng koú pié tì.

11. Que voulez-vous acheter aujourd'hui ?

Kīn t'iēn, nîn yaó maè cheû mō ?

12. Je veux acheter des fruits.

Ouò yaó maè tiên eûl koùo tseù.

13. Ne voulez-vous pas aussi acheter des gâteaux ?

Nîn poū yáo maè tièn sīn mōo ?

14. Que vend-on dans cette boutique ?

Tchee keú p'oú tseù cheú maé cheû mō tì ? (▲176)

15. C'est un marchand d'objets europeens.

Tcheé cheú keú yâng houó p'oú.

16. Combien vends-tu ces pommes ?

Tcheé p'în kouò tsên mō maé ?

17. Je les vends 10 cents le tas.

Ī mâo ts'iên ī toūi.

18. C'est trop cher. Je te donne 5 cents.

T'ae kouí, ouò keì pán mâo ts'iên ī touī.

19. Je vendrais à perte.

Poū kōo pèn eûl.

20. Voici de belles oranges, combien la pièce ?

Ah ! tcheé kiû tseù poū ts'oúo, touō chaò ts'iên ī keú ?

Observations

1. Pousse-pousse, peut se dire : *Tch'eē tseù* 車子, ce ??? terme étant souvent employé comme diminutif_ Il y a d'autres façons de dire. Au marché_Ph. 1_se dit : Sur le marché.

2. Ph. 2_Ensemble, se rend par : *T'oûng... ī k'ouaé eûl*, 同……一塊兒. Avec... ensemble.

3. Ph. 4. Devant la porte_est dit : Devant la bouche de la porte.

4. Ph. 6. Derrière vous_est après le nom, et avant le verbe.

5. Ph. 7. Marcher_Aller_dans le sens du Dialogue, est rendu par : *Lā* 拉_Tirer, parce que, pour marcher, la voiture est tirée.

6. Ph. 10. Au retour_est rendu par : *Hoûi tch'ú tì cheû hoó* 回去的時候_Au moment de retourner.

7. Ph. 14_*Tì* 的, est placé à la fin de la phrase, parce qu'il y a emploi du verbe Etre_On aurait pu dire : *Maé cheû mō* ? 賣什麽.

8. Ph. 16. Combien vends-tu ? est rendu de façon originale par : *Tsên mō* 怎麽. Cela equivaut à : Ces pommes ! comment ? Une des nombreuses tournures employées pour les achats.

9. Ph. 20. Voici de belles oranges, est rendu de façon particulière par : Ces oranges, pas d'erreur_ou_ Voici de belles oranges.

Nota_Nombre de tournures chinoises sont intraduisibles littéralement en Français, et reciproquement, on a cherché à serrer le texte le plus possible, sans s'attacher à un mot à mot étroit, qui aurait eu pour résultat la construction de phrases aussi peu chinoises que possible.

(▲177)

10eme Dialogue

Au Marché (suite)

Vocabulaire

Convenir	行	Sīng	Histoire	書	Choū
Attendre	待	Taé	Baraque	廠	Tch'àng
Geler (fermer)	封	Foṅg	Oeufs de poule	雞子兒	Kī tseù eûl
Pigeons	鴿子	Keū tseù	Boucher	賣肉的	Maé joó tì
Oie	鵝	Ngeû	Gigot	羊腿	Yâng t'oùi
Faisan	野雞	Iè kī	En face	對	Toúi
Conteur	說書	Chouō choū	Pied (animal)	蹄子	T'î tseù

Phrases

1. Combien vendez-vous cette paire de pigeons ?

Tcheé ī toúi eûl keū tseù maé touō chào ts'iên ?

2. 40 cents.

Seú mâo ts'iên.

3. C'est trop cher, 30 cents, cela va t-il ?

T'aé koúi, sān mâo ts'iên sîng poū sîng ?

4. Je les vends, prenez-les.

Cheú leào, nîn nâ tch'ú pá.

5. Où vend-on des oies et des faisans ?

Nà lì ioù maé ngeû heû iè kī tì ?

6. Au Sud, à environ 1/2 li d'ici, il y a un marchand.

Tsaé nân piēn eûl tch'ā poū touō pán lī tí, ioù maé tì.

7. Pourquoi ces hommes sont-ils rassemblés ?

Oueí cheû mō tcheé siē jên toū tsaé ī k'ouáe eûl taé tchò ?

8. Ils écoutent un conteur, qui raconte une histoire.

Ná cheú keú chouō choū tch'àng eûl, t'ā mēn t'īng choū nî.

9. Il n y a pas beaucoup de poissons, aujourd'hui sur le marché.

Kīn t'ien̄ cheú cháng yû poū touō.

10. C'est qu'il fait froid et la rivière est gelée.

Cheú yn̄ ouéi t'iēn t'aé leǹg, heû toū foǹg leào.

11. Il faut aussi acheter des œufs de poule.

Houân kaē tāng maè tièn eûl kī tseù eûl.

12. N'est-ce pas un marchand qui en vend ?

Tchée poū cheú ī keú maé kī tseù eûl tì ?

13. Cherche un boucher, pour acheter un gigot de mouton.

Tchào ī tchào maé joó tì, maè ī tcheū yâng t'oùi. (▲178)

14. Il y en a un en face, de l'autre côté de la rue.

Tsaé tá kiē nân lì toúi kouó eûl ioù ī keú.

15. Avez-vous des pieds et de la tête de mouton ?

Nì ioù yâng t'î tseù heû yâng t'oô moō ?

16. Aujourd'hui je n'en ai pas, demain j'en aurai.

Kin̄ t'iēn mêi ioù leaò, mîng t'iēn ioù.

17. Appelle le pousse-pousse, nous allons rentrer.

Kiaó tch'eē tseù laê, ouò mēn hoûi tch'ú.

18. Eh ! pousse-pousse, retourne à la maison.

He ! tch'eē tseù, hoûi tch'ú leào.

19. Donne 20 cents au tireur de pousse-pousse.

Keì lā tch'eē tseù tì leàng mâo ts'iên.

20. Non, je lui en donne 15, je crois que c'est assez.

Ouō poū, keì t'ā ī mâo où, ouò siàng koō leào.

Observations

1. Ph. 1. Une paire, en parlant de deux animaux, se dit, comme nous le savons : *Ī toúi* 一對.

2. Ph. 5. *Tì* 的, placé à la fin de la phrase, et se rapportant à *Maé* 賣, remplace : Qui.

3. Ph. 7_Rassemblés, est dit : *Ī k'ouaé eûl taé* 一塊兒待, ensemble attendant.

4. Ph. 8_Conteur_est rendu par : *Chouō chouū tì* 說書的, disant les livres_Industriels très-goûtes des badauds chinois, qui s'etablissent dans les grandes rues, sous des tentes rapiécées, pour raconter des historiés, parfois très salées, que les gens ècoutent dire : *T'īng chouū* 聽書.

5. Ph. 10. *Fōng* 封_fermer, sceller, cacheter_se dit pour la rivière qui gèle, car alors elle est fermée.

6. Ph. 11. Oeufs de poule, se dit à Pekin : *Kī tseù eûl* 雞子兒, et *Kī tán* 雞蛋, partout ailleurs.

7. Ph. 14. De l'autre côté est rendu par : *Nân lì* 南裡_Au Sud_C'est que le Chinois emploie peu les expressions : à droite, à gauche, etc. Il indique toujours les points cardinaux, chose facile dans les villes chinoises, dont les rues sont orientées du Nord ai Sud, ou de l'Est à l'Ouest. Etant dans la rue, il ne dira pas : Tournons à droite, à gauche... il dira : Tournons au Sud, au Nord.

8. Ph. 19. *Lā tch'eē tseù tì* 拉車子的. Qui traîne le (▲179) pousse-pousse.

9. Ph. 20. Très concise, on dit simplement : Moi, non, je lui donnerai 15 cents.

11eme Dialogue

La Promenade

Vocabulaire

Aller à pied	走着去	Tsòo tchò tch'ú	Décapitation	大差	Tá tch'aē
Etre pressé	忙	Mâng	Paysage	景緻	Kiǹg tcheú
Tuer	殺	Chā	Blé	麥子	Maé tseù
Se reposer	歇一歇	Siē ī siē	Pousser (blé)	近青	Kiń ts'iňg
Ville	城	Tch'êng	Voleurs	明夥	Mîng houó
En dehors	外頭	Ouaé t'oô	Ombrage	蔭涼兒	Yn̄ leâng eûl

Phrases

1. Voulez-vous que nous allions nous promener ensemble ?

Ouò mēn ī k'ouáe eûl kouáng tch'ú, nîn yuén í poū yueń í ?

2. Je le veux bien, il fait aujourd'hui beau temps.

Yueń í, kīn t'iēn t'iēn ts'í hèn haò.

3. Où irons-nous ?

Ouò mēn cháng nà lì kouáng tch'ú ?

4. Nous pouvons sortir de la ville.

Ouò mēn k'eù ì taó tch'êng ouaé t'oô.

5. Irons-nous à pied ou en voiture ?

Ouò mēn tsoò tchò tch'ú, cheú tsoúo tch'eē tch'ú nî ?

6. Allons à pied, nous ne sommes pas pressés.

Tsoò tchò tch'ú, ouò mēn poū hèn mâng.

7. Par quelle porte sortirons-nous ?

Ouò mēn tch'oū cheû mō mên ?

8. Sortons par la porte Si pien.

Tch'oū Sī piēn mên eûl.

9. Nous irons nous promener à Pae Yun Kouan.

Ouò mēn tch'ú kouáng ì kouáng Paê Yûn Kouān.

10. Il y a beaucoup de gens dans les rues.

Kiē cháng jên hén touō.

11. Il y a eu aujourd'hui une éxéaition capitale.

Ioù tá tch'aē kīn t'iēn. (▲180)

12. À qui a-t-on coupé la tête ?

Chā cheû mō jên ?

13. On a coupé la tête à 3 voleurs.

Chā sān keú mîng houó.

14. Voyez comme en dehors de la ville le paysage est beau.

Nì k'ań tcheé tch'êng ouaé tì kìng tcheú hèn hào.

15. Oui, le blé commence à pousser.

Poū ts'ouó, maé tseù kańg kiń① ts'iñg eûl.

16. Reviendrons-nous par la même route ?

Ouò mēn ts'oûng kioú taó eûl cháng hoûi tch'ú moō ?

17. Non, nous prendrons un chemin diffèrent.

Poū, ouò mēn ts'oûng pié tì taó eûl cháng hoûi tch'ú.

18. Si vous êtes fatigué, nous pouvons nous asseoir.

Nîn, jée fâ leào, ouò mēn k'eù ì tsoúo siá siē ī siē eûl.

19. Oui, asseyons-nous à l'ombre de cet arbre.

Haò, ouò mēn tsoúo tsaé tcheé keú choú yñ leâng eûl tì siá.

20. Où conduit cette grande route ?

Tcheé t'iâo tá loú cheú ouàng nà lì tch'ú tì ?

Observations

1. Ph. 1. La phrase dit : Nous sortons ensemble, cela vous convient-il ? On aurait pu dire autrement.

2. Ph. 4. Sortir_dans cette phrase, n'est rendu que par le contexte ; car on dit : Nous pouvons arriver_*Táo* 到_en dehors de la ville, donc il faut que nous sortions.

3. Ph. 8_*Sī pién mên* 西便門, est une des portes de la ville chinoise de Pekin, au Nord-Ouest du rempart.

---

① 副册对应汉字为"返"。

4. Ph. 9. *Paê yûn kouān* 白雲觀_Explication du nuage blanc_Grande et belle pagode taoïste, non loin de Si Pien Men.

5. Ph. 11. *Tá tch'aē* 大差, grand envoi_est une expression employée rarement pour la décapitation.

6. Ph. 15. *Poū ts'ouó* 不錯, *Hào chouō* 好說, sont des termes polis qui reviennent souvent, ils expriment l'approbation.

7. Ph. 15. *Kín ts'īng* 近青_prochainement vert, peut se dire pour : Commencer à pousser.

8. Ph. 16. *Ts'oûng* 從, peut signifier ici : Utiliser, se servir, et alors on dit : Nous servirons_nous de la vieille route pour rentrer ?

9. Ph. 18. *Tsouó siá* 坐下, verbe composé avec *Siá* 下, indiquant un (▲181) mouvement de descente. *Siē ī siē* 歇一歇_Verbe redoublé parce qu'il termine la phrase.

10. Ph. 19. Sous l'ombrage de cet arbre_Sous_est rendu ici par, *Tì siá* 底下 ; il doit en être ainsi quand la chose dont on parle doit se placer sous quelque chose, mais à terre.

11. Ph. 20. Où va ? est rendu par : Vers où va. Tournure generale : Aller vers où ? se dira : *Ouàng nà lì tch'ú* 往那裡去, Venir de, se dira : *Ts'oûng nà lì laê*, 從那裡來.

12eme Dialogue

La promenade (suite)

Vocabulaire

Honorer	恭敬	Koūng kíng	Tour	塔	T'à
Sembler	好像	Haò siáng	Fab de papier	抄紙的	Tch'aò tcheù tì
Construire	修	Sioū	Cimetière	坟地	Fên tí
Remercier	謝	Sié	Riche	闊	K'ouó
Coller	貼	T'iē	Vert	青	Ts'īng
Bonze	和尚	Heû cháng	Sapin	松樹	Soūng choú
Prêtre du Tao	道士	Taó cheú	Peuplier	楊樹	Yâng choú
Bouddha	佛	Fouô	Excellent	高興	Kāo síng
Vraiment	實在	Cheû tsaé	Spécificatif	片	P'ién

Phrases

1. Cette route est celle de Lou Koo Kiao.

Tcheé t'iâo loú cheú cháng Loû Koō Ts'iào tì.

2. Entrons dans la pagode, nous la visiterons.

Ouò mēn taó miáo lì t'oô tch'ú ts'iâo ts'iâo.

3. Qu'y a-t-il dans la pagode ? Des bonzes ou des Tao Cheu ?

Miaó lì ioù cheû mō jên ? Cheú heû cháng, cheú taó cheú ?

4. Ce sont des bonzes qui adorent Bouddha.

Cheú heû cháng, t'ā mēn koūng kíng Fouô.

5. Cette tour est très-belle, elle semble très-vieille.

Tcheé tsoúo t'à heǹ t'ì mién, hào siáng cheú tsoúo koù t'à.

6. Oui, elle a, dit-on, plus de 1300 ans d'existence.

Cheú, jên choūo sioū leào ioù ī ts'iēn sān paè niên leao.

7. Nous avons tout vu, sortons.

Ouò mēn tch'oú tch'ú pá, ì kīng toū k'ań kień kouó leào. (▲182)

8. Pourquoi y a-t-il sur ces murs des feuilles de papier ?

Ouêi cheû mō ts'iáng cháng t'iē tchò haò siē keú tcheù ?

9. Ce sont des fabricants de papier, qui font secher les feuilles.

Ná cheú tch'aò tcheù tì, t'ā mēn ouéi t'iē tsaé ts'iāng chańg chaé tchô.

10. Je vois là-bas un beau cimetière.

Ouò k'án kién ná pién eûl ioù ī p'ién tá fên tì.

11. C'est celui de la famille Kouei, c'est une famille très-riche.

Ná cheú K'ouêi tchaê tì fên tì, cheú keú k'oúo kiā eûl.

12. Quels sont ces arbres si verts ?

Nà siē tch'ū ts'īng tì toū cheú cheû mō choú ?

13. Ce sont des sapins, il y a à côté des peupliers.

Ná toū cheú soūng choú, p'âng piēn eûl ioù kí keú yâng choú.

14. Le soleil est bas, je crois qu'il faut que nous rentrions.

Jeú p'îng sī leào. Ouò siàng ouò mēn kaē tāng hoûi tch'ú leào.

15. Vous avez raison, nous allons rentrer par Tchang I Men.

Cheú, ouò mēn hoûi tch'ú tsín Tchāng Î Mên.

16. C'est peut-être un peu loin, car il est tard.

Ná piēn eûl k'ouǹg p'á yuèn ī tieǹ eûl pá, t'iēn ouàn leào.

17. Ne craignez rien, nous louerons une voiture pour rentier en ville.

Poū p'á, ouò mēn koú ī leàng tch'eē tsín tch'êng.

18. Comme cela, c'est parfait.

Nà mō tchò hèn hào.

19. J'ai passé une excellente journée, et je vous remercie de m'avoir accompagné.

Ouò kīn t'iēn tchée ī t'iēn kouáng tì cheû tsaé kāo síng, toūo k'ouēi leào nîn iō hoúi tchô oùo, touō sié nîn nâ.

20. Que dites-vous ? C'est moi qui vous remercie. Au revoir, au revoir.

Chouō nà eûl tì houá ? cheú ouò kaē tāng keì nîn taó sié. Tsaé kień tsaé kień.

Observations

1. Ph. 1. *Tì* 的, final, indique la provenance, la possession.

2. Ph. 2. *Táo* 到, est pris pour *Tsín* 進_entrer.

Visiter, est rendu par : Voir. Il n'y a aucun mot spécial.

3. *Heû cháng* 和尚, indique les prêtres du Bouddhisme.

Taó chéu 道士，indique les prêtres du Tao.

4. *Foûo* 佛，est le nom chinois de Bouddha.

5. Ph. 6. Périphrase_On dit : Elle a été bàtie, il y a 1300 ans.

6. Ph. 8. *T'iē tchò* 貼着_Etant collé.

7. Ph. 9. *Ouéi* 爲 rend ici Afin que, et la phrase dit : Afin quetant collées sur le mur, elles sèchent. (▲183)

8. Ph. 14. *Jeú p'îng sī leào* 日平西了_Le soleil a hauteur de l'Ouest_pour : Fin du jour.

9. Ph. 15. *Tchāng Î Mên* 彰儀門. Une des portes de la ville chinoise de Pékin_côté Ouest.

10. Ph. 16. _La phrase dit : Je crains que de ce côté, ce ne soit trop loin.

11. Les ph. 19 et 20 sont des phrases de politesse, qu'il est inutile de traduire littéralement, car alors elles perdent leur saveur.

12. Spécificatif *P'ién* 片，s'applique aux jardins, aux cimetières, à differentes pièces de terre.

13eme Dialogue

La Visite

Vocabulaire

Présenter quelqu'un	引見	Yǹ kién	Désirer voir	久仰	Kioù yaǹg
Comment oserai-je !	豈敢	Ts'ì kàn	Moi de même	彼此	Pì ts'eù
Moment	程子	Tch'êng tseù	Administration	衙門	Yâ mên
Merci (cliché)	託福	T'ouō foú	Etre employé	差	Tch'aē
Merci (-d°-)	承問	Tch'êng ouén	-d°	行走	Sīng tsoò
Ministère	部	Poú	Finances	戶	Hoú

Phrases

1. A. Comment allez-vous Monsieur Tsien ?

Ts'iên laò iê hào ah ?

2. B. Je vais bien, et vous, Monsieur Cheu ?

Haò, Cheū lào iê hao ?

3. A. Très-bien merci.

Haò haò.

4. B. Il y a longtemps que je n'ai eu le plaisir de vous voir.

Lào mêi keì nîn ts'iǹg ngān leaò.

5. A. J'étais en voyage, et je ne suis revenu qu'avant-hier.

Ts'ì kaǹ, ouò tchée tch'êng tseù① tch'oū mên eūl leào. Ts'iên t'iēn tsaé hoūi laê.

6. B. Comment se portent votre père et votre mère ?

Foù cháng líng tsouēn, líng t'āng tá jên, toū haò ?

---

① 副册对应汉字为"一程子"。

7. A. Très-bien, merci et vos frères ?

T'ouō foú, toū haò, nîn tì lîng k'ouēn tchouńg, toū haò hā ?

8. B. Ils sont en bonne sauté_Tiens ! on frappe à la porte_Entrez.

T'ā mēn toū hào, tch'êng oueń_Ah ! ioù jên kiaó mên_Ts'ìng tsiń. (▲184)

9. B. C'est Monsieur Kouang. Je vais vous présenter l'un à l'autre.

Ah ! Kouàng lào iê laê leào, ouò keì nîn eúl oueí yǹ kién yǹ kień.

10. B. Voici Monsieur Kouang_Voici Monsieur Cheu.

Tcheé oueí cheú Kouàng laò iê_Tcheé oueí cheú Cheū laò iê.

11. A. Je n'ai pas encore eu le plaisir de vous rencontrer.

Tsoùng mêi hoúi kouó mién nā, kioú yàng, kioù yàng.

12. C. Moi non plus.

Pì ts'eù, pì ts'eù.

13. A. Combien avez-vous de fils ?

Nîn kì oueí lîng lâng ?

14. C. J'en ai trois.

T'ā mēn siaò keú eûl sān keú.

15. A. Et combien avez-vous de frères ?

Nîn k'ouēn tchoúng kì oueí ?

16. C. J'en ai deux.

Ouò mēn keú eûl leà.

17. A. Et le combien êtes-vous ?

Nîn hâng kì ?

18. C. Je suis le deuxième.

Ouò hâng eul.

19. A. A quelle administration appartenez-vous ?

Nîn tsaé nà yâ mên sîng tsoò ?

20. C. Je suis secrétaire au Ministère des Finances.

Ouò tsaé Hoú poú tāng tch'aē.

Observations

1. Toutes les phrases de ce dialogue sont des expressions de politesse. En prononçant *Hào* 好, d'une façon interrogative, on obtient la demande : Comment allez-vous ?

2. Ph. 4. Il y a longtemps que je ne vous ai prié d'être eu paix (formule) .

3. *Ts'ì kàn* 豈敢_Formule que l'on emploie pour repondre à toute demande polie, elle signifie : Comment oserai-je ? Ph. 5.

4. Ph. 6. Formules de politesse.

5. Ph. 7. *T'ouo foú* 託福_Selon votre bonheur_Terme de civilité.

6. Ph. 8. *Tch'êng ouén* 承問_Je reçois votre interrogation_Terme de civilité valant les précédents.

7. Ph. 9. Vous présenter est rendu par : Conduire voir (Expression consacrée) . (▲185)

8. Ph. 11. Termes de politesse.

9. Ph. 12. Et moi de même_Terme de civilité.

10. Ph. 13, 14, 15, 16, 17, 18_Formules banales de politesse, par lesquelles les Chinois commencent une conversation, quand ils ne se connaissent pas.

11. *Yâ mên* 衙門, désigne une administration quelconque, comme il désigne aussi l'ensemble des bâtiments abritant cette administration. Il a donc un sens concret et un sens abstrait.

12. *Hoú poú* 戶部_Un des 7 ministères de Pekin.

14ème Dialogue

La Visite (suite)

Vocabulaire

Même pays	同鄉	T'oûng siāng	Pour	替。提	T'í_T'î
Palais	宮	Kouñg	A la place de		
Se retirer	告假	Kaó kià	Jusqu'ici	這一向	Tcheé ī siáng

Phrases

1. B. Je vous prie de vous asseoir.

Nîn ts'iǹg tsouó.

2. C. Asseyez-vous.

Ts'ìng tsouó, ts'iǹg tsouó.

3. A. Etes-vous très-occupé en ce moment, Monsieur Kouang ?

Kouàng lào iê, nîn tchée ī siáng mâng poū mâng ?

4. C. Non, il n'y a pas beaucoup d'affaires.

Poū mâng, mêi ioù siù toūo tì cheú ts'îng.

5. A. Connaissez-vous, au Ministère des Rites, Monsieur Kia ?

Nîn jén teū Lí Poú tì Kià laò iê, poū jeń teū ?

6. C. Oui, je le connais, c'est un de mes amis.

Jén teū, ná cheú ouò ī ouéi p'êng ioù.

7. A. Ah ! nous sommes tous les deux du même pays, de Pao Ting Fou.

Ah ! ouò mēn leà cheú t'oûng siāng, toū cheú Paò Tińg Foù jên.

8. B. Je vous prie de boire une tasse de thé.

Laò iê ts'ìng heū tch'ā.

9. A. Merci beaucoup.

Nîn ts'iǹg, nîn ts'ìng.

10. B. L'empereur est au Palais l'Eté. Quand reviendra-t-il ?

Siēn tsaé houâng cháng tsaé Ouán Choó Chān, nîn mêi t'iňg chouō touō tsañ houî kouñg hā ? (▲186)

11. C_Il reviendra le 5 du mois prochain.

Siá yué tch'oū où hoûi laê.

12. A_Je vous demande la permission de me retirer.

Ouò yaó kén nîn kaó kià.

13. B_Je vous prie de rester un instant. Vous n'êtes pas pressé.

Ts'iṅg toūo tsouó hóui eûl, poū mâng.

14. A_Présentez mes respects à votre père et à votre mère.

T'í ouò keì lào iê tseù, laò t'aé t'aé, ts'iṅg ngan̄ pá.

15. B. Je vous remercie, faites mes souhaits à vos frères.

Cheú leào, t'í nîn chouō. Kién leào tá iê, eûl iê, toū t'ì ouò ouén hào pa①.

16. A. Je n'y manquerai pas.

Cheú leaò, toū t'ì nîn chouō.

17. A. Ne me reconduisez pas, je vous prie.

Nîn ts'iṅg leôu poú, pié soúng.

18. B. Je le dois.

Kaē tāng tì.

19. A. Rentrez, je vous prie, au revoir.

Ts'ìng hoûi pá, tsaé kień.

20. B. Au revoir, au revoir.

Tsaé kién, tsaé kień.

Observations

1. À la formule de politesse : Je vous prie de vous asseoir, il faut repondre de même : Je vous prie_ Ph. 2.

2. Ph. 3. En ce moment, est rendu par : *Tcheé ī siáng* 這一向_Jusqu'ici.

3. Ph. 4. *Siù touō tì* 許多的_adjectif de quantité, placé devant le nom.

4. Ph. 5. Le *Tì* 的, placé après *Lí Poú* 吏部, indique l'origine. On dit : Connaissez-vous, du Li Pou...

5. Le *Lí Poú* 吏部, est le Ministere des Offices Civils, des Fonctionnaires.

5. Ph. 6. Emploi de *Oueí* 位, au lieu de *Keū* 個, par politesse.

6. Ph. 7. *Ouò mēn leà* 我們倆. Nous deux.

7. Ph. 9. La politesse exige qu'à l'invitation de boire, on réponde par la même politesse.

8. Ph. 10. *Ouán choó chan̄* 萬壽山_Montagne des 10000 longévités_Colline et Pagode, dans le Palais d'Eté_Désigne souvent, par extension, le Palais tout entier. (▲187)

9. Ph. 12. Expression polie.

10. Ph. 14. Expression de politesse : Pour moi, donnez à votre père et à votre mère mes désirs (prières) de paix.

---

① 原书此处声调模糊。

11. Ph. 15. Cliché poli.

12. Ph. 17. Quand un visiteur se retire, le maître de la maison doit l'accompagner jusqu'à la porte. Le visiteur doit dire les paroles de la ph. 17, qui sont des formules, ou d'autres équivalentes, auxquelles l'hôte répond par des phrases dans le genre de la ph. 18.

13. Ph. 19_20_Formules polies_*Tsaé kién* 再見, _Encore voir_rend notre : Au revoir.

15eme Dialogue

Voyage en chemin de fer

Vocabulaire

Préparer	打點	Tà tièn	Billet	票	P'iào
Partir	起身	Ts'ì chēn	2e classe	二等的	Eúl tèng tì
Permettre	許	Siù	3e classe	三等的	Sān tèng tì
Cahoté	蹎打	Tièn tà	Vagon aux bagages	貨車	Houò tch'eē
Bagages	行李	Sîng lì	Champ de Courses	跑馬廠	P'ào mà tchàng
Gare	火車站	Hoùo tch'eē tchán	Cheminée	烟筒	Ieñ t'oûng
Valise	皮兜子	P'î toō tseù	Ateliers	機器廠	Kī ts'í tchàng

Phrases

1. Prépare mes bagages, je veux aller à Pao Ting Fou.

Keì oùo tà tièn cháng sîng lì, oùo yaó tch'ú Paò Tîng Foù.

2. À quelle heure partirez-vous ?

Nîn cheû mō cheû hoó ts'ì chēn ?

3. À une heure et demie.

Ī tièn pán tchoūng ts'ì chēn.

4. Monsieur, les bagages sont prêts.

Laò iê, sîng lì tà tièn haò leào.

5. Il faut louer une voiture pour aller à la gare.

Kaē tāng koú ī leàng tch'eē, cháng houò tch'eē tchán.

6. La voiture attend.

Tch'eē laê leào, laò iê.

7. Porte cette valise① dans la voiture et monte dedans.

Pà tcheé keú p'î toō tseù nâ táo tch'eē cháng tch'ú, nì iê cháng tch'eē pá. (▲188)

8. Monsieur, quels billets faut-il prendre ?

Laò iê kaē tāng tà kì tèng tch'eē p'iaò ?

9. Tu prendras un billet de 2eme classe pour moi et un de 3eme pour toi.

Keì ouò tà ī keú eúl tèng tì, nì tà ī keú sān teǹg tì.

---

① 原书此处为 malise，有误。

10. Voici les billets, nous pouvons monter en vagon.

Tch'eē p'iào toū tà leào. Ouò mēn k'eù ì cháng tch'eē pá.

11. Prends la malle et garde-là pendant le voyage.

Nâ tchò siâng tseù. Ī taó eûl cháng leoû tièn eûl chên.

12. Je crois que ce n'est pas permis, et qu'il faut la mettre dans le vagon aux bagages.

Ouò siàng tcheé lì poū siù keū, kaē tāng keū tsaé houó tch'eē cháng.

13. Alors, mets-là dans le vagon aux bagages.

Ná mō tsióu keú tsaé houó tch'eē cháng pá.

14. C'est vraiments très-commode d'aller en chemin de fer.

Tsouó houò tch'eē cheû tsaé cheú fāng pién.

15. Oui, on n'est pas cahoté, et on va vite.

Cheú, ioù poū tieñ tà, tsoò tì ioù k'ouaé.

16. Quel est cet endroit où je vois beaucoup de monde ?

Tcheé cheú cheû mō tí fāng. Tsên mō ná mō siē keú jên ?

17. C'est le champ de courses de Pekin.

Tcheé cheú Peì Kiñg tì p'ào mà tchàng.

18. Et quels sont ces bâtiments, avec une grande cheminée ?

Ná siē keú ioù tá ièn t'oûng tì cheú cheû mō fâng tseù ?

19. Ce sont les ateliers du chemin de fer de Pekin à Han K'oo.

Ná cheú Loû Hán tiè loú tì kī ts'í tchàng.

20. Alors nous sommes arrivés à Tchang Sin Tien.

Ha ! ouò mēn taó leào Tchàng Sīn Tień.

Observations

1. Ph. 1. Preparer_est rendu par : *Tà tièn cháng* 打點上. Exemple de verbe formé avec *Tà* 打.

2. Ph. 2. Partir, dans le sens de départ pour un voyage, se rend par *Ts'ì chēn* 起身_Lever le corps.

3. Ph. 7. *Nâ taó... tch'ú* 拿到……去, composé du verbe Emporter : *Nâ tch'ú* 拿去, et du modificateur *Táo* 到.

4. Ph. 8. *Tà p'iào* 打票_Prendre un billet_Exemple nouveau de verbe formé avec *Tà* 打.

5. Ph. 18. Le *Tì* 的, de la phrase remplace le mot où, et on dit : Ces quelques (bâtiments), où il y a une grande cheminée... (▲189)

6. Ph. 19. *Loû Hán tiè loú* 蘆漢鐵路. Chemin de fer de Pékin à Han K'oo, ainsi appelé parce que le point de départ primitif n'etait pas Pekin, mais Lou Kou Kiao, et que le point d'arrivée est Han K'oo. On le designait alors par la 1ere syllabe des deux noms de ville.

Il est appelé maintenant de préférence : *Peì Hán t'iè loú* 北漢鐵路, des deux premières syllabes des villes.

7. *Tchāng Sīn Tién* 長辛店. Village près de Lou Kou Tsiao, où sont établis les ateliers du chemin de fer.

16eme Dialogue

Voyage en chemin de fer (Suite)

Vocabulaire

Détruire	拆	Tch'aē	Pont en pierre	石頭橋	Cheû t'oô ts'iâo
Réparer	修	Sioū	Mine	礦	Koùng
Porter (animal)	駝	T'oûo	Chameau	駱駝	Louó t'ouô
Muraille	牆	Ts'iāng	Train	火車	Houò tch'eē
Pont en fer	鐵橋	Tiè ts'iâo	Hôtel_auberge	店	Tién
Vers (direction)	衝着	Tch'oūng tchò	Tout_jusqu'à	通	T'oūng

1. Quelle est cette muraille ?

Tcheé táo ts'iāng cheú cheû mō ts'iāng ?

2. C'est la muraille de Lou Koo Tsiao.

Ná cheú Loû Koō Ts'iâo tì ts'iāng.

3. Ce pont eu fer est superbe.

Tcheé táo tiè ts'iâo hèn t'ì mień.

4. Oui, et il est plus solide qu'un pont en pierre.

Cheú, ié pì cheû t'oô ts'iâo kiê cheû.

5. N'a-t il pas été détruit l'année dernière ?

Tch'ú niên poū cheú tch'aē leào moō ?

6. Il a été détruit, mais on l'a refait.

Tch'ú niên cheú tch'aē leào, taó tì jên① sioū cháng leào.

7. On m'a dit que dans les montagnes de l'Ouest, il y avait des mines de charbon.

Jên chouō sī chān lì t'oô mêi koùng heń touō.

8. C'est vrai, tous ces chameaux que vous voyez portent le charbon.

Ī tíng, nîn k'ań ná sīe louó t'ouô toū cheú t'ouô tì mêi.

9. Jusqu'où va le chemin de fer ?

Tchée t'iè loú t'oūng taó cheû mō tí fāng leào ? (▲190)

10. Il va jusqu'à Tcheng Ting Fou.

T'oūng táo Tchēn Tíng Foù.

11. Et quand pourra-t-on aller jusqu'à Han K'oo ?

Touō tsān k'eù ì taó Hán K'oò ?

12. Dans trois ou quatre ans.

Tsaé kouó sān seú niên tsioú k'eù ì taó Hán K'oò leaò.

13. Il sera difficile de traverser le Fleuve Jaune.

Ouéi kouó Houâng heû hèn poū joûng í pá.

---

① 副册对应汉字为"又"。

14. On fera un pont de plusieurs lis de longueur.

Cheú, jên yáo sioū haò kí lì tí tchāng tì ī táo tá ts'iâo.

15. Tiens, voici un train qui vient vers nous.

Ah ! nîn k'ań ná poū cheú houò tch'eē tch'oūng tchò tcheé eûl laê leaò moō ?

16. C'est le train qui vient de Tchen Ting Fou.

Tcha ! Ná tsioú cheû ts'oûng Tchēn Tińg Foù laê tì hoùo tch'eē.

17. Je crois que nous serons bientôt arrivés.

Ouò siàng ouò mēn k'ouaé taó leào.

18. Encore 10 minutes et nous arriverons à Pao Ting Fou.

Tsaé ioù cheû fēn, ouò mēn tsioú taó leào Paō Tíng Foù.

19. Le train s'arrête, nous sommes arrivés à la gare.

Taó leào houò tch'eē tchán leào, tch'eē tchán tchoú leào.

20. Appelle une voiture pour nous conduire à l'hôtel.

Kiáo ī leàng tch'eē laê lā ouò mēn cháng tień lì tch'ú.

Observations

1. Ph. 4. *Pì* 比, indique la comparaison.

2. Ph. 6. *Sioū chańg* 修上, verbe composé avec *Chańg* 上.

3. Ph. 8. Porter, quand il s'agit de la charge d'un animal, se dit : *T'ouô* 駝_

4. Ph. 9_Aller jusqu'à, se rend par : *T'oūng táo* 通到, formé de *T'oūng* 通_pénétrer_tout_aller_se mouvoir vers_et de : *Táo* 到, qui donne le sens d'aboutissement, d'arrivée.

5. Ph. 14. Un pont d'une longueur de quelques lis_Type de la formation chinoise qui renverse absolument la phrase française en disant : De quelques lis de longueur, un grand pont.

6. Ph. 15. *Tch'ouñg tchò* 衝着 ; le premier terme veut dire : Vers, direction ; le deuxième marque l'état. On dit : Ce train venant vers ici.

7. Ph. 17. *K'ouaé* 快, a ici le sens de : Bientôt_Nous savons que ce sens lui convient souvent. (▲191)

8. Ph. 18. *Tsaé* 再, est ici employé dans le sens de *Houân* 還_Encore.

9. Ph. 20. Conduire_est rendu par *Lā* 拉_Tirer, parce que l'on exprime ainsi la manière dont la voiture se deplace.

17ème Dialogue

Voyage en bateau

Vocabulaire

Transporter	運	Yún	Tirer la corde	拉縴
Embarquer	裝	Tchoūang	Pont de bateaux	浮橋
Bateau	船	Tch'ouân	Cabine	艙
Patron de bateau	船主兒	Tch'ouân tchoū eûl		

Phrases

1. Je dois livrer ces marchandises à Toung Tchoo.

Ouò teû pà tcheé siē houó fā taó T'oūng Tchoō tch'ú.

2. Comment les transporterez-vous ?

Tcheé siē houó nîn tsên mō yâng yūn fā ?

3. Je vais louer un grand bateau.

Ouò yaó koú ī tcheū tá tch'ouān.

4. C'est vous le patron du bateau ?

Nì cheú tch'ouān tchoù eûl moō ?

5. Oui.

Cheú.

6. Je veux louer votre bateau pour aller à Toung Tchoo.

Ouò yaó koú nì tchée tcheū tch'ouān cháng T'oūng Tchoō tch'ú.

7. C'est possible.

Sīng leào.

8. Combien par jour ?

Ī t'iēn touō chaò ts'iên ?

9. Si vous voulez aller vite, ce sera 4 piastres par jour.

Nîn jeé yáo k'ouaé, cheú seú k'ouaé ts'iên ī t'iēn.

10. Pourquoi est-ce plus cher quand on va vite que quand on va lentement ?

Tsên mō, tsoò tì k'ouaé, pì tsoò tì mán tsióu koúi moō ?

11. C'est parce qu'il me faut plus de coolies pour tirer la corde.

Yn̄ ouéi ouò teû touō cháng k'où lí lā ts'ién.

12. Combien mettrez-vous de jours pour arriver ?

Nì k'eù ì kì t'iēn táo ? (▲192)

13. Trois jours ou trois jours et demi.

Sān t'iēn houé sān t'iēn pán tsioú taó leào.

14. Les marchandises sont embarquées, nous pouvons partir.

Houó toū tchoūang hào leào, ouò mēn k'eù ì k'aē tch'ouān pá.

15. Nous partirons dans une demi-heure.

Ouò mēn kouó eúl k'eú k'aē tch'ouān.

16. Pourquoi pas tout de suite ?

Ouêi cheû mō poū lí k'eú tsoò ?

17. Parce que le pont de bateaux n'est pas ouvert, et qu'on ne peut passer.

Yn̄ oueí foû ts'iaò houân mêi ioù k'aē kouān, kouó poū tch'ú.

18. Y a-t il des cabines propres et commodes sur votre bateau ?

Tcheé tch'ouān cháng mêi ioù keú kān ts'īng fan̄g pién siē eûl tì ts'an̄g moō ?

19. Oui, il y a une grande cabine, vous pouvez entrer.

Ioù, tcheé lì ioù ī keú tá ts'āng, nîn k'eù ì soûi pién tsaé lì t'ôo.

20. Où coucherons-nous ce soir ?

Ouò mēn kīn t'iēn ouàn cháng tchoú nà eûl ?

Observations

1. Ph. 1. *Teû* 得, est employé souvent dans le sens de : Devoir, falloir_Phrase à l'accusatif.

Fâ taó... tch'ú 發到……去, composé de *Fâ* 發_Livrer, envoyer_et de l'auxiliaire modificateur double *Taó tch'ú*, 到去, entre les termes duquel se place le nom de lieu.

2. Ph. 2. *Yūn fâ* 運發_Transporter_Envoyer.

3. Ph. 11. *Teû* 得_est employé pour : Il faut__Plus_est rendu par *Touō* 多.

4. Ph. 14. Partir_est dit : *K'aē tch'ouān* 開船_Ouvrir le bateau. C'est une de ces expressions imagées si nombreuses, qui donnent de la couleur au parler chinois.

5. Ph. 17_Ouvert_est rendu par : *K'aē kouān* 開關_Le premier terme est verbe, le second substantif par position. C'est comme si l'on disait : La fermeture n'est pas encore ouverte.

6. Ph. 20_Où coucherons-nous ? est rendu ici par : Où demeurerons-nous ?

(▲193)

18ᵉᵐᵉ Dialogue

Voyage en bateau (suite)

Vocabulaire

Vent favorable	順風	Chouén fōng	Courant	溜	Lioú
Vent contraire	搶風	Ts'iang fōng	Gaffe	篙	Kāo
Tirer, hisser	掣	Tch'eé	Soutenir, pousser	撐	Tch'ēng
Voile	篷	P'êng	Aborder	靠邊	K'aó piēn
Agencer	搭	Tā	Passerelle	跳板	T'iaó pàn
Defaire	徹	Tch'eé	Charger (porter)	戴	Taé
Agiter, remuer	搖	Yaô	Grains	糧	Lêang
Rame	棹	Tcháo	Gouvernail	舵	Toúo
Ancre	錨	Maô	Tenir, enrouler	挽	Ouàn
Pourboire	酒錢	Tsioù ts'iên			

Phrases

1. Nous coucherons à Yang Tsouen aujourd'hui.

Ouò mēn kiñ t'iēn tchoú Yâng Ts'oun.

2. Le vent est favorable, mettez la voile.

Kouā chouén foñg leào, tch'eé ts'ì p'êng laê pá.

3. Nous allons la hisser.

Oùo mēn tā cháng p'êng.

4. Quand le vent est contraire, que faites-vous ?

Touō tsān kouā ts'iàng foñg, kaē tāng tsên mō pán ?

5. Nous baissons la voile et les coolies tirent la corde.

Ouò mēn tch'ée leào p'êng, yoūng k'où lí lā ts'ień.

6. Ne vous servez-vous pas des rames ?

Tsên mō nì mēn poū yâo tcháo ?

7. Non, le courant est trop fort.

Poū sîng, yn̄ oueí lioú t'aé tá.

8. Et ces gaffes, à quoi servent-elles ?

Tcheē siē kaō tsouó cheû mō ioūng ?

9. Quand les coolies ne suffisent pas à tirer, on pousse le bateau avec.

Tān tān tì lā ts'ién poū kōo, houân teû ioūng kaō tch'ēng tchò.

10. Nous voici arrivés à Yang Tsouen. Approchons du bord.

Há, taó leào Yâng Ts'ouēn leào, k'aó pién pá.

11. Attendez pour descendre, nous allons mettre une planche.

Siēn pié siá tch'ouān, tèng tchò ouò mēn tā cháng t'iaó pań. (▲194)

12. Quels sont ces bateaux chargés de sacs ?

Ná siē taé tchò k'oò taé tì, toū cheú cheû mō tch'ouān ?

13. Ce sont des bateaux de grains qui vont à Tong Tchoo.

Ná toū cheú cháng T'oūng Tchoō tch'ú tì leâng tch'ouān.

14. Il me semble que votre gouvernail ne fonctionne pas bien.

Ouò siàng tcheé tch'ouān touó poū hèn haò.

15. Vous vous trompez, il est en parfait état.

Nîn siàng ts'oúo leào, tcheé keú toúo hèn haò.

16. Jetez-vous quelquefois l'ancre de l'avant ?

Ioù cheû hoó ts'iên t'oô teû siá cháng mâo moō ?

17. Oui, quand on ne peut attacher le bateau à la rive.

Touō tsān tch'ouān ouàn poū tchoú, tsioû teû pà mâo siá cháng.

18. Si nous arrivons de bonne heure, je vous donnerai un pourboire.

Jeé cheú nì mēn taó tì k'ouaé, ouò chàng nì mēn tsioù ts'iên.

19. Nous arriverons à 2 heures de l'après-midi.

Ouò mēn kouó chaǹg où leàng tièn tchoūng tsioú taó leào.

20. Voici Toung Tchoo, le voyage a éte heureux.

Ná poū cheú T'oūng Tchoō, tcheé ī loú tsoò tì heǹ chouen̍ tañg.

Observations

1. Ph. 2_Hisser la voile, est rendu par : Tirer la voile. Le verbe *Tch'eé ts'i laê* 掣起來, est un verbe composé separable.

2. Ph. 3. *Tā* 搭. Agencer_réunir_est employé pour : Tirer ou hisser_Le patron dit : Nous allons agencer la voile.

3. Ph. 4_*Tsēn mō pán* 怎麼辦_Comment traitez-vous, pour Comment faites-vous ?

4. Ph. 8. *Tsouó cheû mō yoûng* 作什麼用_Faire quel service. Les deux termes, dans le sens donné par la phrase, sont inséparables.

5. Ph. 12. Tournure relative avec *Tì* 的. Le mot : bateaux, est sous-entendu dans la 1ere partie de la phrase.

6. Ph. 13_Même formation_La phrase chinoise est l'inverse de la phrase française, comme construction.

7. Ph. 15. Vous pensez une erreur_pour : Vous vous trompez.

8. Ph. 16. *Siá cháng* 下上_Expression composée dans laquelle *Siá* 下 veut dire : descendre_et *Cháng* 上_Sur.

9. Ph. 20_*Loú tsoò tì* 路走的_Marchant sur la route, équivaut à : Voyage.

(▲195)

19eme Dialogue

Le temps qu'il fait

Vocabulaire

Geler	凍	Tóng	Traîneau	托床	T'oūo tch'oūang
Clair (temps)	清亮	Ts'īng léang	Glace	凌	Lêang
Gelée blanche	霜雪	Chouan̄g sùe	Fondre	化	Houá
Brouillard	霧	Oú	Doux (temps)	暖活	Nàng houô

Phrases

1. Quel temps fait-il aujourd'hui ?
Kīn t'iēn t'iēn eûl hào poū hào ?

2. Il fait beau temps.
T'iēn hào leào. ①

3. Alors j irai me promener.
Nà mō oùo tch'oū tch'ú kouáng ī kouán̄g.

4. Il y a un fort vent du nord-ouest, qui souleve la poussière.
Kouā tá sī peì fon̄g, kouā ts'ì laê leào hào sīe keú t'où.

5. Je crois que cette année le vent souffle souvent.
Ouò siàng kīn niên fon̄g kouā tì toūo.

6. Oui, beaucoup plus que l'année dernière.
Poū tsouó, pì tch'ú niên kouā tì fon̄g toūo touō leào.

7. Mais aussi, il fait moins froid.

① 副册对应处为"天很好"。

Taó tì t'iēn ts'ì poū hèn leǹg.

8. C'est vrai, et il n'a pas encore neigé.

K'eù poū cheú mō ? Taó joû kīn houân mêi siá suè nî.

9. La rivière est-elle gelée ?

Heû lì t'oô toǹg leào mêi tóng ?

10. Le canal de Toung Tchoo est gelé, mais le Pei Ho ne l'est pas encore.

Sién tsaé T'oūng Tchoō heû ì kiňg tóng leào, Peì Heû houân mêi touńg nî.

11. Avez-vous vu, ce matin il y avait une epaisse gelée blanche ?

Nîn mêi kién kiñ t'iēn tsaò cháng siá leào hèn hoó tì chouāng suē ?

12. Oui, c'est parce que dans la nuit, il y a en de la lune, et que le temps était clair.

Ná cheú yñ ouéi heī ié ioù yué leáng, t'iēn ts'ì ts'īng leáng tì yuên koú.

13. Il y a fort peu souvent de brouillard cette année.

Kīn niên mêi cheú mō siá oú.

14. C'est parce que le temps est très-sec.

Yñ oueí t'iēn t'aé kān. (▲196)

15. Peut-on aller en traîneau jusqu'à Toung Tcheu Men.

Tsouó t'ouô tch'ouāng cháng Toūng Tcheú Mên sîng poū sîng ?

16. Je crois que la glace n'est pas assez solide.

Ouò siàng lêang houân poū koō kiē cheû.

17. Aujourd'hui, avec ce soleil, elle fondra en plusieurs endroits.

Kīn t'iēn hào siē chaé houá leào tì tí fāng.

18. Certainement, et on ne pourra marcher dessus.

Ī tíng, jên ié poū nēng tsaé cháng t'oô tsoò.

19. Vraiment, cet après-midi, il fait une douce température.

Où hóo jeé, cheú hào t'iēn, t'iēn ts'ì tsioú houân nàng hoûo.

20. Les journées d'hiver sont toujours ainsi.

Toūng t'iēn tì t'iēn ts'ì tch'âng cheú tcheé yâng.

Remarques

1. Ph. 1. *T'iēn eûl* 天兒, est pris pour : *T'iēn ts'ì* 天氣.

2. Ph. 2. *Kouā tá sī pèi foňg* 颳大西北風. L'expression de quantité est placée avant celle de lieu.

Kouā ts'ì laê 颳起來_Soulever en soufflant.

Beaucoup, est rendu par : *Haò siē* 好些.

3. Ph. 6. *Touō touō* 多多. Intensif pour : Beaucoup.

4. Ph. 8. *K'eù poū cheú moō* ? 可不是麽. Expression courante pour dire : Vous avez raison_Comment ne serait-ce pas ?

5. Ph. 9. On dit : Dans la riviere, est-ce gelé ?

6. Ph. 11_*Hèn hoó tì* 很厚的, adjectif en *Tì* 的, se plaçant devant le substantif.

7. Ph. 12_Au commencement, il y a : *Ouéi* 爲_Parce que, et à la fin : *Yuên koú* 緣故_Cause_motif_ prècede de *Tì* 的. On dit : C'est parce que dans la nuit... telle est la cause. C'est la formation habituelle.

8. Ph. 19_Le temps, s'il est beau, est encore chaud.

9. Ph. 20_*Toung t'iēn tì t'iēn ts'í*_冬天的天氣 : Les journées de l'hiver, _le temps de l'hiver.

(▲197)

20ème Dialogue

Le temps qu'il fait (suite)

Vocabulaire

Mouillé	淋濕	Lîn cheú	Inondé	濃	Noûng
Violent, brutal	暴	Paó	Imperméable	雨衣裳	Yù ī chāng
Orage	濤	T'aô	Averse	陣	Tch'ên
Sans cesse	止不住的	Tcheù poū tchoú tì	Nuage	雲采	Yûn ts'aè
Tonnerre	雷	Lêi	Fort (soleil)	毒	Toû
Foudre	霹	P'ī	Parapluie	雨傘	Yù sàn
Arc-en-ciel	虹	Káng	Parasol	旱傘	Hán sàn
Cesser (pluie)	住	Tchoú			

1. Vous êtes tout mouillé.

Nîn toū lîn cheū leào.

2. C'est qu'il pleut très-fort.

Yn̄ oueí siá tì yù t'aé páo.

3. C'est vrai, je n'ai jamais vu un orage pareil.

Cheú, ouò tsoùng mêi kién koúo tcheé mō lí haé tì t'iēn t'aô.

4. Il tonne et éclaire sans cesse.

Tcheù poū tchoú tì tà leî tà chàn.

5. La fondre est tombée sur une maison et a mis le feu.

Tà leaò ī keú p'ī lêi, pà ī tch'oū fâng tseù p'ī tchâo leào.

6. On m'a dit que cette annee deux hommes avaient été tués par la foudre.

Ouò t'iń̄g kién chouō, kīn niên ioù leàng keú jên peí leî p'ī leaò.

7. Je vois un arc-en-ciel, la pluie va cesser.

Ouò k'an̄ kién tch'oū leào káng leào, yù k'ouaé tchoú leaò.

8. Attendez encore pour partir, les rues sont inondees.

Nîn houân teū tèng hoúi eūl tsoò, taó eūl cháng t'aé noûng.

9. Je ne puis attendre, je suis pressé.

Ouò mâng tì lí haé, poū nēng tèng tchò leào.

10. Alors, prenez ce manteau imperméable et mettez-le.

Nà mō nîn pà tchée kień yù ī tch'ouān chańg pá.

11. Merci bien, je vais louer une voiture pour rentrer.

Nà hào kî leào, touō sié, ouò yáo koú ī leàng tch'eē hoûi tch'ú.

12. Elle ne pourra pas passer, il y a trop d'eau.

Tch'eē kouó poū tch'ú, taó eûl cháng chouì t'aé cheñ.

13. La pluie avait cesse, voici qu'elle recommence à tomber.

Tcheé yù houân tchoú poū leào, tchée poū cheú ioù siá ts'ì laê leào. (▲198)

14. Oh ! ce n'est qu'une petite averse.

Ha ! tcheé cheú ī tch'ên eûl.

15. Vous avez raison, ce n'est qu'un nuage qui passe.

Nîn choūo toúi leào, tcheé poū koúo cheú ī k'ouáe yûn ts'aè ts'oûng t'oô cháng kiñg kouó.

16. Tenez, voici le soleil qui apparaît.

Nì k'añ ná poū cheú t'ae yâng tch'oū laê leào moō ?

17. Alors la route va sécher vite, car le soleil est fort.

Tcheé táo eûl k'eù tsióu k'ouáe kān leào, yñ ouéi jeú t'oô hèn toū.

18. Quand il y a du soleil, et que le vent souffle, la terre seche vite.

Touō tsān ioù jeú t'oô, houé cheú kouā foñg, tí cháng tsióu kān tì k'ouaé.

19. Prêtez-moi tout de même un parapluie.

Táo tì nîn houân cheú tsié keì ouò ī pà yù sañ pá.

20. Je n'en ai pas, j'ai seulement un parasol.

Ouò meî ioù yù sàn, ouò tān tān tì ioù ī pà hán sàn.

Observations

1. Ph. 2. *Tì* 的 modificateur.

T'aé páo 太暴_Trop cruel_Expression ampoulée.

2. Ph. 3. *Lí haé tì* 利害的_Autre expression analogue.

3. Ph. 5. *P'ī* 霹, exprime l'action de la foudre qui frappe en même temps que l'eclair. La phrase dit : Il a été frappé un coup de tonnerre qui...

4. Ph. 6. *Peí leî p'ī leào* 被雷霹了. Tournure passive. Le Chinois dit : Souffert que le tonnerre ait frappé.

5. Ph. 11. *Ná haò kî leào* 那好極了. Veut dire : C'est parfait, c'est très-bien.

6. Ph. 13. *Tchoú poū leào* 住不了_Ne peut cesser.

7. Ph. 15. *Poū kouó* 不過. Ce n'est pas plus que, ce n'est que, expression d'usage courant.

8. Ph. 19. *Tsié keì ouò* 借給我_Prêtez-moi. Ce mot s'emploie par Prêter et emprunter. Il n'y a comme distinction que des nuances assez faibles, par exemple : Je lui préte : *Ouò tsié keì t'ā* , 我借給他_Je lui emprunte *Ouò tsié t'ā* 我借他. Il faut, pour être fixé, se reporter au sens de la phrase.

9. Ph. 20. *Tán tán tì* 單單的_Seulement_Adverbe formé à l'aide de *Tì* 的.

(▲199)

21ème Dialogue

Achat de Soie

Vocabulaire

Soie	綢子	Tch'oô tseù	Couleur	顏色	Iên chàe
Satin	緞子	Touán tseù	Soie écrue	生絲	Chēng seū
Satin uni	綀緞子	Soú touán tseù	Satin européen	洋緞	Yâng touán
Satin broché	花緞子	Houā touán tseù	Spécificatif	疋	P'ì

Phrases

1. Entrons dans cette boutique, je veux acheter de la soie.

Ouò mēn cháng tcheé tsoúo p'oú tseù lì tch'ú maē tièn eûl tch'oô tseù.

2. C'est un grand marchand, il y a tout ce dont vous aurez besoin.

Tcheé cheú tsoúo tá maè maé, ioūng cheû mō toū k'eù ì ioù.

3. Je désire acheter du satin.

Ouò yaó maê tièn eûl toúan tseù.

4. Voulez-vous du satin uni ou du satin broché ?

Nîn yáo soú touán tseù, yaó houā eûl touán tseù ?

5. Je veux du satin broché.

Ouò yáo taé houā eûl tì.

6. Et de quelle couleur ?

Cheû mō iên chaè eûl tì ?

7. Rouge ou bleu. Quel est le prix de celui-ci ?

Hoûng tì, houé lân tì, toū k'eù, tcheé keú cheû mō kiá ts'iên ?

8. Une piastre le pied.

Ì k'ouaé ts'iên ī tch'eù.

9. Combien y a-t-il de pieds dans cette pièce ?

Tchée ī p'ì ioù touō chaò tch'eù ?

10. Il y en a 40.

Tcheé cheú seú cheû tch'eù.

11. Voulez-vous me montrer de la soie écrue ?

Nì pà ná chēng seū tì nâ tch'oū laê ouò ts'iâo ts'iâo.

12. Voici ce que nous avons de mieux.

Nîn ts'iaô, tcheé cheú tińg haò tì.

13. Avez-vous du satin européen ?

Nì mēn ioù yâng touán mêi ioù ?

14. J'en ai de plusieurs qualités.

Ioù haò kí yâng tseù nī. (▲200)

15. Il me semble que celui-ci n'est guère épais.

Ouò siaǹg tcheé poū cheú hèn hoó tì.

16. En voici, qui est plus épais.

Nîn k'án tcheé ī k'ouaé, cheú tíng hoó tì.

17. Combien le vendez-vous ?

Tcheè keú tsên mō mae ?

18. 80 cents le pied.

Pā mâo ts'iên ī tch'eù.

19. C'est trop cher, je n'en veux pas.

T'ae kouí, ouò poū yáo.

20. Je ne puis le vendre à moins.

Chaò leào poū neňg koó maé.

Remarques

1. Ph. 2_On dit : C'est une boutique de grand commerce...

2. À remarquer, en passant, la terminaison *Eûl* 兒, de beaucoup de mots. Elle se fond avec le substantif pour former une syllabe, parfois difficile à comprendre. Ce suffixe est très-employe à Pekin.

3. Ph. 7. Rouge ou bleu, c'est possible_c'est-à-dire que cela est indifférent à l'acheteur.

4. Ph. 11. *Nâ tch'oū laê* 拿出來. Prenez, sortez, venez_L'ensemble forme le verbe : Montrer.

5. Ph. 15. *Hèn hoó tì* 很厚的. L'emploi du verbe Etre oblige à cette tournure.

6. Ph. 17. Comment vendez-vous, pour : Quel est le prix ?

7. Ph. 20. *Chaò leào* 少了_moins, à moins.

8. Spécificatif *P'ì* 疋, est employé pour les pièces d'étoffe.

(▲201)

22eme Dialogue

Achat de tableaux

Vocabulaire

Tableau	畫兒	Houá eûl	Enrouler	捲	Tchuàn
Paysage	山水	Chān choùi	Série	聯	Liên
Représenter	像	Siaňg	Oiseaux	鳥。雀	Niào_Ts'iào
Image	像	Siáng	Génie (être surnaturel)	神	Chên
Registre	册子	Ts'eú tseù	Plantes	卉	Houeí

Phrases

1. Comment va le commerce, patron Kouo ?

Maè maé haò hà Kouō tchàng koúi tì ?

2. Assez bien, Monsieur Li.

K'eù ì tì, Lì laò iê.

3. Avez-vous quelques beaux tableaux à me vendre ?

Nîn ioù hào houá eûl moō ?

4. J'en ai plusieurs.

Ioù kí tchāng.

5. Voulez-vous me les montrer ?

K'eù ì nâ tch'oū laê ts'iâo ts'iâo moô ?

6. Voici un paysage sur soie.

Nîn ts'iâo, tcheé tchāng chān chouì eûl ts'uán houá tì.

7. Que représente-t-il ?

Tcheé siáng houá tì cheû mō tí fāng eûl ?

8. C'est un paysage du Chan Toung.

Tcheè cheú Chān Toūng tì mién tī ī tch'oú chān choùi eûl.

9. Avez-vous des tableaux de fleurs ?

Ioù houá tì houā ts'aò eûl mêi ioù ?

10. J'en ai, mais sur papier.

Ioù, táo tì toū cheú tcheù houá tì.

11. Je desirerais aussi un album de fleurs.

Ouò yueǹ í màe pèn houā hoéi① ts'eù ié.

12. J'en ai un très joli.

Ouò ioù ī pèn hèn t'ì mién tì.

13. Quels sont ces tableaux roulés ?

Tchée siē tchuàn tchô tì toū cheú cheû mō houā eûl ?

14. C'est une série de 12 tableaux, représentant des oiseaux.

Tchée keú cheú cheû eúl t'iâo eûl ī liên, houá tì cheú ts'iáo eûl, niaò eûl, cheû mō tì. (▲202)

15. Si vous aviez de très-vieux tableaux, j'eu acheterai.

Jeé cheú ioù cheû mō laò houá eûl, ouò yaó maē tieǹ eûl.

16. J'en ai deux qui sont fort beaux.

Ouò ioù leàng tchāng tiǹg t'ì mién tì laò houá eûl.

17. Je veux qu'ils soient en bon état.

Taó tì ouò yaó poū p'oúo poū houaé tì.

18. Ce sont des tableaux de pagode, ils représentent des génies.

Tcheé toū cheú miáo lì tì houá eûl, houá tì toū cheú chên siáng.

19. Ne vendez-vous pas aussi des tableaux européens ?

Nîn maé ouaé kouô houá eûl poū mae ?

20. Oui, mais fort peu.

Maé, taò tí mêi ioù siù touō.

---

① 副册对应汉字为"草"。

Remarques

1. Ph. 1. *Hà* 哇. Interrogation familiere.

2. Ph. 2. *K'eù ì tì* 可以的_Assez bon.

3. Ph. 6. *Tì* 的, indique la matière.

4. Ph. 8. *Tí mién* 地面_Figure de la terre.

5. Ph. 9. *Tì* 的. fait de *Hoúa* 畫, le verbe : Peindre.

6. Ph. 13. *Tchò* 着, indique l'etat.

7. Ph. 14. Il y a des oiseaux à longue queue, des oiseaux a courte queue, etc.

8. Ph. 17. En bon etat_est rendu par : pas âbimès, pas déchirés.

9. Ph. 18. Le premier *Tì* 的 indique la provenance, le 2eme fait le verbe : Peindre, pris au participe passé. Le 2eme membre de phrase dit : Ce qui est peint, tout, ce sont des images de génies.

23eme Dialogue

Achat de livres

Vocabulaire

Caractères	字	Tseú	Volume	本	Pèn
Imprimer	印	Yń	Avoir besoin	要緊用	Yáo kìn ioūng
Nettement	清楚	Ts'iῡg tch'où	Couverture	書套	Choū t'áo
Planches	板	Pan̆	Histoire	史	Cheù
D'impression			Rare	少。稀罕	Chào_Sī hàn
Dictionnaire	字典	Tseú tien̄	Spécificatif	部	Poú

(▲203)

1. Viens avec moi : nous allons au Liou Li Tchang.

Nîn t'oūng ouò cháng Leoû Lî Tch'an̄g tch'ú yá.

2. Que voulez-vous acheter ?

Nîn yáo maè cheû mō ?

3. Je veux acheter quelques livres.

Ouò yaó màe kí poú choū.

4. Veuillez vous asseoir, Monsieur, que desirez-vous ?

Laò iê, ts'in̆g tsoúo, nîn yueń í maè tieǹ eûl cheû mō choū ?

5. Je voudrais le Cheu King.

Ouò yaó maè ī poú Cheū Kīng.

6. J'en ai justement un bel exemplaire.

Ouò ioù ī poú hèn haò tì.

7. Je trouve que les caractères sont trop petits.

Ouò k'ań tcheé tseú t'aé siaò.

8. Ils sont petits, mais très nettement imprimés.

Tseú siào, taó tì pàn haò, yń tì heǹ ts'īng tch'où.

9. Est-ce imprimé sur bois ou sur pierre ?

Tcheé cheú moú pàn tì cheú cheû yń tì ?

10. C'est imprimé sur pierre.

Cheú cheû yń tì.

11. Montrez-moi aussi un Dictionnaire de Kang Si.

Nâ K'āng Sī tseú tieñ laê ouò ts'iâo ts'iaô.

12. En voici un.

Nîn ts'iâo tcheé ī t'aó.

13. J'ai besoin encore de deux couvertures de livres.

Ouò houân yaó kīn ioūng leàng poú choū t'aó.

14. J'ai une belle histoire des Ming, en 6 volumes. La voulez-vous ?

Ioū ī poú Mîng cheù leoú peǹ eûl, nîn yaó poū yaó.

15. Combien la vendez-vous ?

Maé touō chaò ts'iên ?

16. C'est un exemplaire rare, je le vends 4 piastres.

Tcheé t'aó pàn joû kiñ hèn chaò leào, tcheé keú maé tì seú k'ouaé ts'iên.

17. J'en donne 3 piastres.

Ouò keì sañ k'ouaé ts'iên.

18. 3 piastres, je ne puis.

Sañ k'ouáe ts'iên poū sîng. (▲204)

19. Enveloppez ces livres, je vais les emporter.

Nîn pà tcheé siē choū keì paō chańg ouò haò nâ tchò.

20. Au revoir, Monsieur.

Tsaé kién laò iê.

Remarques

1. Ph. 1. *Leoû Lî Tch'àng* 琉璃厰_Rue de Pékin où se trouvent les grandes librairies.

2. Ph. 4. *Tièn eûl* 點兒_est pour : Quelques.

3. Ph. 5. *Cheū Kīng* 詩經_Livre des Vers_un des classiques chinois.

4. Ph. 8. La phrase dit : Les caractères sont petits, mais la planche d'impression était belle, et c'est imprimé très nettement.

5. Ph. 11. *K'āng Sī tseú tieñ* 康熙字典_Dictionnaire édité par ordre de l'empereur Kang Si, et qui fait autorité.

6. Ph. 16. Les planches d'impression, maintenant, sont peu nombreuses...

7. Ph. 19. *Hào nâ tchò* 好拿着. Pour que je puisse facilement emporter.

Nota_Il faut dire, pour l'intelligence de ce qui précéde, que l'impression courante, en Chine, se fait à l'aide de planches de bois ou de plaques de pierre gravees. Il faut donc, pour l'impression d'un livre, autant de planches que de pages, ce qui explique que l'on parle de planches et non d'editions, attendu que si les planches existent encore, on peut tirer autant d'exemplaires que l'on veut.

Quelques éditeurs se sont mis au tirage avec des caractères mobiles, mais la composition est très-longue, par suite de la grande variété des caractères employés.

24ème Dialogue

Achat de Chaussures

Vocabulaire

Velours	回子絨	Houî tseù joûng	Convenir	準合式	Tchouèn heû cheú
Essayer	試一試	Cheú ì cheú	Gris	灰色	Houī chaè
Semelle	底子	Tì tseù	Feutre	毡	Tchān

(▲205)

Phrases

1. Avez-vous des souliers solides ?

Nîn ioù kiê cheû tieǹ eûl tì siê moō ?

2. Tous les souliers que je vends sont très-bons.

Ouò maé tì siê toū cheú heǹ haò tì.

3. Montrez-moi une paire de souliers noirs.

Keì ouò nâ chouāng heī siê ts'iâo ts'iâo.

4. De quelle sorte les voulez-vous ?

Nîn yaó cheû mō yâng eûl tì ?

5. Je veux des souliers en velours.

Ouò yaó hoûi tseù joûng tì.

6. Essayez ceux-ci, je crois qu'ils vous iront.

Nîn cheú ì cheú tcheé ī chouāng, ouò siàng nîn tch'ouān tì.

7. Ils sont trop grands, donnez-m'en d'autres.

Tcheé ī chouāng t'aé tá, keì oùo líng nâ ī chouāng piê tì.

8. En voici de plus petits.

Keì nîn tcheé chouāng siaò tièn eûl tì.

9. Je veux aussi acheter une paire de bottes.

Ouò houân yaó ī chouāng suē tseù.

10. Quelles bottes voulez-vous ?

Nîn yáo cheû mō suē tseù ?

11. Des bottes à semelle epaisse.

Ouò yáo chouāng hoó tì eûl tì suē tseù.

12. Voulez-vous qu'elles soient fourrées ?

Nîn yáo p'î suē tseù poū yáo ?

13. Non, ce n'est pas nècessaire.

Poū yaó, ouò ioûng poū tchò.

14. En voici qui vous conviendront parfaitement.

Nîn ts'iâo tcheé ī chouāng, ouéi nîn tchouèn heû cheú.

15. Quels sont ces gros souliers gris ?

Ná siē hoûi chaè tá keú eûl tì, toū cheú cheû mō siê ?

16. Ce sont des souliers en feutre pour l'hiver.

Ná toū cheú tchān mâo oûo, oueí toūng t'iēn tch'ouān tì.

17. Avez-vous des bottes imperméables ?

Nîn ioù yù suē mêi ioù ?

18. J'en ai.

Ioù. (▲206)

19. Vous m'enverrez ces chaussures, à ma maison.

Nîn pà tcheé suē tseù heû siê, toū keì oùo soúng tch'ú pá.

20. Bien Monsieur, au revoir.

Cheú leào, lào iê, tsaé kień.

Remarques

1. Ph. 2. *Ouò maé tì* 我賣的_Ce que je vends.

2. Ph. 6. *Tch'ouān tì* 穿的_Le *Tì* 的 marque la possibilité.

3. Ph. 7. À remarquer qu'avec *Piê tì* 别的, on emploie habituellement *Lińg* 另, placé devant le verbe.

4. Ph. 11. *Tì* 的 est relatif_La phrase dit : Des bottes qui aient la semelle épaisse.

5. Ph. 13. *Yoûng poū tchò* 用不着_Je ne puis m'en servir.

6. Ph. 19. *Soûng tch'ú* 送去_Porter_dans le sens indiqué par la phrase, qui ne précise pas la façon dont les chaussures seront portées.

25ème Dialogue

Achat de bois et charbon

Vocabulaire

Charbon gras	烟煤	Iēn mêi	Moins, second	次	Ts'eú
Charbon dur	硬煤	Ińg mêi	Morceaux	碎	Soeí
Boulettes de charbon	煤球兒	Meî ts'ioû eûl	Entier, complet	整	Tchèng
Bois à brûler	劈柴	P'ī tch'aê			

Phrases

1. Nous serons bientôt en hiver, il faut acheter du charbon.

K'ouaé taó toūng t'iēn leào, ouò mēn kaē tāng maè mêi.

2. Rue Ha Ta Meun, il y a une grande boutique.

Hā Tâ Mên tá kiē, ioù keú tá mêi p'oú.

3. Quelles sortes de charbon avez-vous ?

Nì mēn tcheé lì ioù cheû mō mêi ?

4. J ai du charbon dur et du charbon gras.

Ioù yńg mêi, ié ioù iēn eûl mêi.

5. Combien le rendez-vous ?

Maé touō chaò ts'iên ?

6. Le dur, c'est une piastre les 100 Kilogs.

Ińg mêi máe ī k'ouaé ts'iên ī paè kiñ. (▲207)

7. Et le gras ?

Ieñ eûl mêi nî ?

8. 80 cents les 100 Kilogs.

Ieñ eûl mêi pā maô ts'iên ī paē kiñ.

9. Et les boulettes de charbon ?

Meî ts'ioû eûl maé touō chaò ts'iên ?

10. Les grosses, 70 cents ; les petites 60 cents.

Hào tì ts'ī mâo ts'iên, ts'eú tieñ eûl tì leoú mâo ts'iên.

11. Il me faut aussi du bois à brûler.

Ouò houân teû yaó p'ī tch'aê.

12. Voulez-vous du petit bois ou du gros bois ?

P'ī tch'aê nîn yáo tá k'ouaé eûl tì, yaó soeí k'ouaé eûl tì ?

13. Il me faut des deux espèces.

Tchèng tì, soeí tì, leàng yâng toū yaó.

14. D'où vient ce charbon ?

Tcheé cheú cheû mō tí fañg tì mêi ?

15. Celui-ci vient de Toung Chan.

Tcheé keú cheú ts'oûng T'âng Chān laê tì.

16. Et le charbon dur ?

Ińg mêi cheú nà eûl tì ?

17. Il vient de l'Ouest de Pekin, ce sont les chameaux qui l'apportent.

Ing mêi cheú ts'oûng Kiñg Sī nâ loúo t'ouô t'ouô laê tì.

18. Envoyez-moi 1500 Kilogs de charbon dur.

Keì ouò soûng ī ts'iēn où paè kiñ yńg mêi.

19. Et combien de bois à brûler ?

Nîn yaó touō chaò p'ī tch'aê ?

20. 400 Kilogs, mais qu'il soit bien sec.

Seú paè kiñ, taó tì kaē tañg cheú kañ tì.

Remarques

1. Ph. 1. *K'ouaé* 快, est pour : Bientôt.

2. Ph. 11. *Teû* 得, est pour : Falloir.

3. Ph. 14. *Tì* 的 relatif. De quel endroit ?

4. Ph. 15. *Laê tì* 來的 Venu.

5. Ph. 16. *Nà eûl tì* 那兒的 D'où ?

6. Ph. 17. *Nâ ... laê tì*, 拿……來的. Apporté. Le complément est entre les deux termes du verbe composé. On exprime par *T'ôûo* 駝. (▲208)

7. Ph. 20. *Cheú kān tì* 是乾的. Le verbe Etre oblige *Tì* 的. Il faut du bois sec se dirait : *Kaē tāng kān p'ī tch'aê*, 該當乾劈柴.

26ème Dialogue

Location d'une maison

Vocabulaire

Louer	租	Tsoū	Hangar	車棚	Tch'eē p'êng
Louer	賃	Lín	Serre	花兒洞子	Houā eûl toúng tseù
Prier	求	Ts'ioû	Arrhes	定錢	Tíng ts'iên
Jardin	園子	Yuên tseù	Bail	租契	Tsoū ts'í
Ecurie	馬號	Mà haó	Etablir	立	Lí
Prix de location	租錢	Tsoū ts'iên	Puits	井	Tsìng
Toit	房頂	Fâng tíng	Spécificatif	眼	Ièn

Phrases

1. Connaissez-vous une maison à louer ?

Nîn tcheū taó nà eûl ioù fâng tseù tch'oū tsoū moō ?

2. Oui, j'ai un ami qui en a une.

Tcheū taó, ouò ioù ī keú p'êng ioù, t'ā ioù ī tch'oū fâng tseù yaó tsoū.

3. Conduisez-moi, je vous prie.

Ts'ioû nîn lìng ouò tch'ú ts'iâo ts'iâo.

4. Voici Monsieur Kouo qui désire louer une maison.

Tcheé cheú Kouō laò iê, t'ā yuén í lín ī souò fâng tseù.

5. Combien y a-t-il de chambres dans la maison ?

Tcheé fâng tseù ioù touō chaò kiēn ?

6. Il y a 6 grandes chambres et 8 petites.

Ī koúng cheú leoú kiēn tá fâng, pā kiēn siaò fâng eûl.

7. Y a-t-il un jardin ?

Ioù houā yuên tseù mêi ioù ?

8. Il y a un jardin et une écurie.

Ioù ī keú houā eûl yuên tseù, houân ioù ī keú mà háo.

9. Voulez-vous me faire visiter ?

Nîn t'oûng ouò tch'ú ts'iâo ts'iâo, k'eù ì poū k'eù ì ?

10. Voyez Monsieur, ici est la cuisine, là le puits.

Nîn ts'iâo, tcheé eûl cheú tch'oû fâng, ná piēn cheú ī ièn tsìng.

11. Quel est le prix de location ?

Tsoū toūo chào kiá ts'iên ? (▲209)

12. 35 Tiaos par mois.

Ī yué sān cheû où tiaó ts'iên.

13. Il me semble que le toit n'est pas solide.

Ouò siàng tcheé fâng tińg tseù poū heǹ kiê cheû.

14. Pardon, il vient d'être répare.

Poū nēng nîn nā, tcheé cheú tsaé cheû touó tì.

15. Y a-t-il une porte dans le jardin ?

Houā eûl yuên tseù lì ioù mên mêi ioù ?

16. Oui, il y a une grande porte pour les voitures.

Ioù ī keú tá tch'eē mên.

17. Quelles sont ces constructions ?

Tcheé siē siaò p'êng tseù eûl cheú cheû mō ?

18. Ce sont des serres pour mettre les fleurs en hiver.

Ná cheú houā eûl toúng tseù, ouéi toūng t'iēn keū houā eûl ioūng tì.

19. Je vais vous donner des arrhes, et nous ferons ensuite le bail.

Ouò siēn keì nîn tińg ts'iên, hoó laê ouò mēn tsaé lí tsoū ts'í.

20. Bien Monsieur, au revoir.

Hào pán laò iê, tsaé kień.

Remarques

1. Ph. 1_Louer, en parlant de la personne qui donne la location se dit : *Tch'oū tsoū* 出租, _Sortir la location_*Tsoū* 租, est le terme genéral et s'applique plutôt aux terres.

2. Ph. 4_Louer, en parlant d'une maison, se dit plutôt : *Lín* 賃.

3. Ph. 6_Façon de rendre : Chambres_On dit : 6 chambres de grande maison, 8 chambres de petite maison.

4. Ph. 11. Louer combien de prix d'argent ?

5. Ph. 14_Le propriétaire de la maison, en entendant dire que le toit ne parait pas solice, repond : Cela ne se peut pas. C'est une négation polie.

6. Ph. 18. *Oueí toūng t'iēn ioūng tì*, 爲冬天用的. _Dont on se sert en hiver.

7. Ph. 19. *Lí tsoū ts'í* 立租契. Etablir le bail.

8. Ph. 20. *Haò pán* 好辦_C'est bien réglé_C'est bien.

9. Spécificatifs : *Ién* 眼_Oeil, s'emploie pour les puits et les ouvertures de ce genre.

Soúo 所, s'applique aux maisons.

Tch'oû 處, s'applique aux maisons et bâtiments.

(▲210)

27ème Dialogue

Location et culture de terres

Vocabulaire

Récolter	收	Choō	Couler	溜	Lioú
Grains	糧食	Lêang cheû	Maigre (terre)	瘦	Choó
Cultiver	種	Tchoúng	Fumer (terre)	上糞	Cháng fén
Haricots	豆子	Toó tseù	Millet	穀子	Koù tseù
Voisin	街防	Kiē fáng	Sorgho	高粱	Kaō leâng
Arroser	澆	Kiaō	Titre de propriété	紅契	Hoûng ts'í
Rigole	淪溝	Louēn koō			

Phrases

1. Quelle est l'étendue de cette pièce de terre ?

Tcheé k'ouaé tí ioù touō chào moù ?

2. Elle a 25 mous.

Ioù eúl cheû où moù.

3. Qu'y cultivez-vous habituellement ?

Nîn p'îng tch'âng toū cheú choō tì cheû mō leâng cheû ?

4. Je cultive le sorgho et les haricots.

Ouò tchoúng tì kāo leâng heû toó tseù.

5. Combien la louez-vous par au ?

Nîn ī niên toūo chào ts'iên tsoū tì ?

6. Je la loue 35 tiaos.

Sān cheû où tiaó ts'iên.

7. Je voudrais louer une bonne terre, pour cultiver le blé.

Ouò yáo tsoū ī k'ouáe haò tì, oueí tchoúng maé tseù.

8. Il y a un voisin nommé Li, qui a une belle pièce.

Ouò mēn kiē fáng sińg Lì tì ioù k'ouaé haò tí.

9. Où est-elle située ?

Tsaé cheû mō tí fāng ?

10. Au Nord-Ouest du village, à un peu plus d'un li.

Tsaé ts'ouēn sī pèi cháng ioù ī lī toūo tí.

11. Comment arrosez-vous ces terres ?

Tcheé k'ouáe tí nîn ioūng nà eûl tì choùi kiaō.

12. Nous prenons l'eau au puits, et nous la faisons couler dans des rigoles.

Ouò mēn ioūng tsìng choùi ouā louên koō kiaō.

13. Pourquoi ne prenez-vous pas l'eau au fleuve ?

Ouêi cheû mō poū ioūng heû choùi ? (▲211)

14. C'est parce que c'est trop loin.

Yn̄ oueí heû choùi t'aé yueǹ.

15. Cette terre est maigre, il faudrait la fumer.

Tcheé k'ouaé tí t'aé choó, kaē tan̄g cháng feń.

16. Nous la fumerons en automne.

Ouò mēn kàn ts'ioū t'iēn tì cheû hoó cháng feń.

17. Que cultivez-vous ici ?

Tcheé k'ouaé tí nîn tchoúng cheû mō ?

18. Nous cultivons du maïs et du millet.

Ouò mēn tchoúng páng tseù heû koù tseù.

19. Si cette terre est à vous, je désirerais vous la louer.

Tcheé k'ouaé tí jeé cheú nîn tì, ouò yueń í tsoū.

20. Elle est a moi, j'ai les titres de propriété.

Cheú ouò tì, ouò ié ioù hoūng ts'í.

Remarques

1. Ph. 1. Quelle est l'etendue ? Est rendu par : Il y a combien de mou ? On aurait pu dire autrement.

2. Ph. 3_Le *Tì* 的, après *Chōo* 收, est obligé par l'emploi du verbe Etre.

3. Ph. 4. Le *Tì* 的, de *Tchoúng tì* 種的 veut dire : La façon, la manière dont je cultive.

4. Ph. 5. *Ī niên... tsoū tì* 一年……租的, indique une année de fermage. L'interrogation est intercalée.

5. Ph. 8. *Síng Lì tì* 姓李的. Un nommé Li_Ne jamais oublier *Tì* 的, dans cette formule.

6. Ph. 10. *Toūo* 多, placé après *Lī* 里, indique : un peu plus.

7. Ph. 11. Arroser, à l'aide de rigoles, se dit : *Kiāo* 澆.

8. Ph. 16. Quand arrivera l'automne, est rendu par : Quand ce sera l'époque de l'automne.

9. Ph. 20. *Yé* 也, est affirmatif, et veut dire : Et, aussi.

(▲212)

28ème Dialogue

Construction et réparation d'une maison

Vocabulaire

Construire	蓋	Káe	Colleur	表糊匠	Piào hoû kiāng
Etage	樓	Loô	Papier européen	洋紙	Yâng tcheù

Rez de chaussée	底下	Tì siá	Rouleau	捲	Tchuàn
Enduire	勾抹	Koō moùo	Ouvrier	工人	Koūng jên
Recommander	舉薦	Tchù kień	Battant de porte	扇門	Chán mên
Coller (papier)	表糊	Piào hoû	Tapisser	糊	Hoû
Plafond	頂隔	Tìng keû			

Phrases

1. Monsieur Ts'ien a fait bâtir une belle maison.

Ts'iên laò iê sīn kaé leào ī ts'oû t'ì mién fâng tseù.

2. À quel endroit ?

Tsaé cheû mō tí fañg ?

3. En dehors de Tsien Men.

Tsaé Ts'iên Mên ouaé t'ôo.

4. Est-ce une maison à étages ?

Cheú kaé tì tsoúo lôo moō ?

5. Oui, il y a un étage, et au rez-de-chaussée deux boutiques.

Cheú, cháng t'oō cheú ī tsoúo loô, tì siá cheú leàng tsoúo p'oú mién.

6. Moi, je veux faire réparer la mienne.

Ouò yé yaó choō cheû fâng tseù.

7. Quelles réparations voulez-vous faire ?

Nîn yaó tsên mō choō cheû ?

8. Il faut enduire les toitures et réparer les lits de camp.

Kaē tāng koō moùo fâng tíng tseù, houân teû choō cheû k'añg.

9. Si vous voulez, je vous recommanderai un maçon.

Nîn jeé yueń í, ouò keì nîn tchù kién ī keú ouà kiāng.

10. Il faut aussi que l'on répare les plafonds de deux chambres.

Houân teû piào hoû leàng kiēn tìng keû.

11. C'est vous le colleur de papier ?

Nì cheú piào hoû kiāng moō ?

12. Oui c'est moi, que désirez-vous ?

Cheú, nîn yaó hoû cheû mō ?

13. Je veux faire tapisser ces deux chambres.

Ouò yaó hoû tcheé leàng kiēn tiǹg keû. (▲213)

14. Quel papier voulez-vous ?

Nîn yaó cheû mō yañg tì tcheù ?

15. Je veux du papier européen à fleurs.

Yaó yâng yń houā eûl tcheù.

16. Je le vends une piastre le rouleau.

Tcheé keú tcheù ouò maé ī k'ouaé ts'iên ī tchùan eûl.

17. Devrai-je encore payer les ouvrier ?

Ouò houân teû keì koūng ts'iên poū nî ?

18. Oui, il faudra leur donner 40 cents par jour.

Teû keì, koūng ts'iên cheú seú mâo ts'iên ī koung.

19. La grande porte ne ferme plus, il faudra la réparer.

Ná chán tá mên kouān poū cháng leào, kaē tāng choū cheû.

20. Je dirai au menuisier de venir.

Ouò kiáo ī keú moú kiang laê.

Remarques

1. Ph. 1. *Sin kaé* 新蓋_Nouvellement construit.

2. Ph. 5. *P'oú mién* 鋪面_Face_Emplacement de boutique.

3. Ph. 10. *Leàng kiēn ting keû* 兩間頂隔. Les plafonds de deux chambres.

4. Ph. 17. *Koūng ts'iên* 工錢_Argent du travail_Salaire des ouvriers.

5. Ph. 18. *Teû,* 得_Il faut.

6. Ph. 18. *Ī koūng* 一工_pour : *Ī koūng jên* 一工人 ; un ouvrier.

7. Ph. 19. *Kouān poū chang* 關不上. Forme de l'impossibilité.

29eme Dialogue

La maladie

Vocabulaire

Corps	身體	Chen t'ì	Purgation	大藥	Tá iáo
Etre malade	欠安	Ts'ien ngân	Nôtre	偺們	Tsàn mēn
Rhume	傷風	Cháng fong	Entorse	扭着	Nioù tchò
Avoir la fièvre	發燒	Fā chaō	Enflure	腫	Tchoung
Variole	出花	Tch'oū houā	Marcher	行走	Sīng tsoò
Médecin	大夫	T'aé foū	Espérer	盼望	P'an ouáng

(▲214)

Phrases

1. J ai appris de Monsieur Kouang que vous aviez été malade.

Ouò t'ing kién Kouàng laò iê chouō nîn chèn t'ì ts'ién ngân leào.

2. Oui, ces jours derniers, j'ai pris un rhume.

Cheú, ouò tcheé kí t'iēn cháng fong leào.

3. Je vois que vous êtes complètement gueri.

Ouò k'an nîn joū kin tch'uân haò leào.

4. Non, j'ai encore un peu de fièvre.

Meî ioù tch'uân haò leào, chēn chang houân cheú ioù tien eûl fā chaō.

5. Que vous a dit le médecin ?

T'aé foū keń nîn chouō cheû mō ?

6. Il m'a fait prendre une purgation.

T'aé foū kiaó ouò tch'eū tá yáo.

7. Et votre jeune fils, qui avait la variole ?

Nîn tì siào eûl tseù tch'oū houā eûl, haò leào mêi ioù nî ?

8. Il est tout à fait gueri déjà.

T'ā ì kiǹg tch'uân haò leaò.

9. Je suis allé voir, hier, notre ami, Monsieur Li.

Tsouô t'iēn ouò tch'ú ouáng k'án tsân mēn ná ouéi p'êng ioù Lì lào iê tch'ù leaò.

10. Comment se porte-t-il ?

T'ā sień tsaé tsên mō yâng ?

11. Il a été malade aussi ces temps derniers.

T'ā tcheé cheû hoó eûl ié cheú ioù pińg.

12. Quelle maladie avait-il ?

T'ā ioù leaò cheû mō píng ?

13. Il était tombé de cheval et s'etait fait une entorse.

T'ā ts'oûng mà cháng chouàe siá laê leaò, pà t'oùi nioù tchò leaò.

14. Et maintenant, est-il guéri ?

Joû kiǹ haò leaò mêi haò ?

15. Son pied est encore enflé et il ne peut marcher.

T'ā tì kiào houân tchoùng tchò nî, houân cheú poū nēng koó sîng tsoò.

16. Dans combien de jours sera-t-il gueri ?

Nîn k'ań t'ā houân teû touō chaō jeú tseù tsaé nēng haò nî ?

17. Il espère pouvoir marcher dans 15 ou 20 jours.

T'ā p'ań ouáng tsaé koúo pań yué eúl cheû t'iēn, tsioú nēng sîng tsoò leaò.

18. J'irai le voir demain.

Mîng t'iēn ouò tch'ú ts'iaô ts'iâo t'ā tch'ú. (▲215)

19. J'ai acheté hier un médicament pour la guérison des maux de tête.

Tsouô t'iēn ouò maè leào ī yâng yáo, oueí tcheú t'oô t'eñg tì.

20. Moi, je n'ai jamais mal à la tête.

Ouò tsoùng mêi haé kouó t'oô t'eñg tì píng.

Remarques

1. Ph. 1. Vous avez été malade_est rendu par une peu phrase prétentieuse : Votre corps avait manqué de paix.

2. Ph. 3. *Tch'uân hào* 全好_Complètement gueri.

3. Ph. 4. Je_est ici rendu par : *Chēn cháng* 身上, parce que l'on envisage la partie physique de

l'individu_le corps_qui a la fièvre.

4. Ph. 6. *Kiào* 教, est pour : Instruire, ordonner.

5. Ph. 9. Emploi de *Ouei* 位, par politesse.

6. Ph. 12. Emploi du passé_Nous savons que le Chinois envisage l'action et non l'etat qui est rèsulté.

7. Ph. 13_De sur le cheval, il est tombé.

Emploi de l'accusatif.

T'ouì nioù tchò leào 腿扭着了. Pied tordu et resté dans cet état_Entorse.

8. Ph. 17. *Tsaé kouó* 再過_Encore passé...

9. Ph. 18. Répetition de *Tch'ú* 去, parce qu'il précéde un infinitif.

10. Ph. 19. Le *Tì* 的 final, transforme les mots précédents et fait dire à la fin de la phrase : Pour la guérison des maux de tête.

11. Ph. 20. Phrase prètentieuse : Jamais la maladie du mal de tête ne m'a nui. Nui est dit : *Haé* 害.

30eme Dialogue

La maladie (suite)

Vocabulaire

Choléra	霍亂病	Hoúo louán píng	Croire	信服	Sín foû
Guerir	治好	Tcheú háo	Remède europ.	洋藥	Yâng yáo
Quelquefois	有時候	Ioù cheû hoó	Mal de dents	牙疼	Yâ t'êng
Acuponcture	劄箴	Tchâ tchen̄	Poser-enduire	抹	Mouò
Coliques	肚子疼	Toú tseù t'êng	Classe, espéce	宗	Tsoūng

(▲216)

Phrases

1. On m'a dit qu'à Tien Tsin il y avait du choléra.

Jên choūo T'iēn Tsīn ioù hoúo louán tì píng.

2. C'est vrai et il meurt beaucoup de gens.

Cheú tchēn tì, ioù siù touō tì jên haé tcheé keú píng seù leào.

3. Ne peut-on guérir de cette maladie ?

Tchee keú píng poū neñg kóo tcheú háo leào moō ?

4. Quelquefois, mais pas souvent.

Ioù cheû hoó eûl tchéu tì hào, taó tì hào tì chaò.

5. C'est parce qu'il fait chaud en ce moment.

Ha ! Cheú yn̄ ouéi tcheé cheû hoó eûl t'iēn ts'í t'aé jeé tì yuên koù.

6. Oui, c'est pour cela.

K'eù poū cheú mō !

7. J'ai encore vu aujourd'hui plusieurs aveugles.

Kīn t'iēn ouò houân k'án kién leào haò kí keú siā tseù.

8. Il y en a beaucoup à Pekin.

Peì Kīng ioù hèn touō.

9. Connaissez-vous un médecin qui s'appelle Ts'ien.

Ioù ī ouéi ts'iên t'aé foū, nîn jeń teû poū jeń teû ?

10. Non, je ne le connais pas.

Ouò poū jeń teû.

11. Il sait pratiquer l'acuponcture.

T'ā hoúi tchâ tcheñ.

12. Croyez-vous à ce remède ?

Nîn sín foû tchâ tchēn poū sín foû ?

13. Je n y crois pas beaucoup, cependant il y a des guérisons.

Ouò poù hèn sín foû, taó tì ié ioù hào leào tì.

14. Y a-t-il, rue Tsien Men, un bon pharmacien ?

Ts'iên Mên tá kiē ioù hào yaó p'oú mêi ioù ?

15. Oui, il y en a un, qui a aussi des remèdes européens.

Ioù, ná lì t'oô ié ioù ouaé kouô yaó.

16. Il faudra que j'aille chez lui.

Ouò kaē tāng chańg t'ā p'oú tseù lì tch'ú.

17. Il vend un remède excellent pour les maux de dents.

T'ā maé ī yâng eûl yáo, ouéi tcheú yâ t'êng tì.

18. Qu'est-ce que c'est ?

Cheú cheû mō yaó tc'aê ? (▲217)

19. C'est une eau que l'on met sur la dent, avec du coton.

Cheú ī tsouñg yáo choùi eûl, ioūng miên houā moùo tsaé yâ chańg.

20. Je lui acheterai aussi un remède pour les coliques.

Ouò ié yáo maè t'ā tièn eûl tcheú toú tseù t'eñg tì yaó.

Remarques

1. Ph. 1. Maladie du (*Tì* 的) choléra.

2. Ph. 2. Il y a beaucoup d'hommes qui souffrent (*Haé* 害) la mort de cette maladie.

3. Ph. 5. *Tì* 的, de la possession_C'est parce que... la cause : *Yuên koú* 缘故.

4. Ph. 6. Tournure qui signifie l'approbation.

5. Ph. 12. *Hèn* 很, est employé pour : Beaucoup_Je n'y crois pas très (beaucoup) .

6. Ph. 18. Traduction : C'est une espèce de remède liquide, on prend du coton, on l'enduit et on le pose sur la dent.

31eme Dialogue

L'Ecole

Vocabulaire

Lire_Etudier	讀書	Toû choū	Porte-plume	洋筆	Yâng pì
Ecole	學房	Suê fâng	Crayon	鉛筆	Ts'iēn pì
Elève	學生	Suê chēng	Pinceau	筆	Pì
Professeur	先生	Siēn chēng	Pierre à encre	硯台	Ień t'aê
Enseigner	教	Kiaó	Camarade d'Ecole	同窗	T'oûng tch'ouāng
Réciter	背書	Peí choū			

Phrases

1. À quelle école allez-vous ?

Nì tsaé nà keú suê fâng toû choū nî ?

2. Je vais à l'école de maître Joei.

Ouò tsaé Joeì sień chēng tì sûe fâng lì t'oô.

3. Y a-t il beaucoup d'élèves.

Suê chēng touō poū toūo ?

4. Nous sommes 35 élèves.

Ouò mēn ī koung sān cheû où keú suê chēng.

5. La méthode d'enseigner de votre professeur est-elle bonne ?

Nì mēn sień chēng kiáo choū, kiaó tì haò pcū haò ? (▲218)

6. Très-bonne.

Kiaó tì hèn haò.

7. Qu'apprenez-vous ?

Nì suê cheû mō nì ?

8. J'apprends à lire et à écrire.

Ouò joû kiñ suê nién choū ié suê siè tseú.

9. Que lisez-vous ?

Nì mēn joû kīn nień cheû mō choū ?

10. Nous lisons les 4 Livres, et le Livre des Vers.

Ouò mēn nień tì cheú Seú Choū heû Cheū Kiñg.

11. N apprenez-vous pas aussi une langue etrangère ?

Nì mêi ioù suê ouaé kouô houá moō ?

12. L'an prochain, j'apprendrai le français.

Kouó niên ouò yaó suê Fà kouô houá.

13. Apprendrez-vous aussi à ecrire ?

Nì suê siè tseú poū suê ?

14. Certainement, je veux pouvoir me servir d'un porte-plume.

Ī tiṅg, ouò yueṅ í nēng koó ioūng yâng pì siè tseú.

15. Il est très-commode d'ecrire avec un porte-plume ou un crayon.

Iouṅg yâng pì, houé cheú ioūng ts'iēn pì, siè tseú heṅ fāng pién.

16. J'ai acheté hier un bon pinceau et une pierre à encre.

Tsouô t'iēn ouò maē leào ī kouán haò pì, ī k'ouaé ién t'aê.

17. Est-ce que le jeune Li n'est pas votre camarade d'école ?

Ná keú siṅg Lì tì niên ts'īng tì, kén nì poū cheú t'oūng tch'ouāng moō ?

18. Oui, nous sommes assis à la même table.

Cheú, ouò mēn leàng keú jên tsaé ī tchāng tchoūo eūl chaṅg.

19. Comment récite-t-il ses leçons ?

T'ā peí choū haò poū haò ?

20. Beaucoup mieux que moi.

T'ā pì ouò ts'iâng toūo leaō.

Remarques

1. Ph. 1. *Nà* 那, est interrogatif.

2. Ph. 5. La phrase dit : Votre maître enseigne, son enseignement est-il bon ?

3. Ph. 10. *Nién tì* 念的_Ce que nous lisons.

Seú Choū 四書, *Cheū Kiṅg* 詩經_Livres anciens, classiques étudiés dans les écoles, et sur lesquels portent les examens. (▲219)

4. Ph. 14_Je veux me servir du porte-plume pour écrire.

5. Ph. 17. *T'oûng tch'ouāng* 同窗_même fenêtre_veut dire : Camarades d'école ceux qui étudient à la même fenêtre.

6. Ph. 19. *Peí choū* 背書_Réciter_parce que l'eleve, en recitant, tourne le dos au maître.

7. Le Chinois dit : lire un livre, ecrire des caracteres, et non : Lire_Ecrire.

32ème Dialogue

Exercice des soldats

Vocabulaire

Exercice	演操	Ièn ts'aō	Compagnie	隊	Toúi
Commandant	營官	Yn̂g kouān	Bataillon	營	Yn̂g
Capitaine	令官	Líng kouān	Cavalerie	馬兵	Mà pīng
Lieutenant	哨官	Chaó kouān	Artillerie	礮隊	P'aó toúi
Troupes tartares	旗兵	Ts'î piṅg	S'exercer	習	Sî
Troupes provinciales	總督的兵	Tsouṅg toū tì piṅg	Ecole militaire	武備學堂	Où peí suê t'âng
Tirer à la cible	打把	Tà pà	Tirer le fusil	打鎗	Tà ts'iāng

Phrases

1. Où vont ces soldats ?

Tcheé siē keú piñg ouañg nà eūl tch'ú ?

2. Ils vont faire l'exercice dans la campagne.

T'ā mēn chañg tch'êng ouaé k'ouñg tí fañg ièn ts'aō tch'ú.

3. Suivons-les, nous les regarderons.

Ouò mēn kén tchò tch'ú ts'iâo ī ts'iâo tch'ú.

4. L officier qui marche devant est un commandant.

Pīng kouān tsaé t'oô lì tsoò tì ná ī ouéi, cheú yñg kouān.

5. Et les deux qui marchent derrière lui ?

T'ā hoó piēn ná leàng keú nî ?

6. Il y a un capitaine et un lieutenant.

Ná cheú ī keú liñg kouān, ī keú chaó kouān.

7. Est-ce que ce sont des soldats des 8 bannières ?

Tcheé toū cheú ts'î piñg moō ?

8. Non, ce sont des soldats du vice-roi du Tche Li.

Poū cheú, tcheé toū cheú Tcheū Lì tsoùng toū tì piñg.

9. Combien y a-t-il de soldats dans une compagnie ?

Ī toúi lì t'oô ioù touō chaò piñg ? (▲220)

10. Il'y en a 252.

Ī toúi ioù eúl paè où cheū eùl keú.

11. Et combien de compagnies dans un bataillon ?

Ī yñg cheú kì toúi ?

12. 4 compagnies forment un bataillon.

Seú touí tsioú souán ī yñg.

13. Y a-t-il à Pekin de la cavalerie et de l'artillerie ?

Peì Kīng ioù mà pīng heū p'aó toúi mêi ioù ?

14. Oui, mais pas beaucoup.

Ioù, taó tì poū touō.

15. Comment sont instruits les officiers ?

Tcheé siē piñg kouān, t'ā mēn tsên mō yâng suê sî tì ?

16. Ils sont instruits à l'Ecole militaire de Pao Ting Fou.

T'ā mēn toū cheú ts'oûng Paò Tiñg Foù où peí suê t'âng lì suê sî tch'oū laê tì.

17. Vraiment, ces soldats manoeuvrent bien.

Ná ī tiñg, tcheé siē pīng ts'aō ièn tì k'eù ì.

18. Si vous voulez, demain, nous irons les voir tirer à la able.

Jeè cheú nîn yueñ í, mîng t'iēn ouò mēn tch'ú k'añ ì k'añ t'ā mēn tà pà tch'ú.

19. Je veux bien. Trient-ils bien ?

Ouò tch'ú, ts'iāng tà tì hèn haò moō ?

20. Oui, assez bien.

Toū k'eù ì tì.

Remarques

1. Ph. 2_Dans la campagne_est dit : En dehors de la ville, dans les endroits vides.

2. Ph. 4_*Tì* 的, relatif_remplace Qui_ (Celui qui marche devant) . _Le bataillon de troupes régulières, comprenant à l'effectif de guerre un peu plus de 1000 hommes, est commandé par un *Yn̂g kouān* 营官.

3. Ph. 6. La compagnie est commandée par le *Líng kouān* 令官, les lieutenants et sous-lieutenants sont communément appeles : *Chaó kouān* 哨官.

4. Ph. 7_*Ts'î pīng* 旗兵_Troupes des 8 bannières, peu exercées et dépendant directement de l'empereur.

5. Ph. 8. Chique province a ses troupes régulières, dépendant directement du vice-roi, qui les solde. Ce sont les meilleures troupes. Celles du Tcheu Li, en particulier, sont instruites et bien armées.

6. Ph. 9_Une compagnie se dit : *Ī touí* 一隊, sur le pied de (▲221) guerre, elle compte environ 250 soldats.

7. Le bataillon *Yn̂g* 營, est de 4 compagnies.

8. Ph. 15. La phrase dit : De quelle manière ont-ils appris à s'exercer.

9. Ph. 16. L'ecole de Pao Ting Fou est dirigée par des Japonais_*Tch'oū laê tì* 出來的_Venus en sortant.

10. Ph. 17. *K'eù ì* 可以 pour : Bien_

11. Ph. 19_*Ts'iāng tà tì* 鎗打的. La manière dont ils tirent le fusil.

33ème Dialogue

Engagement d'un domestique

Vocabulaire

Domestique	跟班的	Ken̄ pān tì	Quitter	散	Sàn
Officier	武官	Où kouān	Répondant	保人	Paō jên.

Phrases

1. Cherche moi un jeune domestique.

Nì keì oùo tchào ī keú siào kēn pān eûl tì.

2. J'en connais un qui fera votre affaire.

Ouò jén teû ī keú jên, t'ā k'eù ì pán nîn tì cheú.

3. Comment s'appelle-t-il ?

T'ā sìng cheû mō ?

4. Il s'appelle Li et demeure chez ses parents.

T'ā sìng Lì, t'oûng t'ā foú ts'in̄ tsaé ī k'ouaé eûl tchoú.

5. Tu lui diras de venir.

Nì kiaó t'ā laê, oùo k'án ì k'an̗.

6. Voici Monsieur, le jeune homme dont je vous ai parlé.

Tá jên, tcheé poū cheú ouò kēn nîn t'î tì ná keú niên ts'ing tì laê leào.

7. As-tu déjà fait le domestique ?

Nì keñ kouó pān eûl mêi ioù ?

8. Oui, je suis resté un an chez un officier français.

Keñ kouó, ouò kēn tchò ī ouéi Fà koûo oū kouān taé leào ī niên.

9. Sais-tu faire les lits, brosser les habits, et les autres choses ?

Chōo cheû tch'ouāng, chouā ī chāng, cheû mō tì, nì toū hoúi moō ?

10. Oui, Monsieur, et je sais aussi servir à table.

Hoúi, ouò ié hoúi paé tchouō.

11. Pourquoi as-tu quitté ton ancien maître ?

Nì ouéi cheû mō t'oûng nì siēn ts'iên tì tchoú jên sañ leaò ? (▲222)

12. Parce qu'il est retourné en France.

Yñ oueí t'ā houí Fâ koûo① leaò.

13. Combien te donnait-il par mois ?

T'ā ī keú yué keì nì touō chaò ts'iên ?

14. Il me donnait 10 piastres.

T'ā ī yué keì cheû k'ouaé ts'iên.

15. Peux-tu trouver un répondant ?

Nì nèng koó tchaò keú paò jên moō ?

16. J'ai mon père, qui demeure dans la ville chinoise.

Ouò ioù ouò foú ts'iñ, tsaé tá tch'êng ouaé t'oō tchoú kiā eûl.

17. Tu lui diras de venir me voir.

Nì kiáo t'ā laê kién ì kień ouò.

18. Quand monsieur désire-t-il que je vienne ?

Tá jên yueń í ouò toūo tsān laê hā ?

19. Tu viendras dans 3 jours, et tu apporteras tes bagages.

Kouó sān t'iēn hóo nì laê pá, yé pà nì tì sīng lì taé laê.

20. Bien Monsieur.

Tchâ.

Remarques

1. Ph. 2_Fera votre affaire_est rendu par : Il pourra traiter vos affaires.

2. Ph. 6. *Kēn nîn t'î tì* 跟您题的. Dont je vous ai parlé.

3. Ph. 7 *Keñ pañ tì* 跟班的_qui veut dire : Domestique, s'emploie aussi dans un sens verbal ; c'est alors un verbe séparable, suivant les règles générales.

4. Ph. 8. *Taé* 待_Attendre_Temps_

5. Ph. 9. *Cheû mō tì* 什麽的 Quelque affaire que ce soit.

---

① 原书此处声调模糊。

6. Ph. 11. Ton ancien maître_est rendu par : D'autrefois ton maître_Tournure à l'aide de *Tì* 的.

7. Ph. 19. *Taé laê* 帶來_Apporter.

(▲223)

34ème Dialogue

Chez l'horloger

Vocabulaire

Chaîne	線	Sién	Retarder	走的慢	Tsoò tì mán
Horloge	鐘表	Tchoūng piào	Avancer	走的快	Tsoò tì k'ouaé
Réparer	拾掇	Cheū toué	Réveil	醒鐘	Sing̈ tchoūng
Ressort	伐條	Fâ t'iâo	Garantir	保	Pào
Remonter	上絃	Cháng siên			

Phrases

1. Patron Kouo, montrez-moi des montres, je veux en acheter.

Kouō tchàng koúi tì, nâ piào laê, ouò ts'iâo ts'iâo, oùo yáo màe keú piào.

2. Quelles montres voulez-vous, Monsieur Tsiang ?

Kiāng laò iê, nîn yáo cheū mō yâng eûl tì piào ?

3. Je veux une montre en argent.

Ouò yáo keú yn̄ tì.

4. J'en ai de fort belles.

Ouò ioù hèn haò tì.

5. Montrez-moi aussi des montres en or.

Pà kīn piào ié nâ tch'oū laê, ouò k'án ì k'ań.

6. En voici, regardez.

Ouò keì nîn nâ laê leào, nîn ts'iâo pá.

7. Il me faut aussi une chaîne en argent.

Ouò houân yáo ī koá yn̄ piào sień eûl.

8. J'ai terminé de réparer votre horloge.

Nîn ná tsoúo tchoūng, ouò keì nîn cheū toué haò leào.

9. Qu y avait-il de cassé ?

Cheú cheū mō houaé leào ?

10. Le grand ressort était cassé, et on ne pouvait plus la remonter.

Lì t'oō tì fâ t'iâo tchêe leào, poū neňg koó cháng siên leào.

11. Marche-t-elle bien à présent ?

Sién tsaé tsoò tì hào leào moō ?

12. Oui, elle marche très-bien.

Cheú, tsoò tì hèn hào.

13. J'ai une montre qui avance continuellement.

Ouò ioù ī keú piào tch'âng tch'âng tsòo tì k'ouaé.

14. Donnez-la moi, je la réparerai.

Keì oùo, ouò keì nîn choō cheū choō cheū. (▲224)

15. Je dirai à mon domestique de vous l'apporter.

Ouò kiaó kēn pan̄ eûl tì keì nîn soûng laê.

16. J'ai reçu aussi des réveils pas chers.

Ouò houân teû leào siē keú sìng tchoūng, hèn pień ī.

17. Si ce n'est pas cher, j'en acheterai un.

Jeé cheú poū kouí, ouò ié yaó maè ī keú.

18. Je les vends 8 piastres, et ils sont solides.

Ouò maé pā k'ouaé ts'iên ī keú, toū cheú kiê cheū tì.

19. Combien de temps les garantissez-vous ?

Nîn paò cheù touō chaò jeú tseù ?

20. Je les garantis un an.

Ouò paò ī niên.

Remarques

1. Ph. 10_De l'intérieur le ressort_Construit à l'aide de *Tì* 的. *Cháng siên* 上絃_Remonter la corde_ pour : Remonter. Souvenir de l'époque où l'on remontait les pendules en soulevant un poids.

2. Ph. 18. *Tì* 的, final, oblige par l'emploi de Être.

3. Ph. 19. *Paò cheù* 保使_Garantir l'usage.

4. Spécificatif. *Tsoúo* 座_pour les horloges.

35eme Dialogue

Le jardin_Fleurs et fruits

Vocabulaire

Cueillir	摘。掐	Tchāe_K'iā	Rabougri	焦枯	Tsiāo k'oū
Chrysanthème	菊花兒	Kiû houā eûl	Jujube	棗	Tsào
Rose	玫瑰花	Mêi kouēi houā	Kaki	柿子	Cheú tseù
Fleurir	開花	K'aē houā	Semer	種	Tchoúng
Pivoine	牡丹花	Moù tān houā	Aubergine	茄子	Ts'iê tseù
Orchidées	蘭花	Lân houā	Plantes	花木樹	Houā móu choú
Grenadier	柘榴	Cheû leoû	Spécificatif	朶	Toùo
Palmier	芭蕉樹	Pā tsiāo choú			

Phrases

1. Allons au jardin cueillir quelques fleurs.

Ouò mēn taó houā eûl yuēn tseù lì tch'ú tchaē kí toùo houā eûl tch'ú.

2. Quelles fleurs voulez-vous cueillir ?

Nîn yáo tchaē cheû mō houā eûl ? (▲225)

3. Nous cueillerons des chrysanthèmes.

Ouò mēn k'iā kí toùo eûl kiû houā eûl.

4. À quelle époque fleurissent ces rosiers ?

Tchée mêi koūi houā eûl, toū cheú cheû mō cheû hoó eûl k'ae① ?

5. Ils fleurissent au printemps.

Tch'ouēn t'ien̄ k'aē.

6. Avez-vous des pivoines ?

Nîn ioù moù tān houā eûl mêi ioù ?

7. Oui, et j'ai aussi des orchidées.

Ioù moù tān houā eûl, ié ioù lân houā.

8. Ne craignez-vous pas que ces grenadiers ne gèlent ?

Tcheé cheú leoù houā eûl, nîn poū p'á toúng leào moō ?

9. Nous les rentrerons le mois prochain dans la serre.

Siá yuê② ouò mēn tsióu pà t'ā keū tsaé houā eûl toúng tseù lì leaò.

10. Ces palmiers ne poussent pas bien. Ils sont rabougris.

Tcheé pā tsïao choú poū kién tchāng, toū cheú tsiaō k'oū tì yâng tseù.

11. C'est parce qu'il fait trop froid.

Cheú yn̄ ouéi t'iēn ts'ī t'aé leǹg.

12. Avez-vous vendu toutes vos poires et vos pommes ?

Nîn tì lî, heû p'în kouò, toū maé ouân leào moō ?

13. Oui, il ne me reste que des jujubes et des kakis.

Toū máe ouân leào, tān tān tì chéng leào tsào eûl heû cheú tseù leào.

14. Vous n'avez pas de raisin ?

Nì③ mêi ioù p'oû t'aô moō ?

15. Il n'y en a pas dans ce jardin.

Tcheé yuēn tseù lì mêi ioù.

16. L'an prochain, je seinerai des aubergines.

Kouó niên ouò tchoúng ts'îe tseù.

17. Moi, je veux cultiver des pastèques.

Ouò yaó tchoúng ī k'ouáe sī kouā.

18. Arrosez-vous ces plantes chaque jour ?

Tchée siē houā moú choú, nîn toū t'iēn t'iēn kiāo mōo ?

---

① 原书此处声调模糊。

② 原书此处声调模糊。

③ 副册对应汉字为“您”。

19. Celles qui sont en pots sont arrosées tous les deux jours.

Ná siē tsaé p'ên eûl lì tì, leàng t'iēn kiāo ī ts'eú.

20. Votre jardin est vraiment très-joli.

Nîn tcheé houā eûl yuēn tseù cheû tsaé t'ì mień. (▲226)

Remarques

1. Ph. 1. *Tchaē* 摘. Cueillir à la main.

2. Ph. 3. *K'iā* 掐_Cueillir en détachant avec l'ongle.

3. Ph. 9. *Leào* 了_final_est euphonique.

4. Ph. 10. _Ne poussent pas bien_est rendu par : On ne les voit pas grandir_*Tsiaō k'oū tì* 焦枯的_Triste et émacié_Tournure imagee, rendant à peu pres : Rabougri.

5. Ph. 12 *Ouân* 完_Finir_modifie le sens du verbe : Vendre, et forme la locution : Avoir fini de vendre.

6. Ph. 19. En pots_est rendu par : *Tsaé p'ên eûl lì tì* 在盆兒裡的_Dans les pots.

7. Spécificatif_*Touò* 朵, s'applique aux fleurs.

36ème Dialogue

Chasse et Pêche

Vocabulaire

Chasser	打圍	Tà ouêi	Perdrix grise	竹雞	Tchoû kī
Lièvre	野貓	Iè māo	Sanglier	野猪	Iè tchoū
Faisan	野雞	Iè kī	Chevreuil	小鹿	Siào loú
Faucon	鷹	Īng	Pêcher	打魚	Tà yû
Chasser au faucon	打鷹圍	Tà īng ouêi	Cormoran	魚鷹	Yû īng
Bécassine	水札	Choùi tchâ	Lac	湖	Hoû
Perdrix rouge	石雞	Cheû kī	Filet	網	Ouāng (ouāng)
Carpe	鯉魚	Lì yû	Sole	比目魚	Pì moú yû
Brochet	黑魚	Heī yû			

Phrases

1. J'irai demain à la chasse, venez-vous ?

Mîng t'iēn ouò tch'ú tà ouêi tch'ú. Nîn tch'ú poū tch'ú ?

2. Je veux bien_Que voulez-vous chasser ?

Tch'ú_Nîn siàng yáo tà cheû mō ?

3. Nous chasserons le lievre et le faisan.

Ouò meñ tà kí keú iē māo heû iē kī.

4. Avez-vous déjà chassé au faucon ?

Nîn tà koúo yn̄g ouêi mêi ioù ?

5. Oui, l'an dernier, j'ai chassé quelquefois.

Ouò, tch'ú niên, tà kouó kí ts'eú. (▲227)

6. Je connais un endroit où il y a beaucoup de becassines.

Ouò tcheū taó ī keú tí fāng ioù choùi tchâ tseù.

7. Il faudra me conduire.

Nîn kaē tāng líng ouò tch'ú.

8. Y a-t-il des perdrix aux environs ?

Lī tcheé lì poū yuèn ioù tchoû kī mêi ioù ?

9. Il y a des perdrix rouges dans la montagne.

Chān lì t'oô ioù cheû kī.

10. On m'a dit qu'il y avait aussi des sangliers.

Jên chouō ié ioù iè tchoū.

11. Il y en a quelques-mis, j'en ai tué un le mois dernier.

Cheú ioù kí keú, cháng yué ouò houân tà leào ī keú nî.

12. Moi, la semaine dernière, j'ai tué un chevreuil.

Ouò, cháng lì paé tà leào ī tcheū siaò loú eûl.

13. C'est un très-beau coup de fusil.

Tcheé ī ts'iāng tà tì tchen̄ haò.

14. Apres-demain, si vous voulez, nous irons pêcher.

Jee cheú nîn yuen̄ í, hoó t'iēn ouò mēn tch'ú tà yû tch'ú.

15. Où irons-nous ?

Tsaé nà eûl tà tch'ú ?

16. Sur le lac du Nord, nous pêcherons avec des cormorans.

Ouò mēn ioūng yû in̄g tseù, tsaé pèi hoû lì tà tch'ú.

17. C'est une pêche très facile.

Ná mō yâng tà yû hèn joûng í.

18. Je préfère la pêche au filet.

Ouò siàng ioūng wāng tà ken̄g haò.

19. Il y a, dans ce lac, des carpes et des brochets.

Tcheé hoû lì t'oô ié ioù lì yû heū hēi yû.

20. On pêche même quelquefois des soles qui viennent de la mer.

Ioù cheû hoó eûl jên ié tà tchò ts'oûng haê lì laê tì pì moú yû.

Remarques

1. Ph. 1. *Tch'ú* 去 redoublé.

2. Ph. 13. De fusil un coup, c'est très-bien.

3. Ph. 18. Je pense qu'en se servant du filet, c'est meilleur.

4. Ph. 20. À remarquer la tournure qui dit : Quelquefois on pêche, de la mer venues, des soles. C'est la forme obligée pour ces propositions explicatives. Elles se ??? devant le substantif à l'inverse de la phrase française.

(▲228)

37ème Dialogue

Achat de chevaux et mulets

Vocabulaire

Cheval entier	兒馬	Eûl mà	Tare	毛病	Maô píng
Jument	騍馬	K'eú mà	Mongolie	蒙古	Mông koù
Mule	騍騾子	K'eú loûo tseù	Crinière	鬃	Tsoūng
Mulet	兒騾子	Eûl loûo tseù	Seller	備	Paé
Trot	走兒	Tsoò eûl	Etre décidé	妥	T'ouò
Galop	大摟	Tá loò	Trafiquer	販	Fán

Phrases

1. Il vient d'arriver de Mongolie une troupe de chevaux.

Ts'oûng Mông Koù fán leaò ī kiûn mà laê.

2. Y a-t-il des juments ?

Ioù k'eú mà mêi ioù ?

3. Non, ce sont des chevaux entiers.

Méi ioù, tcheé toū cheú eûl mà.

4. Faites trotter ce cheval blanc, que je voie s'il va bien.

Kiáo tcheé p'ì paê mà tsoò leàng poú eûl, ts'iâo ts'iâo, ioù tsoò eûl mêi ioū ?

5. Il trotte très-bien et galope très-vite.

Tcheé mà tsoò tì hèn haò, tá lòo eûl ié k'ouaé.

6. Je crois qu'il a une tare au pied de derrière.

Ouò siàng t'ā hoó t'oùi cháng ioù tièn eûl mâo píng.

7. Non, il est seulement un peu fatigué par la longue route.

Poū cheú, yñ oueí tsoò tì taó eûl yuèn, tān tān tì cheú ioù tièn eûl fâ leaò.

8. Est-il docile au montoir ?

Cháng tì cheû hoó eûl, laò cheû poū laò cheû ?

9. Oui, mais il a un peu peur des chameaux.

Laò cheû, tsioú cheú ioù tièn eûl p'á louó t'ouô.

10. Si je me décide à l'acheter, je lui ferai couper la criniere, qui est trop longue.

Ouò jeé maè t'ouò leaò, ouò pà tsoūng keì t'ā kiaò leào, yñ ouéi tsoūng t'aé tchāng.

11. Voulez-vous acheter une belle mule ?

Nîn maè p'ì haò k'eú① louô tseù poū mae② ?

---

① 副册中无"骒"。

② 原书此处声调模糊。

12. Montrez-là moi.

Lā tch'oū laê ouò ts'iâo ts'iâo.

13. Elle peut faire, tous les jours, plus de 100 lis.

Tchée louô tseù ī t'iēn nēng tsoò ī paè touō lī tí. (▲229)

14. Attelez-là, je veux l'essayer.

T'aó cháng t'ā cheú ì cheú.

15. J'ai encore à vendre un grand mulet gris.

Ouò houân yáo maé ī p'ì hoūi cháe tì tá eûl loûo tseù.

16. Quel âge a-t-il ?

Cheû mō k'oò leaō① ?

17. Il a 8 ans et est très robuste.

Pā souí k'oò, tchouańg cheû tì lí haé.

18. Peut, on le monter et l atteler ?

Lā tch'eē, ts'î tchò toū sîng moo ?

19. On peut le monter, mais il est meilleur à la voiture.

Ts'î tchò ié sîng, taó tì lā tch'eē keńg haò.

20. Sellez-le, je le monterai ; s'il est bon, je l'achèterai.

Paé cháng ouò ts'î ts'î, jeé cheú haò ouò maē.

Remarques

1. Ph. 1. *Fán leào* 販了, indique que ce sont des chevaux dont on trafique, que l'on a amenés pour vendre.

2. Ph. 7. *Tì* 的, de *Tsoò tì* 走的, est modificateur dans le sens de ce qui suit.

3. Ph. 8_Au montoir, n'a pas de terme spécial en Chinois, on peut dire : Au moment où on le monte_Est-il docile ? est rendu par : *Laò cheû poū laò cheû* 老實不老實.

4. Ph. 12. *Lā tch'oū laê* 拉出來_On emploie le verbe *Lā* 拉, Tirer_parce que c'est la façon dont on conduit les animaux, quand ils ne sont pas montés.

5. Ph. 14. *T'aó cháng* 套上_Atteler.

6. Ph. 16_L'âge, pour les animaux, se dit : *Cheû mō k'oò* ? 什麽口_Quelle bouche ? _parce que l'on constate l'âge par l'inspection des dents et de la bouche.

7. Ph. 17_La réponse énonce le nombre d'années, suivi de *K'oò* 口.

8. Ph. 17_Très-robuste_est rendu par : *Tchouáng cheû tì lí haé*, 壯實的利害. Extrêmement fort②_Terriblement fort_Formule emphatique, bien placée dans la bouche d'un maquignon chinois.

9. Ph. 20_Seller un cheval_se dit : *Paé mà* 備馬_Preparer le cheval.

(▲230)

① 原书此处声调不清晰。

② 原书此处有涂抹。

38eme Dialogue

Avec un tailleur

Vocabulaire

Etoffe	材料	Ts'aê leáo	Manche	袖子	Sioú tseù
Echantillons	樣子	Yâng tseù	Poche	兆子	Toō tseù
Mesurer	量	Lêang	Suspendre	吊上	Tiáo cháng
Large (habit)	肥	Feî	Tuyau, tube	桶	T'oùng
Aller bien (habit)	合式	Heû cheú	Choisir	挑選	T'iāo suàn

Phrases

1. Je désire que vous me fassiez un pantalon.

Ouò yueń í nì keì oùo tsoúo ī t'iāo k'oú tseù.

2. En quelle etoffe le voulez-vous ?

Nîn yáo cheû mō ts'aê leáo eûl tì ?

3. Je le veux en drap.

Ouò yaó k'ā lā tì.

4. Et de quelle couleur.

Cheû mō iên chaé tì hāo ?

5. Montrez-moi des échantillons, je choisirai.

Nì nâ yâng tseù laê, ouò t'iāo ī t'iaō.

6. Je viens de recevoir, achetée à Chang Hai, une belle pièce de drap.

Ouò sīn kín ts'oûng Cháng Haê maè laê leào ī k'ouaé haò k'ā lā.

7. Je veux celui-ci_Prenez-moi mesure.

Ouò yaó tcheé ī k'ouaé, nì leâng leâng ioù touō chaò.

8. Voulez-vous que le pantalon soit large ?

Tchée k'oú tseù nîn yaó fêi tì moō ?

9. Assez large, mais pas trop.

Kóo feî tì tsioú teû leào, piē t'aé feî leaò.

10. Le vêtement de cheval que je vous ai fait va-t-il bien ?

Ouò keì nîn tsoúo tì ná kién mà kouá, heû cheú poū heû cheú ?

11. Il va bien, mais les manches sont un peu courtes.

Heû cheú taó heû cheú, tsioú cheú sioú tseù ioù ī tieǹ eûl touàn.

12. Vous pourrez venir essayer après-demain.

Hoó t'iēn nîn k'eù ì laê cheú ì cheú pá.

13. Et quand aurez-vous fini ?

Touō tsān tsoúo teû na ?

14. Lundi de la semaine prochaine.

Siá lì paé ī tsioú k'eù ì teû leaò. (▲231)

15. N'oubliez pas de faire de grandes poches.

Piê ouáng leào foñg cháng tá toō eûl.

16. Et quels boutons voulez-vous ?

Nîn yaó cheû mō yañg eûl tì niòu tseù ?

17. Je veux des boutons en cuivre, ils sont plus solides.

Ouò yaó t'oûng nioù tseù, houân kiê cheû ī tieǹ eûl.

18. Votre domestique m'a apporté votre paletot. Qu y a-t-il à faire ?

Nîn tì kēn pañ tì pà nîn tì tá ngâo nâ leào laê, yáo tsouó cheû mō ?

19. Je désire que vous le doubliez en peau, pour l'hiver.

Ouò yáo kiaó nì pà lì t'oô, keì oùo tiáo cháng p'î tseù, ouéi t'oūng t'iēn tch'ouān.

20. Bien, je le doublerai en peau de renard.

K'eù ì, ouò keì nîn tiáo keú hoû lî p'î t'ouǹg eûl.

Remarques

1. Ph. 4_De quelle couleur bien ? *Hào* 好 est interrogatif.

2. Ph. 7. Pour : Mesurer, on peut dire : Mesurer combien il y a.

3. Ph. 8. Large, _en parlant des vêtements, se dit : *Feî tì* 肥的.

4. Ph. 9_Assez large, ce sera bien, il ne faut pas trop large.

5. Ph. 10_*Keì nîn tsoúo tì* 給您做的_Que j'ai fait pour vous.

6. Ph. 13_*Tsouó teû* 做得_Fini Cet emploi de *Teû* 得, dans ce sens est fréquent_On emploie aussi dans les mêmes conditions : *Hào* 好.

7. Ph. 15. N'oublie pas de faire_Le Chinois dit : N'oublié pas de coudre, _puisqu il s'agit d'un habit.

8. Ph. 17. *Kiê cheû ī tièn eûl* 結實一點兒 veut dire : Un peu plus solide, et non pas : Un peu solide, qui se dirait : *Ī tièn eûl kiê cheû* 一點兒結實. C'est la position qui change le sens de la phrase.

9. Ph. 19. *Tiaó* 吊_Suspendre_est employé pour : Suspendre à l'interieur, doublure_doubler_

10. Pl 20. *T'oùng* 桶, est employé ici pour : Intérieur_C'est une tournure très spéciale, et qui ne peut s'appliquer qu'aux vêtements doublés en peau. La phrase dit : Je suspendrai à l'intérieur un tube en peau de renard.

(▲232)

39ème Dialogue

Vol commis

Vocabulaire

Être volé	失盜	Cheū táo	Saisir, atteindre	逮	Taé
Tribunal	衙門	Yâ mên	Mouvement	動	Touńg
Morceaux	碎	Soúi	Accuser	告	Káo
Aboyer	咬	Yaò	À propos	可巧	K'eù ts'iào

Phrases

1. Vous paraissez ému, qu'avez-vous ?

Tsên mō ouò k'an nîn liên cháng hào siáng ioù cheû mō cheú tì ?

2. J'ai été volé la nuit dernière.

K'eù poū cheú mō ! Tsoûo t'iēn hēi ié cheū taó leào.

3. De quelle façon ? Racontez-moi cela.

Ha ! Nîn cheú tsên mō yang cheū tì táo há ?

4. Des voleurs ont creusé un trou dans le mur et sont entrer.

Tsêi mēn tsaé ts'iāng cháng ouā leào keú k'où loûng tsin laê leào.

5. À quel endroit ?

Tsaé cheû mō tí fāng ouā tì ?

6. Dans le mur de la cuisine.

Tsaé tch'oû fâng lì.

7. Et après, que s'est-il passé ?

Hoó laê tsên mō yâng ni ?

8. Ils sont entrés dans une chambre où il n'y avait personne.

Hoò laê t'ā mên tsióu tsín leào oû tseù, k'eù tsiào ná oû lì mêi ioù ī keú jên eûl.

9. Et qu ont-ils volé ?

T'oō tì toū cheú cheû mō toūng sī ?

10. Ils ont volé quelques taels, en morceaux d'argent, et quelques paquets d'habits.

T'oō tch'ú leào kí leàng soúi yn tseù, houân ioù kí paō foû ī chāng.

11. Vous n'avez pas entendu ?

Nîn mêi ioù t'ing kién moō ?

12. Le chien a aboyé et je me suis levé pour voir.

Ouò t'ing kién koò tcheú yaò, ouò tsioú ts'î laê leào.

13. Avez-vous réussi a les saisir ?

Ts'ì laê tsên mō mêi ioù taé tchoú t'ā mēn nî ?

14. Non, ils se sont enfuis en entendant le bruit que je faisais en me levant.

T'ā mēn t'ing kién ouò ts'ì laê ioù toúng sing, t'ā mēn tsioú toū p'aō leāo. (▲233)

15. Vraiment ces voleurs sont très audacieux !

Ī tíng, t'ā mēn tàn tseù toū hèn tá.

16. Il faut porter plainte au Tribunal.

Kaē tāng cháng yâ mên lì kaó tch'ú.

17. Je vais y aller tout à l'heure.

Ī hoúi eûl ouò tsioú yáo tch'ú.

18. Moi, il m'est arrivé pareille chose l'année dernière.

Tch'ú niên ouò ié cheú peí tsêi t'oō leào ī ts'eú.

19. Ces voleurs, comment étaient-ils entrés ?

Nîn ná eûl tsêi tsên mō tsín tch'ú tì nì ?

20. Il avaient passé par dessus le mur du jardin.

T'ā mēn tsaé yuên tseù ts'iāng cháng tsín laê tì.

Remarques

1. Ph. 1. Phrase équivalente à la phrase française, mais qui n'est pas composée de deux membres, elle dit : Que vois-je sur votre visage, semblant qu il y a quelque affaire ?

2. Ph. 2. Le commencement de la phrase est cette expression : Comment ne serait-ce pas ? _que nous connaissons.

3. Ph. 8. *K'eù ts'iào* 可巧_Justement_À propos_Par hasard.

4. Ph. 10 *T'oō tch'ú* 偷去_Voler et partir.

5. Ph. 13. *Tchoú* 住. Verbe modificateur, indiquant l'aboutissement de l'action.

6. Ph. 19 *Tì* 的, final_indique : Comment, de quelle manière ?

7. Ph. 20. Passer par dessus le mur, est rendu par : Sur le mur entier.

40ème Dialogue

Jugement rendu

Vocabulaire

Cangue	枷	Kiā	Confronter	對	Toúi
Porter la cangue	抗枷	K'áng kiā	Preuves	對證	Toúi tchéng
Juger	審問	Chèn ouén	Employé	夥計	Houò kí
Au dence	過堂	Kouó t'âng	Juger (sentence)	定罪	Tíng tsoúi
Procès	案	Ngán	Prison	監禁	Kiēn kiń
Avouer	認	Jén	Témoin	見證	Kień tcheńg
			Se battre	打架	Tà tsiá

(▲234)

Phrases

1. J'ai vu, dans la rue, un homme portant la cangue.

Ouò tsaé kiē chańg k'an kién ioù ī keú k'ańg kiā tì.

2. Oui, c'est un voleur qu'on a jugé hier.

Ná cheú tsoūo t'iēn chèn ouén tì ná keú tsêi.

3. Avez-vous assiste au jugement ?

Kouó t'âng tì cheū hoó nîn ts'iāo kień leào moo ?

4. Oui, j'ai entendu le mandarin l'interroger.

Cheú, ouò t'iǹg tchò ouén tì t'ā tcheé ī ngań tseù.

5. Qu'avait-il fait ?

T'ā toū ioù cheû mō ngań tseù ?

6. Il avait volé 10 ligatures à un marchand.

T'ā t'oō leào ī keú maè maé jên tì cheû tiaó ts'iên.

7. A-t-il avoué son vol ?

T'ā jén leào mêi ioū ?

8. D abord il n'avouait pas, mais il y avait des preuves contre lui.

T'ā ts'ì choò poū tch'êng jeń, táo tì ioù hào kí keú toúi tchéng neu.

9. Quelles preuves ?

Ioù cheû mō toúi tchéng ?

10. Un commis du marchand l'avait vu voler.

Ioù p'oú tseù lì tì hoùo kí k'ań kień t'ā t'oō leào.

11. À quelle peine a-t-il été condamné ?

Ná mō tińg leào t'ā cheû mō tsoúi mîng ?

12. Il a été condamné à 4 jours de cangue et à un mois de prison.

Tîng leaò t'ā kiā háo seú t'ień, kiēn kiń ī keú yué.

13. Et cette autre affaire, dans laquelle vous êtiez témoin ?

Nîn tsoúo kién tchéng tì ná kień cheú ts'îng, tsên mō yâng ?

14. Parlez-vous de ces deux hommes qui se sont battus ?

Nîn chouō tì cheú ná leàng keú jên tà tsiá tì ná kień cheú moo① ?

15. Oui, je sais que le mandarin vous avait demande.

Cheú, ouò tcheū taó kouān oueń nîn laê tchò.

16. J'y suis allé, mais le jugement n'a pas été rendu.

Ouò tch'ú leaò, taó tì tcheé ī t'âng mêi ioù kouó.

17. Pourquoi ?

Oueí cheû mō ?

18. Parce que le plaignant ne s'est pas présenté.

Yñ ouéi yuên kaó eûl mêi ioù taó. (▲235)

19. Quand l'affaire sera-t-elle jugée de nouveau ?

Ná mō kán touō tsān houân kouó t'añg ni ?

20. Dans 4 jours.

Kouó seú t'ień hoó.

Remarques

1. Ph. 1 *Tì* 的 final_remplace : Qui_Un qui portait la cangue. Il forme une sorte de substantif, qui evité l'emploi de *Jên* 人, homme, supprime après *Ī keú* 一個.

2. Ph. 2. *Tì* 的, marque du passé : Jugé.

3. Ph. 3. L'audience du tribunal se dit : *Kouó t'âng* 過堂.

---

① 原书此处声调无法确认。

4. Ph. 4. *Ngán* 案, veut dire : Procès, cause, sentence.

5. Ph. 6. *Tì* 的, de la possession_10 tiaos appartenant à un marchand.

6. Ph. 8. *Touí tchéng* 對證_forme de *Touí* 對_Confronter_Vis-à vis_et de *Tchéng* 證_Témoignage, preuve_La phrase dit : Vis à-vis de lui, il y avait des preuves.

7. Ph. 11. *Tíng tsoúi* 定罪, _Fixer la punition_rendre le jugement, condamnation_Verbe separable, entre les termes duquel peut se placer le complément.

8. Ph. 16_À remarquer que l'expression : *Koúo t'âng* 過堂_Donner l'audience, assister à l'audience_ peut s'inverser, dans le sens de : l'audience est donnée.

9. Ph. 19_Quand_est rendu par : *Kàn toūo tsān* 赶多咎, tournure fréquente.

10. Ph. 20. *Koúo seú t'iēn hoó* 過四天後_Passé quatre jours après.

Fin des Dialogues

Nota_En terminant, un conseil : Pratiquez le plus possible, c'est le seul moyen d'arriver à posséder la langue chinoise.

Un instant de conversation vaut mieux qu'une heure d'etude Solitaire. La meilleure façon d'apprendre la grammaire chinoise, c'est de faire comme les Chinois : Ne pas en apprendre du tout, et s'assimiler les règles par la pratique.

(▲236)

第三章 词汇表

Ⅲ eme Partie

Lexique français-chinois

Lexique chinois-français

(▲237)

空白页 (▲238)

Lexique Français-chinois

	A			Ac	
À (jusqu① à)	到	Táo	Accrocher	掛起來	Kouá ts'ì laê
À (a l'avantage de)	給	Keì	Accusateur	原告	Yuên kaó
À (a la place de)	替	T'í	Accusation	呈子	Tch'eñg tseù
À (dans)	在	Tsaé	Accusé	被告	Peí káo
Avec_à_	和。同	Houô_T'oûng	Acéré	快	K'ouaé
Abaisser en tirant	拉下來	Lā siá laê	Acheter	買	Maè
d°- (laisser des cendre)	落下來	Louó siá laê	Acide	酸	Souān
Abandonner	丟下	Tioū siá	Acier	鋼	Kañg
Abaque	算盤	Souań p'ân	Acte	事	Cheú
Abcès	瘡	Tch'ouāng	Actuellement	如今	Joû kīn
Abeille	蜜蜂	Mí foñg	Adjoint	副	Foú
Abîmer	壞	Houaé	Admirable	奇妙	Ts'î miáo
Abondant	多	Touō	Admirer	驚訝	Kiñg yá
Aboyer	咬	Yào	Adolescence	年輕的時候	Niên ts'ing tì cheû hoó
Abreuver	飲	Yń	Adopter	過	Kouó
Abricot	杏	Síng	Adorer	恭敬	Kouñg kíng
Absent	不在	Poū tsaé	Adresse	本事	Peǹ cheú
Absolument	總得。全	Tsoùng teū_Ts' iuên	Adroit	有本事	Ioù peǹ cheú
Absurde	糊塗	Hoû t'oû	Adultère	姦	Kiēn
Académicien	翰林	Hań lîn	Affable	和氣	Houô ts'í
Accabler (peser)	壓	Yā	Affaire	事情	Cheú ts'îng

① 原书此处略模糊。

Accent	聲	Chēng
Accepter	受。要	Chóo_Yaó
Accompagner	跟着	Ken̄ tchò
Accomplir	做完了	Tsouó ouân leào
Accord	合同	Heû t'oûng
Accorder	許	Siù
Accorder	准	Tchouèn
Accorder	賞	Chàng
Accorder (s')	對	Touí
Accoucher	生孩子	Chen̄g haê tseù
Accourir	跑	P'aô
Accoutumé	平常的	P'in̂g tch'an̂g tì
Accroc	口子	K'oò tseù

(▲239)

Affection	愛情	Ngaé ts'îng
Actif	勤謹	Ts'in̂ kiǹ
Action	事	Cheú
Affermer	租	Tsoū
Affiche	告示	Kaó cheú
Afficher	貼	T'iē
Affilé	快	K'ouaé
Affirmer	說是真的	Choūo cheú tchēn tì
Affliger (s')	發愁	Fā tch'oô
Affreux	很醜	Hèn tch'oò
Afin	爲	Ouéi
Âge	年紀	Niên kì
Âgé	老	Laò

Ag

Agenouiller (s')	跪下	Koúi siá
Agile	快	K'ouaé
Agiter	摇	Yâo
Agneau	羊羔	Yâng kaō
Agrafe	釦子	K'óo tseù
Agréable	好	Haò
Agriculteur	莊稼人	Tchouāng kiā jên
Aide	相幫的	Siāng pan̄g tì
Aider	相幫	Siāng pāng
Aieul	祖	Tsoù
Aigle	鷹	In̄g
Aigre	酸	Souān
Aigu	尖	Tsiēn
Aiguille	針	Tchēn
Aiguiser	磨	Moûo
Ail	蒜	Souán
Aile	翅子	Tch'eú tseù
Aimer	愛	Ngaé
Aimer	喜歡	Sì houān
Aîné	大兒	Tá eûl
Ainsi	這樣	Tcheé yâng
Air	氣	Ts'í

Am

Amande	仁兒	Jên eûl
Amas	堆	Touī
Ambassadeur	欽差	Tsin̄ tch'aē
Ambition	貪心	T'an̄ sīn
Âme	靈魂	Lin̂g houên
Amende	罰的錢	Fâ tì ts'iên
Amer	苦	K'où
Ami	朋友	P'en̂g ioù
Amidon	糨子	Kiańg tseù
Ampoule	疱	P'aó
Amuser	取樂	Tch'ù ló
Ancien	古。老	Koù_Lào
Ancre	錨	Maô
Anéantir	滅	Mié
Angle	角	Kiâo
Âne	叫驢	Kiaó lû
Anesse	騲驢	Ts'aò lû
Animal	禽獸	Ts'în choó
Animaux dom.	牲口	Chen̂g k'oò
Anneau	圈	Ts'uēn
Année	年	Niên
Année d'âge	歲	Souí

Aire	塲	Tch'âng
Ajouter	添	T'iēn
Algue	海帶	Haè taé
Allée	道	Taó
Aller	走。去。上	Tsoò_Tch'ú_Chańg
Aller en voiture	坐車	Tsouó tch'eē
Aller à cheval	騎馬	Ts'î mà
Aller à pied	走着去	Tsoò tchòo tch'ú
Allonger	伸	Chen̄
Allumette	取燈兒	Ts'iù tēng eûl
Allumer	點	Tièn
Allumer (feu)	攏	Loûng
Almanach	暦書	Lí choū
Alun	白礬	Paê fân

Année derniere	去年	Tch'ú niên
Année presente	今年	Kin̄ niên
Année prochaine	來年	Laê niên
Anniversaire	生日	Cheñg jeú
Ami	朋友	P'eñg ioù
A peu près	差不多	Tch'ā poū toūo
Aplanir	平一平	P'iñg ī p'îng
Apparaître	顯	Sieǹ
Appartenir	是	Cheú
Appeler	叫	Kiáo
Apporter	拿來	Nâ laê
Apprendre	學	Suê
Apprenti	徒弟	T'oû tí
Approcher	近	Kín

(▲240)

Ap

Approuver	准	Tchouèn
Appui	靠頭	K'aó t'ôo
Appuyer (s')	靠着	K'aó tchò
Après	後來	Hoó laê
Après-demain	後天	Hoó t'iēn
Après-midi	後半天	Hoó pán t'iēn
Arachide	長生菓	Tch'âng chēng koùo
Araignée	蜘蛛	Tcheū tchoū
Arbre	樹	Choú
Arche	橋空	Ts'iâo k'oúng
Ardent	利害	Lí háe
Ardeur	心火	Sīn hoùo
Arc	弓	Koūng
Arc-en-ciel	虹	Káng
Ardoise	青石	Ts'iñg cheû
Arête	魚莿	Yû ts'eú
Argent	銀子	Yn̄ tseù
Argenté	鍍銀的	Toú yń tì
Argile	埿。瓦	Nî_Ouà
Aride	乾	Kān
Arithmetique	算法	Souań fâ

Ar

Artilleur	礮手	P'aó choò
Artisan	工匠	Koūng tsiáng
Assassin	兇手	Sioūng choò
Assassiner	殺	Châ
Assemblée	會	Hoúi
Asseoir (s')	坐	Tsouó
Assez	彀	Koó
Assiéger	圍住	Ouêi tchoú
Associé	夥計	Houô ts'í
Assureur	保人	Paò jên
Astronomie	天文	T'ièn ouên
Attacher	綑	K'ouèn
Attaquer	先下手	Siēn siá chòo
Atteindre	打	Tà
Atteler	套	T'aó
Attendre	等	Tèng
Attention	小心	Siào sīn
Attraper	拿	Nâ
Aucun	沒有一個	Meî ioù ī keú
Audace	大膽	Tá tàn
Audacieux	大膽的	Tá tàn tì

Arme	兵器	Pin̄g ts'í
Armée	兵	Pin̄g
Armoire	櫃	Kouí
Arpent	畝	Moù
Arracher	拔	Pâ
Arranger	辦	Pán
Arrêter	攔住	Lân tchoú
Arrêter (s')	站住	Tchań tchoú
Arriver	到	Taó
Arrondi	圓的	Yuên tì
Arrondissement	縣	Sień
Arroser	澆	Kiaō
Arsenal	兵器局	Pin̄g ts'í kiû
Arsenic	信	Siń
Art	法	Fâ

(▲241)

	Av	
Avancer	往前走	Ouàng ts'iên tsòo
Avant	以前	Ì ts'iên
Avare	慳吝	Kiēn liń
Avec	和。同	Houô_t'oûng
Avenir	後來的事	Hoó laê tì cheú
Aveugle	瞎子	Siā tseù
Avertir	告訴	Kaó soú
Avis	意見	Í kién
Avoir	有	Ioù
Avoir faim	餓	Ouó
Avoir soif	渴	K'eù
Avorter	小月	Siào yué
Avouer	認	Jén

	B	
Bac	擺渡	Paè toú
Bachelier	秀才	Sioú ts'aê
Bagages	行李	Sin̄g lì
Bague	戒指	Kié tcheù

Augmenter	多	Touō
Aujourd'hui	今天	Kìn t'iēn
Auparavant	先	Siēn
Auprès	近	Kiń
Aussi	也	Iè
Aussitôt	立刻	Lí k'eú
Au revoir	再見	Tsaé kień
Autant	一様	Ī yâng
Automne	秋天	Ts'ioū t'iēn
Autoriser	準	Tchouèn
Autour	圍着	Ouêi tchò
Autre	别的	Piê tì
Autrefois	從前	Ts'oûng ts'iên
Autrement	别様	Piê yâng
Avaler	咽下去	Ién siá tch'ú

	Ba	
Baraque	棚子	P'êng tseù
Barbe	鬍子	Hoû tseù
Barre	棍子	Kouén tseù
Barrière	欄杆	Lân kān
Bas	矬。下	Ts'ouô_Siá
Bât	駝架子	T'ouô kiá tseù
Bataille	打仗	Tà tcháng
Bateau	船	Tch'ouân
Bâtir	蓋	Kaé
Bâton	棍子	Kouén tseù
Bâton d'encre	塊墨	K'ouaé móo
Bâtonnets	筷子	K'ouaé tseù
Battre	打	Tà
Battre (se)	打架	Tà tsiá
Beaucoup	多	Touō
Beau père	丈人。公公	Tchańg jên Koūng koūng
Beauté	美貌	Mèi máo
Bouche	嘴	Tsoùi
Beignet	餃子	Kiaó tseù

Baigner (se)	洗澡	Sì tsào	Bel aspect (de)	體面	T'î mień
Baiser	親嘴	Ts'in̄ tsoùi	Bélier	公羊	Koūng yâng
Baisser	落	Laó	Belle-fille	兒媳婦	Eûl sî foú
Balayer	掃箒	Saò tchòo	Belle-mère	丈母。婆婆	Tcháng moù P'ouô p'ouô
Balance	平	P'îng	Berge	河岸	Heû ngań
Balance	秤	Tch'eńg	Berger	放羊的	Fáng yâng tì
Balayer	掃	Sào	Besoin	没有	Mêi ioù
Balle	毬	Ts'ioû	Bétail	牲口	Chēng k'òo
Ballot	包	Paō	Bibliothèque	書房	Choū fâng
Bambou	竹子	Tchoû tseù	Bien	好	Hào
Banc	櫈子	Teńg tseù	Bienfait	恩	Ngēn
Bande	班	Pān	Bientôt	快	K'ouaé
Bander	裹	Kouò	Billet	帖子	T'iê tseù
Bandit	賊	Tsêi	Bizarre	古怪	Koù kouáe
Bannière	旗	Ts'î	Blanc	白的	Paê tì
Banque	銀號	Yn̂ haó	Blé	麥子	Maé tseù
Baquet	木盆	Moú p'ên	Blesser	傷	Chāng
(▲242)					

	Bl			Bo	
Blessure	傷	Chāng	Boyau	腸子	Tch'âng tseù
Bleu	藍的	Lân tì	Bracelet	鐲子	Tchouô tseù
Bœuf	牛	Nioû	Branche	枝子	Tcheū tseù
Boire	喝	Heû	Bras	骼膊	Keū péi
Boire (animaux)	飲	Yń	Brasier	炭火	T'ań hoùo
Bois à brûler	劈柴	P'î tch'aê	Brebis	母羊	Moù yâng
Boisseau	斗	Toò	Bride	嚼子	Tsiâo tseù
Boîte	箱子。盒子	Siang tseù, Heû tseù	Brèche	口子	K'oò tseù
Boiteux	瘸子	Ts'iuē tseù	Brigand	賊匪	Tsêi feì
Bon	好	Hào	Brillant	光	Kouáng
Bonheur	福	Foû	Briller	亮。明	Leáng_Mîng
Bon marché	賤	Tsién	Brique	甎	Tchouān
Bonnet	帽子	Maó tseù	Briser	打破了①	Tà p'ouó leào
Bonté	恩情	Ngēn ts'îng	Broder	繡花	Sioú houā
Bonze	和尚	Heû cháng	Bronze	紅銅	Hoûng t'oûng

① 原书作“子”，现改作“了”。

Bonzesse	尼姑	Nî koū
Bord	邊	Piēn
Borne	界	Kié
Bossu	羅鍋	Louô kouō
Bottes	靴子	Suē tseù
Bouche	嘴	Tsoùi
Boucher	堵上	Toù cháng
Boucles d'oreille	耳環	Eùl houân
Bouddha	佛	Fouô
Boue	泥	Nî
Bouger	動	Toúng
Bouillir	開	K'aē
Boulettes	煤球兒	Meî ts'ioû eūl
Bourreau	劊子手	Koúi tseù chòo
Bourse	錢褡子	Ts'iên tā tseù
Boussole	定南針	Tińg nân tchén
Bout	頭	T'ôo
Bouteille	瓶子	P'in̂g tseù
Boutique	鋪子	P'oú tseù
Bouton	釦子。鈕子	K'oó tseù，Nioù tseù
Boxer	玩拳	Ouán tsuên

（▲243）

Brosse	刷子	Chouā tseù
Brosse à dents	牙刷子	Yâ chouā tseù
Brosser	刷	Chouā
Brouette	小車兒	Siaò tch'ēe eūl
Brouillard	霧	Oú
Broyer	磨	Moûo
Bruit	聲	Chēng
Brûler	燒	Chaō
Brutal	利害	Lí haé
Cabane	草房	Ts'aò fâng
Cabaret	酒店	Tsioù tién
Cacher	藏	Ts'âng
Cachet	圖書	T'oû choū
Cacheter	封上	Fon̄g cháng
Cadavre	屍首	Cheū chòo
Cadenas	鎖	Souò
Café	加非	Kā feī
Cage	籠子	Loûng tseù
Caisse	箱子	Sian̄g tseù
Caissier	掌櫃的	Tchàng koúi tì

	Ca	
Calamité	災	Tsaē
Calculer	算	Souań
Caleçon	小褲子	Siào k'oú tseù
Calme	平安	P'in̂g ngān
Camp	營	In̂g
Campagne	地	Tí
Canal	水溝	Choùi koò
Canard	鴨子	Yā tseù
Cane	母鴨	Moù yā
Cangue	枷	Kiā
Canon	礮	P'aó
Canot	小船	Siaò tch'ouân
Capitaine	令官	Lińg kouān
Capital	本錢	Peǹ ts'iên

	Ce	
Ceinture	帶子	Taé tseù
Cendre	灰	Hoūi
Censeur	御史	Yú cheù
Cent	一百	Ī paè
Cependant	倒	Tào
Cercle	圈	Tchuān
Cercueil	棺材	Kouān ts'aê
Certain	一定	Ī tińg
Cesser	住	Tchoú
Chaîne	鎖子	Souò tseù
Chair	肉	Jóo
Chaise	椅子	Ì tseù
Chambre	屋子	Oū tseù
Chameau	駱駝	Louō t'ouô

Capitale	京城	Kin̄g tch'êng
Car	因爲	Yn̄ ouéi
Carotte	葫蘿蔔	Hoû louô pó
Carpe	鯉魚	Lì yû
Carré	四方的	Seú fāng tì
Carrefour	岔道	P'ên taó
Carte à jouer	紙牌	Tcheù p'aê
Carte de visite	片子	P'ién tseù
Carte	地理圖	Tí lì t'oû
Carton	夾紙	Kiâ tcheù
Cartouche	火藥包	Houò yaô pāo
Caserne	兵房	Pin̄g fāng
Casque	盔	K'ouī
Casser	打破了	Tà p'ouó leào
Catholique	奉教人	Fońg kiaó jên
Cause	所以然	Souò ì jân
Causer	說話	Chouō houá
Caution	保人	Paò jên
Cave	地窨子	Tí kiaó tseù
Ce, cet, cette	這	Tcheé
Ces	這些	Tcheé siē
Céder	讓	Jáng

(▲244)

Champ	地	Tí
Changer	換。改	Houán_Kàe
Chanter	唱	Tch'áng
Chantier	廠	Tch'àng
Chanvre	麻	Mâ
Chapeau	帽子	Maó tseù
Chaque	每。各	Mèi_Keû
Charbon de bois	炭	T'án
Ch. de terre	煤	Mêi
Charge	擔子	Tań tseù
Charger	放上	Fańg cháng
Charpente	架子	Kiá tseù
Charrue	耕	Kìng
Chasser	打圍	Tà ouêi
Chat	兒貓	Eûl mâo
Chatte	女貓	Niù mâo
Chaud	熱	Jeé
Chauffer	燒	Chāo
Chauve	禿子	T'oû tseù
Chaux	石灰	Cheû hoūi
Chef	頭	T'oô
Chemin	道。路	Táo_Loú

Ch

Chemin de fer	鐵路	Tiè loú
Cheminée	煙筒	Ieǹ t'oûng
Chemise	汗溻兒	Hań tā eûl
Chenille	虫	Tch'oûng
Cher	貴	Koúi
Chercher	找	Tchào
Cheval entier	兒馬	Eûl mà
-d°-hongre	騸馬	Cheń mà
Cheveux	頭髮	T'oô fâ
Chez	在家裡	Tsaé kiā lì

Cl

Classe	等。行	Teǹg_Hâng
Clef	鑰匙	Yaó cheû
Climat	水土	Chouì t'où
Cloche	鐘	Tchoūng
Clou	釘子①	Tin̄g tseù
Clouer	釘	Tíng
Cocher	趕車的	Kàn tch'eē tì
Cochon	豬	Tchoū
Cœur	心	Sīn
Coin	角	Kiâo

① 原书作“了”，现改作“子”。

Chien	狗	Kòo	Colère	忿怒	Feń noú
Chienne	母狗	Moù kòo	Colle	糨子	Kiáng tseù
Chignon	鬊	Tsouàn	Coller	粘。貼	Tchān_T'iê
Choc	碰	P'óng	Colonne	柱子	Tchoú tseù
Choisir	挑。選	T'iāo_Suèn	Comédie	戲	Sí
Choléra	癨亂病	Houó louán ping	Comédien	戲子	Sí tseù
Choquer	撞	Tchouáng	Commander	命	Míng
Chose	事。東西	Cheú_Toúng Sī	Comme	如同	Joû t'oūng
Choux	白菜	Paé ts'aé	Commencement	起頭	Ts'ì t'ôo
Chrysanthème	菊花	Kiû houā	Commencer	起頭	Ts'ì t'oô
Cible	靶子	Pá tseù	Comment	怎麽様	Tsèn mō yáng
Ciel	天	T'iēn	Commerce	買賣	Maè maé
Cierge	蠟	Lá	Commode	方便	Fang̅ pień
Cigarette	菸捲兒	Iēn tchuèn eûl	Commun	公	Koūng
Cimetière	墳地	Feñ tí	Complet	全	Ts'uên
Cinq	五	Où	Composition	文章	Ouên tchāng
Cire	蠟	Lá	Comprendre	懂得	Toung̀ têu
Ciseau	鑿子	Tsâo tseù	Compte	數。賬	Choú_Tcháng
Ciseaux	剪子	Tsièn tseù	Compter	數	Choù
Ciseler	鏨	Tsán	Condamner	罰	Fâ
Cité	城	Tch'êng	Conduire	領	Ling̀
Civil	文	Ouên	Confier	託	T'ouō
Clair	亮。明	Leáng_Mîng	Confiture	糕	Kāo
Clairement	明白	Mîng paê	Confus	亂	Louán
Clairon	喇叭	Là pā	Congé	假	Kiá
Clarté	光	Kouāng	Connaître	知道。認得	Tcheū taó, Jén teû

(▲245)

	Co			Co	
Conscience	良心	Leâng sīn	Coûter	值	Tcheū
Conserver	放。留	Fáng_Leôu	Coutumes	規矩	Kouī kiù
Consul	領事官	Lìng cheú kouān	Couvercle	蓋兒	Kaé eûl
Content	喜歡	Sì houān	Couverture	被子	Peí tseù
Continuellement	常常的	Tch'âng tch'ang̅ tì	Couvre-oreilles	耳帽	Eùl maó
Contre	照着	Tchaó tchò	Couvrir	蓋	Kaé
Contrebande	私	Seū	Cracher	吐	T'oû
Contribuer	攤錢	T'ān ts'iên	Craindre	怕	P'á
Convenir	可。對	K'eù_Toui	Crayon	鉛筆	Tsiēn pì

Convoiter	貪	T'an̄
Copier	抄	Tch'aō
Corbeau	老鴰	Laò kouā
Corde	繩	Chēng
Cordonnier	鞋匠	Siê kiāng
Corne	角	Kiaō
Corps	身子	Chen̄ tseù
Corriger	改。罰	Kaè_Fâ
Côté	旁邊	P'an̄g piēn
Coton	棉花	Miên houā
Cou	脖子	Pouô tseù
Couché	躺着	T'an̆g tchò
Coudre	縫	Fông
Couler	流	Liôu
Couleur	顏色	Ieñ chaé
Coup	下子	Siá tseù
Coupable	有罪的	Ioù tsoúi tì
Couper (hache)	砍	K'àn
Couper	割	Keū
Couper	截	Tsiē
Couper	剌	Lā
Cour	院子	Yuén tseù
Courir	跑	P'aò
Court	短	Touàn
Cousin	堂兄弟	T'âng sioūng ti
Cousin	表兄弟	Piaò sioūng tí
Couteau	刀子	Taō tseù

(▲246)

Crédit	賒	Cheē
Crêpe (etoffe)	紗	Chā
Crêpir	抹牆	Mouō ts'iâng
Creux	空的	K'oun̄g tì
Cri	聲	Chēng
Crier	喊叫	Han̆ kiáo
Crime	罪	Tsoúi
Cristal	水晶	Choùi tsin̄g
Crinière	鬉	Tsoūng
Croc	鉤子	Koō tseù
Croire	信	Sín
Croître	長	Tchàng
Cruche	缸	Kāng
Cueillir	摘。掐	Tchaē_Ts'iá
Cuiller	勺子	Châo tseù
Cuire	燒	Chaō
Cuisine	厨房	Tch'oû fâng
Cuisinier	厨子	Tch'oû tseù
Cuisse	大腿	Tá toùi
Cuivre	銅	T'oûng
Cultiver	種	Tchoúng
Curer	淘	T'aô
Curieux	願意看	Yueń í k'ań
Cuvette	盆子	P'eñ tseù
Danger	危險	Ouêi sièn
Dangereux	危險的	Ouêi sièn tì

Da

Dans	在。裏头	Tsaé_Lì t'oô
Date	日子	Jeú tseù
Davantage	多	Touō
De	的。從	Tì, Ts'oûng
Debarquer	卸	Sié
Débauché	酒色的人	Tsioù chae tì jên
Débiteur	該錢的	Kaē ts'iên tì
Déboucher	開	K'aē

De

Demi-heure	半點	Pań tièn
Démolir	扒	Pà
Démon	鬼	Koùi
Dénouer	解	Kiè
De nouveau	再	Tsaé
Dent	牙	Yâ
Déposer	放。擱	Fan̆g_Keū
Depuis	從	Ts'oûng

Debout	立着	Lì tchò	Dernier	末末了的	Mouó mouó leaò tì
Déboutonner	解開鈕子	Kiè k'aē nioù tseù	Derrière	後頭	Hoó t'oô
Décapiter	斬頭	Tchàn t'ôo	Descendre	下	Siá
Décharger	卸	Sié	Deshabiller	脱	T'ouō
Déchirer	扯	Tch'èe	Doigts	指着	Tcheù tchô
Décider	定	Tińg	Desir	意	Í
Décoller	揭開	Tsiē k'aē	Desirer	願意	Yueń í
Découdre	拆	Tch'aē	Desobeir	不聽命	Poū t'iñg mińg
Découper	剌	Lā	Désormais	後來	Hoó laê
Découvrir	找着	Tchaò tchò	Dessin	畫	Houá
Décret	上諭	Chańg yú	Dessiner	畫	Houá
Dédaigner	嫌	Siên	Dessous	下邊	Siá piēn
Defaire	拆	Tch'aē	Dessus	上邊	Chańg piēn
Défaut	毛病	Mâo pińg	Déterrer	刨出來	P'aô tch'oū laê
Defendre	保。不許	Pào_Poú siù	Détour	彎兒	Ouān eûl
Dégager	贖	Choû	Détruire	扒	Pā
Dégeler	化	Houá	Dette	該的錢	Kaē tì ts'iên
Dégrader	革	Keū	Deuil	孝	Siáo
Degré	品	P'ìn	Deux	二。兩	Eúl_Leàng
Dehors	外頭	Ouaé t'ôo	Deuxième	第二	Tí eúl
Deja	已經	Ì kìng	Devant	前頭	Ts'iên t'ôo
Déjeuner	吃早飯	Tch'eū tsaò fań	Devenir	成	Tch'êng
Délibérer	商量	Chańg lêang	Deviner	猜	Ts'aē
Délivrer	放	Fáng	Devoir	該當	Kaē tāng
Demain	明天	Mîng t'iēn	Dévorer	吞	T'ouēn
Demander	求。問	Ts'ioû_Ouên	Diamant	金鋼石	Kiñ kāng cheû
Déménager	搬家	Pañ kiā	Dictionnaire	字典	Tseú tièn
Demi	半	Pán	Dieu	天主	T'ieñ tchoù

(▲247)

	Di			E	
Différence	分別	Feñ piê	Eau	水	Choùi
Difficile	難	Nân	-mer	海水	Haê choùi
Dignité	爵位	Tsiaō ouei	-pluie	雨水	Yù choùi
Digue	堤	Tī	-puits	井水	Tsiǹg choùi
Dimanche	禮拜	Lì paé	-riviere	河水	Heū choùi
Diminuer	小了	Siaò leào	-vie	燒酒	Chaō tsioù
Dîner	吃晚飯	Tch'eū ouān fán	Ecaille	魚鱗	Yû lîn

Dire	説	Chouō
Disparaître	没了	Mêi leào
Diviser	分	Fen̄
Dix	十	Cheû
Dixième	第十	Tí cheû
Dix mille	一萬	Ī ouán
Docteur	進士	Tsiń cheú
Doigt	指頭	Tcheù t'oô
Domestique	跟班的	Kēn pan̄ tì
Dommage	害	Haé
Domino	骨牌	Koù p'aê
Don	給的東西	Keì tì toūng sī
Donner	給	Keì
Dorer	包金	Pao kin̄
Dormir	睡覺	Choúi kiáo
Dos	脊梁	Tsî niâng
Douane	關	Kouān
Double	多一倍	Touō ī péi
Douleur	疼	T'êng
Douter	疑惑	Î houê
Doux	甜	T'iên
Dragon	龍	Loūng
Drap	哈喇	Kā lā
Drapeau	旗	Ts'î
Droit	直	Tcheú
Droite	右	Ioú
Dur	硬	Yńg
Dynastie	朝	Tch'âo

Ecarter (S')	閃	Chan̉
Echapper	逃	T'âo
Echecs (jeu)	棋	Ts'î
Echelle	梯子	T'ī tseù
Eclair	閃	Chan̉
Eclairer	照着	Tchaó tchò
Eclipse	日蝕	Jeú cheû
Ecluse	閘	Tchâ
Ecole	學房	Suê fâng
Ecorce	皮	P'î
Ecorcer	剝皮	Paô p'î
Ecorcher	剝	Paô
Entendre	聽	T'inḡ
Ecraser	壓	Yâ
Ecrire	寫	Siè
Ecurie	馬號	Mà haó
Edit	上諭	Chańg yú
Effrayant	可怕的	K'eù p'á tì
Egal	平	P'îng
Egarer (s')	走差道	Tsòo tch'á táo
Eglise	堂	T'âng
Electrécité	電氣	Tień ts'í
Elégant	體面	T'ì mień
Elève	學生	Suê chēng
Elever	拿起來	Nâ ts'ì laê
Eloigné	遠	Yuèn
Email	琺瑯	Fâ lâng
Emballer	包	Paō

(▲248)

Em

Embarquer	裝	Tchoūang
Embrasser	抱着	Paó tchô
Emmener	領着	Ling̀ tchò
Empêcher	擋着	Tańg tchò
Empereur	皇上	Houâng cháng
Emplâtre	膏藥	Kāo yâo
Emploi	本分	Pen̉ fēn

En

Enterrement	出殯	Tch'oū pín
Entier	全	Ts'uên
Entourer	圍着	Ouêi tchò
Entraîner	拉	Lā
Entre	當中	Tāng tchoūng
Entrée	口子	K'oò tseù
Entremetteur	媒人	Mêi jên

Employer	用	Ioūng	Entrer	進	Tsín
Emporter	拿去	Nâ tch'ú	Enveloppe	套	T'aó
Emprunter	借	Tsié	Envelopper	包	Paō
En	在。往	Tsaé_Ouàng	Envers	反面	Fàn mień
Encens	香	Siang	Envie	嫉妬	Tsî toú
Enclos	院子	Yuēn tseù	Envieux	嫉妬的人	Tsî toú tì jên
Enclume	鐵鋸子	T'iè tcheñ tseù	Envoler (s)	飛	Feī
Endroit	地方	Tí fāng	Envoyer	打發	Tà fā
Encore	還	Houân	Epais	厚	Hoó
Encre	墨	Moó	Epars	散	Sań
Enfant	孩子	Haê tseù	Epaule	髈子	P'ańg tseù
Enfer	地獄	Tí yû	Epiler	拔毛	Pâ mâo
Enfiler	穿	Tch'ouān	Epingle	疙瘩針	Keū tá tcheñ
Enflé	腫了	Tchouǹg leào	Epouse	妻子	Ts'ī tseù
Enfoncer	插	Tch'â	Epouser	娶	Ts'iú
Enfumer	熏	Siūn	Epuiser	打乾了	Tà kān leào
Engager	當	Táng	Erreur	差錯	Tch'ā ts'ouó
Enlever	搶。去	Ts'iàng_Tch'ú	Escabeau	杌子	Oû tseù
Ennemi	讐人	Tch'ôo jên	Escalier	胡梯	Hoû t'ī
Ennuyer (s')	悶得慌	Meń tì houàng	Esclave	奴才	Noû ts'aê
Enragé	瘋	Fōng	Escorter	護送	Hoú soúng
Enrouler	捲	Kiuèn	Espèce	類	Leí
Enseigne	招牌	Tchāo p'aê	Espérer	盼望	P'ań ouáng
Enseigner	教①	Kiáo	Esprit	神	Chên
Ensemble	一塊兒	Ī kouáe eûl	Essayer	試一試	Cheú ī cheú
Ensuite	後來	Hoó laê	Est	東	Toūng
Entasser	堆	Toūi	Estomac	肚子	Toú tseù
Entendre	聽見	T'iñg kień	Etable	棚子	P'êng tseù
Enterrer	埋	Maè	Etablir	立	Lí

(▲249)

	Et			Fa	
Etain	錫	Sî	Faible	輭弱	Jouàn jòo
Etaler	擺	Paè	Faim	餓	Oúo
Etamer	包錫	Paō sî	Faire	做	Tsoúo

① 原书作“孝”，根据拼音和法文释义，现改作“教”。

Etape	站	Tchán
Etat	國	Koûo
Eté	夏天	Siá t'iēn
Eteindre	滅	Miê
Etendre	伸	Chēn
Etoile	星星	Sīng sīng
Etoffe	布	Poú
Etrange	怪	Kouaé
Etranger	外	Ouaé
Etrangler	勒死	Léi seù
Etre	是	Cheú
Etrier	馬鐙	Mà teńg
Etroit	窄	Tchàe
Etudier	念書	Nień choū
Eventail	扇子	Chán tseù
Evéque	主教①	Tchoù kiáo
Evidemment	一定	Ī tińg
Evident	一定	Ī tińg
Eviter	躲	Touò
Exact	對	Toúi
Examen	考	K'aò
Examinateur	學院	Suê yueń
Excepté	除了	Tch'oû leào
Exemple	樣子	Yâng tseù
Exercer	教②	Kiáo
Exil	充軍	Tch'oūng kiūn
Extraordinaire	不平常的	Poū p'îng tch'âng tì
	F	
Fabriquer	做	Tsoúo
Face	臉	Lièn
Facile	容易	Ioûng í
Fade	淡	Tán

(▲250)

Faisan	野雞	Iè kī
Falloir	該當	Kaē tāng
Famille	家	Kiā
Fanal	大燈	Tá tēng
Fantassin	步兵	Poú pīng
Farine	粉	Fèn
Farine	麪	Mień
Fatigant	重	Tchouńg
Fatigué	儡	Leí
Faubourg	關	Kouān
Faucille	廉	Liên
Faucher	芟	Chān
Faucon	鷹	Īng
Faute	不是	Poū cheú
Fauteuil	椅子	Ì tseù
Faux	假的	Kià tì
Faveur	恩	Ngēn
Feindre	粧	Tchouāng
Femelle	母的	Moù tì
Femme	女人	Niù jeñ
Femme	妻。媳婦	Ts'ī_Sî foú
Fendre	劈	P'ī
Fenêtre	窗户	Tch'ouāng hoú
Fente	縫	Fońg
Fer	鐵	Tiè
Fer-blanc	白鐵	Paê tiè
Fermage	租價	Tsoū kiá
Ferme	結實	Kiê cheû
Fermer (yeux)	合眼	Heû ièn
Fermer	關	Kouān
Festin	筵席	Iên sì
Fête	節氣	Tsiê ts'í
Feu	火	Houò

① 原书作"孝"，现改作"教"。

② 原书作"孝"，根据拼音和法文释义，现改作"教"。

	Fe	
Feuille	葉子	Iê tseù
Feutre	毡	Tchān
Fiançailles	親	Ts'īn
Fiancer	定親	Tińg ts'īn
Ficelle	繩子	Cheñg tseù
Fidele	信實	Sińcheû
Fiel	膽	Tàn
Fièvre	瘧子	Yaô tseù
Figure	臉	Lièn
Fil	線	Sień
Fille	閨女	Koūi niù
Fille	姑娘	Koū niāng
Fils	兒子	Eûl tseù
Fin	末末了	Mouô mouô leào
Finir	完了	Ouân leào
Flamber	滑火	Maó hoùo
Flamme	火	Hoùo
Flatter	誇	K'ouā
Flèche	箭	Tsień
Fleurs	花兒	Houā eûl
Fleuve	河	Heû
Flot	浪頭	Lańg t'ôo
Flotter	漂着	P'iaō tchò
Foie	肝	Kān
Fois	回。次	Hoûi_Ts'eú
Foire	會	Hoúi
Fond	底	Tì
Fonder	立	Lí
Fonte	生鐵	Cheñg t'iè
Force	力量	Lí leâng
Foret	鑽	Tsouān
Forer	鑽	Tsouān
Forger	打鐵	Tà t'iè
Forgeron	鐵匠	T'iè kiāng
Forme	樣子	Yańg tseù
Fort (homme)	壯	Tchouáng

(▲251)

	Fo	
Fort (liquide)	有力量	Ioù lí lêang
Fosse	坑	K'ēng
Fossé	壕	Hâo
Fou	瘋子	Foñg tseù
Fouet	鞭子	Pieñ tseù
Fouiller	搜	Soō
Foule	多	Touō
Four	窰	Yaô
Fourche	叉	Tch'ā
Fourchette	叉子	Tch'ā tseù
Fourmi	螞蟻	Mà ì
Fourneau	爐子	Loû tseù
Fourrage	草	Ts'aò
Fourrure	皮	P'î
Fragile	容易破	Iouñg ì p'ouó
Frais	涼	Leâng
Frais (fruits)	鮮	Siēn
Franc	老實	Laò cheû
Frapper	打	Tà
Frapper porte	叫門	Kiaó mên
Frères	弟兄	Tí sioūng
Frileux	怕冷	P'á lèng
Froid	冷	Lèng
Front	額	Ngô
Frontière	邊界	Piēn kié
Frotter	磨	Moûo
Fruits	菓子	Kouò tseù
Fuir	逃	T'âo
Fumée	烟	Iēn
Fumer	吃烟	Tch'eū iēn
Fumier	糞	Feń
Futur	後來的	Hoó laê tì

	G	
Garder	放	Fáng
Gage	當頭	Táng t'ôo

	Ga	
Gagner	掙	Tchéng
Gagner	賺	Tchouán
Gai	快活	K'ouaé houô
Galette	餅	Piǹg
Gants	手套兒	Choò t'aó eûl
Garantir	保	Paò
Garçon	小子	Siaò tseù
Gardien	看的	K'ań tì
Gare	火車站	Houò tch'eē tchań
Gâté	壞	Houaé
Gateau	細餜子	Sí kouò tseù
Gâter	壞	Houaé
Gauche	左	Tsouò
Geler	凍	Toúng
Gendre	女壻	Niù siú
Gêner	礙	Ngaè
Général	總兵	Tsouǹg pīng
Genou	髂髏膊	K'eū loô poû
Gens	人	Jên
Gentil	俏	Ts'iaó
Geolier	牢頭	Laô t'oô
Gigot	羊腿	Yâng t'ouì
Gilet	砍肩兒	K'ān kiēn eûl
Givre	霜	Chouāng
Glace	冰	Pin̄g
Glissant	滑	Houâ
Glisser	滑	Houá
Gorge	脖子	Pouô tseù
Gourmand	貪吃	T'an̄ tch'eū
Goût	口味	K'oò ouéi
Goûter	嘗嘗	Tch'âng tch'âng
Goutte	滴	Tī
Gouvernail	船舵	Tch'ouān toúo
Gouverner	管	Kouàn
Gouverneur	巡撫	Sûn foù
Grade	官銜	Kouān siên

	Gr	
Graine	子兒。種子	Tseù eûl Tchoùng tseù
Graisse	肥肉	Fêi joó
Grand	大	Tá
Grand juge	臬臺	Nié t'aê
Grand mère	祖母	Tsoù moù
Grand père	祖父	Tsoù foú
Gr. Tresorier	藩臺	Fân t'aê
Gras (homme)	胖	Páng
Gras (animal)	肥	Fêi
Gratter	撓	Nâo
Grave	大。重	Tá_Tchoúng
Graver	刻	K'eū
Gravier	沙子	Chā tseù
Gravure	印像	Iń siáng
Greffer	椄	Tsiê
Grêle	雹子	Paô tseù
Grenade	石榴	Cheû leoû
Griffe	爪	Tchaò
Griller	烤	K'aò
Grimper	爬	P'â
Gros	粗。大	Ts'où_Tá
Guère	少	Chào
Guérir	治	Tcheú
Guerre	打仗	Tà tcháng
Gueule	嘴	Tsoùi
Guitare	絃子	Siên tseù
	H	
Habile	巧	Ts'iào
Habit	衣裳	Ī chāng
Habiller (s')	穿	Tch'ouān
Habitant	住户	Tchoú hoú
Hache	斧子	Foù tseù
Hacher	剁	Touó
Haie	籬笆	Lî pā
Haïr	恨	Hén

(▲252)

	Ha			Ig	
Hampe	桿子	Kàn tseù	Ignorer	不知道	Poū tcheū taó
Hanche	胯	K'ouá	Il	他	T'ā
Hangar	廠棚	Tch'àng p'êng	Ils	他們	T'ā mēn
Haricot	豆子	Toó tseù	Image	像	Siáng
Harnais	套	T'aó	Imbecile	糊塗	Hoû t'oû
Hant	高	Kaō	Imbiber	透	T'oó
Herbe	草	Ts'ào	Imiter	效法	Siaó fâ
Héritage	家產	Kiā tch'àn	Impair	單	Tān
Herse	耙	Pá	Impatient	不忍耐	Poū jeń naé
Heureux	有福的	Ioù foû ti	Impératrice	皇后	Houâng hoó
Heure (une)	一下鐘	Ī siá tchoūng	Implorer	求	Ts'ioû
Heure (une)	一點鐘	Ī tieǹ tchoūng	Important	要緊	Yaó kiǹ
Heurter	撞	Tchouáng	Impôt	錢糧	Ts'ień leâng
Histoire	史記	Cheù kí	Imprimer	印	Iń
Hiver	冬天	Touṅg t'iēn	Incendie	火	Houò
Homme	人	Jên	Incendier	燒	Chaō
Honnête	老實	Laò cheû	Incertain	不一定	Poū ī tińg
Honneur	臉面	Lieǹ mień	Incliner	歪	Ouaē
Honorer	恭敬	Kouṅg kíng	Incruster	嵌上	Ts'ień cháng
Honte	害臊	Haé saó	Inculte	荒地	Houaṅg tí
Hôpital	養病院	Yaṅg pińg yuén	Indécent	不可以	Poū k'eù ì
Horloge	鐘表	Tchoūng piào	Indigène	本人	Peǹ jên
Horloger	鐘表匠	Tchouṅg piaò tsiàng	Indiquer	指着	Tchèu tchò
Hors	外頭	Ouaé t'oô	Infanterie	步兵	Poú piṅg
Hôte	客	K'eû	Infect	臭	Tch'oó
Hôtel	店	Tién	Inférieur	下	Siá
Huile	油	Ioû	Informer (s')	打聽	Tà t'īng
Huit	八	Pā	Infuser	沏	Ts'ī
Humble	謙	Ts'iēn	Inimitié	讐	Tch'oô
Humide	溼	Cheû	Injure	罵話	Má houá
Hypothèque	當	Táng	Injuste	不公道的	Poū koūng taó tì
Hypothèse	比方	Pì fāng	Inondation	淹了	Loò leào
			Inquiet	不放心	Poū fańg sīn
	I		Inscription	字	Tseú
Ici	這理	Tcheé lì	Inspecter	驗	Ień

Idiot (▲253)	傻子	Chà tseù
	In	
Instruments	傢伙	Kiā hoùo
Intelligence	聰明	Ts'oun̄g mîng
Intendant	管事的	Kouān cheú tì
Intention	意思	Í seū
Intercalaire	閏	Iuń
Intérêt	利錢	Lí ts'iên
Intérim	署	Choú
Interroger	問	Oueń
Inutile	没用	Mêi ioúng
Inviter	請	Ts'ìng
Ivoire	象牙	Siáng yâ
Ivre	喝醉	Heú tsoúi
Ivrogne	醉漢	Tsouí hán
	J	
Jade	玉石	Yú cheû
Jaloux	嫉妬	Tsí② toú
Jamais	總不	Tsouǹg poū
Jambe	腿	T'oùi
Jardin	園子	Yuên tseù
Jarre	缸	Kan̄g
Jarretière	綁腿帶子	Pan̄g touì táe tseù
Jaune	黄	Houâng
Jeter	扔	Jêng
Jeu	玩	Ouán
Jeune	小	Siào
Joie	快樂	K'ouaé leū
Jonc	蒲子	P'oû tseù
Joue	臉蛋兒	Lieǹ tań eûl
Jouer	玩兒	Ouán eûl
Jouir	用	Ioúng
Jour	天	T'iēn

Instant	一會兒	Ī hoúi eûl
	Ju	
Jument	騍馬	K'eú mà
Jusqu'à	到	Táo
Juste	正。對	Tcheńg_Toúi
Justice	公道	Koun̄g taó
	L	
Là	那裡	Ná lì
Labourer	耕地	Kin̄g tí
Laboureur	莊稼人	Tchouāng kiā jên
Lac	湖	Hoû
Lacet	套子	T'aó tseù
Lache (pas serre①)	鬆	Soūng
Lâcher	放	Fańg
Laid	醜	Tch'oò
Laine	羊毛	Yâng mâo
Laisser	留	Lioû
Lait	奶	Naè
Lampe	燈	Tēng
Lance	槍	Ts'iāng
Lancer	扔	Jen̂g
Langue	話	Houá
Langue	舌頭	Cheû t'oô
Lanterne	燈籠	Teñg loûng
Lapin	兔子	T'oú tseù
Large.	寬	K'ouān
Larme	淚	Leí
Latrines	茅屋	Mâo fâng (Oû)
Laver	洗	Sì
Lécher	舔	T'ièn
Léger	輕	Ts'īng
Légume	菜	Ts'aé
Lendemain	第二天	Tí eúl t'iēn

---

① 原书此处模糊。

② 原书中有修改痕迹，将 í 更改为 ié。

Joyeux	喜歡	Sì houān
Juge	官	Kouān
Juger	審	Chèn
Jujube	棗 驟	Tsào

Lentement	慢慢的	Mań mań tì
Lequel ?	那一個	Nà î Keú
Lettre	書信。字	Choū sín_Tseú
Leurs	他們的	T'ā men̄ tì

(▲254)

Le

Lever	拿起來	Nâ ts'ì laé
Lever (se)	起來	Ts'ì laê
Lèvre	嘴唇	Tsoùi tch'ouên
Licencié	舉人	Tchù jên
Licou	籠頭	Loûng t'ôo
Lien	繇子	Yaó tseù
Lier	綑。綁	K'ouèn_Pàng
Lièvre	野貓	Iè mâo
Ligature	吊	Tiáo
Ligne	道	Taó
Livre	斤	Kin̄
Lime	銼	Ts'oúo
Limite	界	Kié
Limpide	清	Ts'in̄g
Lingot	元寶	Yuên pào
Lion	獅子	Cheū tseù
Lire	看。念	K'ań_Nień
Liste	目錄	Moú loú
Lit	床	Tch'ouâng
Lit de camp	炕	K'áng
Literie	被窩	Peí ouō
Littérature	文法	Ouên fâ
Livre	書	Choū
Locataire	賃的	Liń tì
Locomotive	火車	Houò tch'ēe
Logement	住的房子	Tchoú tì fan̄g tseù
Loger	住	Tchoú
Loi	律法	Lú fâ
Loin	遠	Yuèn
Long	長	Tch'âng

Lo

Loup	狼	Lâng
Lourd	重	Tchouńg
Loutre	水獺	Choùi t'á
Lui	他	T'ā
Lumière	光	Kouāng
Lundi	禮拜一	Lì paé ī
Luné	月亮	Yué leáng
Lunettes	眼鏡	Ieǹ kíng
Luzerne	苜蓿	Moú siū
Lyre	瑟	Cheú

M

Mâcher	嚼	Ts'iâo
Machine	機器	Kī ts'í
Maçon	瓦匠	Ouà kiāng
Maçonner	壘	Leì
Macre	荸薺	Pī tsí
Madame	太太	T'ae t'aé
Maison	房子	Fâng tseù
Maison jeu	寶局	Paò tchú
Magasin	庄	Tchouāng
Magie	邪法	Siê fâ
Mahométan	回回	Hoûi hoûi
Maigre	瘦	Choó
Main	手	Choò
Maintenant	如今	Joû kīn
Mais	到底	Taó tì
Maïs	棒子	Pańg tseù
Maître	先生	Siēn chēng
Mal	疼	T'êng

Longtemps	老	Lào	Malade	病人	Pińg jên
Longue-vue	千里眼	Ts'ièn lī ièn	Maladie	病	Pińg
Louer	租	Tsoū	Maladroit	拙	Tchouō
Louer	僱	Koú	Malheur	禍	Houó
Lorsque	時候	Cheû hoó	Malle	箱子	Siāng tseù
Louage	價	Kiá	Mamelle	奶子	Naè tseù
(▲255)					

	Ma			Me	
Manche	袖子	Sioú tseù	Mer	海	Haê
Mandarin	官	Kouān	Mercredi	禮拜三	Lì paé sān
Manger	吃	Tch'eū	Mercure	水銀	Chouì yn̄
Manger (anim.)	喂	Ouei	Mère	母親	Moù ts'īn
Manière	樣子	Yańg tseù	Mérite	功勞	Koūng lâo
Manquer	缺少	Tch'uē chào	Mesurer	量	Leâng
Marais	水地	Chouì tí	Métal	金	Kīn
Marbre	花石	Houā cheú	Métier	手藝	Choò í
Marcher	走	Tsoò	Mets	菜	Ts'aé
Mardi	禮拜二	Lì paé eûl	Mettre	放。擱	Fańg_Keū
Marchand	買賣人	Maè maé jên	Mettre la table	擺卓子	Paé tchoūo tseù
Marchandises	貨	Houó	Mettre (habits)	穿	Tch'ouān
Mari	丈夫	Tchańg foū	Mettre (chapear)	戴	Taé
Marier (se)	成家	Tch'eñg kiā	Meuble	傢伙	Kiā houò
Marier (se)	出門子	Tch'où mên tseù	Meule	磨	Mouó
Mariage	紅事	Hoûng cheú	Midi	晌午	Chańg où
Marmite	鍋	Kouō	Miel	蜂蜜	Foñg mí
Marteau	鎚子	Tch'oûi tseù	Mon	我的	Ouò tì
Mât	桅杆	Ouêi kān	Mieux	更好	Keńg hào
Matelas	褥子	Joú tseù	Milieu	中心	Tchoūng sīn
Matin	早上	Tsaò cháng	Militaire	兵	Piñg
Maudire	罵	Má	Mille	千	Ts'iēn
Mauvais	不好	Poū hào	Mince	薄	Paô
Mèche	燈草	Teñg ts'ào	Mine	礦	Koùng
Médecin	大夫	T'aé foū	Minuit	半夜	Pań ié
Médicament	藥	Yaô	Minute	分	Fen̄
Meilleur	更好	Keńg hào	Miroir	鏡子	Kińg tseù
Mêler	和	Houô	Missionnaire	神父	Chên foú
Même	一樣的	Ī yańg tì	Modèle	樣子	Yańg tseù

Mémoire	記性	Kí síng
Mendiant	要飯的	Yaó fań tì
Menottes	手梏子	Choò k'aó tseù
Mensonge	謊話	Houàng houá
Mentir	撒謊	Sā houàng
Menton	嘴巴兒	Tsoùi pā eûl
Menuisier	木匠	Moú kiāng

(▲256)

	Mo	
Moitié	半	Pán
Moment	一會兒	Ī houí eûl
Mon	我的	Ouò tì
Monceau	堆	Toūi
Monde	世界	Cheú kié
Monnaie	錢	Ts'iên
Monsieur	老爺	Laò iê
Montagne	山	Chān
Mont de piété	當鋪	Táng p'oû
Mont	山	Chān
Monter	上	Cháng
Montre	表	Piào
Montrer	指	Tcheù
Moquer (se)	笑話	Siaó houá
Mordre	咬	Yào
Mors	嚼子	Kiaô tseù
Mourir	死	Seù
Mortier	泥	Nî
Mot	話	Houá
Mou	輭	Jouàn
Mouche	蠅子	In̂g tseù
Moucher	擤鼻子	Pìng pí tseù
Mouchoir	手巾	Choò kin̄
Mouiller	淋濕	Lîn cheû
Moulin	磨	Mouó
Mort	死	Seù
Mourre (jeu)	豁拳	Houô ts'uân
Moustique	蚊子	Ouên tseù

Moi	我	Ouò
Moindre	更小	Kéng siáo
Moins	少	Chào
Mois	月	Yué
Mois dernier	上月	Chańg yué
Mois present	這個月	Tcheè keú yué
Mois prochain	下月	Siá yué

	Mu	
Museau	嘴	Tsoùi
Myope	近視眼	Kīn cheú ièn

	N.	
Nager	浮	Foū
Naissance	生	Chēng
Naître	生	Chēng
Nappe	卓布	Tchouō poú
Narine	鼻子眼兒	Pî tseù ièn eûl
Natte	席	Sí
Naufrage	翻了	Fān leào
Navet	蔓菁	Mân tsin̄g
Naviguer	走海	Tsoò haê
Ne, ne pas	不	Poū
Nécessaire	要緊	Yaó kiǹ
Négliger	耽悞	Tān oú
Nègre	黑人	Hei jên
Neige	雪	Suê
Nerf	筋	Kin̄
Neuf	新的	Sin̄ tì
Neuf	九	Kioù
Neveu	姪子	Tcheû tseù
Nez	鼻子	Pî tseù
Nid	窩	Ouō
Nièce	姪女	Tcheû niù
Nœud	綑	K'oueń
Noir	黑	Heī
Noyer	核桃樹	Heú t'aô choú

Moustiquaire	蚊帳	Ouên tcháng
Mouton	羊	Yâng
Mouvoir	動	Toúng
Moyen	法子	Fâ tseù
Muet	瘂吧	Yà pā
Mulet	兒騾子	Eûl louô tseù
Mur	牆	Ts'iâng
Muraille	城	Tch'êng

(▲257)

No

Nourriture	飯	Fán
Nous	我們	Ouò mēn
Nouveau	新的	Sin̄ tì
Nouvelle	信兒	Sin̄ eûl
Noyau	核	Hoû
Nu	光	Kouāng
Nuage	雲彩	Yûn ts'àe
Nuire	害	Haé
Nuit	夜	Yé
Numéro	碼子	Mà tseù

O

Obéir	聽命	T'in̄g míng
Objet	東西	Toun̄g sī
Observer	看	K'án
Obtenir	得	Teû
Occasion	時候	Cheû hoó
Occupé	忙	Mâng
Océan	大海	Tá haê
Odeur	味	Ouéi
Oeil	眼	Ieǹ
Oeuf	蛋	Tán
Offrir	送	Soúng
Oie	鵝	Oûo
Oignon	葱	Ts'oūng
Oiseau	鳥	Niào
Oisif	閒	Siên

Noyer (se)	淹死	Ien̄ seù
Nom	名兒。姓	Mîng eûl_Síng
Nombre	數	Choú
Non	不	Poū
Nord	北	Peì
Nos	我們的	Ouò men̄ tì
Nôtres	我們的	Ouò men̄ tì
Nourrir	養	Yàng

Or

Ordinaire	平常	P'îng tch'âng
Ordonner	命	Mińg
Oreiller	枕頭	Tcheǹ t'oô
Oreilles	耳朶	Eùl tòo
Orgueil	驕傲	Kiāo náo
Orifice	口	K'òo
Original	古怪	Koù kouaé
Orme	榆樹	Yû choú
Orphelin	孤子	Koū tseù
Os	骨頭	K'oú t'ôo
Oser	敢	Kán
Oter	去	Tch'ú
Où	那裡	Nà lì
Ou bien	或是	Houé cheú
Ouater	絮	Siú
Oublier	忘了	Ouańg lèao
Ouest	西	Sī
Oui	是	Cheú
Ours	熊	Sioûng
Outil	傢伙	Kiā houò
Ouvrier	工人	Koun̄g jên
Ouvrir	開	K'āe

P

Pagode	廟	Miáo
Paille	草	Ts'ào
Pain	麪頭	Mién t'ôo

Ombre	影兒	Iǹg eûl
On	人	Jên
Once	兩	Leàng
Oncle	大伯	Tá poúo
Ongle	指甲	Tcheù kià
Opium	大烟	Tá iēn
Or	金	Kin̄
Orage	濤	T'ào
Orange	橘子	Tchú tseù

(▲258)

Paire	雙	Chouāng
Pair	雙	Chouāng
Paire	對	Toúi
Paix	平安	P'iñg ngán
Palais	宮殿	Kouñg tién
Palanquin	轎	Kiaó
Pâle	淡	Tán
Palefrenier	馬夫	Mà foū
Pâlir	發白	Fā paê

	Pa	
Pan	襟	Kin̄
Panier	籃子	Lân tseù
Pantalon	褲子	K'oū tseù
Paon	孔雀	K'ouǹg ts'iáo
Papier	紙	Tcheù
Paquet	包	Paō
Par	從	Ts'oûng
Paralysie	癱瘓病	T'ań houán ping
Parapluie	雨傘	Yù sàn
Parasol	傘	Saǹ
Parce que	因爲	In̄ ouéi
Parcourir	走遍	Tsòo pień
Pardon (poli)	借光	Tsié kouāng
Pardonner	饒	Jaô
Parents	父母	Foú moù
Parer	打扮	Tà pán
Paresseux	懶惰	Làn touó
Parfait	十分好	Cheū fen̄ hao
Parier	打賭	Tà toù
Parler	說話	Chouō houá
Parmi	在裡頭	Tsaé lì t'ôo
Part	分	Fēn
Partie	分	Fēn
Partir	走	Tsòo
Particulier	私的	Seū tī
Partout	處處	Tch'oú tch'ou

	Pa	
Patrimoine	產業	Tch'àn ié
Patron	掌櫃的	Tchàng koúi tì
Patte	腿	T'oùi
Pauvre	窮	Ts'ioûng
Paver	墁地	Mań tí
Pavillon	亭子	T'îng tseù
Paye	工錢	Koūng ts'iên
Payer	給錢	Keì ts'iên
Pays	地方	Tí faūg
Paysage	山水	Chān choùi
Paysan	鄉下人	Siàng siá jên
Peau	皮	P'î
Pêche	桃	T'aô
Pêcher (arbre)	桃樹	T'aô choú
Pêcher	打魚	Tà yû
Peigne	篦子	Pì tseù
Peindre	畫	Houá
Peine	苦	K'oú
Peler	剝皮兒	Paò p'î eûl
Pelle	杴	Siēn
Pendant	的時候	Tì cheû hóo
Pendre	吊起來	Tiaó ts'ì laê
Pénétrer	進去	Tsín tch'ú
Penser	想	Siàng
Percer	鑽	Tsouān
Perche	桿子	Kān tseù

Pas	步	Poú
Pas longtemps	工夫不大	Koūng foū poū tá
Passant	過去的人	Koúo tch'ú tì jên
Passé	古	Koù
Passer	過	Kouó
Passion	心情	Sīn ts'ìng
Pâte	麪	Mién
Pâteux	黏的	Mién tì
Patience	忍耐	Jèn naé
Patois	土話	T'où houá

Perdre	丟	Tioū
Perdre (jeu)	輸	Choū
Perdrix	竹雞	Tchoū kī
Perdu	没了	Mêi lèao
Père	父親	Foú ts'īn
Permettre	許	Siù
Perpétuel	常常的	Tch'âng tch'âng tì
Personne	没有人	Mêi ioù jên
Perte (vendre)	不彀本	Poū koó pèn
Peser	平	P'îng

(▲259)

Pe

Pet	放屁	Fańg p'í
Pétard	炮	P'aó
Petit	小	Siào
Petit-fils	孫子	Souēn tseù
Petite-fille	孫女	Souēn niù
Peu	少	Chào
Peuple	民人	Mîn jên
Peuplier	楊樹	Yâng choú
Peut-être	恐怕	K'ouǹg p'á
Pharmacie	藥鋪	Yaô p'oú
Photographie	照像的②	Tcháo tì siáng
Piastre	塊錢	K'ouaé ts'iên
Pic	尖山	Tsiēn chān
Picul	石	Tán
Pie	喜鵲	Sì ts'iào
Pièce	塊	K'ouaé
Pied	脚	Kiáo
Pied (mesure)	尺	Tch'eú
Pierre	石頭	Cheû t'oô
Pigeon	鴿子	Keū tseù
Pile	垛	Touó
Piler	搗	Tào

Pl

Plaisir	樂	Leû
Planche	板子①	Paǹ tseù
Planète	行星	Sīng siñg
Planter	栽	Tsaē
Plaque	板子	Paǹ tseù
Plateau	盤子	P'aŝ tseù
Plein	滿的	Maǹ tì
Pleurer	哭	K'oú
Pleuvoir	下雨	Siá yù
Plomb	鉛	Ts'iēn
Plier	疊	Tié
Pluie	雨	Yù
Plume	毛	Mâo
Plumeau	担子	Tàn tseù
Plus	多	Touō
Plusieurs	幾	Kí
Poche	兜子	Toō tseù
Poële	爐子	Loû tseù
Poids	分兩	Feń leàng
Poignée	把	Pà
Poil	毛	Mâo
Poing	拳頭	Ts'iuēn t'ôo

---

① 原书作“了”，现改作“子”。

② 根据拼音和法文释义，应作“照的像”。

Piller	搶	Ts'iàng
Pilule	丸子	Ouân tseù
Pince	鉗子	Ts'iên tseù
Pinceau	筆	Pí
Pincer	掐	Ts'iá
Pioche	鐝	Tchuê
Pipe	菸袋	Ien̄ taé
Piquer	扎	Tchá
Pisé	坏	P'ī
Place	地方	Tí fāng
Plaie	瘡	Tch'ouāng
Plaignant	原告	Yuên káo
Plaine	平地	P'în̄g tí
Plaisanter	笑話	Siaó houá

(▲260)

Pointe	尖兒	Tsiēn eûl
Poire	梨	Lî
Poison	毒藥	Toú yâo
Poisson	魚	Yû
Poivre	胡椒	Hoû tsiaō
Polir	磨	Moûo
Politesse	禮貌	Lì máo
Poltron	膽小的人	Tàn siào tì jên
Pomme	蘋菓	P'în̄ koûo
Pomme de terre	山藥	Chān yaô
Pont	橋	Ts'iâo
Population	人	Jên
Porc	豬	Tchoū
Porcelaine	磁	Ts'eû

Po

Port	碼頭	Mà t'ôo
Porte	門	Mên
Portefeuille	護書	Hoú choū
Porter (tete)	頂	Tìng
-do- (dies)	背	Peí
-do- (bras)	抱	Paó
-do (epaule)	挑	T'iāo
Porter sur soi	帶	Taé
Portier	看門的	K'an̄ mên tì
Possible	能有的	Nen̄g ioù tì
Pot	壺	Hoû
Poteau	樁子	Tchouāng tseù
Poterie	瓦器	Ouà k'í
Potier	盆匠	P'en̂ tsiāng
Pou	虱子	Cheû tseù
Pouce (mesure)	寸	Ts'ouén
Poudre	麪	Mién
Poule	草雞	Ts'aò kī
Pouls	脈	Moó
Poumon	肺	Feí
Pour	替。給	T'í_Kèi

Pr

Prendre	拿	Nâ
Prénom	名子	Mîng tseù
Préparer	預備	Yú peí
Près	近	Kín̄
Presser	壓	Yâ
Prêt	得。好	Teû_Hào
Prêter	借	Tsiē
Prier	求	Ts'ioû
Prince	王	Ouâng
Printemps	春天	Tch'ouēn t'iēn
Prison	監牢	Kien̄ lâo
Prix	價	Kiá
Procès	官司	Kouān seū
Prochain	近	Kín
Produire	生	Chēng
Professeur	先生	Sien̄ chēng
Profond	深	Chēn
Projet	主意	Tchoù í
Promener (se)	逛一逛	K'ouàng í k'ouàng
Promettre	許	Siù
Proposer	說	Chouō

Pourquoi	爲什麼	Ouêi cheû mō	Propre	乾净	Kān ts'îng
Pourri	𠤠	Ts'aô	Propriétaire	主兒	Tchoù eûl
Poursuivre	追	Tchoūi	Prosterner (se)	爬下	P'â siá
Pousse-pousse	車子	Tch'eē tseù	Protéger	護	Hoú
Pousser	推	T'oūi	Protestant	耶穌①教	Iê soū kiaó
Poussière	塵土	Tch'eñ t'où	Prouver	徵驗	Tcheñg ién
Poutre	梁	Lêang	Province	省	Chèng
Pouvoir	能彀	Neñg koó	Public	公的	Kouñg tì
Prairie	草地	Ts'aò tí	Puer	臭	Tch'oó
Précédent	前	Ts'iên	Puiser	打水	Tà choùi
Precieux	寶	Paò	Puits	井	Tsìng
Prefet	知府	Tcheū foù	Punir	罰	Fâ
Prefecture	府。州	Foù_Tchōo	Pur	青	Tsińg
Préjudice	害	Haé			
Premier	第一	Tí ī			

(▲261)

	Q			Ra	
Quand	多昝	Touō tsān	Rame	棹	Tcháo
Quart d'heure	刻	K'eú	Ramener	領回來	Lìng hoûi laê
Quatre	四	Seú	Ramper	爬	P'â
Queue	尾巴	Ouèi pā	Rang	行	Hâng
Queue (cheveux)	辮子	Pień tseù	Ranger	拾掇	Cheû toûo
Qualité	様子	Yâng tseù	Rapide	快	K'ouaé
Quadruple	大四倍	Tá seú peí	Rappeler (se)	記得	Kì teû
Quant à	至於	Tcheú yū	Rare	少	Chào
Quart	四分之一	Seū fēn tcheū ī	Rarement	少	Chào
Que	的。什麼	Tì_Cheû mo	Raser	刮	Kouā
Quelconque	不論	Poū liún	Rate	脾	P'î
Quelquefois	有時候	Ioù cheû hoó	Rateau	杷子	P'á tseù
Quelques	幾	Kí	Ratisser	刮	Kouā
Quelqu'un	一個	Ī keú	Ravager	壞	Houaé
Querelle	事	Cheú	Ravin	河溝子	Heû kōo tseù
Question	事	Cheú	Ravir	搶	Ts'iàng
Qui ?	誰	Choûi	Rebelle	反	Fàn

① 原书作“魚”，现改作“穌”。

Quittance	收單	Choō tān
Quitter	離	Lî
Quoi	什麼	Cheû mō
Quoique	雖然	Soüi jân
	R	
Rabot	鉋子	Paó tseù
Racheter	贖	Choú
Racine	根子	Kēn tseù
Racler	刮	K'ouā
Rade	海灣	Haê ouān
Radeau	筏子	Fá tseù
Radis	蘿蔔	Loûo poūo
Raide	硬	Yńg
Raie	道印兒	Táo yń eûl
Rail	鐵條	T'iè t'iâo
Raisin	葡萄	P'oû t'aó
Raison	理	Lì
Ramasser	拾	Cheû
(▲262)		

Receler	藏着	Ts'âng tchò
Récemment	新	Sīn
Recette	進錢	Tsín ts'iên
Recevoir	受。收	Choó_Choō
Réchaud	火鍋兒	Hoùo kouō eûl
Rechercher	找	Tchào
Reciter	念	Nień
Récolter	再黏住	Tsaé tchān tchoú
Récolte	莊稼	Tchouāng kiá
Recommander	吩咐	Fēn foú
Récompense	賞	Chàng
Reconnaître	認得	Jeń teû
Recourbé	彎了	Ouān leào
Recrue	新兵	Sīn pīng
Recueillir	收	Chóo
Reculer	往後推	Ouàng hoó t'ouí
Récurer	擦	Ts'á
Redire	再說	Tsaé chouō
Redresser	弄直了	Louńg tcheú leào

	Re	
Réduire	少	Chào
Réel	實	Cheû
Réfléchir	想一想	Siàng í siàng
Réformer	改	Kàe
Refugier (se)	投	T'ôo
Refuser	不要	Poū yáo
Régal	燕席	Ień sí
Regarder	看一看	K'ań ì k'án
Registre	賬	Tcháng
Régler	定	Tíng
Règne	年間	Niên kiēn
Régner	做皇上	Tsouó houāng cháng
Regret	依戀	Ī liuén
Reins	腰	Yaō
Reine	皇后	Houâng hóo
Relâcher	鬆	Soūng

	Re	
Renvoyer	再打發	Tsaé tà fā
Répandre	撒	Sá
Réparer	收拾	Choō cheû
Repartir	再走	Tsaé tsòo
Repas	飯	Fán
Repasser	再過去	Tsaé kouó tch'ú
Répéter	再說	Tsaé chouō
Répondre	答應	Tā ing
Repos	不動	Poū toúng
Reposer (se)	歇	Sié
Réprimer	壓服	Yá foú
Reproche	說	Chouō
Reptile	虫	Tch'oûng
Réputation	名聲	Mîng chēng
Réserver	放	Fáng
Résister	抵擋	Tì tàng

Relever	起來	Ts'ì laê
Relier	釘書	Tīng choū
Religion	教	Kiaó
Remarquer	小心	Siaò sīn
Remède	藥	Yaô
Remercier	謝	Sié
Remonter	再上去	Tsaé cháng tch'ú
Rempart	城牆	Tch'êng ts'iâng
Remplacer	替	T'í
Remplir	滿了	Man̄ leào
Remporter	拿回去	Nâ hoûi tch'ú
Remuer	動	Toúng
Renaître	再生	Tsaé chēng
Renard	狐狸	Hoû lì
Rencontrer	遇見	Yú kién
Rendre	還	Houân
Rênes	轡頭	P'eí t'oô
Renom	名聲	Mîng chēng
Rentrer	回	Hoûi
Renverser	倒	Tào

(▲263)

	Ri	
Riche	富贵	Foú koúi
Rideau	帳子	Tchańg tseù
Ridicule	可笑的	K'eù siaó ti
Rien	什麼	Cheû mō
Rincer	涮	Chouán
Rites	禮	Lì
Rivage	海邊	Haê pien̄
Rivière	河	Heû
Riz	大米	Tá mì
Robe simple	大衫兒	Tá chān eûl
-do-doublée	大裌襖	Tà kiá ngào
-ouatée	大棉襖	Tá miên ngào
-fourrée	皮襖	P'î ngào
Roi	王	Ouâng
Rompre	拆	Tch'aē

Respecter	敬	Kińg
Respirer	喘氣	Tch'ouèn ts'í
Ressembler	像	Siáng
Ressentir	覺着	Kiaò tchò
Rester	剩下	Cheńg siá
Reste	剩下的	Cheńg siá tì
Resulter	出來	Tch'oū laê
Retarder	躭悞	Tan̄ oú
Retenir	攔住	Lân tchoú
Retirer	拉出來	Lā tch'oū laê
Retourner	回去	Hoûi tch'ú
Reunir	湊	Ts'oó
Réveiller	叫醒了	Kiaó sińg leào
Rêver	做夢	Tsouó mońg
Revendre	轉賣	Tchouàn maé
Revenir	回來	Hoûi laê
Revoir (au)	再見	Tsaé kién
Revolter (se)	做反	Tsouó fàn
Révoquer	革	Keû
Rhume	傷風	Cháng fon̄g

	Ru	
Rusé	詭詐	Koùi tchá
	S	
Sable	沙	Chā
Sabre	刀	Tāo
Sac	口袋	K'oò taé
Sacrifice	祭	Tsí
Sage	小心	Siào sīn
Saigner	放血	Fańg sué
Saint	聖人	Chéng jên
Saisir	拿	Nâ
Saison	季	Kí
Salaire	工錢	Koun̄g ts'iên
Salangane	燕子	Ien̄ tseù
Salé	鹹	Siên

Rond	圓的	Yuên tì	Sale	不乾淨	Poū kān ts'īng
Ronger	齦	K'èn	Salir	臟	Tsāng
Roseau	葦子	Ouèi tseù	Salive	唾沫	T'oúo mouō
Roter	打呃兒	Tà keú eûl	Salle	堂	T'âng
Rotir	燒	Chāo	Salle à manger	飯廳	Fán t'īng
Roue	輪	Liûn	Salon	客廳	K'eú t'īng
Rouge	紅的	Hoûng tì	Saluer	拜	Paé
Rouiller (se)	長銹	Tchàng sióu	Samedi	禮拜六	Lì paé leóu
Rouler	滾	Kouèn	Sang	血	Siuē
Rouleau	捲兒	Tchuèn eûl	Sans	没有	Mêi ioù
Route	道	Táo	Santé	身子	Chen̄ tseù
Royaume	國	Koûo	Sapèque	錢	Ts'iên
Ruban	帶子	Taé tseù	Sapin	松樹	Soun̄g choú
Ruche	蜜蜂窩	Mî fōng oūo	Satellite	衙役	Yâ í
Rude	澀	Cheū	Satin	緞子	Touán tseù
Rue	街	Kiē	Sauce	湯	T'āng
Ruelle	衚衕	Hoû t'oúng	Saucisson	貫腸	Kouán tch'âng
Ruer	尥蹶子	Leáo tch'ué tseù	Saule	柳樹	Lioù choú
Ruiner	拆	Tch'aē	Sauf-conduit	護照	Hoú tcháo
Ruisseau	小河	Siào heû	Sauter	跳	T'iáo
Ruse	詭計	Koùi kí	Sauvage	野的	Iè tì

(▲264)

	Sa			Se	
Sauver	救	Kioú	Sève	津	Tsīng
Savon	胰子	Î tseù	Severe	嚴	Yên
Savoir	知道	Tcheū taó	Si	若	Jée
Sceau	印	Iń	Siècle	時候	Cheû hoó
Sceller	封	Fon̄g	Sien (le)	他的	T'ā tì
Scie	鋸	Kiú	Signal	號	Haó
Scier	鋸	Kiú	Signe	號	Haó
Seau	筲	Chaō	Sillon	犁	Lì
Sec	乾	Kān	Simple	單	Tān
Secher	乾了	Kān leào	Sincère	老實	Laò cheû
Secouer	摇	Yaò	Singe	猴	Hoô
Secret	蜜事	Mí cheú	Sinon	不然	Poū jân
Secretaire	書手	Choū chòo	Sire	萬歲	Ouán soúi
Sein	奶子	Naè tseù	Six	六	Lioú

Sel	鹽	Iên	Société	會	Hoúi
Selle	鞍子	Nān tseù	Sœur aînée	姐	Tsiè
Selon	按着	Ngán tchò	Sœur cadette	妹	Méi
Semaine	禮拜	Lì paé	Soie	綢子	Tch'oô tseù
Semblable	一樣	Ī yáng	Soif	渴	K'eú
Semelle	底子	Tì tseù	Soi-même	自己	Tseú kì
Semer	種	Tchoúng	Soir	晚晌	Ouàn chàng
Sens (Cinq)	五官	Où kouān	Soldat	兵	Pīng
Sentier	小道	Siaò taó	Soleil	日頭	Jeú t'oô
Sentiment	情	Ts'īng	Solide	結實	Kiê cheû
Sentir	覺着	Kiáo tchò	Somme (en)	一共	Ī koúng
Séparer	分開	Feñ k'aē	Sommeil	睏	K'oueń
Sept	七	Ts'ī	Sonder	撧	Tcheú
Serieux	正經	Tcheńg kīng	Sonner	打鐘	Tà tchoūng
Serment	誓	Chéu	Sorgho	高粱	Kaō leáng
Serpent	長虫	Tch'âng tch'ɔūng	Sortir	出	Tch'oū
Serrer	揝着	Tsouán tchò	Sot	糊塗	Hoû t'oû
Serrure	鎖	Souò	Soudain	忽然	Hoú jên
Serviette	手巾	Choò kiñ	Soufflet	風箱	Fōng siāng
Servir	端	Touān	Souffler	吹	Tch'oūi
Seul	單	Tān	Souffler (Vent)	颳	Kouā
Seulement	但但的	Tān tañ tì	Souffrance	苦	K'où
(▲265)					

				Su	
Souffrir	受苦	Choó k'où	Superstition	異端	Í touān
Soulever	拿起來	Nâ ts'ì lae	Supplice	刑罰	Sīng fâ
Souliers	鞋	Siê	Supposer	比方	Pì fáng
Soupçon	疑或	Î houé	Sur	上	Cháng
Soupe	湯	T'āng	Surface	面	Mién
Souple	輭和	Jouàn hoûo	Surnom	台甫	T'aē foù
Source	水泉	Chouì ts'uên	Surpasser	超過	Tch'aō koúo
Sourd	聾	Loûng	Surprendre	逮	Taè
Souris	小老鼠	Siaò lào chou	Surtout	更	Kéng
Sous	下	Siá	Surveiller	監	Kieñ
Sous-prefet	知縣	Tcheū sień	Suspendre	吊起來	Tiáo ts'ì laê
Sous-prefecture	縣	Sién	Système	法子	Fâ tseù
Soutenir	扶住	Foû tchoú			

Souterrain	洞	Toúng		T	
Souvent	好些次	Haò siē ts'eú	Tabac	菸	Iēn
Sphère	球	Ts'ioû	Table	卓子	Tchouō tseù
Station	站	Tchán	Tableau	像	Siáng
Statue	石像	Cheû siáng	Tabouret	杌子	Où tseù
Stércle	荒	Houāng	Tache	毛病	Maô piṅg
Style	文法	Ouên fâ	Tael	兩	Leàng
Sue	水	Choùi	Taille	身量	Chēn leáng
Succeder	接	Tsié	Tailler	削	Siāo
Sucer	啜	Tch'ouó	Tailleur	裁縫	Ts'aê fông
Sucré	甜的	T'iên tì	Taire	不說	Poū choūo
Sucre	糖	T'âng	Talent	才	Ts'aê
Sud	南	Nân	Talon	脚後跟	Kiaó hoó kēn
Suer	出汗	Tch'oū hán	Tambour	鼓	Koù
Sueur	汗	Haṅ	Tamis	羅	Loûo
Suffire	彀	Koó	Tam tam	鑼	Louô
Suie	烟子	Ieṅ tseù	Tanière	窩	Ouò
Suif	油	Ioû	Tanner	礬皮	Faṅ p'î
Suite	跟着的人	Kēn tchò tì jên	Tant	這麽多	Tcheé mō toūo
Suivre	跟着	Keṅ tchò	Tante	姑	Koù
Sujet	事	Cheú	Tantôt	一會兒	Ī hoúi eûl
Superficie	地面	Tí mieṅ	Tapage	鬧	Naó
Supérieur	上	Cháng	Tapis	毯子	T'àn tseù
(▲266)					

	Ta			Ti	
Tapisser	糊牆	Hoû ts'iâng	Tien (le)	你的	Nì tì
Tarare	搧車	Chān tch'ēe	Tiers	三分之一	Saṅ feṅ tcheū ī
Tard	晚	Ouàn	Tige	梗兒	Keṅg eûl
Tartare	旗人	Ts'î jên	Timide	小膽的	Siào taṅ tì
Tas	堆	Touī	Tire-bouchon	螺絲	Louô seū
Tasse	碗	Ouàn	Tirer	拉	Lā
Tâter	摸	Moûo	Tirer le fusil	放鎗	Fáng ts'iàng
Taureau	牻牛	Maṅg nioû	Tiroir	抽屜	Tch'oō t'í
Taux	行情	Hâng ts'îng	Tisser	織	Tcheú
Teindre	染	Jàn	Titre	名字	Mîng tseù
Tel	這樣的	Tcheé yáng tì	Toi	你	Nì
Télégramme	電信	Tién sin	Toile	布	Poú

Télégraphe	電線	Tień sień
Temeraire	冒失	Maó cheú
Temoin	證見	Tcheǹg kień
Température	天氣	T'ien̄ ts'í
Tempête	粗風暴雨	Ts'oū fōng páo yù
Temps	時候	Cheû hoó
Tenailles	鉗子	Ts'iên tseù
Tendre (mou)	輭和	Jouàn hoûo
Tendre	伸	Chēn
Tenir	拿着	Nâ tchò
Tente	帳房	Tchańg fâng
Terne	不亮	Poū leáng
Terminer	做完了	Tsouó ouân leào
Terrain	地方	Tí fāng
Terrasse	臺子	T'aê tseù
Terre	地	Tí
Testament	遺書	Î choū
Tête	腦袋。頭	Nào taé_T'ôo
Têter	啜奶	Tsouō naè
Téton	奶子	Naè tseù
Texte	話	Houá
Thé	茶	Tch'â
Theâtre	戲臺	Sí t'aê
Tiéde	温和	Ouen̄ hoûo

(▲267)

Toit	房頂	Fâng tiǹg
Tombe	墳	Fên
Tomber	倒。摔	Taò_Chouaē
Ton	聲	Chēng
Tondre (lam①)	鉸	Kiào
Tonneau	木桶	Moú t'oùng
Tonnerre	雷	Leî
Torche	火巴	Houò pà
Tordre	擰	Nîng
Torpille	水雷	Chouì leî
Tort (avoir)	没有理	Meî ioù lì
Tortue	龜	Koūi
Torturer	拷	K'ào
Tôt	早	Tsào
Toucher	摸	Mouō
Toujours	常	Tch'âng
Tour	樓	Lôo
Tourner	擰	Nîng
Tous	都	Toū
Tousser	咳嗽	K'eū soó
Trace	印兒	Iń eûl
Traduire	翻譯	Fan̄ ī
Trahir	失信	Cheú sín
Traineau	冰床子	Piñg tch'ouâng tseù

Tr

Tramer	拉	Lā
Traire	擠奶	Tsī nàe
Traiter	辦	Pán
Tranchant	快	K'ouáe
Tranche	片	P'ién
Tranquille	放心	Faǹg sīn
Transporter	搬	Pan̄
Transversal	横的	Houn̂g tì

Tr

Truie	母猪	Moù tchoū
Tube	筒	T'oûng
Tuer	殺	Chā
Tuile	瓦	Ouà
Tunnel	洞	Toúng
Turban	首帕	Chòo p'á
Tuyau	筒	T'oûng
Typhon	暴風	Paó foñg

① 原书此处文本模糊。

Travailler	做活	Tsouó hoûo
Travée	間	Kiēn
Travers	横着	Houn̂g tchò
Traverser	過	Kouó
Trèbucher	失脚	Cheú kiaó
Trembler	打顫	Tà tchén
Tremper	蘸	Tchán
Très	很。甚	Heǹ_Chen̄
Trésor	銀子錢	In̂ tseù ts'iên
Trésorier	藩臺	Fan̂ t'aê
Tresser	辮	Pień
Treuil	轤轤	Loû loû
Tribunal	衙門	Yâ mên
Tribut	貢	Koúng
Trier	揀	Kièn
Tripes	雜碎	Tsā soúi
Trestesse①	悶	Meń
Trois	三	Sān
Tromper	哄騙	Houn̂g p'ień
Tromper (se)	差錯	Tch'ā ts'ouó
Trône	高坐	Kaō tsouó
Tronc	樹身子	Choú chēn tseù
Trou	窟窿	K'oū loūng
Troupe	夥子	Houò tseù
Trop	太。過於	T'aé_Kouó yū
Trouble	亂	Louán
Trousseau	陪送	P'eî soúng
Trouver	找着	Tchaò tchò

(▲268)

U

Un	一	Ī
Uni	平	P'îng
Ulcère	瘡	Tch'ouāng
Union	心齊	Sin̄ ts'î
Unique	一個	Ī keú
Uriner	小便	Siaò pień
Urine	尿	Niáo
Usage	用	Ioúng
User	用	Ioúng
Usine	作坊	Tsouó fāng
Usuel	常用的	Tch'âng ioúng tì
Usurper	佔	Tchán
Utile	有用的	Ioù iouńg tì
Utilité	用	Iouńg

V_

Vacances	放學	Fáng suê
Vacant	空	K'oūng
Vaccin	牛痘	Nioû toó
Vache	牸牛	Cheú nioû
Vagon	火車	Houò tch'eē
Vague	不定的	Poū tińg tì
Vaincre	勝	Chéng
Vaisselle	器皿	Ts'í miǹg
Valet	家下人	Kiā siá jên
Valeur (prix)	價	Kiá

Va

Vallée	山谷	Chan̄ koú
Valoir	值	Tcheú
Vanner	簸	Poùo
Vanter	誇	K'ouā

Ve

Vert	綠	Lú
Vertu	德行	Teû sîng
Vessie	尿脬	Souī p'aō
Veste	小褂子	Siào kouá tseù

① 原书此处模糊，疑应为 tristesse。

Vapeur	氣	Ts'í
Variole	出花	Tch'oū houā
Vase	傢伙	Kiá hoùo
Vaste	寬。大	K'ouān_Tá
Vaurien	匪類	Feì leí
Vautour	老鷹	Laò in̄g
Vegétaux	草木	Ts'aò moú
Veille	更	Kēng
Veiller	管	Kouàn
Velours	絨	Joûng
Vendeur	賣主	Maé tchoù
Vendre	賣	Maé
Vendre à perte	不彀本	Poū koó pèn
Vendredi	禮拜五	Lì paé où
Vénérer	恭敬	Koun̄g kińg
Vénéneux	有毒	Ioù toú
Venger	報讐	Paó tch'ôo
Venin	毒	Toú
Venir	來	Laê
Vent	風	Fon̄g
Ventre	肚子	Toú tseù
Ver	虫子	Tch'oûng tseù
Verge	棍兒	Kouén eûl
Verger	菓樹園子	Kouò choú yuên tseù
Vérifier	查	Tch'ā
Vérité	實話	Cheû houá
Vermicelle	掛麪	Kouá mień
Vernir	漆	Ts'ì
Vernis	漆	Ts'ì
Verrat	公猪	Koun̄g tchoū
Verre	玻璃	Pouô lī
Verser	倒	Tào

(▲269)

Vêtement	衣裳	Ī chan̄g
Vétérinaire	治牲口的病	Tcheú chen̄g k'oò tì pin̄g
Veuve	寡婦	Kouà foú
Viande	肉	Joó
Vice	毛病	Maô píng
Vice-roi	總督	Tsoun̄g toū
Victoire	勝	Cheńg
Vide	空的	K'oun̄g tì
Vider	淘	T'aô
Vie	命	Mińg
Vieillard	老人	Lào jên
Vierge	守貞的	Chòo tchen̄g tì
Vieux	老。舊	Laò_Kioú
Vif	活	Hoûo
Vigne	葡萄樹	Poû t'aô choú
Vigueur	精神	Tsin̄g chên
Vil	卑賤	Peī tsień
Vilain	不好看	Poū haò k'ań
Village	村子	Ts'ouen̄ tseù
Ville	城	Tch'êng
Vin	酒	Tsioù
Vinaigre	醋	Ts'oú
Vingt	二十	Eúl cheû
Viol	強姦	Ts'iàng kiēn
Violent	利害	Lí haé
Violer	犯	Fán
Violet	紫的	Tseù tì
Violon	胡琴	Hoû ts'în
Vipère	毒長虫	Toú tch'âng tch'oûng
Vis	螺絲	Louô seū
Visage	臉	Lièn
Vis-à-vis	對	Toúi

Vi

Viser	照	Tcháo
Visite	拜望	Paé ouáng

Z

Zele	費心	Feí sīn
Zenith	天頂	T'ien̄ tìng

Visiter	拜	Paé
Visiteur	客人	K'eú jên
Visqueux	黏	Niên
Visser	擰螺絲	Nîng louô seū
Vite	快	K'ouaé
Vivant	活的	Houô tì
Vivier	魚池	Yû tch'eû
Vivre	活	Houô
Vœu	愿	Yueń
Voie	道	Taó
Voile	首帕	Choò p'á
Voir	看見	K'ań kień
Voisin	鄰舍家	Lîn cheé kiā
Voiture	車	Tch'eē
Voix	聲兒	Cheng̅ eûl
Voler (prendre)	偷。搶	T'oō_Ts'iàng
Voler	飛	Feī
Voleur	賊	Tseī
Volonté	心	Sin̄
Volume	本書	Peǹ choū
Volupté	快樂	K'ouaé leû
Vomir	吐	T'où
Vôtre	你們的	Nì meñ tì
Vouloir	要。願意	Yaó_Yueń í
Vous	你們	Nì mēn
Voyage	路	Loú
Voyager	走路	Tsoô loú
Vrai	真的	Tcheñ tì
Vu	看	K'án
Vulgaire	平常的	P'îng tch'añg tì
	Y	
Yack	水牛	Chouì niôu
Yeux	眼	Ièn

(▲270)

Zephir	輕風	Ts'ing̅ fong̅
Zibeline	貂鼠	Tiāo choù
Zinc	白鉛	Paê ts'iēn
Zône	帶	Taé

Lexique Chinois-français

(▲271)

	Cha			Cheu	
Chā	沙	Sable	Cheū poú	施佈	Faire l'aumône
Chā	紗	Crêpe (etoffe)	Cheū	濕	Humide
Chà	殺	Tuer	Cheū	失	Perdre
Chà tseù	傻子	Idiot	Cheū kiào	失脚	Trébucher
Chaē	篩	Tamis	Cheū taó	失道	S'egarer
Chaè	色	Couleur	Cheū	十	Dix
Chaé	曬	Secher au soleil	Cheû fen̄	十分	Parfait
Chān	山	Montagne	Cheû	拾	Ramasser
Chan̄ choùi	山水	Paysage	Cheû toúo	拾掇	Réparer
Chan̄ iáo	山藥	Pomme de terre	Cheû	什	Quel ?
Chān koù	山谷	Vallée	Cheû mō	什麼	Quoi ?
Chān	衫	Habit	Cheû	時	Temps
Chān hoû	珊瑚	Corail	Cheû hoó	時候	Epoque
Chàn	閃	Eclair	Cheû	石	Pierre
Chań	善	bonté	Cheû hoūi	石灰	Chaux
Chań	扇	Eventail	Cheû kiáng	石匠	Tailleur de pierre
Chan̄g	商	Marchand	Cheû t'ôo	石頭	Pierre
Chan̄g leáng	商量	Délibérer	Cheû leoû	石榴	Grenade
Chāng	傷	Blesser	Cheû	實	Vrai
Chan̄g fon̄g	傷風	Enrhumé	Cheû houá	實話	Vérité
Chaǹg où	晌午	Midi	Cheû	食	Manger
Chàng	賞	Récompenser	Cheû fán	食飯	Manger
Chańg	上	Monter	Cheù	使	Se servir
Chańg hoûi	上回	La dernière fois	Cheù houán	使喚	Se servir
Chan̂g yué	上月	Mois dernier	Cheú ì cheú	試一試	Essayer
Chańg niên	上年	Année dernière	Cheú niù	侍女	Concubine
Chańg t'oô	上頭	Sommet	Cheú	事	Affaire
Chaō	筲	Seau	Cheú ts'îng	事情	Affaire
Chaō	燒	Brûler	Cheú kié	世界	Le monde
Chaō seù	燒死	Brûler vif	Cheú	是	Etre
Chaò	少	Peu	Cheú	市	Marché
Chaò niên	少年	Jeune	Cheú tseù	柿子	Kaki

Cheū choò	屍首	Cadavre
Cheū	師	Maître
Cheū tseù	獅子	Lion
Cheū	詩	Poesie

Cheú	士	Lettré
Cheú	識	Connaître
Cheē	賒	Credit
Cheè t'ôo	舌頭	Langue (organe)

(▲272)

Chee

Chêe	蛇	Serpent
Cheé	舍	Demeure
Chen̄ tseù	身子	Corps
Chen̄	伸	Allonger
Chēn	深	Profond
Chen̂ foú	神父	Prêtre
Chen̂ siáng	神像	Idole
Cheǹ	審	Juger
Cheǹ ouén	審問	Interroger
Chēng	生	Naître
Chen̄g jeú	生日	Anniversaire
Chen̄g k'oò	牲口	An, domestiques
Chēng	升	1/10 Boisseau
Chēng	聲	Voix, son
Chen̄g mîng	聲名	Reputation
Chêng	繩	Corde
Chèng	省	Province, Diminuer
Chéng	盛	Prospère
Cheńg siá	剩下	Reste
Cheńg	聖	Saint, sage
Chéng	勝	Vaincre
Chōo	收	Recevoir, retenir
Choō cheû	收拾	Réparer
Choō leoû	收留	Garder
Choō tān	收單	Reçu
Choô	熟	Cuit, mûr
Choò	手	Main
Choò kin̄	手巾	Mouchoir
Choò leáo	手鐐	Menottes
Choò t'aó eūl	手套兒	Gants
Choò tcheù kìa	手指甲	Ongles

Choo

Choó k'où	受苦	Souffrir
Choó píng	受病	Etre malade
Chóo	壽	Longévité
Choó	瘦	Maigre
Choū	書	Livre
Choū fāng	書房	Bibliotheque
Choū moú	書目	Table matières
Choū sīn	書信	Letter
Choú t'áo	書套	Enveloppe
Choū	梳	Peigne
Choū	輸	Perdre au jeu
Choû	叔	Oncle
Choû	淑	Vertueux
Choû	熟	Cuit
Choû	贖	Racheter
Choù	鼠	Rat
Choù	屬	Dépendre de
Choú	數	Nombre
Choú ì choú	數一數	Compter
Choú	樹	Arbre
Chouā	刷	Brosser
Chouā tseù	刷子	Brosse
Chouaè	摔	Jeter à terre
Chouaê p'oúo	摔破	Jeter et briser
Chouān	涮	Rincer
Chouāng	雙	Paire
Chouāng	霜	Gelée blanche
Chouén	順	Se conformer
Choûi	誰	Qui ?
Choùi	水	Eau
Chouì choò	水手	Matelot

Choò	首	Tête
Choò	守	Garder
Choó	受	Souffrir
Choó chāng	受傷	Etre blessé
Choó fong̃	受風	Enrhumé
(▲273)		
	Choui	
Chouí kiaó	睡覺	Dormir
Chouō	說	Dire
Chouō houá	說話	Parler
Chouō siaó	說笑	Rire, plaisanter
	Eul	
Eûl	兒	Enfant
Eûl louô tseù	兒騾子	Mulet
Eûl mà	兒馬	Cheval entier
Eûl māo	兒貓	Chat
Eûl sî foú	兒媳婦	Bru
Eûl tseù	兒子	Fils
Eùl	耳	Oreille
Eùl tòo	耳朵	Oreille
Eùl máo	耳帽	Couvre-oreilles
Eúl	二	Deux
Eúl cheû	二十	Vingt
	Fa	
Fā	發	Envoyer
Fā houó	發貨	Livrer des marchandises
Fā iaó tseù	發瘧子	Avoir la fièvre
Fā míng	發命	Ordonner
Fâ	乏	Fatigué
Fâ tseù	筏子	Radeau
Fâ	罰	Punir
Fâ ts'iên	罰錢	Amende
Fâ	法	Loi, moyen
Fâ lân	法藍	Cloisonné

Choùi yñ	水銀	Mercure
Choùi kōo	水溝	Fossé
Chouì niôu	水牛	Yack
Chouì t'à	水獺	Loutre
Choúi	稅	Impôt
	Fan	
Fán	飯	Nourriture
Fań p'oú tseù	飯鋪子	Restaurant
Fań tān	飯襌	Serviette
Fań tień	飯店	Auberge
Fań t'in̄g	飯廳	Salle à manger
Fań	犯	Offenser, violer
Fāng	方	Carré, lieu
Fâng	防	Protéger
Fâng tin̄g	房頂	Toit
Fâng tseù	房子	Maison
Fâng ts'í	房契	Bail
Fâng ts'iên	房錢	Loyer
Fáng	放	Placer, disposer
Fańg houò	放火	Allumer incendie
Fańg siá	放下	Déposer
Fańg sin̄	放心	Tranquille
Feī	飛	Voler (oiseaux)
Feī	非	Ne pas
Feî	肥	Gras (animaux)
Feî ī chāng	肥衣裳	Habit large
Feì	匪	Voleur
Feí	費	Dépenser
Feí ts'iên	費錢	Dépenser l'argent
Feí	肺	Poumon
Fen̄ foú	吩咐	Confier
Fen̄	分	Diviser
Fen̄ k'aē	分開	Diviser
Fēn	紛	Embrouillé
Fên	墳	Cimetière

Fān	翻	Contraire
Fân t'aê	藩臺	Tresorier
Fân	凡	Tous
Fân	礬	Alun
Fân chēn	反身	Se retourner
Fàn louán	反亂	Se révolter
Fán	販	Trafiquer
Fên	焚	Brûler
Fên	粉	Farine, poudre
Fon̄g	風	Vent
Fon̄g tchen̄g	風箏	Cerf volant
Fon̄g	瘋	Démence
Fon̄g tseù	瘋子	Fou
Fon̄g mí	蜂蜜	Miel

(▲274)

Fong

Fōng	封	Fermer, sceller
Fon̄g sīn	封信	Fermer lettre
Fông	縫	Coudre
Fông	鳳	Phénix
Fóng	奉	Présenter
Foū	夫	Mari-maître
Foû	扶	Soutenir
Foû	浮	Nager, flotter
Foû	福	Bonheur
Foû	服	Revêtir, servir
Foù	府	Prefecture
Foù	俯	Condescendre
Foù tseù	斧子	Hache
Foú	赴	Aller à
Foú kouí	富貴	Riche
Foú	副	Seconder
Foú	父	Père
Foú ts'in̄	父親	Père
Foú	婦	Femme mariée
Foûo	佛	Bouddha

Ha

Hâ mā	蝦蟆	Grenouille
Haê tseù	孩子	Enfant
Haê	還	Encore
Haè	海	Mer
Haè choùi	海水	Eau de mer
Haè k'òo	海口	Port

Han

Hán	旱	Sec
Hán	銲	Souder
Hań lîn	翰林	Académicien
Hán	漢	Chinois
Hâng	行	Rangée, commerce
Hâo	毫	Un rien
Haò	好	Bon, beau
Haò k'an	好看	Beau
Haò leào	好了	Guéri- ???
Haò siē keú	好些個	Plusieurs
Haó	耗	Ronger
Haó tseù	耗子	Rat
Háo	號	Marque
Heī	黑	Noir
Heī ié	黑夜	Nuit
Heī yû	黑魚	Brochet
Heī jên	黑人	Nègre
Hèn	很	Très
Hén	恨	Haïr
Hêng	横	Transversal
Heū	喝	Boire
Heū tsoúi	喝醉	S'énivrer
Heû	合	Joindre, unir
Heû cheú	合式	Conforme
Heû ien̄	合眼	Fermer les yeux
Heû k'oò	合口	Fermer la bouche
Heû	盒	Boîte
Heû	何	Qui ? Quoi ?

Haè ouān	海灣	Baie
Haé	害	Nuire
Haé jên	害人	Nuire
Hân	寒	Froid
Hàn	罕	Rare
Hàn kiáo	喊叫	Crier
Hán	汗	Sueur
Hán tā eûl (▲275)	汗溻兒	Chemise
Heû	河	Rivière
Heû choùi	河水	Eau de rivière
Heû iên eûl	河沿兒	Bord du fleuve
Heû tī	河堤	Digue
Heû	和	Concorde
Heû cháng	和尚	Bonze
Heú	核	Noyau
Heú t'aô choú	核桃樹	Noyer (arbre)

	Hoo	
Hoô eûl	猴兒	Singe
Hoó	厚	Epais
Hoó	後	Après, derrière
Hoó laê	後來	Dans l'avenir
Hoó t'oô	後頭	Derrière
Hoó	后	Reine
Hoó	候	Attendre, époque①
Hoū haǹ	呼喊	Crier
Hoū jân	忽然	Soudain
Hoû	胡	Sot
Hoû kiaó	胡椒	Poivre
Hoû	湖	Lac
Hoû	糊	Coller, sot
Hoû t'oû	糊塗	Sot
Hoû t'oûng	衚衕	Ruelle, rue
Hoû tseù	鬍子	Barbe
Hoû lî	狐狸	Renard
Hoû poú	戶部	M[re] des Financ
Hoú	護	Protéger
Hoú choū	護書	Portefeuille
Houā	花	Fleur, dépenser
Houā feí	花費	Dépenser
Houā yuên tseù	花園子	Jardin
Houā tseù	花子	Mendiant

	Houan	
Houân	還	Encore
Houân laê	還來	Revenir
Houán	換	Changer
Houan̄g	荒	Desert, inculte
Houâng chańg	皇上	Empereur
Houâng t'ae hoó	皇太后	Imperatrice mère
Houâng	黃	Jaune
Hoūi	灰	Cendre, chaux
Houī chaé	灰色	Couleur grise
Hoûi	回	Revenir
Hoûi hoûi	回回	Musulman
Hoûi houá	回話	Réponse
Hoûi kiā	回家	Revenir chez soi
Houî kiā	回家	Retourner
Houî tch'ú	回去	Retourner
Hoúi	會	Savoir, réunion
Houí eûl	會兒	Un instant
Houèn lì	婚禮	Mariage
Houên	渾	Sale, trouble
Houên choùi	渾水	Eau trouble
Hoûng	紅	Rouge
Hoûng cheú	紅事	Mariage
Hoûng p'ién	哄騙	Tromper
Hoûo	活	Vivre, vivant

① 此处原书写作 époqu。

Houā ts'iên	花錢	Dépenser	Houò	火	Feu
Houâ	滑	Glissant	Houò chān	火山	Volcan
Houâ	華	Fleur, élégant	Houò tch'eē	火車	Locomotive
Houá	化	Fondre, digérer	Hoùo	夥	Compagnie
Houá pin̄g	化水①	Fondre la glace	Houò kí	夥計	Compagnon
Houá	畫	Dessiner	Houó cheú	或是	Peut, être
Houá	話	Paroles	Houó	禍	Malheur
Houá kiāng	畫匠	Peintre	Houó	貨	Marchandises
Houaê	懷	Aimer, sein	Houó louán pin̄g	癨亂病	Choléra
Houaê	壞	Corrompre			
Houān	歡	Joie			
Houân	環	Anneau			
(▲276)					
	I			Ien	
Ī	一	Un	Iēn	菸	Tabac
Ī hoûi	一回	Une fois	Ien̄ taé	菸袋	Pipe
Ī houí eûl	一會兒	Un instant	Ien̄ tchuèn eûl	菸捲兒	Cigare, cigarette
Ī paè	一百	Cent	Ien̄ seù leào	淹死了	Se noyer
Ī pan̄ tá	一般大	Aussi grand	Iên	嚴	Severe
Ī tien̄ tchoūng	一點鐘	Une heure	Iên chaé	顏色	Couleur
Ī tien̄ eûl	一點兒	Un peu	Iên	鹽	Sel
Ī tíng	一定	Certainement	Iên	言	Paroles
Ī touí	一對	Un paire	Ièn	眼	Oeil
Ī chāng	衣裳	Habits	Ien̄ kin̄g tseù	眼鏡子	Lunettes
Ī	依	Se conformer à	Ien̄ t'êng	眼疼	Mal aux yeux
Î	姨	Tante	Ien̄ où	演武	Exercée militaire
Î tseù	胰子	Savon	Ień	咽	Avaler
Î hoúo	疑惑	Douter, soupçon	Ień	燕	Hirondelle
Î	儀	Etiquette, presents	Ień ouō	燕窩	Nid d'hirondelle
Ì	以	A cause	Ień	雁。鴈	Oie sauvage
Ì kin̄g	已經	Déjà	Ień t'aê	硯台	Encrier
Ì k'aó	倚靠	S'appuyer sur	In-voir Yn		
Í	易	Facile, changer	Ing-voir Yng		
Í	意	Pensée, désir	Ioû	由	Cause, motif
Í seū	意思	Idée	Ioû	油	Huile, graisse

① 原书如此。根据拼音和法文释义，应作“冰”。

Í	異	Etrange, rare
Ia-voir Ya		
Iang-voir Yang		
Iao-voir Yao		
Iê	爺	Grand-père
Iè	也	Et, aussi
Iè	野	Désert, sauvage
Iè yâ	野鴨	Canard sauvage
Iè kī	野雞	Faisan
Iè maō	野貓	Lièvre
Iè tchoū	野猪	Sanglier
Ié	夜	Nuit
Ié lì	夜裡	Dans la nuit①
Iēn	烟	Fumée
Ien̄ t'oûng	烟筒	Cheminée
(▲277)		
Ioû nî	油泥	Mastic
Ioû	遊	Se promener
Ioù	有	Avoir
Ioù cheû hoó	有時候	Quelquefois
Ioù lì	有理	Avoir raison
Ioù ts'aê	有才	Etre habile
Ioú	右	Cote droit, droite
Ioú	幼	Jeune
Ioú	又	Encore
Ioun̂g í	容易	Facile
Ioùng	勇	Courage
Ioùng	永	Perpétuel
Iouńg	用	Employer
Iouńg kōung	用工	Travailler
Iu-voir-Yu		

Iue

Iue voir yue		
Iuen voir yuen		
Iun voir yun		

Jan

Jàn	染	Teindre
Jáng	讓	Laisser faire
Jâo	饒	Pardonner
Jeú	日	Jour
Jeú cheû	日蝕	Eclipse de soleil
Jeú t'oô	日頭	Soleil
Jeú tseù	日子	Jour
Jeé	熱	Chaud
Jeé choùi	熱水	Eau chaude
Jee ts'í	熱氣	Vapeur
Jên	人	Homme
Jên kiā	人家	Famille
Jèn	忍	Patience

Ka

Kā feï	嘎非	Café
Kaē	該	Il faut_dette
Kae tāng	該當	Il faut
Kaè	改	Changer
Kaé	蓋	Couvrir_Bâtir
Kaé eûl	蓋兒	Couvercle
K'aē	開	Ouvrir
K'aē choò	開手	Commencer
K'aē choùi	開水	Eau bouillante
K'aē tch'ouân	開船	Démarrer
Kān	乾	Sec
Kan̄ eûl tseù	乾兒子	Fils adoptif
Kan̄ niù eûl	乾女兒	Fille adoptive
Kān	肝	Foie
Kān	竿	Perche
Kān	甘	Doux au gout
Kàn	敢	Oser

① 此处原书模糊，只能看清 nu。

Jén	任	Emploi public
Jeń teû	認得	Connaître
Jéng	扔	Jeter
Jeńg tch'ú	扔去	Jeter
Jó	若	Si
Jó cheú	若是	Si
Joó	肉	Viande
Joû	如	Comme
Joû kīn	如今	Maintenant
Joú tseù	褥子	Matelas
Joú	入	Entrer
Jouàn jó	軟弱	Faible
Jouén	閏	Mois intercalaire
Joûng	絨	Velours
Joûng í	容易	Facile
Kàn	趕	Poursuivre
Kàn tch'eē tì	趕車的	Cocher
Kań	幹	Travail
K'aǹ	砍	Couper
K'aǹ t'oô	砍頭	Decapiter
K'ań	看	Voir
K'ań choū	看書	Lire
K'án ì k'ań	看一看	Regarder
K'ań mên tì	看門的	Portier
Kāng	缸	Jarre
Kan̄g ts'aê	剛纔	Au moment de
Kāng	鋼	Acier
Káng	虹	Arc-en-ciel
K'āng	康	Tranquillité
K'áng	抗	Resister
K'áng	炕	Lit de camp
Kaō	高	Haut
Kāo leâng	高粱	Sorgho
Kaō	羔	Agneau

(▲278)

	Kao	
Kaó	告	Avertir
Kaó cheú	告示	Proclamation
Kaó jên	告人	Accuser
Kaó soú	告訴	Avertir
K'aò	考	Examiner
K'aò	拷	Torturer
K'aò joó	烤肉	Rôtir la viande
K'aó	靠	S'appuyer sur
Keì	給	Donner
Kēn	根	Racine
Ken̄ tì	根底	Base
Keǹ tseù	根子	Racine
Ken̄	跟	Suivre
Ken̄ pān tì	跟班兒的	Domestique
Ken̄ tchô	跟着	Suivre

	Kia	
Kià	假	Faux
Kià tì	假的	Faux
Kiá	價	Prix
Kiá ts'iên	價錢	Prix
Kiá	架	Support
Kiāng	江	Fleuve
Kiāng	將	Prendre, aider
Kiāng (Tsiang)	漿	Amidonner
Kiāng	薑	Gingembre
Kiàng	講	Expliquer
Kiáng (Tsiang)	匠	Artisan
Kiaō	交	Echanger, livrer, confier
Kiaō	澆	Arroser
Kiāo ngáo	驕傲	Orgueil
Kiaó	教	Enseigner

Kēng	更	Plus，veille
Kéng	更	Plus，encore
Kī	機	Machine
Kī	雞	Coq
Kī tán	雞蛋	Oeuf de poule
Kī tseù eûl	雞子兒	_d°_
Kì (Tsì)	擠	Presser
Kī (Tsi) hào	極好	Très-bon
Kî	吉	Favorable
Kì	幾	Combien ?
Kì houi	幾回	Combien de fois ?
Kì soúi	幾歲	Quel âge ?
Kí	既	Déjà_Quand
Kí	記	Reconnaître
Kí (Tsi)	祭	Sacrifier
Kiā	夾	Presser
Kiā	家	Famille
Kiā ts'iào eûl	家雀兒	Moineau
Kiā	加	Augmenter
Kiā	枷	Cangue
Kiā ngào	袷襖	Vétement① doublé

(▲279)

Kiâo (Tsiao)	嚼	Mâcher，bride
Kiào	絞	Etrangler
Kiaò	脚	Pied
Kiào hoó kēn	脚後跟	Talon
Kiaò peí	脚背	Cou de pied
Kiaó	叫	Crier，appeler
Kiaó hoū	叫呼	Crier
Kiaó mên	叫門	Crier à la porte
Kiaó tseù	轎子	Chaise à porteurs
Kiaó	覺	Sensation
Kiē	街	Rue
Kiē fāng	街坊	Voisin
Kiē	揭	Soulever
Kiê cheû	結實	Solide
Kiè (Tsiè)	姐	Sœur aînée
Kiè	解	Ouvrir_relâcher
Kiè nioù tseù	解鈕子	Déboutonner
Kié mouó	芥末	Moutarde
Kié	界	Limites
Kié (Tsie)	借	Prêter，emprunter
Kié keì	借給	Prêter

Kie

Kié laê	借來	Emprunter
Kiēn	堅	Solide
Kien̄ eûl	尖兒	Pointe
Kien̄	監	Surveiller
Kiēn	姦	Adultère
Kien̄ (Tsien)	剪	Ciseaux
Kieǹ	揀	Choisir
Kièn tchù	薦舉	Recommander
Kień	見	Voir
Kień jên	見人	Voir quelqu'un
Kień tcheńg	見證	Témoin

Kiou

Kioù (Tsiou)	酒	Vin
Kioù kouàn	酒館	Cabaret
Kioù peī	酒杯	Verre
Kioù	九	Neuf
Kioù	久	Longtemps
Kioú	救	Secourir
Kioú (Tsiou)	就	Alors，soit
Kioú	舅	Oncle maternel
Kioú	舊	Vieux
Keū keū	哥哥	Frère aîné
Keū	歌	Chanter

① 原书如此，疑应为 vêtement。

Kień (Tsien)	賤	Humble, vil
Kień (Tsien)	箭	Flèche
Kień	件	Spécificatif
Kin̄	斤	Livre (poids)
Kīn	金	Or, metal
Kin̄	今	À present
Kin̄ jeú	今日	Aujourd'hui
Kin̄ niên	今年	Cette année
Kin̄	巾	Mouchoir
Kin̄	緊	Necessaire
Kiń	近	Près
Kín cheú ièn	近視眼	Myope
Kiń (Tsin)	盡	Tout, entier
Kín	禁	Défendre
Kín (Tsin)	進	Entrer
Kiń cheú	進士	Docteur es lettres
Kin̄g	經	Prières, passer
Kin̄g (Tsing)	精	Pur
Kin̄g	京	Capitale
Kin̄g	驚	Effrayé
Kin̄g	耕	Labourer
Kiǹg	景	Lumière
Kiǹg (Tsing)	井	Puits
Kińg	敬	Respecter
Kińg (Tsing) (▲280)	淨	Pur, propre

Keū	擱	Poser, placer
Keū péi	胳臂	Bras
Keū	割	Couper
Keū tseù	鴿子	Pigeon
Keû siá	閣下	Monsieur
Keû	隔	Séparer
Keû	革	Destituer
Keú	各	Chaque
Keú jên	各人	Chaque homme
Keú tsaò	虼蚤	Puce
Keú	個	Particule
K'eu① t'ôo	磕頭	Prostration
K'eù ì	可以	Convenable
K'eù nêng	可能	Faisable
K'eù② poū cheú mō	可不是麼	N'est-ce pas !
K'eù ts'iaò	可巧	À propos
K'eù	渴	Soif
K'eú	客	Visiteur
K'eú	刻	Graver_1/4 d'heure
K'eú pan̄	刻板	Planche gravée
K'eú③ tseù kiáng	刻字匠	Graveur
Kòo	勾	Crochet
Koò tseù	鈎子	Agrafe, crochet
Koò	狗	Chien
K'oò	口	Bouche, ouverture

K'oo

K'oò oueí	口味	Le goût
K'oò siào	口小	Jeune (animal)④
K'oò tá	口大	Vieux|d°
K'oó	扣	Boutonner
Koū niâng	姑娘	Jeune fille

Kouan

Kouán tch'âng	貫腸	Saucisson
K'ouān	寬	Vaste
K'ouān k'ouó	寬闊	Liberal
Kouáng	光	Lumière, brillant
Kouáng kiào	光脚	Pieds nus

① 原书此处声调不清楚。
② 原书写作 eù，疑似是印刷问题造成字母缺少。
③ 原书写作 eú。
④ 原书模糊。

Koū	孤	Orphelin
Koū	古	Ancien
Koū choū	古書	Vieux livre
Koù	鼓	Tambour
Koù	骨	Os
Koú	故	Cause, motif
Koú	僱	Louer
K'oū	哭	Pleurer
K'où	苦	Chagrin
K'oú tseù	褲子	Pantalon
Kouā lieǹ	刮臉	Raser (figure)
Kouā	颳	Souffler (vent)
Kouā fōng	颳風	Le vent souffle
Kouà foú	寡婦	Veuve
Kouá	掛	Suspendre
Kouá ts'ì laê	掛起來	Accrocher
K'ouā	誇	Vanter
Kouaé	怪	Etrange
K'ouaé	快	Rapide
K'ouaé leú	快樂	Joie, plaisir
K'ouaé tseù	筷子	Bâtonnets
Kouān	官	Mandarin
Kouān houá	官話	Langage
Kouān yń	官印	Sceau
Kouān loú	官祿	Traitement
Kouān seū	官司	Procès
Kouān ts'âe	棺材	Cercueil
Kouān	關	Fermer
Kouān tcháo	關照	Passe-port
Kouàn	管	Gouverner
Kouān cheú tì (▲281)	管事的	Intendant

Kouáng mîng	光明	Brillant
Kouáng t'ôo	光頭	Chauve
Kouàng	廣	Vaste
Kouáng ì kouáng	逛一逛	Se promener
K'ouáng	誆	Tromper
Kouī	歸	Retourner
Koūi kiú	規矩	Règles_usages
Koūi niù	閨女	Jeune fille
Koùi	鬼	Démon
Koúi	貴	Cher
Koúi	櫃	Armoire
Kouí siá	跪下	S'agenouiller
Kouēn sioūng	昆兄	Frère aîné
Kouén tseù	棍子	Bâton
Koueń t'oû	棍徒	Vaurien
K'ouèn	綑	Lier
K'ouèn	捆	Lier
K'oueń	困	Fatigue
Koun̄g	工	Travail
Koun̄g jên	工人	Ouvrier
Koun̄g ts'iên	工錢	Salaire
Koūng	弓	Arc
Koūng	公	Juste, public
Koūng feí	公費	Dépenses publicques
Koūng yâng	公羊	Belier
Koun̄g kī	公雞	Coq
Koun̄g koun̄g	公公	Beau père
Koun̄g kíng	恭敬	Adorer
Koun̄g	宮	Palais
Koùng	拱	Saluer
Koúng	共	Ensemble

Koung

Koúng	貢	Tribut
K'oūng	空	Vide, creux
K'oun̄g p'á	恐怕	Craindre
Koūo	鍋	Marmite

Lao

Laò koūng	老公	Eunuque
Lào	澇	Inondation
Láo	烙	Rôtir
Laó	落	Descendre

Kouô	國	Royaume
Kouô kiā	國家	Gouvernement
Kouò	菓	Fruits
Kouó	過	Passer
Kouó heû	過河	Passer l'eau
Koúo jeú tseù	過日子	Travailler p-vivre①
Kouó niên	過年	Année prochaine
K'ouó	闊	Large，riche

La

Lā	拉	Tirer
Lâ	剌	Couper
Lâ chòo	剌手	Couper la main
Là mā	喇嘛	Lama
Là pā	喇叭	Clairon
Lá	辣	Âcre
Lá	蠟	Cire
Laê	來	Venir
Laê jeú	來日	Demain
Laê niên	來年	Année prochain②
Lân	攔	Empêcher
Lân	藍	Bleu
Lăn toúo	懶惰	Paresseux
Lâng	狼	Loup
Lâng tseù	廊子	Véranda
Lańg	浪	Vague
Laô	勞	Se fatiguer
Laô yú	牢獄	Enfer
Lào	老	Vieux
Laò hoù	老虎	Tigre
Laò iê	老爺	Monsieur
Laò jên	老人	Vieillard

(▲282)

Leú	勒	Rênes
Leú	樂	Joie
Leà	倆	Deux
Leâng	量	Mesurer
Leâng cheû	糧食	Grains
Lêang	良	Bon
Leâng	涼	Frais
Leàng	兩	Deux，taël
Leáng	輛	Part，des chars
Leańg ì leáng	晾一晾	Secher a l'air
Leańg	亮	Brillant
Leào	了	Passé
Leaó	料	Arranger，grains
Leoû	溜	Couler
Leoû	流	Couler
Leoû leí	流淚	Verser des larmes
Leôu	琉	Substance vitreux
Leoû lî	琉璃	_do_
Leoû	留	Laisser
Leoû sin̄	留心	Faire attention
Leôu tchoú	留住	Retenir
Leoû choú	榴樹	Grenadier
Leoù choú	柳樹	Saule
Leoú	六	Six
Leî	雷	Tonnerre
Leì	壘	Fortification
Leí	淚	Larmes
Lèng	冷	Froid
Leǹg siáo	冷笑	Rire forcé
Lî choú	梨樹	Poirier
Lî	璃	Verre
Lî	離	Quitter，de，

Li

Lî	犁	Charrue

Ling

Liǹg t'ôo	領頭	Chef

① 此处原书模糊。

② 此处原书模糊，写作 procha。

Lì	里	Mesure (500^m)
Lì	理	Raison
Lì	裡	Intérieur
Lì	裏	Intérieur
Lì	禮	Rite_étiquette
Lì paé	禮拜	Semaine
Lì choú	李樹	Prunier
Lí	曆	Calendrier
Lí	利	Pointu, gain
Lí haé	利害	Violent
Lí ts'iên	利錢	Interêt
Lí	立	Etre debout, établir
Lí fâ	立法	Faire les lois
Lí k'eú	立刻	De suite
Lí tseù	栗子	Châtaigne
Lí lêang	力量	Force
Liên	連	Ensemble
Liên tseù	鏈子	Chaîne
Lien̂ tseù	簾子	Treillis de bambou
Liên	鐮	Faucille
Lièn	臉	Visage
Lièn p'ên	臉盆	Cuvette
Lień	鍊	Purifier
Lień piñg	練兵	Exercer (soldats)
Lin̂	林	Forêt
Lîn kiā	鄰家	Voisin
Lîn	淋	Mouiller
Liń	賃	Louer
Lin̂g	翎	Plume
Lîng	零	Reste
Lîng maé	零賣	Vendre au detail
Lîng maè	零買	Acheter au detail
Lîng	靈	Âme
Liǹg	領	Conduire
Lìng cheú koān	領事官	Consul
Liǹg naé	令愛	Votre fille
Liǹg lâng	令郎	Votre fils
Liǹg t'âng	令堂	Votre mère
Liǹg tsouēn	令尊	Votre père
Líng	另	Outre
Lińg ouaé	另外	En outre
Lôo	樓	Etage
Loô tchò	摟着	Embrasser
Loó	漏	Couler, traverser
Loû tseù	爐子	Fourneau
Loû	蘆	Jonc, roseau
Loú	路	Route
Loú feí	路費	Argent p. l. route
Loú yuén	路道	Longue route
Loú	祿	Traitement, solde
Loú	鹿	Cerf
Louán	亂	Confusion
Louên	輪	Roue
Louên	論	Discuter
Louñg	龍	Dragon
Louñg houò	攏火	Allumer le feu
Loûng	聾	Sourd
Loûng tseù	籠子	Cage, panier
Louô seū tińg	螺絲釘	Vis
Louô tseù	騾子	Mulet
Louô	羅	Tamis, filet
Louô koûo	羅鍋	Bossu
Loûo	鑼	Tam tam
Louó	落	Tomber, chute
Louó houā chēng	落花生	Arachide
Louó siá	落下	Tomber
Louó t'oûo	駱駝	Chameau
Lû	驢	Âne
Lú	綠	Vert
Lú	律	Loi

(▲283)

	Lu			Mei	
Lú fâ	律法	Loi	Méi ioù	沒有	Il n y a pas
Lú t'iâo	律條	Lois	Meî jên	媒人	Entremetteur
			Mêi	煤	Charbon de terre
	Ma		Mêi ioû	煤油	Petrole
Mâ	麻	Chanvre	Meî ts'ioû eûl	煤球兒	Boulettes de charbon
Mà	馬	Cheval	Mèi	每	Chaque
Mà foū	馬夫	Palefrenier	Meì	美	Beau, bon
Mà háo	馬號	Ecurie	Meí meí	妹妹	Sœur cadette
Mà kouá tseù	馬褂子	Veste de cheval	Mên	們	Marque du pluriel
Mà k'ouáe	馬快	Gendarme	Meń	門	Porte
Mà p'êng	馬棚	Ecurie	Mên	悶	Triste
Mà piēn tseù	馬鞭子	Cravache	Mî	迷	Trouble, perdre
Mà piñg	馬兵	Cavalerie	Mì	米	Riz
Mà tseí	馬賊	Brigand a cheval	Mì cheú	蜜事	Affaire secréte
Mà ì	螞蟻	Fourmi	Mí	蜜	Miel
Mà tchà	螞蚱	Sauterelle	Mì fōng	蜜蜂	Abeille
Má	罵	Injurier	Miáo	廟	Pagode
Maê	埋	Enterrer	Mié	滅	Eteindre
Maè	買	Acheter	Miên houā	棉花	Coton
Maè maé	買賣	Commerce	Míng	命	Ordre
Maè maé jên	買賣人	Commerçant	Miên	綿	Soie
Maé	賣	Vendre	Mièn	免	Eviter
Maé tseù	麥子	Blé	Mień	面	Visage_surface
Mân t'ôo	饅頭	Pain	Mień ī	面罩①	Voile
Mân kiñg	蔓菁	Navet	Mień p'î hoó	面皮厚	Effronté
Màn	滿	Plein, remplir	Mién	麪	Farine
Mań	慢	Lent	Mień pāo	麪兒②	Pain
Mań mań tì	慢慢的	Lentement	Mîn	民	Peuple
Mâng	忙	Etre occupé	Mîng	明	Briller, clair
Mâo	貓	Chat	Mîng hoúo	明夥	Voleurs
Mâo	毛	Poil	Mîng yué	明月	Mois prochain
Mâo piñg	毛病	Défaut	Mîng jeú	明日	Demain
Mâo	茅	Jonc, herbe	Mîng leáng	明亮	Clarté
Mâo fâng	茅房	Lieux	Mîng niên	明年	Année prochaine

① 原书如此，拼音与汉字不对应。

② 原书如此，拼音与汉字不对应。

Maó tseù	帽子	Chapeau	Mîng paê	明白	Evident
Mêi	沒	Non, ne pas	Mîng tseú	名字	Nom
(▲284)					
	Mong			Nae	
Móng	夢	Rêve	Naè	奶	Lait
Môo	麼	Interrogation	Naè mā	奶媽	Nourrice
Môo (mouo)	模	Toucher	Naè t'ôo	奶頭	Mamelon
Moô ″	摩	Toucher	Naé (ngae)	愛	Aimer
Moô ″	磨	Moudre	Naé	耐	Supporter
Moò ″	抹	Frotter	Nān (ngan)	安	Paix
Moó ″	末	Fin	Nān leú	安樂	Plaisir
Moó moó leào	末末了	À la fin, fin	Nān tseù	鞍子	Selle
Moó (mouo)	墨	Encre	Nân	難	Difficile
Moó ″	莫	Non, ne pas	Naň k'án	難看	Vilain
Moù	某	Un tel_X	Nân tsoò	難走	Difficile a marcher
Moù	母	Mère	Nân	南	Sud
Moù ts'īn	母親	Mère	Nân	男	Garçon
Moù	牡	Male	Nań (ngan)	按	Examiner
Moù taň houā	牡丹花	Pivoine	Nań tch'â	按察	Examiner
Moú	木	Bois	Ngań tchò	按着	Etre en paix
Moú kiáng	木匠	Charpentier	Nán (ngan)	案	Procès
Moú pàn	木板	Planche	Nán	岸	Rives
Moú tch'àng tsèu①	木廠子	Chantier	Naò (ngao)	襖	Vêtement
Moú t'oô	木頭	Bois	Naò taé	腦袋	Tête
Moú sīu	苜蓿	Luzerne	Naó	鬧	Bruit
Moú	目	Oeil	Neí	内	Intérieur
Moú loú	目錄	Catalogue	Neí kieň	内監	Eunuque
Moú chēu	牧師	Pasteur prctest	Neí keû	内閣	Conseil Privé
			Nêng	能	Pouvoir
	Na		Nêng koó	能彀	Pouvoir
Nâ	拿	Prendre	Nêng	膿	Pus
Nâ laê	拿來	Apporter	Neú	惡	Méchant
Nâ tch'ú	拿去	Emporter	Nî	呢	Part, finale
Nâ tch'oú	拿出	Tirer dehors	Nî koū	尼姑	Bonzesse

① 原书写作 tsè，疑似是印刷问题造成的字母缺少。

Nà	那	Ce, celui
Nà eûl tì	那兒的	Où ?
Nà ī keú	那一個	Lequel ?
Nà lì	那裡	Où ?
Naê	挨	Souffrir
Naê	礙	Empêcher
(▲285)		
	Niao	
Niâng	娘	Jeune fille
Niào eûl	鳥兒	Oiseaux
Niaó	尿	Uriner
Nié t'aê	臬臺	Juge
Niên	年	Année
Niên ioú	年幼	Jeune
Niên tch'êng	年成	Récolte
Niên ts'in̄g	年輕	Jeune
Nień	念	Lire
Nień choū	念書	Lire
Nîn	您	Vous
Nîn men̄	您們	Vous
Nîn ná	您納	Vous
Nîng	寧	Paix
Nîng	擰	Tordre
Nioû	牛	Boeuf
Nioû joó	牛肉	Viande de b①
Nioù	扭	Entorse, tord
Nioù tseù	鈕子	Bouton
Niù	女	Femme, fille
Niù eûl	女兒	Fille
Niù māo	女貓	Chatte
Noû	奴	Esclave
Noû ts'aê	奴才	Esclave
Noû	怒	Colère
Nouàn heû	暖和	Chaud

Nî	坭	Boue
Nî	泥	Boue
Nì	你	Vous
Nì mēn	你們	Vous
Nì men̄ tì	你們的	Le vôtre
Nì tì	你的	Le vôtre
	Ou	
Où kouān	五官	Cinq sens
Où ouéi	五味	Cinq goûts
Où tsáng	五臟	Cinq viscères
Où kouān	武官	Mandarin militaire
Oú	霧	Brouillard
Ouā	挖	Creuser, curer
Ouà	瓦	Tuile
Ouà kiáng	瓦匠	Maçon
Ouá tì	窪地	Marais
Ouá tseù	襪子	Les bas
Ouaé	外	Dehors
Ouaē	歪	Incline
Ouaé kouô	外國	Etranger (pays)
Ouaé kouô jên	外國人	Etranger (homme)
Ouaé t'ôo	外頭	En dehors
Ouān tseù	灣子	Baie
Ouān	彎	Courbe
Ouân	完	Finir
Ouàn	晚	Soir
Ouàn cháng	晚上	Soirée
Ouán cháng	晚晌	Le soir
Ouán eûl	玩兒	Jouer
Ouán	萬	Dix mille
Ouán soúi	萬歲	L'empereur
Ouâng	王	Roi, prince
Ouâng ié	王爺	Prince

① 此处原书从 b 开始模糊，应作 bœuf。

Noûng	農	Labourer	Ouàng	往	Aller à
Noûng	弄	Faire	Ouàng jeú	往日	Autrefois
Nouńg ts'aé	弄菜	Preparer (mets)	Ouáng	忘	Oublier
Nouàn	暖	Chaleur	Ouáng	望	Desirer, esperer
			Ouéi	威	Puissant
	Ou		Ouêi	圍	Entourer
Oû tseù	屋子	Chambre	Ouêi kan̄	桅杆	Mat
Oû	無	Non, ne pas	Ouéi	爲	Faire, a cause de
Oû laê tseù	無來子	Vaurien	Ouéi① cheû mō	爲什麽	Pourquoi ?
Où	五	Cinq	Ouéi	未	Non

(▲286)

	Ouei			Pae	
Oueî eûl	味兒	Saveur	Paê jeú	白日	Plein jour
Ouéi	喂	Nourrir les animau	Paê mì	白米	Riz blanc
Oueí	位	Personnage	Paê ts'aé	白菜	Choux
Ouēn	温	Tiède	Paè	百	Cent
Ouên	文	Litterature	Paè	擺	Préparer
Ouên kouān	文官	Mandarin civil	Paé	敗	Detruire
Ouên	聞	Ecouter	Paé	拜	Saluer
Ouên kién	聞見	Entendre	Paé miên②	拜年	Bonne année !
Oueń	問	Interroger	Paé t'iè	拜帖	Carte de visite
Oueń tā	問答	Dialoguer	P'aê	牌	Enseigne
Ouô	鵝	Oie	P'aê koù	牌骨	Côtelette
Ouô	窩	Nid, repaire	P'aê	排	Disposer
Ouò	我	Moi	Pan̄	搬	Transporter
Ouò men̄	我們	Nous	Pan̄ kiā	搬家	Déménager
Ouò men̄ tì	我們的	Le nôtre	Pān	班	Rang, classe
Ouò tì	我的	Le mien	Pan̄ tseù	板子	Planche
Ouó	餓	Avoir faim	Pań	半	Moitié
Ouó	卧	Etre couché	Pań	辦	Arranger
			Pań cheú ts'îng	辦事情	Traiter
	Pa		P'ân	盤	Plat
Pā	八	Huit	P'ân tseù	盤子	Plat
Pā	扒	Démolir	P'ań ouáng	盼望	Esperer

---

① 原书写作 uéi。

② 作者拼写可能有误，应作 niên。

Pā	巴	S'attacher à	Pāng	幫	Aider
Pā tseù	杷子	Rateau	Pàng	綁	Lier
Pâ	拔	Arracher	Pañg ts'ì laê	綁起來	Lier
Pà	把	Prendre	Páng	傍	Auprès de
Pá	罷	Cesser, imper	P'âng	旁	Côté, à côté
Pá	靶	Cible	P'âng pieñ eûl	旁邊兒	À côté
Pá	耙	Herse	P'áng	胖	Gros
P'â	爬	Gratter	Pāo	包	Envelopper
P'â tseù	杷子	Rateau	Paō kiào	包脚	Envelopper les pieds
P'á	怕	Craindre	Paō kiñ	包金	Dorer
Paê	白	Blanc	Paō	剝	Peler
Paê cheú	白事	Funeraille	Paô	薄	Mince
Paê fân	白礬	Alun	Paò	保	Proleger
Paê hoūi	白灰	Chaux	Paò jên	保人	Assureur

(▲287)

	Pao			Pen	
Pào	寶	Precieux	Peǹ ts'iên	本錢	Capital
Paó	抱	Embrasser	P'ên	盆	Cuvette
Paó	暴	Cruel	P'eñg ioù	朋友	Ami
Paó foñg	暴風	Grand vent	P'eng① tseù	棚子	Hangar
Paó yù	暴雨	Grande pluie	Pèng② tseù	篷子	Voile
Paó tseù	鉋子	Rabot	P'éng	碰	Heurter
Paó	報	Avis	P'eńg houaé	碰壞	Heurter et briser
Paó	爆	Petard	Pī tseù	鼻子	Nez
Paó mà	報馬	Courrier	Pī tseù ieǹ eûl	鼻子眼兒	Narine
P'ào	跑	Galoper, courir	Pì ts'eù	彼此	Mutuel
P'aò mà tch'àng	跑馬廠	Champ de courses	Pì	比	Comparer
P'aò piñg	跑冰	Patiner	Pì fāng	比方	Par exemple
P'ào toú	跑肚	Diarrhée	Pì	筆	Pinceau
P'aó	礮	Canon	Pí	必	Il faut
Peī	卑	Vulgaire	Pí	敝	Vil, mon
Peī lôo	碑樓	Pavillon	P'ī tch'aê	劈柴	Bois à brûler
Peī	盃	Coupe, tasse	P'ī	霹	Foudre
Peì	北	Nord	P'î	脾	Rate

① 原书此处声调不清晰。

② 原书此处声调不清晰。

Peì piēn eûl	北邊兒	Côté Nord
Péi	倍	Doubler
Peí chan̄g	被傷	Etre blessé
Peí káo	被告	Accusé
Peí oūo	被窩	Couverture
Peí	備	Preparer
Péi	背	Dos
Peí choū	背書	Reciter ??? cœur
Peí tchō	背着	Porter (dos)
P'eî	賠	Indemniser
P'eî lì	賠禮	S'excuser
P'eî ts'iên	賠錢	Perdre (argent)
Pen̄	奔	Courir
Peǹ	本	Origine
Peǹ cheú	本事	Talent
Peǹ yué	本月	Mois actuel
Peǹ jeú	本日	Ce jour
Peǹ niên (▲288)	本年	Cette année①

P'î	皮	Peau
P'î nào	皮襖	Robe fourrée
P'î kiáng	皮匠	Corroyeur
P'î	疋	Piece d'étoffe
P'î k'oò	屁口	Anus
P'î koù	屁股	Le derriere
Piaò	表	Signe, montre
Piào kiáng	表匠	Horloger
Piào sioūng	表兄	Cousin
Piaò hoû	裱糊	Coller
Piào hoû kiáng	裱糊匠	Colleur
Piê	别	Ne pas, autre
Piê tì	别的	Autre
Pien̄	編	Tresser, lien
Piēn tseù	鞭子	Fouet
Piēn	邊	Côté
Pién	便	Commode
Pień î	便宜	Pas cher

Pien

Pień	辨	Séparer
Pień	辯	Distinguer
Pień tseù	辮子	Tresse (cheveux)
Pień	變	Changer
P'ień	片	Tablette
Pîn	貧	Pauvre
P'ìn	品	Rang
P'iǹ	牝	Femelle
Pīng	兵	Soldat
Pīng yn̂g	兵營	Camp
Pin̄g poú	兵部	Mre de la guerre
Pin̄g ts'í	兵器	Armes
Pīng	冰	Glace
Pin̄g siê	冰鞋	Patin

Pou

Poú tcheū táo	不知道	Ne pas savoir
Poú t'īng mińg	不聽命	Desobeir
Poú tsáe kiā	不在家	Absent
Poú	步	Marche, Pas
Poú pīng	步兵	Infanterie
Poú	布	Toile
P'oû t'aô	葡萄	Raisin
P'oû	蒲	Jonc
P'oú tseù	鋪子	Boutique
Pouō lî péi	玻璃盃	Verre à boire
Poùo	簸	Vanner
P'ouô p'ôuo	婆婆	Belle-mère
P'ouó	破	Casser
P'ouó houaé	破壞	Briser

① 此处原书为 anné。

Piǹg	稟	Informer	P'ouó soúi	破碎	Briser en morceaux
Pińg	病	Maladie			
Píng haò	病好	Guérison		Sa	
P'îng nań	平安	Paix	Sā	撒	Répandre
P'îng p'în̂g tì	平平的	Uni	Sā houàng	撒謊	Mentir
P'îng tch'ân̂g tì	平常的	Ordinairement	Sā niáo	撒尿	Uriner
P'îng tseù	瓶子	Bouteille	Sā	三	Trois
P'în̂g koùo	蘋菓	Pomme	Saé	塞	Boucher
Poù	捕	Prendre	Saé tseù	塞子	Bouchon
Poù tch'uē	補缺	Remplir un emplo①	Sān	三	Trois
Poú	不	Non, ne pas	Sàn	傘	Parasol
Poú chào	不少	Pas peu	Sań	散	Disperser
Poú cheú mō	不是麼	N'est-ce pas	Sáng	喪	Mourir
Poú haò k'ań	不好看	Vilain	Sańg cheū	喪事	Funérailles
Poú kaē	不該	Il ne faut pas	Saṅg choú	桑樹	Murier
Poú k'eù	不可	Il ne faut pas	Saǹg tseù	嗓子	Gosier
Poú kouàn	不管	Ne pas s'occuper	Sào	掃	Balayer
Poú mîng pâe	不明白	Pas clair	Saò tchoù	掃箒	Balai
Poú pí	不必	Il ne faut pas	Saò tí	掃地	Balayer
Poú pién î	不便宜	Pas commode②	Sēng	僧	Bonze
Poú sîng	不行	Cela ne couvrent pas	Seū	司	Diriger, bureau
Poú tań	不但	Non seulement	Seū	絲	Soie

(▲289)

	Seu			Sia	
Seū	撕	Fendre	Siá hoûi	下回	Prochaine fois
Seū	思	Penser	Siá yù	下雨	Pleuvoir
Seū	私	Privé, cache	Siá yué	下月	Mois prochain
Seū tseù	私子	Bâtard	Siá jên	下人	Domestique
Seù	死	Mourir	Siá oú	下霧	Brouillard
Seù cheū	死屍	Cadavre	Siá pâo tseù	下雹子	Grêler
Seú	俟	Attendre	Siá suè	下雪	Neiger
Seú	似	Semblable	Siá tán	下蛋	Pondre
Seú	四	Quatre	Siá ts'ì	下棋	Jouer (Echecs)
Seú cheû	四時	4 saisons	Siá	嚇	Effrayer

① 原书此处最后一个词不完整。

② 原书此处为 comnode。

Seú fan̄g tì	四方的	Carré
Seú kì	四季	4 saisons
Seú	寺	Pagode
Sī	西	Ouest
Sī yâng jên	西洋人	Europèen
Sī kouā	西瓜	Pastèque
Sī	希	Rare
Sī	席	Natte, banquet
Sī tseù	蓆子	Natte
Sî foú eûl	媳婦兒	Femme mariee
Sî	錫	Etain
Sî	習	S'exercer
Sì	喜	Joie
Sì houān	喜歡	Joyeux
Sì ts'iào	喜鵲	Pie
Sì lien̄	洗臉	Se laver
Sì lièn p'ên	洗臉盆	Cuvette
Sì tsào	洗澡	Se baigner
Sí	細	Mince, fin①
Sí	戲	Comedie
Sí tseù	戲子	Comedien
Siā mì	鰕米	Crevette
Sià tseù	瞎子	Aveugle
Siâ tseù	匣子	Boîte
Siá t'ien̄	夏天	Eté
Siá	下	Dessous
(▲290)		
Siāng	相	Ensemble, aider
Sian̄g haò	相好	Amis
Sian̄g ī siāng	相一相	Observer
Siāng kiāo	相交	Amis
Siāng tseù	箱子	Caisse
Siāng	香	Odeur agreable
Siāng	鄉	Village
Sian̄g siá jên	鄉下人	Cultivateur
Siàng	想	Reflèchir
Siàng	響	Son, bruit
Siáng	向	Être tourne vers
Siáng	像	Image
Siáng	象	Elephant
Siáng yâ	象牙	Ivoire
Siāo	消	Fondre
Siào	小	Petit
Siaò choú	小樹	Arbuste
Siaò yā	小押	Petit mont de piete
Siaò loú	小鹿	Chevreuil
Siaò mì tseù	小米子	Millet
Siaò niù jên	小女人	Concubine
Siào pién	小便	Uriner
Siáo	曉	Savoir
Siaó	孝	Deuil
Siaó ī	孝衣	Habits de deuil
Siáo maó tseù	孝帽子	Bonnet de deuil

	Siao	
Siaó tseù	孝子	Bon fils
Siaó	笑	Rire
Siaó	效	Imiter
Siē	歇	Se reposer
Siē ī sioù	歇一宿	Repos une nuit
Siē	些	Un peu

	Sin	
Siń	信	Vrai, croire
Siń cheû	信石	Arsenic
Siń fōng	信封	Enveloppe
Sín ouên	信聞	Nouvelles
Sīng	星	Etoile
Sin̄g	興	Commencer

① 原书此处模糊。

Siê	斜	Incliné	Sîng	形①	Torture
Siê	鞋	Souliers	Sîng	刑②	Forme, image
Siê	協	D'accord-uni③	Sîng	行	Agir, marcher
Siè	寫	Ecrire	Sîng jên	行人	Voyageur
Siè tseú	寫字④	Ecrire	Sîng lì	行李	Bagages
Siè	血	Sang	Sîng sin̄g	行星	Planète
Sié	謝	Remercier	Sîng toúng	行動	Agir
Sié t'iē	謝帖	Carte de Remercier⑤	Sîng pî tseù	擤鼻子	Se moucher
Sié	卸	Deposer	Sìng	醒	S'éveiller
Sié tch'eē	卸車	Deteler	Síng	性	Nature
Siēn chēng	先生	Maître, lettr⑥	Sin̄́g míng	性命	Vie
Sien̄ foú	先父	Feu mon père	Síng	姓	Nom
Siēn	鮮	Frais	Síng choú	杏樹	Abricotier
Siên	閒	Inoccupé	Sioū	羞	Avoir honte
Siên iên	閒言	Paroles inutile	Sioū	修	Arranger
Siên jên	閒人	Oisif	Sioū kiào tì	修脚的	Pedicure
Siên	鹹	Salé	Sioū ouên	修文	Littérature sacrée
Siên	嫌	Avoir en aversion	Sioū tsaó	修造	Bâtir
Siên	賢	Sage	Sioù	宿	Passer une nuit
Siè̀n	顯	Brillant	Sioù ts'aê	秀才	Bachelier
Sień	線	Fil	Sioú	繡	Broder
Sień	現	Maintenant	Sioú tseù	袖子	Manches
Sień tsaé	現在	-do-	Sioun̄g	兄	Frère aîne
Sién	縣	???	Sioūng	凶	Calamité
Sīn	心	Coeur	Sioun̄g chòo	兇手	Assassin
Sīn í	心意	Vif	Sioûng	熊	Ours
Sīn tcheú	心志	Volonté	Soùo	鎖	Cadenas
Sīn	辛	Souffrance	Souò	所	Lieu, demeure
Sīn	新	Neuf, nouveaux⑦	Souò ì	所以	À cause de
Sîn	尋	Chercher			

① 法语义为“酷刑、拷打”。对应汉字应为“刑”。

② 根据词义，此处对应汉字应为“形”。

③ 原书此处内容无法辨认。

④ 原书作“子”，现改作“字”。

⑤ 原书此处模糊。

⑥ 原书此处模糊，推测为 lettré。

⑦ 原书此处模糊。

(▲291)

	Soo			Sun	
Soō	搜	Rechercher	Suñ foù	巡撫	Gouverneur
Soû	俗	Usage, mœurs	Sûn	尋	Chercher
Soú	素	Simple	Sún	訓	Instruire
Souān	酸	Acide, aigre			
Souán	算	Compter		Ta	
Souán fâ	算法	Arithmetique	Tā	答	Repondre
Souán míng	算命	Dire la bonne aventure	Tā iñg	答應	Répondre
Souań p'ân	算盤	Abaque	Tā	溻	Mouiller
Souán	蒜	Ail	Tā	褡	Vêtement
Souēn tseù	孫子	Petit fils	Tā	搭	Frapper
Soūi jân	雖然	Quoique	Tâ	達	Pénétrer
Souî	隨	Suivre	Tà	打	Frapper
Souī pień	隨便	À votre guise	Tà chàn	打閃	Eclairer
Soúi	歲	Année d'âge	Tà choùi	打水	Tirer de l'eau
Soúi	碎	Parcelles	Tà fā	打發	Envoyer
Soūng choú	松樹	Sapin	Tà hà sī	打哈息	Bâiller
Souñg	鬆	Lâche, desserrer	Tà hoù	打呼	Ronfler
Soúng	送	Conduire, donner	Tà iôu	打油	Acheter de l huile
Souńg lì	送禮	Envoyer (cadeaux)	Tà yû	打魚	Pêcher
Siū	虛	Vide	Tà k'aē	打開	Ouvrir
Siū k'oūng	虛空	Vide	Tà kiá	打架	Se battre
Siū	須	Il faut	Tà kiñg	打更	Veilleur de nuit
Siù	許	Consentir	Tà kouān seū	打官司	Faire un procès
Siù k'eù	許可	Permettre	Tà tsiòu	打酒	Acheter du vin
Siù toūo	許多	Beaucoup	Tà leî	打雷	Tonner
Siú	絮	Ouate	Tà ouêi	打圍	Chasser
Suē	靴	Bottes	Tà pań tseù	打板子	Bastonner
Suē tseù	靴子	Bottes	Tà pán	打扮	Costumer
Suê	學	Etudier	Tà p'oúo	打破	Casser
Suê chēng	學生	Elève	Tà sào	打掃	Balayer
Suê fâng	學房	Ecole	Tà souán p'ân	打算盤	Calculer
Suè	雪	Neige	Tà tcháng	打仗	Combattre
Suên	懸	Suspendre	Tà t'iè	打鐵	Forger
Suèn	選	Choisir	Tà t'iñg	打聽	S'informer
Sūn	熏	Fumée	Tà tsoùi pā	打嘴巴	Gifler

Sûn (▲292)	巡	Inspecter	Tá	大	Grand.
	Ta			Tan	
Tá chan̄	大衫	Grande robe	Tan̄ tan̄ tì	單單的	Seulement
Tá choui	大水	Inondation	Tan̄ oú	躭悮	Negliger
Tá ien̄	大烟	Opium	Tan̄	丹	Cinabre
Tá ień	大鴈	Oie sauvage	Tan̄	擔	Porter sur l'epaule
Tá kaé	大概	À peu près	Tan̄	担	Epousseter
Tá laò iê	大老爺	Monsieur	Tàn tseù	担子	Plumeau
Tá maé	大麥	Orge	Tàn	胆	Courage
Tá pań	大半	Probable	Taǹ tseù siào	胆子小	Timide
Tá pién	大便	Aller à la selle	Taǹ tá	胆大	Brave
Tá suê cheú	大學士	Ministre	Tán	但	Seulement
T'ā	他	Lui, il, elle	Tań	淡	Fade, pâle
T'ā men̄ tì	他們的	Lux, le leur	Tań	石	10 boisseaux
T'ā tì	他的	Le sien	Tań	蛋	Oeuf
T'à	獺	Loutre	T'ān	貪	Convoiter
T'à	塔	Tour	T'ān tch'eū tì	貪吃的	Gourmand
Taé	代	Genération	T'ān	攤	Etaler
Tae tseù	代子	Filleul	T'ān houán	癱瘓	Paralysie
Taé	帶	Ceinture, porter	T'ân	撣	Frapper
Taé laê	帶來	Apporter	T'ân	談	Converser
Taé tseù	帶子	Ceinture	T'án	探	Sonder, tâter
Taé foū	大夫	Medecin	T'ań	炭	Charbon de bois
Taé	戴	Porter sur la tête	Tan̄g	當	Il faut
Taé	逮	Prendre, saisir	Tan̄g cheû	當時	À présent
Taé	待	Attendre	Tan̄g kiā	當家	Maître de maison
T'aē	胎	Fœtus	Tan̄g pin̄g	當兵	Etre soldat
T'aē foù	台甫	Votre surnom	Tan̄g p'oú	當鋪	Mont de piete
T'aê	臺	Terrasse	T'âng	堂	Eglise_Tribunal
T'aê	擡	Porter	T'âng sioūng tí	堂兄弟	Cousin
T'ae yâng	太陽	Soleil	T'âng	塘	Bassin
T'aé yn̄	太陰	Lune	T'âng	糖	Sucre
T'aé t'aé	太太	Madame	T'àng	倘	Peut-être_Si
T'aé tseù	太子	Heritier presomp①	T'àng tchò	躺着	Etre couché

① 原书此处模糊，疑应为 présomptif。

Tān	單	Seul
Tān eûl	單兒	Impair
Tān k'oú	單褲	Caleçon
T'aé	太	Grand, trop
(▲293)		
	Tao	
Taó	到	Arriver
Taó tch'oú	到處	Partout
Táo	道	Chemin-raison
Táo cheú	道士	Bonze taoiste
Táo kiáo	道教	Taoïsme
Táo	盜	Voler
T'aō	掏	Curer
T'āo tsìng	掏井	Curer un puits
T'âo	逃	Fuir
T'aô jên	逃人	Vagabond
T'aò② pīng	逃兵	Fuyard
T'aô tsòo	逃走	S'enfuir
T'aô choú	桃樹	Pecher
T'âo	淘	Curer
T'aó	套	Enveloppe, harnais
T'aó choū	套書	_do_de livre
T'aó mà	套馬	Atteler cheval
T'aó tch'eē	套車	Atteler voiture
Tchā	扎	Piquer
Tchā yn̄g	扎營	Etablir un camp
Tchâ	閘	Ecluse
Tchâ	劄	Piquer
Tchá	詐	Faux
Tch'ā ts'ouò	差錯	Erreur
Tch'á	差	Erreur
Tch'a tseù	叉子	Fourchette
Tch'ā	插	Planter
Tch'â	茶	Thé

Taō	刀	Sabre
Taō tseù	刀子	Couteau
Taò	倒	Verser
Taò tch'â	倒茶	Verser le thé
	Tch'ae	
Tch'aé	拆①	Démolir
Tchān	沾	Humecter
Tchān	粘	Coller
Tchàn	斬	Decapiter
Tchán	站	Debout
Tchán	蘸	Tremper
Tch'àn	產	Patrimoine
Tch'àn ié	產業	_do_
Tchāng	張	Etendre
Tchāng	章	Composition
Tchàng	長	Grandir
Tchàng tá	長大	Grandir
Tchàng ts'ào	長草	L'herbe pousse
Tchàng koúi tì	掌櫃的	Patron
Tcháng	賬	Registre, dette
Tcháng	丈	10 pieds
Tcháng	帳	Rideau
Tcháng tseù	帳子	Rideau
Tch'āng	娼	Courtisane
Tch'āng ī tch'āng	嘗一嘗	Goûter
Tch'âng	常	Toujours
Tch'âng tch'âng tì	常常的	Toujours
Tch'âng	長	Long
Tch'âng ié	長夜	Longue nuit
Tch'âng tch'oûng	長虫	Serpent
Tch'áng	唱	Chanter
Tchāo	招	Appeler
Tchāo	昭	Briller

① 原书此处写作“折”，根据拼音和法文释义，应作“拆”。

② 原书此处声调不清晰。

Tch'â hoû	茶壺	Theiere
Tch'â ié	茶葉	Thé
Tch'â ouàn	茶碗	Tasse à the
Tch'â	查	Examiner
Tchaē	摘	Oter, arracher
Tchaê	宅	Habitation
Tchaē	窄	Etroit
Tch'aē	差	Envoyé

Tchào	找	Chercher
Tchào tchò	找着	Trouver
Tchaò	爪	Griffe
Tchaó	照	Eclairer
Tchaó hoúi	照會	Lettre d'avis
Tchaó siáng	照像	Photographie
Tchaó	召	Convoquer
Tcháo	棹	Rame

(▲294)

Tch'ao

Tch'āo	抄	Copier
Tch'aô	朝	Palais
Tch'âo	潮	Marée
Tch'aò	炒	Rôtir
Tcheū	知	Savoir
Tcheū foù	知府	Prefet
Tcheū sień	知縣	Sous prefet
Tcheū taó	知道	Connaître
Tcheū tchoō	知州	Prefet
Tcheū tchoū	蜘蛛	Araignée
Tcheū	織	Tisser
Tcheū	支	Branche
Tcheū	枝	Branche
Tcheū niù	姪女	Nièce
Tcheū tseù	姪子	Neveu
Tcheû	直	Droit, valoir
Tcheû	值	Valoir
Tcheû ts'iên	值錢	Valoir de l'argent①
Tcheù	紙	Papier
Tcheù p'aê	紙牌	Cartes à jouer
Tcheù	只	Seulement
Tcheù	止	Cesser
Tcheù	指	Indiquer
Tcheù nân tchēn	指南針	Boussole
Tcheú	治	Guerir

Tchee

Tchêe	折	Casser, cueillir
Tcheé	這	Ce, cet
Tcheé eûl	這兒	Ici
Tcheé lì	這裏	Ici
Tcheé mō yáng	這麽樣	De cette maniere
Tcheé siē	這些	Ces
Tch'eē	車	Voiture
Tch'eē foū	車夫	Charretier
Tch'eē louên	車輪	Roue
Tchēn	真	Vrai
Tch'ên	沉	Lourd
Tchēng	爭	Discuter
Tchèng	整	Entier
Tchéng	正	Droit, juste
Tcheńg haò	正好	Juste
Tchéng heû cheú	正合式	Convenable
Tchéng toúi	正對	Comme il faut
Tchéng	掙	Gagner
Tcheńg ts'iên	掙錢	Gagner a l'argent
Tcheńg	証	Témoigner
Tcheńg	證	Témoigner
Tch'en̄g	稱	Evaluer
Tch'êng	呈	Informer un super
Tch'êng	成	Faire, devenir
Tch'êng ī	成衣	Tailleur

① 原书此处模糊。

Tcheú louán	治亂	Apaiser (revolte)
Tcheú	制	Regler
Tcheú í	志意	Intention
Tcheú	至	Arriver à
Tcheú	置	Acheter
Tch'eū	吃	Manger
Tch'eū ien̄	吃烟	Fumer
Tch'eū teû tì	吃得的	Mangeable
Tch'eû tseù	池子	Etang
Tch'eù	尺	Pied (mesure)
Tch'eú	赤	Rouge

(▲295)

Tch'en

Tch'en̄	承	Recevoir
Tch'êng	誠	Vrai
Tch'êng	盛	Remplir
Tch'êng	乘	Profiter de
Tch'éng	秤	Balance
Tch'éng	稱	Peser
Tchōo	州	Province
Tchōo	周	Tourner autour
Tch'oō	抽	Se contracter
Tch'oō sî	抽息	Sangloter
Tch'ôo	綢	Etoffe de soie
Tch'ôo	仇	Ennemi, ha①
Tch'oò	醜	Laid
Tch'oó	臭	Mauvaise odeur
Tchoū	朱	Rouge
Tchoū	猪	Porc
Tchoū	珠	Perle
Tchoū	諸	Tous
Tchoû tseù	竹子	Bambou
Tchoù	主	Maître
Tchoù	囑	Confier, ordonner

Tch'êng jên	成人	Devenir homme
Tch'êng	城	Ville fortifiée
Tchen̄ houá	真話	Vérité
Tchēn tí	真的	Vrai
Tchēn	珍	Objet précieux
Tchen̄	貞	Vertueux, pur
Tchēn	針	Aiguille
Tchēn	斟	Verser
Tchen̄ t'ôo	枕頭	Oreiller
Tcheń	賑	Donner un secours
Tcheń	臣	Ministre

Tchoua

Tchouā	抓	Gratter
Tchouaé	拽	Tirer
Tchouān	甎	Brique
Tchouàn i tchouán	轉一轉	Tourner
Tchouán	賺	Gagner
Tchouán ts'iên	賺錢	Gagner de l'argent
Tch'ouān	穿	S'habiller
Tch'ouân	船	Bateau
Tch'ouân ouêi	船桅	Mât
Tch'ouân tchoù	船主	Patron de barque
Tch'ouân touó	船舵	Gouvernail
Tch'ouân	傳	Transmettre
Tch'ouán	串	Enfiler
Tchouāng	裝	Embarquer
Tchouāng tch'eē	裝車	Charger (voiture)
Tchouāng ts'iāng	裝槍	Charger (fusil)
Tchouàng	莊	Vegetation
Tchouàng kia jên	莊稼人	Campagnard
Tchouáng	壯	Fort, robuste
Tch'ouāng	瘡	Plaie, abcès
Tch'ouāng hoú	窗戶	Fenêtre

① 原书此处模糊且不完整。

Tchoù	煮	Faire cuire	Tch'ouāng ioù	窗友	Condisciple
Tchoú	住	Demeurer	Tch'ouâng	床	Lit
Tchoú tseù	柱子	Colonne	Tchouèn	準	Autoriser
Tch'oū	出	Sortir	Tch'ouen̄ t'iēn	春天	Printemps
Tch'ou cheú	出世	Mourir	Tchouī	追	Poursuivre
Tch'oū houā eûl	出花兒	Avoir la variole	Tchoūi kàn	追趕	Poursuivre et atteindre
Tch'oū koūng	出恭	Aller à la selle	Tchoúi	墜	Tomber
Tch'oū lín	出賃	Louer (maison)	Tch'oūi	吹	Souffler
Tch'oū pín	出殯	Enterrement	Tch'oūi tī tseù	吹笛子	Jouer de la flûte
Tch'oū	初	Origine	Tch'oûi tseù	鎚子	Marteau
Tch'oû fâng	厨房	Cuisine	Tchoūng	中	Milieu
Tch'oû tseù	厨子	Cuisinier	Tchoūng tcheńg	中正	Juste, exact
Tch'oû	除	Exclure	Tchoūng	忠	Fidèle, loyal
Tch'oû feī	除非	Excepté	Tchoūng	鐘	Vase
Tch'oû	處	Endroit	Tchoūng	鍾	Horloge.
(▲296)					
	Tchoung			Tchun	
Tchoūng tseù	種子	Semence	Tchūn	軍	Armée
Tchoùng	腫	Enflure	Tchun̄ pīng	軍兵	Soldat
Tchoúng	重	Pesant, lourd	Tchūn	均	Egal, uni
Tchoúng tá	重大	Important	Tchuń	郡	Ville
Tchouńg tí	種地	Semer	Teû	得	Obtenir, avoir
Tch'oûng tseù	虫子	Insecte, vers	Teû í	得意	Reussir
Tch'oûng	重	Doubler	Teû lí	得利	Obtenir un gain
Tchoūo tseù	卓子	Table	Teû ts'aê	得財	S'enrichir
Tchoūo	拙	Maladroit	Teû	德	Vertu
Tchū	居	Demeurer	T'eú	特	Special
Tchū	俱	Tous, ensemble	T'eú í	特意	Intention, unique
Tchû houā eûl	菊花兒	Chrysanthème	T'eú t'eú tì	特特的	Exprès
Tchù	舉	Elever	Tèng	登	Monter
Tchù jên	舉人	Licencié	Tèng ouei	登位	Monter (trône)
Tchú	句	Mot, phrase	Ten̄g tchò	登着	Monter sur
Tchú	鋸	Scier	Tēng	燈	Lampe
Tchú	俱	Tous	Ten̄g loûng	燈朧	Lanterne
Tch'ù	取	Prendre	Tèng	等	Attendre, rang
Tch'ú	去	Aller	Tèng tseù	凳子	Banc

Tchuān	捐	Souscrire
Tchuàn	捲	Enrouler
Tchuán	卷	Volume, roulea①
Tch'uān	圈	Cercle
Tch'uân	拳	Poing
Tch'uân t'ôo	拳頭	Poing
Tch'uân	全	Entier, complet
Tch'uân	痊	Gueri
Tch'uân	泉	Source
Tch'uân	權	Pouvoir
Tch'uán	勸	Exhorter
Tchuê	爵	Rang, dignit②
Tchuê	钁	Houe
Tch'uē	缺	Poste vacant
Tch'uē k'oūi	缺虧	Manque
Tch'uê	瘸	Boîteux
Tchūn	君	Roi, sage

(▲297)

Mà teńg	馬鐙	Etriers
T'êng	疼	Douleur
Tī	的	Signe du possessif
Tī	滴	Goutte, couler
Tī	堤	Digue
Tî jên	敵人	Ennemi
Tî tseù	笛子	Flûte
Tì	抵	Heurter
Tì	底	Fond, base
Tì	觝	Donner coup come
Tí	弟	Frère puine
Tí	第	Ordre, rang
Tí	地	Sol, terrain
Tí fāng	地方	Lieu, pays
Tí yú	地獄	Enfer
Tí lì	地理	Geographie
Tí mòu	地畝	Terres.

Ti

Tí pào	地保	Chef de village
Tí siá	地下	Sur la terre
Tí ts'í	地契	Contrat
Tí	帝	Empereur
T'ī	剔	Gratter, curer
T'î	提	Tirer
T'î toū	提督	Vice-roi
T'í	踢	Frapper (pied)
T'í	替	Remplacer
T'í koūng	替工	Faire un travail p. un autre
T'í	剃	Raser
T'í t'oô	剃頭	Raser la tête
Tiāo	刁	Mechant
Tiaō	貂	Zibeline

Tien

Tieǹ sīn	點心	Gateau
Tieǹ	典	Loi, règle
Tień	電	Eclair
Tień páo	電報	Dépêche
Tień sień	電線	Fil telegrap
Tień sín	電信	Dépêche
Tień	殿	Palais
T'iēn	添	Ajouter
T'iēn cháng	添上	Ajouter
T'ien̄ ioù	添油	Ajouter de l'huile
T'iēn	天	Ciel, jour
T'ien̄ chańg	天上	Dans le ciel
T'ien̄ chēng	天生	Naturel
T'ien̄ han̄	天旱	Temps sec

① 原书此处不完整，疑应为 rouleau。

② 原书此处模糊且不完整，疑应为 dignité。

Tiaō	雕	Sculpter	T'iēn yâ	天涯	L'horizon
Tiáo	釣	Pecher a la ligne	T'ien̄ ouên	天文	Astronomie
Tiáo	掉	Agiter, remuer	T'ien̄ p'îng	天平	Balance
Tiáo	弔	Suspendre①	T'ien̄ t'aô	天濤	Orage
Tiáo	吊	Ligature	T'ien tchou	天主	Dieu
T'iāo	挑	Porter	T'ien̄ t'iēn	天天	Tous les jours
T'iāo heû	挑河	Creuser (canal)	T'iên	甜	Doux
T'iāo sùan	挑選	Choisir	T'iên iên	甜言	Paroles mielleuses
T'iâo	調	Melanger	T'iên	田	Champ cultive
T'iâo	條	Baguette	T'ièn	舔	Lecher
T'iào	挑	Attirer, cajoler②	Tin̄g	釘	Clouer
T'iaó	跳	Sauter	Tīng tseù	釘子	Clou
T'iáo tsaò	跳蚤	Puce	Tìng	頂	Sommet
Tiē	爹	Père	Tìng fon̄g	頂風	Vent contraire
Tiē	跌	Trébucher	Tìng hào	頂好	Très-bon
Tiê	攂	Plier	Tiǹg taé	頂戴	Bouton de mandarin
T'iē	貼	Coller	Tińg	釘	Clouer
T'iè	鐵	Fer	Tińg mà tchàng	釘馬掌	Ferrer (cheval)
T'iè kiańg	鐵匠	Forgeron	Tińg	定	Certain
T'iè t'iâo	鐵條	Barre de fer	Tińg hoúo	定貨	Conclure un marché
Tièn	點	Point, allumer	Tińg í	定意	Détermination
Tieǹ choū (▲298)	點書	Ponctuer	Tíng nân tchēn	定南針	Boussole.
	Ting			T'ou	
Tíng t'ouò	定妥	Ferme, certain	T'oū tseù	禿子	Chauve
Tíng tsoúi	定罪	Fixer la pe③	T'oû	圖	Dessiner_plan
Tińg ts'iên	定錢	Arrhes	T'oû tí	徒弟	Disciple
T'in̄g	聽	Ecouter	T'où	土	Terre
T'ing kién	聽見	Entendre	T'où feì	土匪	Voleur
T'in̄g	廳	Grande salle	T'où	吐	Vomir
T'îng tseù	亭子	Pavillon	T'oú tseù	兔子	Lapin
T'îng	停	Cesser	T'oú	唾	Cracher
T'îng tch'eē	停車	Arrêter (v④)	Touàn	短	Court, manquer

① 原书此处模糊。
② 原书此处模糊。
③ 原书此处模糊且不完整。
④ 原书此处模糊，推测应为 voiture。

T'îng tcheù	停止	S'arrêter
Tiōu	丟	Perdre
Tioū lieǹ	丟臉	Perdre la face
Toō	兜	Poche, ???
Toō tseù	兜子	Poche
Tòo	斗	Boisseau
Toó tseù	豆子	Pois, haricots
T'oō	偷	Voler
T'oō k'aǹ	偷看	Regarder a la derober
T'ôo	投	Se jeter
T'oô	頭	Tête, chef
T'oô eûl	頭兒	Chef
T'oô fà	頭髮	Cheveux
T'oô niên	頭年	Année passée
T'oô p'á	頭帕	Turban
T'oó	透	Penétrer
Toū	都	Tout, capitale
Toû	毒	Poison, venin
Toû ts'í	毒氣	Mauvais air
Toû	獨	Seul
Toû	讀	Lire, étudier
Toù	賭	Jouer, parier
Toú tseù	肚子	Ventre
Toú	度	Mesurer
Toú	渡	Traverser l'eau
Toú yñ	鍍銀	Argenter
Toú kiñ	鍍金	Dorer

(▲299)

Toung

Touǹg têu	懂得	Comprendre

Touàn koūng	短工	Travail a la journée①
Touàn lì	短禮	Impolitesse
Touàn tch'oú	短處	Défauts
Touán tseù	緞子	Satin
Touán	斷	Trancher, cesser
T'ouân	團	Rond
T'oueñ	吞	Avaler
Toūi	堆	Tas
Toúi	對	Confirmer_paire
Touí ièn	對眼	Plaire
Touí mên	對門	Vis-a-vis
Toúi k'oò	對口	Agreable au② goût
Touí tā	對答	Repondre
Toúi tseù	對子	Sentences
Toúi	隊	Compagnie
T'oūi	推	Pousser
T'oūi loueń	推論	Disserter
T'oūi taò	推倒	Pousser et renverser③
T'oùi	腿	Jambe
T'oùi ouán tsèu④	腿腕子	Jarret
T'oùi taé tseù	腿帶子	Jarretière
T'oùi toú tseù	腿肚子	Mollet
T'oúi	退	Reculer
Toūng	東	Est
Toūng Sī	東西	Objet
Toūng t'iēn	冬天	Hiver
Toùng	懂	Comprendre

Tsae

Tsaē	災	Calamité

① 原书此处模糊。

② 原书此处模糊。

③ 原书此处模糊。

④ 原书写作 tsè，现改作 tsèu。

Toúng	凍	Geler	Tsaé	在	Etre dans, sur, à
Toúng seù	凍死	Mourir de froid	Tsae chańg	在上	Sur
Toúng	洞	Caverne	Tsaé nà lì ?	在那裡	Où ?
Toúng	動	Se mouvoir	Tsaé nà eûl ?	在那兒	Où ?
Touńg chēn	動身	Partir en voyage	Tsaé sieñ	在先	Avant
T'ouñg	通	Pénétrer, tout	Tsae tcheé lì	在這裡	Ici
T'oûng	同	Avec, ensemble	Tsaé	再	Encore
T'oûng	桐	Arbre à huile	Ts'aē	猜	Deviner
T'oûng	銅	Cuivre	Ts'aê	才	Talent
T'oûng kiańg	銅匠	Ouvrier en cuivre	Ts'aê leào	材料	Materiaux
T'oûng tcheñ	童貞	Vierge	Ts'aê	財	Richesses
T'oûng tseù	筒子	Tube, tuyau	Ts'aê tchoù	財主	Riche
T'ouǹg	桶	Tonneau	Ts'aê	裁	Tailler un habit
Touō	多	Beaucoup	Ts'aê fońg	裁縫	Tailleur
Touō chào	多少	Combien ?	Ts'aê	纔	À prèsent
Touō ī pèi	多一倍	Le double	Ts'aé	菜	Légumes
Touō siē	多些	Beaucoup	Tsañ	偺	Je, moi
Touō sié	多謝	Remercier	Tsán	鏨	Sculpter
Touō tsān	多昝	Quand	Ts'ân	蠶	Ver à soie
Touō tsoùi	多嘴	Bavard	Tsáng	髒	Sale
Toùo	躲	Eviter, fuir	Tsáng	藏	Approvisionnements
Touó	舵	Gouvernail	Ts'âng	藏	Cacher
Touó	剁	Trancher	Tsaō	糟	Gâté, pourri
Toúo	垛	Empiler	Tsaò	早	Matin
T'ouō	脫	Quitter, ôter	Tsaò fán	早飯	Dejeûner
T'ouō mieǹ	脫免	Quiter	Tsaò sieñ	早先	Avant
T'ouō	託	Confier	Tsaò ts'ì	早起	De bonne heure
T'oùo	妥	Tranquille	Tsaò	澡	Prendre un bain
Tsâ	偺	Je, moi	Tsaò eûl	棗兒	Jujube
Tsâ mēn	偺們	Nous	Tsaó	造	Creer, inventer
Tsâ	雜	Mêlé	Tsaó	竈	Foyer, fourneau
Tsâ houó	雜貨	Objets divers	Ts'aō lień piñg	操練兵	Exercer (soldats)
Ts'á	擦	Frotter	Ts'aò	草	Herbe, paille
Ts'ā feǹ	擦粉	Se farder	Ts'aò máo tseù	草帽子	Chapeau d'Eté
Tsaē	栽	Planter	Ts'aò lû	草驢	Ânesse.

(▲300)

	Tseu			Ts'i	
Tseû	則	Alors	Ts'í	器	Ustensile
Tseù	子	Fils	Ts'í	契	Contrat
Tseù niù	子女	Fils et fille	Ts'iā	掐	Pincer
Tseù	紫	Violet	Ts'iāng	槍	Fusil, lame
Tseú	字	Lettre, caractère	Ts'iāng	鎗	Fusil
Tseú tieñ	字典	Dictionnaire	Ts'iañg yáo	鎗藥	Poudre a fusil
Tseú	自	Soi-même	Ts'iāng	牆	Mur
Tseú kì	自己	Soi-même	Ts'iâng	強	Fort, robuste
Ts'eû	辭	Quitter	Ts'iàng	搶	Enlever de force
Ts'eû	慈	Tendresse	Ts'iâo	瞧	Voir
Ts'eû	磁	Porcelaine	Ts'iaò eûl	雀兒	Oiseau
Ts'eû ts'í	磁器	Vase en porcelaine	Ts'iào	巧	Adroit
Ts'eù	此	Celui-ci	Ts'iè	且	Et, aussi
Ts'eú	次	Ordre, fois	Ts'ié	切	Couper
Tsêi	賊	Voleur	Ts'iēn	牽	Tirer, conduire
Tsèn	怎	Comment ?	Ts'iēn	千	Mille
Tseǹ mō	怎麼	Comment ?	Ts'iēn	鉛	Plombe
Ts'êng	層	Etage, couche	Ts'iên	錢	Sapèque
Ts'ī tseù	妻子	Epouse	Ts'iên	前	Avant, devant
Ts'ī	七	Sept	Ts'iên yué	前月	Avant dernier mois
Ts'ī	漆	Vernis, laque	Ts'ieñ jeú	前日	Avant-hier
Ts'ī foú	欺負	Vener, insulter	Ts'iên niên	前年	Avant-dernierè année
Ts'ī tch'â	沏茶	Infuser le thé	Ts'iên t'iēn	前天	Avant-hier
Ts'î mà	騎馬	Aller à cheval	Ts'ieñ t'oô	前頭	Avant
Ts'î lû	騎驢	Aller à âne	Ts'ieǹ	淺	Eau peu profonde
Ts'î	其	Il, lui, ce, cet	Ts'ień	欠	Etre à court
Ts'î	棋	Echecs (jeu)	Ts'iñ	親	Aimer, parente
Ts'î	奇	Etrange	Ts'iñ ts'í	親戚	Parents
Ts'î	旗	Drapeau	Ts'iñ	欽	Respecter
Ts'î jên	旗人	Tartare	Ts'iñg	輕	Léger, frivole
Ts'ì	起	Commencer	Ts'iñg	青	Azur, vert
Ts'ì cheñ	起身	Se mettre en marche	Ts'īng	清	Limpide, clair
Ts'ì laê	起來	Se lever	Ts'iñg	情	Passion
Ts'ì	豈	Comment	Ts'ìng	請	Inviter
Ts'í	氣	Air, vapeur	Ts'iǹg nān	請安	Saluer
Ts'í teñg	氣燈	Lampe à gaz	Ts'ioū t'ieñ	秋天	Automne

(▲301)

	Ts'iou			Tsouo	
Ts'ioû	求	Prier	Tsouó tsoúi	坐罪	Accusé
Ts'ioû	囚	Prison	Tsouó	座	Siege
Ts'ioûng	窮	Pauvre	Tsouó siá	座下	Monsieur
Tsoò	走	Marcher	Tsouó	做	Faire
Tsóo	奏	Informer	Tsouó fâ	做法	Faire un plan
Tsoū	租	Louer	Tsouó hoûo	做活	Travailler
Tsoū ts'í	租契	Bail	Tsouó mońg	做夢	Rêver
Tsoû	足	Pied, assez	Tsouó tsêi	做賊	Faire le voleur
Tsoù	祖	Ancêtres	Ts'ouô	矬	Peu élevé
Ts'oū	粗	Grossier	Ts'ouó	錯	Errer, faute
Ts'oū mì	粗米	Riz grossier	Ts'ouó tch'oú	錯處	Faute, erreur
Ts'oū	醋	Vinaigre			
Tsouān	鑽	Percer ???		Ya	
Tsouán	賺	Tromper	Yā	押	Signature, garder
Tsouēn kíng	尊敬	Honorer	Yā tseù	鴨子	Canard
Tsouēn	遵	Suivre, obeir	Yā t'ôo	丫頭	Servante
Ts'ouēn tseù	村子	Village	Yâ	牙	Dents
Tsoùi	嘴	Bouche, gueule, bec	Yâ p'aê	牙牌	Jeu de dominos
Tsouí	罪	Faute	Yâ í	衙役	Satellite
Tsouí	醉	S'enivrer	Yâ mên	衙門	Tribunal
Tsoúi	最	Le plus, très	Yā	壓	Presser, opprimer
Ts'ouí	啐	Cracher	Yâ pâ	啞吧	Muet
Tsoūng	宗	Ancêtres	Yâng	羊	Brebis, mouton
Tsoùng	總	Ensemble	Yâng joó	羊肉	Viande de mouton
Tsouṅg liṅg	總領	Général	Yâng kāo	羊羔	Agneau
Tsoùng toū	總督	Vice-roi	Yâng mâo	羊毛	Laine
Tsoúng	從	Suivre, de	Yâng p'aê koù	羊排骨	Cotelette
Ts'ouńg mîng	聰明	Intelligent①	Yâng	洋	Européen
Ts'oûng	從	Suivre, de	Yâng houó	洋貨	Choses europ
Tsoûo	昨	Hier	Yâng choú	楊樹	Peuplier
Tsouô t'ien	昨天	Hier	Yàng	養	Nourrir
Tsoùo	左	Gauche	Yaṅg piṅg yuén	養病院	Hôpital
Tsoúo	作	Faire	Yańg fâ	樣法	Mode, manière

① 原书此处为 intelligen，不完整。

Tsouó kouān	作官	Etre mandarin	Yańg tseù	様子	Mode, modéle
Tsouó	坐	S'asseoir	Yaō	腰	Rein, taille
Tsouó sî (▲302)	坐席	S'asseoir à un festin①	Yaô	摇	Agiter
	Yao			Yu	
Yào	咬	Mordre	Yû tch'eú	魚翅	Nageoire, aileron
Yaó	要	Vouloir	Yû	餘	Surplus
Yaó kin̄	要緊	Necessaire	Yù	羽	Plume, aile
Yaó	藥	Remède	Yù	雨	Pluie
Yaó p'oú	藥鋪	Pharmacie	Yù choùi	雨水	Eau de pluie
Yaó ts'aê	藥材	Drogue	Yù poú	雨布	Toile impermeable
Yaó tseù	瘧子	Fièvre	Yù cheû	玉石	Jade
Yaó cheû	鑰匙	Clef	Yù mí	玉米	Maïs
Yn̄ ouêi	因爲	À cause de	Yú péi	預備	Preparer
Yn̄	音	Son, musique②	Yú kień	遇見	Rencontrer
Yn̄ leâng eûl	陰凉兒	Ombrage	Yué	月	Mois, lune
Yn̄ hâng	銀行	Banque	Yue leáng	月亮	Lune
Yn̄ tseù	銀子	Argent	Yué	越	Aller au devant
Yǹ	引	Conduire	Yuên	原	Origine, cause
Yǹ kień	引見	Introduire③	Yueñ koú	原故	_d°_
Yǹ	飲	Abreuver	Yuên	員	Officier
Yǹ leàng eûl	蔭凉兒	Ombrage	Yuên	圓	Rond
Yǹ	印	Imprimer	Yuên tseù	園子	Jardin
Yǹ pań	印板	Planche d'impression④	Yuên koú	緣故	Cause
Yn̄g	應	Necessaire	Yuên pào	元寶	Lingot
Yn̄g kaē	應該	Il faut	Yuèn	遠	Loin
Yn̂g	營	Camp	Yuén tseù	院子	Cour
Yńg	硬	Ferme, dur	Yûn	雲	Nuage
Yū	於	Dans, à	Yûn ts'aè	雲彩	Nuage
Yû choú	榆樹	Orme	Yuń	運	Transporter
Yû	魚	Poisson	Yun	孕⑤	Femme enceinte

① 原书此处模糊，不完整。
② 原书此处模糊。
③ 原书此处为 introduir，不完整。
④ 原书此处模糊。
⑤ 原书作"朶"，根据拼音和法文释义，现改作"孕"。

Yû iñg	魚鷹	Cormoran

Chacun des lexiques comprend plus de 2200 mots, qui servit① suffisants dans la plupart des cas. Pour une étude plus complete, il faut évidemment se reporter aux dictionnaires.
Ne pas trop s'attacher à l'orthographe des sons, qui peut varier avec chaque auteur, et que chacun n'a qu'à interpréter à sa manière.
(▲303)

空白页
(▲304)

① 原书此处模糊。

第四章 其他信息

IVeme Partie

Renseignements divers

Mesures de temps

Administration chinoise

Noms de pays

Empereurs de la dynastie actuelle

Dynasties chinoises

Classement des mandarins

Principales fêtes chinoises

(▲305)

Mesures de Temps

Les Chinois comptent les periodes d'années, a l'aide de cycles de 60 ans, obtenus de la façon suivante :

On combine ensemble deux series de caractères, l'une formée de 10 lettres, appelées : Branches Celestes_*T'iēn kān* 天干, qui sont :

1	Kià	甲	6	Kì	己
2	Ī	乙	7	Kēng	庚
3	Pìng	丙	8	Sīn	辛
4	Tīng	丁	9	Jên	壬
5	Oú	戊	10	Koùi	癸

et l'autre, de 12 lettres ou Branches terrestres : *Tí tcheū* 地支 :

1	Tsèu	子	7	Où	午
2	Tch'oò	丑	8	Ouéi	未
3	Yn̂	寅	9	Chēn	申
4	Mào	卯	10	Ioù	酉
5	Tch'ên	辰	11	Siū	戌
6	Seú	巳	12	Haé	亥

La 1ere année du cycle est indiquée par la réunion des premières lettres de chaque serie, soit *Kià Tseù* 甲子.

Les 2e, 3e, 4e, 5e, 6e, 7e, 8e, 9e et 10e années de chaque cycle, par la reunion des lettres de même rang des deux cycles, la 10e annee sera donc représentée par : *Koùi Ioù* 癸酉.

La 11e année est designée par la 1ere lettre du cycle celeste, et la 11eme du cycle terrestre, soit : *Kià siū* 甲戌.

La 12eme année par la 2e lettre du cycle celeste, et la 12e du cycle terrestre, soit *Ī haé* 乙亥.

La 13e année par la 3e lettre du cycle celeste et la 1ere du cycle terrestre, soit *Pi̊ng tseù* 丙子.

Et ainsi de suite, jusqu'à la 60 annee, qui est indiquée par les dernières lettres de chaque cycle, puisque l'on a, pendant ces 60 ans, répété 6 fois le 1er Cycle, et 5 fois le second.

Après, recommence un nouveau cycle.

Le 1er Cycle a commencé l'an 2637 avant J. C. Il y a donc plus de 75 cycles d écoulés depuis cette periode.

En 1903, nous sommes dans la 40e année du 76e cycle, année appelée : *Koùi mào* 癸卯. (▲306)

Ces caractères cycliques servent aussi à determiner les mois, les jours et les heures ; mais comme, pour les mois et les heures, le systeme est duodecimal, on n'emploie que le cycle terrestre, qui a 12 divisions, et les mois et les heures portent toujours le même nom.

L'ordre est le même que dans le cycle de 60 ans, mais le point de départ est différent.

Voici les noms des mois :

1er mois	Iñ	寅	7e mois	Chēn	申
2e	Mào	卯	8e	Ioù	酉
3e	Tch'ên	辰	9e	Siū	戌
4e	Seú	巳	10e	Háe	亥
5e	Où	午	11e	Tsèu	子
6e	Ouéi	未	12e	Tch'òo	丑

Voici les noms des heures :

1ere heure de 11 du soir à 1 du matin *Tsèu* 子

2e——— de 1 du matin à 3 du matin *Tch'òo* 丑

3e——— de 3 du matin à 5 du matin *Yñ* 寅

4e——— de 5 du matin à 7 du matin *Mào* 卯

5e——— de 7 du matin à 9 du matin *Tch'ên* 辰

6e——— de 9 du matin à 11 du matin *Seú* 巳

7e——— de 11 du matin à 1 du soir *Où* 午

8e——— de 1 du soir à 3 du soir *Ouéi* 未

9e——— de 3 du soir à 5 du soir *Chēn* 申

10e——— de 5 du soir à 7 du soir *Ioù* 酉

11e——— de 7 du soir à 9 du soir *Siū* 戌

12e——— de 9 du soir à 11 du soir *Haé* 亥

On peut remarquer que le Chinois divise le jour de 24 heures en 12 parties seulement, par suite une heure chinoise, comptée d'après les lettres cycliques, en vaut 2 des nôtres.

Par contre, ils ont divise chaque heure en 8 parties, appelées *K'eú* 刻, qui correspondent donc à nos quarts d'heure.

Les jours sont indiqués par la serie de 60, qui sert aux années. Quand la série est épuisée, on la recommence sans interruption ni changement.

En pratique, les jours sont comptés, ainsi que les mois, par leur rang dans le mois ou l'année. (▲ 307)

À chacune des lettres du cycle terrestre correspond un animal, ce qui fait que cet animal peut aussi indiquer l'anneè.

Ces animaux sont les suivants :

1er Lettre	Choù	鼠	Rat	7e lettre	Mà	馬	Cheval
2^e^	Nioû	牛	Bœuf	8^e^	Yâng	羊	Belier
3^e^	Hoù	虎	Tigre	9^e^	Hôo	猴	Singe
4^e^	T'oú	兔	Lievre	10^e^	Kī	雞	Coq
5^e^	Loūng	龍	Dragon	11^e^	Koò	狗	Chien
6^e^	Chêe	蛇	Serpent	12^e^	Tchoū	猪	Porc

Il est très-courant de demander a un Chinois, pour savoir son âge : *Choû cheû mō tì* ? 屬什麽的_De qui depends-tu ?

Supposons qu il réponde : *Choû hoù tì* 屬虎的_Du Tigre.

Nous savons que le tigre preside aux année 1818, 1830, 1842, 1854, 1866, 1878, 1890, 1902_Nous sommes en 1903. Par suite, la personne interrogée aura ou 1 an, ou 13 ans, ou 25 ans, ou 37 ans, ou 49 ans, ou 61 ans, ou 73 ans, ou 85 ans. Nous aurons ainsi un renseignement approximatif, qui sera complété par l'aspect de l'individu.

Tous les paysans comptent de cette façon, ils ignorent absolument les cycles, qui ne sont employés que pour la chronologie.

La façon habituelle d'indiquer les années, celle qui est d'usage courant, est basée sur le règne des Empereurs. On compte depuis l'avenement au trône. Ainsi, la 25e année de K'ang Si, indiquera que l'on parle de la 25e année qui a suivi l'avénement au trône de cet empereur. Le Chinois n éprouve pas le besoin de précision historique qui tourmente l Européen. Une indication vague lui suffit amplement.

Le 29 Janvier 1903 a commencé la 29eme année de l'empereur actuel *Kouāng Siú* 光緒.

L'année chinoise est lunaire, elle comprend 12 mois, mais comme, en comptant de cette façon, on retarde sur l'année solaire, qui est plus longue que 12 mois lunaires, on a recours à l'embolisme, usité par les anciens grecs. Dans chaque periode de 19 ans, ou cycle lunaire, on intercale 7 mois, dits intercalaires.

L equilibre se trouve ainsi rétabli, et après 19 ans, l'année lunaire recommence le même jour que l'année solaire.

Les mois intercalaires sont de 29 ou 30 jours, les autres mois (▲308) sont de 29 ou 30 jours.

L'année 1903 comptera un mois intercalaire, et aura par suite, 13 mois au lieu de 12.

Tout ce qui precede est fixé chaque année par le calendrier impérial, composé à Pekin par les bureaux du tribunal de l'astronomie.

Ce calendrier indique en outre les jours fastes① et néfastes, ceux pendant lesquels on peut commercer, voyageu, bâtir, etc... Les Chinois suivent assez ces indications routinieres.

L'année lunaire, qui peut varier d'un mois, puisqu'il y a des annees de 12 et de 13 mois, est très-incommode pour les travaux agricoles. Les Chinois en ont senti le défaut, et ils ont divise l année solaire en 24 periodes, qui réglent les travaux des champs.

Ces périodes sont basées sur les solstices et les equinoxes, lesquels, pour les Chinois, marquent le milieu des saisons, et non le commencement, comme nous. Ainsi, le 21 Mars, commencement du Printemps pour les Européens, est le milieu de la même saison pour les Chinois.

Voici ces 24 periodes

立春	Lí tch'ouēn	Commenct du printemps	vers le	5 fevrier
雨水	Yù chouì	Eau de pluie		19 fevrier
驚蟄	Kīng tcheú	Reveil des insectes		5 mars
春分	Tch'ouēn fēn	Milieu du printemps		20 mars
清明	Ts'īng mīng	Lumiere pure		5 Avril
穀雨	Koú yù	Pluie des céréales		20 Avril
立夏	Lí siá	Comm de l'Ete		5 Mai
小滿	Siào màn	Les épis se forment		21 Mai
芒種	Mâng tchoùng	Les cereales ont de la barbe		6 Juin
夏至	Siá tcheú	Solstice d'eté		21 Juin
小暑	Siào choù	Chaleur moderée		7 Juillet
大暑	Tá choù	Grande chaleur		23 Juillet
立秋	Lí ts'ioū	Commt de l'automne		7 Août
處暑	Tch'où choù	Fin de la chaleur		23 Août
白露	Paê loú	Rosée blanche		8 septembre
秋分	Ts'ioū fen̄	Milieu de l'automne		23 septembre
寒露	Hân loú	Rosée froide		8 Octobre
(▲309)				
霜降	Chouan̄g kiáng	Gelée blanche		23 Octobre
立冬	Lí toūng	Commt de l'hiver		7 Novembre

① 原书此处写作 faustes。

小雪	Siào suê	Petite neige	22 Novembre
大雪	Tá suê	Grande neige	7 Decembre
冬至	Toūng tcheú	Solstice d'hiver	22 Decembre
小寒	Siào hân	Petit froid	6 Janvier
大寒	Tá hân	Grand froid	21 Janvier

Ces 24 parties de l'année s'appellent les *Tsié ts'í* 節氣.

Administration chinoise

Quelques brèves notions sur l'administration chinoise pourront intéresser et être de quelque utilité.

Administration centrale

Toutes les questions sont soumises a Pekin, à 7 ministères :

Le Ministère des Fonctionnaires_*Lí Poú* 吏部, qui a la charge de tous les mandarins, il s'occupe des promotions et dégradations.

Le Ministère des Finances_*Hoú Poú* 户部, qui reçoit l'impôt de chaque province et acquitte les dépenses générales.

Le Ministère des Rites_*Lì Poú* 禮部, qui s'occupe des cérémonies, des traditions_Attributions très variées.

Le Ministère de la Guerre_*Pīng Poú* 兵部, qui a dans ses attributions les affaires militaires.

Le Ministère de la Justice_*Sîng Poú* 刑部, sorte de cour de justice, s'occupe des grandes affaires criminelles.

Le Ministère des Travaux Publics_*Koūng Poú* 工部, qui s'occupe des constructions et des routes, mais seulement pour la Cour.

Le Ministère des Affaires Etrangères_*Ouaé oú Poú* 外務部, charge des relations avec les etrangers.

Ces ministères ne centralisent pas, comme en France ; ainsi, ils ne reçoivent des vice-rois que l'argent non employé dans les provinces, mais ils etudient les questions, et font des rapports.

Les décrets sont prépares au Conseil Privé, *Neí Keū* 内閣, dont les membres presentent les solutions aux questions posées.

Il y a en outre un Conseil d'Etat, sorte de Conseil des Ministres, (▲310) appelé① *Kiūn Kī Tch'oū* 軍機處, qui se réunit chaque jour au Palais, et délibère en presence de l'Empereur.

Les principales grandes administrations sont :

Le Tribunal des Censeurs_*Toū tch'ā yuén* 都察院

La Cour de Revision_*Tá lì seú* 大理寺

Le Bureau de transmission des memoriaux *Toūng tchéng seū* 通政司

L'Intendance du Palais *Néi oú foù* 内務府

---

① 原书此处写作 ppelé，较为模糊。

Le Tribunal d'astronomie *K'īn t'iēn Kién* 欽天監

L Academie imperiale *Hán lîn yuên* 翰林院

Le College impérial *Koûo tseù kién* 國子監

Et un grand nombre d autres administrations, dont l'énumération serait fastidieuse.

Chaque ministère a, en general, 2 Présidents, l'un Mandchou et l'autre Chinois, 4 Vice-présidents_ 2 Mandchoux, 2 Chinois.

Administration Provinciale

En dehors des Etats tributaires qui sont : La Mongolie, le Turkestan et le Tibet, dont l'administration est confiée a des envoyés① spéciaux, diriges de Pekin par le *Lí fân yuén* 理藩院 ; la Chine est divisée en 18 Provinces, plus la Mandchourie, qui, comme étant le berceau de la dynastie regnante, jouit de la faveur d'un regime spécial, en attendant qu'elle soit Russe.

En regle generale, ces 18 provinces sont groupées par 2 ou 3 sous la direction d'un Vice-roi, ou *Tsoùng Toū* 總督.

2 provinces : le *Tcheû Lí* 直隸, et le *Seú tch'ouān* 四川 font exception, et sont directement sous les ordres d'un vice-roi qui ne commande pas d'autres provinces.

À l'exception des deux provinces ci-dessus, les autres sont administrées par un Gouverneur, ou *Sûn foú* 巡撫.

Dans chaque province, le Vice-roi ou Gouverneur est assisté d'un Grand Juge, *Nié t'aê* 臬臺, d'un Tresorier *Fân t'aê* 藩臺, d'un Directeur des Etudes *Suê tchéng* 學政, d'un Directeur du Sel_*Yún seū* 運司, d'un Directeur des grains_*Leàng t'aê* 糧臺, et de plusieurs autres fonctionnaires de rang inférieur.

Les 18 Provinces sont groupées comme suit : (▲311)

Tcheû lí	直隸			1 Vice-roi
Chān Toūng	山東		1 Gouverneur	
Chān Sī	山西		1 〃	
Heû Nañ	河南		1 〃	
Kiāng Soū	江蘇	Leàng Kiāng 兩江	1 〃	1 Vice-roi
Ngān Houéi	安徽		1 〃	
Kiāng Sī	江西		1 〃	
Tchée Kiāng	浙江	Mîn Tchée 閩浙	1 〃	1 Vice-roi
Foû Kién	福建		1 〃	
Hoû Peì	湖北	Leàng Hoû 兩湖	1 〃	1 Vice-roi
Hoû nân	湖南		1 〃	

① 原书写作 encoyés。

Kouàng Toūng	廣東	Leàng Kouàng	1、	1 Vice-roi
Kouàng Sī	廣西	兩廣	1、	
Yûn Nân	雲南	Yûn Koúi	1、	1 Vice-roi
Kouí Tchōo	貴州	雲貴	1、	
Seú Tchouān	四川			1 Vice-roi
Chàn Sī	陝西	Chàn Kān	1、	1 Vice-roi
Kān Soú	甘肅	陝甘	1、	

Soit en tout : 8 Vice-rois et 15 Gouverneurs.

Chaque gouverneur a la responsabilite pleine et entière de sa province et a pouvoir presque absolu. Il commande aussi les forces militaires, à l exception des Troupes des 8 Bannières, qui dépendent directement de l'Empereur, et sont sons les ordres de chefs nommés par lui. (▲312)

Devisions territoriales

Chaque province est partagée en un certain nombre de Prefectures de 1ere classe, ou *Foù* 府, et de 2e classe ou *Tchoō* 州, administrées par des *Tcheū Foù* 知府, et des *Tcheū Tchōo* 知州.

Il y a deux sortes de préfectures de 2 classe, les *Tcheû Lí Tchoō* 直隸州, qui sont de vraies prefectures, dependant du gouverneur, et les *Sàn Tchōo* 散州, anciennes préfectures, tombées au rang de sous-prefectures, et dependant des prefectures.

3 ou 4 prefectures sont surveillées par un *Taó t'aê* 道臺.

Enfin les préfectures sont divisées en un certain nombre de *Sién* 縣, ou Sous-préfectures, administrées par des *Tcheū Sień* 知縣.

Dans chacune de ces divisions territoriales se retrouve l'nuage du Pouvoir Central_Il y a 6 bureaux, correspondant aux 6 premiers ministères.

Tous ces fonctionnaires cumulent les différentes attributions ; ils ont la charge de l'impôt, des Travaux Publics, des Finances, et rendent la Justice. Ils sont aidés par des adjoints et suppléants.

L'organisation militaire est très rudimentaire.

Les troupes des 8 Bannières ne sont pas instruites et a peine armées ; elles servent surtout aux travaux de voierie.

Les Vice-rois, quand ils le jugent à propos, organisent des troupes dans les provinces qu ils commandent. Quand l'organisation est assez complete, elle est copiée sur celle des armées europèennes, il n y a donc rien a en dire. Un général, parfois deux, commandent ces troupes, divisées en bataillons, et jamais groupées en Corps d'armée.

Il est cependant fait un essai dans le Tcheu Li, où le Vice-roi attache une grande importance à avoir un noyau serieux de troupes. Il y est a peu pres parvenu.

Ces troupes provinciales portent le nom générique de : Troupes de l'Etendard① Vert.

(▲313)

Nom de Pays et Royaumes

Europe		歐羅巴		Ngeū loûo pâ	
Asie		亞细亞		Yá sí yá	
Afrique		亞非利加		Yá feī lí kiā	
Amérique		亞美利加		Yá mèi lí kiā	
Australie		奥大利亚		Ngáo tí lí yá	
Allemagne	德國	Teú koûo	Inde	印度國	Iń toú koûo
Angleterre	英國	Ing̅ koûo	Italie	義國	Í koûo
Annam	越南	Yué nân	Japon	日本國	Jeú pèn koûo
Autriche	奥國	Náo koûo	Macao	澳門	Nào mên
Belgique	比國	Pì koûo	Mandchourie	關東	Kouān tong̅
Ceylan	錫蘭	Sī lân	Mongolie	蒙古	Mong̅ koù
Chine	中國	Tchoung̅ koûo	Norvége	那威	Neû ouēi
Corée	高麗國	Kaō lî koûo	Pérou	秘國	Pí koûo
Danemarck	丹國	Tān kouô	Portugal	葡萄芽國	P'oû t'aô yâ koûo
Egypte	厄日多國	Eú jeú touō koûo	Perse	波斯國	Poūo seū koûo
Espagne	日斯巴尼亞	Jeú seū pā nî yá	Prusse	布國	Poú koûo
Etats-Unis	美國	Mèi koûo	Russie	俄國	Ngeû kouô
Formose	臺灣	T'aê ouān	Siam	暹羅國	Siēn louô kouô
France	法國	Fâ kouô	Suède	瑞國	Joeí kouô
Grèce	額肋西亞	Neû leú sí yá	Suisse	穌彝士	Soū î cheú
Hollande	荷蘭	Heû lân	Tibet	西藏	Sī tsáng
Hong-Kong	香港	Siāng kiàng	Turquie	土國	T'où koûo

(▲314)

Empereurs de la Dynastie actuelle

Dynastie des *T'sīng*②清

Chouén Tcheú	順治	1644 à 1662
K'āng Sī	康熙	1662 à 1723

---

① 原书写作 l Etendart。

② 原书如此，应作 Ts'īng。

Ioūng Tchéng	雍正	1723 à 1736
Ts'iên Loûng	乾隆	1736 à 1796
Kiā Ts'íng	嘉慶	1796 à 1821
Taó Koūang	道光	1821 à 1851
Siên Fōng	咸豐	1851 à 1862
T'oûng Tcheú	同治	1862 à 1875
Kouāng Siú	光緒	1875

Dynasties chinoises

1	夏	Siá	2205	14	隨	Soûi	589
2	商	Chāng	1766	15	唐	T'âng	620
3	周	Tchōo	1122	16	後梁	Hoó Leâng	907
4	秦	Ts'în	255	17	後唐	Hoó t'âng	923
5	前漢	Ts'iên Hán	206	18	後晉	Hoó Tsín	936
6	後漢	Hoó Hán	25 ap. J. C.	19	後漢	Hoó Hán	947
7	三國	Sañ Koûo	221	20	後周	Hoó Tchōo	951
8	西晉	Sī Tsín	265	21	宋	Soúng	960
9	東晉	Touñg Tsín	323	22	南宋	Nân Soúng	1127
10	宋	Soúng	420	23	元	Yuên	1280
11	齊	Ts'î	479	24	明	Mîng	1368
12	梁	Lêang	502	25	清	Ts'īng	1644
13	陳	Tch'ên	557				

Les dates données sont celles de l'avènement au pouvoir.

(▲315)

Classement des mandarins

Les mandarins, civils et militaires, sont repartis en neuf classes, et chaque classe comporte deux degrés.

Ces classes se distinguent par le bouton qui surmonte le chapeau, et qui est de couleur differente, et surtout par le dessin brodé sur deux plaques d'étoffe, fixées l'une sur le devant, et l'autre sur le dos du vêtement.

Les deux degrés de chaque classe ne se distinguent pas entre eux, il est donc suffisant d'indiquer les 9 boutons, et les neuf insignes du vêtement.

Le bouton est le même pour les mandarins civils et militaires, l'insigne du vêtement diffère. Le bouton peut être porté par tous ceux qui ont obtenu① celle recompense, même s'ils n'ont pas de position officielle. Les insignes du vêtement indiquent que le titulaire est en fonctions.

① 原书写作 ollenu。

Voici ces boutons et ces insignes.

	Bouton	Civils	_Militaires
1ere classe	Corail, avec lettre	_Grue	_Licorne
2e ———	Corail	_Faisan dore	_Lion
3e ———	Bleu transparent	_Paon	_Léopard
4e ———	Bleu opaque	_Oie sauvage	_Tigre
5e ———	Cristal	_Faisan argenté	_Ours noir
6e ———	Blanc opaque	_Heron	_Petit tigre
7e ———	Doré	_Oiseau aquatique	_Petit tigre
8e ———	Doré	_Caille	_Phoque
9e ———	Doré	_Pie	_Rhinocéros

Comme on le voit, il est facile de distinguer, à première vue, un mandarin civil d'un mandarin militaire ; les premiers n'ayant sur leurs vêtements que des oiseaux, et les autres des mammifères.
(▲316)

Principales fêtés chinoises

Tchoūng Koûo tsiê ts'í 中國節氣

1er de la 1ere Lune

Commencement de l'année_Visite aux parents_Cadeaux_Nettoyage des maisons_On colle les sentences symetriques de chaque côté des portes, ainsi que les nouvelles images du Genie de l'atre et des Genies gardiens des Portes_Grande fête durant plusieurs jours.

15 de la 1ere Lune

Grande fête_Pas de rites obligatoires_Visites aux foires termes dans les pagodes_Jeux divers_Fête des lanternes.

25 de la 1er Lune

Rites pour obtenir l'abondance. Petite fête.

Veille du 1er Jour du Printemps_Vers 4 fevrier

Fête du printemps, le mandarin va, à l Est, au devant du Printemps.

Fête des aliments froids_Les 3 jours avant le 5 Avril

Visités aux cimetières. Refection des tombes.

5 de la 5e Lune

Grande fête_Fétés nautiques_Envoi de présents aux maîtres et aux médecins.

15 de la 7e Lune

Fête des âmes errantes_Le Génie de la ville est promené dans la campagne, pour recueillir les âmes errantes pour cause de non-sepulture ou de male mort.

15 de la 8e Lune

Grande fêté_Envoi de présents_C'est la fêté de la lune, dans laquelle est censé habiter un petit lievre dont on vend l'image.

9 de la 9^{em} Lune

Fête scolaire_Petites réjouissances.

1er de la 10e Lune

Fête des morts_Les âmes errantes, ramassées le 15 de la 7e Lune, sont relachées.

8 de la 12e Lune

Petite fête_On mange une bouillie speciale.

(▲317)

空白页

(▲318)

副册

Capitaine Vaudescal

16eme Reg^{t} Colonial

Fascicule Spécial

contenant écrites en caractères chinois les 1700 phrases des Leçons et Dialogues de l'Etude Elémentaire de la Langue Chinoise.

Ce fascicule est joint à l'Etude, et en fait partie intégrante.

(▲319)

Errata①

34^{em} Leçon_Ph. 8. Avant-dernier caractère 合_Lire : 作

39^{eme}_Ph. 16. Supprimer le 4eme Caractère : 我

41^{eme}_Ph. 17. Remplacer le dernier 麽, par 監

44^{em}_Ph. 9. Après 過他, ajouter 的

45__Ph. 5. Supprimer le 1er Caractère 一

4e Dialogue Ph. 10. Au lieu du dernier, 袄, Lire : 袄

13^{e}_Ph. 16. Au lieu de 您, Lire : 我

22^{e}_Ph. 11. Au lieu de 草, Lire : 莾

38^{e}_Ph. 20. Au lieu du 10 Caractere 及, Lire : 皮

La 37eme Leçon est numérotée 33_Rectifier L'erreur n'existe pas dans la numeration en caractères. Remplacer 45eme Dialogue par 45eme Leçon.

(▲320)②

Lecon

一

1 我有一個朋友。

2 你有兩匹馬。

3 他有一匹騾子。

4 我們有兩個朋友。

① 文中对应地方已按照此勘误表进行改正，不再一一出注。

② 本页原为空白页，以上内容来自粘贴到该页的纸张。

5 你們有三匹馬。

6 他們有兩匹騾子。

7 我去北京。

8 你走的快。

9 他來。

10 我們到了天津。

11 你們走的慢。

12 他們來的快。

13 我買一匹馬。

14 你賣一匹騾子。

15 他買兩匹馬。

16 我們賣兩匹騾子。

17 你們買三匹馬。

18 他們賣三匹騾子。

19 他們有一個朋友。

20 他來的快。

二

1 我不喜歡。

2 你跑的不快。

3 他住的不是大房子。

4 我們不賣帽子。

5 你們沒有一個朋友。

6 他們不買鞋。

7 我沒有馬。

8 山上有樹。

9 在山上沒有樹。

10 這個房子裏頭有三間屋子。

11 他不上山。

12 我們在大街上逛一逛。

13 這頂帽子不大。

14 這個房子不小。

15 這個地方沒有樹。

16 我在這個房子裏頭住。

17 這匹馬走的不慢。

18 他不逛去。

三

1 我有你的車麼。

2 你有一個孩子沒有。

3 他有他的帽子沒有。

4 我們有朋友沒有。

5 你們有我的骡子麼。

6 他們有他們的马麼。

7 我上去不上去。

8 你下來不下來。

9 他問你的孩子不問。

10 你懂得他的話不懂得。

11 你們學他們的話不學。

12 他們說的快不快。

13 您上那裡去。

14 這個人高不高。

15 這個道兒是寬的麼。

16 這趟街長不長。

17 這裡有一顆樹。那裏有一處房子。

四

1 我有四匹馬。

2 你有兩匹騾子沒有。

3 他沒有六個孩子。

4 這村子裡頭有二百五十三個人。

5 這七頂帽子你賣多少錢。

6 這裡我認得十三個人。

7 你們會說中國話麼。

8 他願意問你。

9 山上有樹很多。

10 在道路上人不多。

11 你們要幾匹馬。

12 一年有三百六十五天。

13 一年幾個月。

14 十二個月。

15 這房子裡頭有幾個女人。

16 九個。

17 這座房子有幾個門。

18 兩個大門。三個小門兒。
19 在北京有四十萬中國人。

五
1 昨天我吃了他的麵包。
2 你前天到的北京。
3 他從前就認的這個人。
4 昨天我們在山上睡的覺。
5 昨天你們見過這六隻牛。
6 他們有兩輛車。
7 我從天津來。
8 你會說中國話。
9 他正在他屋子裡睡覺。
10 我們走的很快。
11 您有一個朋友。
12 他們看見他們的馬。
13 我從天津來過。
14 你買過肉。
15 他賣過兩隻羊。
16 我們看見過兩匹大馬。
17 你買過一匹不好馬。
18 他們賣過兩匹好騾子。
19 我們到過北京。
20 我見過這個東西。不是好的。

六
1 我沒有見過這個人。
2 你沒有買過刀子。
3 他沒有給過他的扇子。
4 昨天我們沒有做活。
5 昨天你們喝的不多。
6 昨天他們沒有看見官。
7 我沒有一件厚衣裳。
8 你不給他你的褲子。
9 他不買黑衣裳。
10 我們不要短床。
11 你們不作椅子。

12 他們不吃麵包。

13 我沒念過這本書。

14 在你房子前頭。你沒見過中國人。

15 山後頭一顆樹也沒有。

16 我們沒有給過我們的白馬。

17 你們沒有懂得我的話。

18 作官的們沒有在這村裡住過。

19 誰沒有買過一匹好馬。

20 誰不願意吃過。

七

1 昨天我吃了中國饅頭麼。

2 前天你等着他了沒有。

3 他看見他父親了沒有。

4 我們買了一匹馬沒有。

5 你賣了一匹騾子麼。

6 他們辦了這件事沒有。

7 他打過他沒有。

8 他們笑什麼了。

9 這酒裡頭有糖沒有。

10 你同你的朋友買過什麼東西。

11 你不是賣了你的猪麼。

12 他是在門外頭睡覺了不是。

13 他有幾個兒子了。

14 這個姑娘有一件藍大襖麼。

15 你們不是吃了飯麼。

16 你看見過他的綠扇子沒有。

17 床底下有什麼。

18 你買過一匹很好的馬沒有。

19 你要一件紅東西麼。

20 您不是願意要一個很好的狗麼。

八

1 明天我去保定府。

2 後天你洗衣裳。

3 後來該當答應。

4 我們要作衣裳。

5 若是你問他。他就答應你。
6 爲作這些椅子。該當用這塊木頭。
7 明天鐵匠要作活。也要用鐵。
8 你看一看木匠。看他巧事不巧事。
9 該當洗你的衣裳。
10 兵們過年回來。
11 他太拙笨。該當學習作活。
12 你們該當拿饅頭和飯。
13 明天你們等着我。我要同你們去。
14 後來我願意學中國話。
15 明天我們辦這件事情。
16 我們過兩天回來。
17 該當打這個狗。
18 我們要吃猪肉。
19 去在屋裡卓子上拿我的黃褲子來。
20 你們走的太慢。該當走快一點兒。

九

1 我不願意開門。
2 你不願意洗手。到底你要洗臉。
3 他哥哥不要寫字。
4 我們不愛這些孩子們。
5 你不在這個椅子上坐着。
6 他們不關門。
7 這個人不好。我兄弟不愛他。
8 你們喂這雞們麵包。他們不吃。
9 我想明天冷不了。
10 這麼樣頭不冷到底脚冷。
11 這鴨子擱到明天要不好吃。
12 他後天還來不到。
13 這茶裡若是擱了糖。就不苦。
14 他父親不上北京來。
15 他母親不該當起來。
16 他要買一隻雞。到底不要鴨子。
17 他要要你的刀子。到底你不給他.
18 如今他在法國。過年他不回來。
19 他們不在這個屋裡睡覺。

20 這些孩子們不答應你們。

十

1 明天你去天津不去。

2 他若同我說。我能聽他不能。

3 多咎你看見他。你同他說話不說。

4 恐怕他們要忘了辦這件事情。

5 明天我們買一匹馬不買。

6 你多咎回來。

7 他們給你他們的牛不給。

8 這匹騾子個兒很大。我們買不買。

9 離村遠的道兒上有水沒有。

10 後天瓦匠做活不做。

11 明年這個買賣人去英國不去。

12 他們在門外頭等我不等。

13 明天你同你的朋友要上那裡去。

14 在房後頭我們聽見他說話①了麼。

15 天氣冷。屋裡不是要爖火麼。

16 您沒有問他爲什麼他要答應。

17 多咎他做這個活。

18 您的哥哥要同他上保定府去麼。

19 您愛吃麵頭不愛吃。

20 他們都喜歡。爲什麼他們還要哭。

十一

1 我的刀子丟了。找一找罷。

2 這個狗不好。打死他罷。

3 把這個東西扔到外頭罷。

4 上驢罷。

5 我們下山罷。

6 跳下去罷。

7 作這個活罷。

8 打這匹馬。他纔走的快。

9 去見一見他父親。他要同你說話。

10 別買猪肉。

---

① 原书作“活”，现改作“話”。

11 我們住在這裡。別進院子裡去。

12 這是我的衣裳不要扔了。

13 别同他說話。

14 我們別上班①。

15 火車沒有站住不要下去。

16 明天別來。後天再來罷。

17 貓吃了雞打他罷。

18 別走快了。慢點兒走。

19 我們學寫字罷。

20 你坐在椅子上。

十二

1 把茶壺拿來。

2 我拿了他的褲子去了。

3 進屋裡來。

4 上車來罷。

5 我要出門。

6 他從飯廳兒裡出來。

7 我們要進廟裡去。

8 把我的衣裳都拿到睡覺屋子裡去。

9 人都出去了。

10 把碟子都放在卓子上。

11 給我拿一隻肥雞來。

12 這隻鴨子太瘦。我不要。拿去罷。

13 下床罷。

14 我們從大門裡出去。

15 多昝您從天津回來。給我帶一把好刀子來。

16 把這本書拿回去罷。我不念了。

17 上車。

18 出去罷。

19 把門開開。進去罷。

20 拿這張椅子坐下罷。

十三

1 您記的這件事情不記的。

---

① 原书作"般"，现改作"班"。

2 人先問他。他纔起首說話。

3 我不認得這個人。

4 我在街上看見他在車上坐着了。

5 我聽了聽。到底我沒有聽見他的話。

6 他還沒有說完。

7 今天晚上我們要作完這個活。

8 車站住了。

9 我找你的刀子了。我沒有找着。

10 如今他在門外頭等着你出去吶。

11 我不記的我在那裡見過這個人。

12 我看了看他屋子裡。沒看見他。

13 我不願意聽他說話。他說的太快。

14 我去年在北京認得了他。

15 他告訴我說卓子上有金子合銀子。

16 在房子前頭。我看見了一塊大石頭。

17 到晌午你就別作了。

18 街上有很多不乾淨的孩子。

19 每年他去天津望看他母親。

20 我在炕上找着了一塊銀子。

十四

1 你姓什麼。

2 您貴姓 貴姓 尊姓。

3 我姓李。

4 賤姓國。

5 你叫什麼名字。

6 您官印 大名。

7 名字是德勝。

8 賤名世林 官名叫世林。

9 大號 台甫。

10 草字碧珊。

11 您高壽。

12 貴庚 貴甲子。

13 多大年紀 多大歲數。

14 你幾歲。

15 我三十五歲了。

16 我虛度光陰四十三歲了。

17 您有幾位令郎。
18 你有幾個兒子。
19 我有三個。
20 貴昆仲幾位 您哥兒幾位。

十五
1 這個人是舍弟。那個是家兄。
2 昨天我看見了令姐。
3 您認得舍妹麼。
4 府上在那兒住。
5 舍下在羊肉衚衕。
6 貴國。
7 敝國日本國。
8 您有幾位令愛。
9 你有幾個女兒。
10 有兩個。
11 前天我同您的朋友說話了。
12 去年敝友有病了。
13 貴幹。
14 我在北京做買賣。
15 大人高壽。
16 老爺有幾位令郎。令愛。
17 先生。您上那兒去。
18 你往那兒去。
19 你在什麼地方住。你住什麼地方。
20 你做什麼。你幹什麼。

十六
1 明天你能彀去天津不能彀。
2 我不能彀去。
3 我能彀去。
4 您會說中國話麼。
5 我認得這個村子。
6 我會放鎗。
7 我知道中國旗子是黄的。
8 該當買菓子。買鹽。
9 我能彀作這個活。

10 我們該當給他這個銅燈。
11 你知道這個瓶子裡有什麼不知道。
12 你沒有叉子。你能給我一把勺子麼。
13 你能彀賣了這件舊衣裳麼。
14 我能賣了他我再另買件新的。
15 我們出去你可以把屋子掃一掃。
16 該當把油瓶子全把他裝在這個箱子裡頭。
17 你知道誰買了這個新爐子不知道。
18 你若願意。我可以給您帶回點兒烟來。
19 他說話不能不笑。
20 你若能作這個活。我就很喜歡。

十七
1 今天我完得了這個活。
2 市上沒有魚。厨子買不了來。
3 城裡頭過得去過不去。
4 我沒有褲子。我穿不了。
5 在這村裡找得着高粱找不着。
6 找不着。到底找得着棒子。
7 孩子們在街上玩兒了。
8 我找了找我的表。我找不着了。
9 這個舊礮用不得了。
10 這是我的朋友。我恨不得他。
11 門關着吶。到底我們能彀從窗戶裡出去。
12 這些白菜和米。你們拿的到厨房裡去拿不到。
13 這個褥子太沉。我拿不了來。
14 我上到卓子上。我就看得見。
15 我天津有一床被窩。你給我拿的回來拿不回來。
16 我的牙不好。我吃不了飯。
17 進得來進不來。
18 這是一床很輕的被窩。我拿的了去。
19 多咎人老了。就留得鬍子了。
20 他是個大鼻子。我們認得出他來。

十八
1 昨天下了雨。
2 下雹子以前打雷了。

3 山上下了雪。
4 多昝我到了村裡的時候。直打雷打閃。
5 昨天下霧了。
6 昨天天津下雨了沒有。
7 沒有。到底下了雪。
8 我被這個人打了。
9 我聽見人說狗咬着您了。
10 兵打了我一鎗。打傷了我。
11 我有一處傷。很難受。
12 他被雷擊傷了。
13 我自己問自己。該當作什麽。
14 你自己去看一看。你就知道下了雨。
15 他要自己問一問他。
16 我們自己把門開開。
17 你自己同他說罷。他懂得你的話。
18 他們沒有做他們自己這個活。
19 他受了他父親的罰。
20 你的孩子不好。該當罰他。

十九
1 人是舊的好。衣裳是新的好。
2 這管筆是頂好的。
3 這個櫃子是至小的。
4 這件汗溻兒有一點兒短。
5 我想這座山是頂高的。
6 這匹馬是頂小的。
7 我比他掙的錢多。
8 您的鋪子比他的大不大。
9 這個紙比那個厚。
10 這個月我比上月掙的錢多。
11 我比他歲數大。
12 我比您怕他怕的利害。
13 這兩個表一樣。
14 這兩顆樹一般兒高。
15 我的刀子同你的一般兒好。
16 在天津不如在北京好。
17 花錢不如掙錢好。

18 你越不好。人越恨你。
19 下雨越多。井水越長。
20 吃棒子不如吃米好。

二十
1 這隻箱子分兩很重。
2 郭家的坟地很大。
3 這把鋼刀子買的很貴。
4 門前頭那眼井很深。
5 他太窮的利害。
6 去年冷得利害。
7 知縣的轎很體面。
8 我量了門的尺寸很高。
9 蘆溝橋太老了。
10 昨天我見了我的朋友。我喜歡的利害。
11 這些玻璃盃太小。我不要。
12 這個箱子沉的利害。我拿不了來。
13 這猪肉太爛了。
14 這隻雞。厨子燒的火耗太大了。
15 桌布過於不乾淨。該當把他洗洗。
16 這肉煮得太爛的利害了。吃不得了。
17 他說話過於快。人不能懂得他。
18 數這匹馬跑得快。
19 這村裡數着我父親富。
20 這兩個人裡頭就是他高。

二十一
1 現在是麼什時候。如今幾點鐘。
2 兩點鐘了。
3 三點鐘了。三點半鐘了。
4 四下一刻了。
5 五點三十五分。
6 差一刻六點鐘。
7 差十分兒七點鐘。
8 等我一會兒。我就回來。
9 今天是多昝。初幾。十幾。二十幾。
10 今天是初一。

11 今天初五。

12 今天初十。

13 今天十四。

14 今天二十六。

15 他過三天來。住一宿。第二天回去。

16 這個月三十兒。我們去天津。

17 昨天天冷。今天天熱。

18 我想明天早起要下雪。

19 後半天我們辦這件事情。

20 今天晚上我們六點鐘吃飯。

二十二

1 去年春天我在天津了。

2 今年夏天很熱。雨水也多。

3 冬天裡常常下雪。

4 過年秋天我們要上法國去。

5 這個月是幾月。

6 今天是正月初五。

7 三月三十兒。

8 他父親是閏五月二十五死的。

9 他說他赶臘月十五來望看您。

10 趕月底我給你們銀子。

11 下月初幾兒。我們要賣嘍我們的馬。

12 從前在中國。外國人很少。

13 先前的時候。河不在城裡頭經過。

14 上月您要買一匹騾子來着。您買了沒有。

15 人都是白日作活。黑夜睡覺。

16 我們整整的走了一天。也沒有走到村裡。

17 夜裡有一個人進了院子。

18 一宿的工夫。我沒有睡着覺。

19 他黑夜白日裡作活。

20 他說了半天。我們沒有聽他。

二十三

1 禮拜四我下天津去。

2 七天一個禮拜。

3 禮拜二他的馬被賊偷了。

4 我禮拜四禮拜五走路。禮拜六我歇着。
5 禮拜日人不作活。
6 我在中國年數多了。
7 我在那村裡路過的時候。我看見兩個人打架了。
8 日頭比地大。是眞的麼。
9 一定是眞的。
10 我等了您工夫很大。
11 過不大一會兒。我就吃完了飯了。
12 我聽見人說上禮拜一。他在路上被人刧了。
13 爲都拾起這些米來。得費很大的工夫。
14 夜裡頭有月亮有星星照着地。
15 這把茶壺使換了好些日子了。
16 這雙筷子我買的日子不多。
17 禮拜一我一定回來。
18 他同我說他在天津待了一個禮拜。我想是假的。
19 李先生在北京住了兩個禮拜。
20 這個人偷了我的驢。

二十四
1 我走過一條很窄的道路。
2 給我拿一隻空箱子來。
3 燈若是滿的。該當點上。
4 他在一個離村很遠的地方被賊殺了。
5 離河不遠有一座廟。
6 這個煤很硬。
7 我床上的褥子很軟。
8 我的衣裳乾。你可以把他刷一刷。
9 我買了一把很尖的刀子。
10 我哥哥聰明很大。
11 村裡的人。數他糊塗。
12 這個核桃木的卓子很結實。
13 我走不了啦。我乏得利害。
14 上北京。坐火車很方便。
15 這個活很容易作。
16 數一數有多少大箇兒的馬。
17 把我屋裡的小燈兒滅了。
18 人在山上爦了一個大火。

19 我告訴你買四根大竹竿子。你爲什麼沒有聽。
20 把我的白褲子。合我的黑帽子。都刷一刷。

二十五

1 官們都在城裡住。
2 兇手們都是旗人。
3 海裡頭沒有鯉魚。
4 多咎颳起風來。天氣甚冷。
5 蜜蜂在菊花兒上落着。
6 把這個西瓜打開分三瓣兒。
7 木匠使用楊木。
8 這些孩子們都有毛病。天天該當罰他們。
9 拿這些菓子跟我來。
10 這個口帒是他的。該當還他。
11 這個人勁頭兒很大。他一個人兒在院子裡拉車。
12 他有什麼病。
13 他肚子疼。
14 我家裡有好幾個使喚丫頭。
15 我想這些兵沒有什麼勇敢。
16 您的園子裡有梨樹沒有。
17 門前頭有幾個要飯的瞎子。
18 這幾件東西都沒有毛病。
19 男人都比女人勁兒大。
20 昨天颳了一天風。

二十六

1 這些花兒都是誰的。
2 鞋匠在院子裡等着吶。誰教他來的。
3 誰愛喝酒誰喝。
4 庫裡頭有什麼。
5 你給我拿來的都是什麼畫兒。
6 這水手們上那裡去。
7 大夫把病人治好了沒有。
8 打了你一拳頭的那個人叫什麼。
9 這幾個姑娘那一個是您的。
10 媒人去見你父母了沒有。
11 我窮的這麼利害。我豈能找得着保人。

12 縣官怎麽樣辦的這件事情。

13 爲什麽緣故您這麽樣費心。

14 爲放這個礮有幾個兵。

15 這是什麽規矩。

16 他的眼睛很有病。他怎麽能彀看見呢。

17 我手冷。怎麽能寫字。

18 綿花作什麽用。

19 您愛吃羊舌頭合羊頭麽。

20 這個官很有本事。爲什麽他不能辦這件事。

二十七

1 各國有各國的律法。

2 各人愛各人的地方。

3 每兵有幾支箭。一張弓。

4 這些個鍼。沒有一個尖的。

5 若是不學。沒有一個會寫字的。

6 火車雖然快。一點鐘也不能從北京到天津。

7 每人說話。都願意別人聽他們。

8 我們有不少的活。一天都作完了。

9 有人喜歡在天津住。有人喜歡在北京住。

10 任憑你作件什麽事情。他總是不喜歡。

11 不拘預備什麽吃的罷。有什麽我們吃什麽。

12 某村修廟。某村不修廟。

13 他們彼此商量。沒有一個人聽見他們。

14 各鍋裡都有什麽。

15 我想什麽也沒有。

16 有一個人拿了你的刀去。所以我沒有找着。

17 把你的馬栓在不拘那一顆樹上。

18 誰買誰該當給錢。

19 不該當拿別人的東西。

20 無論他用什麽法子。賊們也是綑起他來打他。

二十八

1 這個買賣人打算盤打的很好。

2 把這些東西打一個包袱。

3 中國人都打辮子。

4 這村裡的人都打魚。

5 明天您打圍去麼。

6 他常常的打官司。

7 年青的女人們都愛打扮。

8 上園子裡去打水去。

9 打發一個人把這個包袱給我父親拿去。

10 我發了一宿瘧子。

11 你爲什麼發怒。

12 他作買賣發了財。

13 日頭發光。

14 明天我們發貨。

15 他是當家的。

16 我在郭宅當厨子。

17 强壯人可以當兵。

18 我找一個人爲的是當跟班兒的。

19 我要去當鋪當我的衣裳。

20 我朋友當了他的房子。

二十九

1 您的父母還在不在。

2 我父親去年死了。我母親還在。

3 我朋友的丈人在天津住。

4 這個女人不愛他的公公。

5 我岳母願意買這件東西。

6 我姐姐的婆婆很不好。

7 我祖父今年七十了。

8 我祖母老了。走道兒走的很慢。

9 我哥哥會說法國話。

10 你兄弟從北京回來了沒有。

11 我的弟兄們早就死了。

12 昨天我看見你姐姐了。

13 我想這個女人是他妹妹。

14 我的姐妹們都出了門子。

15 我伯父每月花錢很多。

16 他叔叔賣了好幾匹馬。他很有錢。

17 你舅舅知道我到了不知道。

18 我告訴了我伯母您願意見他。

19 你嬸母還有病沒有。

20 他舅母不喜歡。因爲他丟了他的手巾。

三十

1 我兒子明天上北京。
2 他兒媳婦天天整天家作活。
3 我在天津見了你的女兒。他很平安。
4 他姑爺在山東作知縣。
5 這個年青的是我的孫子。
6 你孫女兒多大了。
7 我姪子學念書。也學寫字。
8 你姪女兒在那裡。
9 你大舅子作什麼。
10 我姐夫有三個兒子。
11 我大姨子很體面。
12 你大姑子多咎婚配。
13 我大伯子是木匠。
14 人說你小叔子有病了。是眞的麼。
15 你嫂子不是有兩個姑娘麼。
16 他小姨子尋的李老爺。
17 我堂兄弟在四川作官。
18 您的表兄弟有幾個孩子。
19 我的堂姐妹哭了。因爲他兒子死了。
20 您的表姐妹明天來看您。

三十一

1 從北京到天津有多遠。
2 有二百多里地。
3 這塊園子有三丈長。
4 我想這個卓子有三尺多寬。
5 他有五尺六寸高。
6 這二十張紙摞在一塊兒有二分厚。
7 一斤是十六兩。
8 買十兩羊肉罷。
9 今天我買了三斤六兩七錢茶葉。
10 這塊金子重八分五厘。
11 約約這塊肉有多重。
12 他每年賣一百石米。

13 一斗有十升。
14 我買了九升米。他賺了我。只給了我八升。
15 我租了兩頃地。
16 我顧了一個人。爲種這二十五畝地。
17 這塊地有多少弓長。
18 有五百二十三弓長。
19 北京大城周圍。有四十四里多長。
20 這杆稱打多少斤。

三十二

1 北京使當十錢。比天津錢箇兒大。
2 這隻雞我花了三吊錢買的。
3 我盼望用六吊錢可以買兩隻鴨子。
4 這一錠銀子有幾兩重。
5 有十兩重。
6 您買的這匹馬。三十五塊錢太貴。
7 爲給一個人吃飯。一天該當一毛多錢。
8 這兩毛錢是假的。你哄騙了我。
9 這蘋菓半毛錢一堆。很便宜。
10 你領着我到市上去。我要買几吊錢的葱。
11 他要了五毛錢。我給了他四毛。
12 這一堆葫蘿蔔合蔓菁。我花了六吊錢買的。
13 這葡萄兩毛錢。比昨天貴。
14 跟我來。我要在這個鋪子裡買幾樣東西。
15 元寶有五兩的。有十兩的。有二十兩的。有五十兩的。
16 今天一兩銀子換多少洋錢。
17 一兩銀子換多少錢。
18 一兩銀子換一塊四毛五洋錢。
19 一兩銀子換當十大錢八吊八百八。
20 這是一張五吊票兒。

三十三

1 一天的工夫。我縫了五六件衣裳。
2 我拿鋸鋸了十幾塊板子。
3 我放在卓子上了二十多個酒盃。
4 這一匣兒裡頭有一百五十多根取燈兒。
5 該當挖一個坑。挖一丈多深。

6 學房裡有五十多個學生。
7 馬棚裡頭能擱十來多匹馬。
8 爲釘這個箱子。使了二十多個釘子。
9 有三年多了。我沒有見他。
10 我比他在北京多待了三年。
11 我把這銀子給您一半兒。
12 你把這煙捲兒拿三分之一。下剩的給我留着。
13 把這盃裡給我倒上四分之一酒。
14 我看見車棚裡有十來輛車。
15 一斤的十六分之一是一兩。
16 掛起這十來張畫兒來。
17 叠起這幾件衣裳來。
18 這學生們有一半兒不作活。
19 這個先生教着二十多個孩子。
20 拿鎚子把這七八塊板子都釘上罷。

三十四
1 這張卓子是槐木的。
2 這是一張榆木椅子。
3 中國所作的玉器。都是很貴的。
4 琺瑯瓶都是北京作的。
5 這個錫茶壺是從廣東來的。
6 從東山來一船石灰明天到。
7 這幾塊花兒石。是從西山來的。
8 鎗葯是用硫磺。硝。合炭作的。
9 這是灰土泥。
10 這塊珊瑚子。是從意大利亞國來的。
11 這個銅鍋是京北①鑄的。
12 他閨女繡花綢子。花緞子。
13 這塊金磚是日本刻的。
14 我從美國買了②幾塊雕刻的象牙。
15 爲抅抹這處房子。該當用灰泥。
16 京城南邊有大塊兒的花園子。
17 他是個畫扇面兒的。

① 根据课文中的拼音，应作“北京”。
② 原书作“了”，现改作“子”。

18 把這件綢子衣裳拿去收拾收拾。
19 從前在北京東邊有鑄銅礮廠。
20 這個匣子是楊木的。

三十五
1 多昝你出去。戴上你的帽子。
2 我熱的利害。我要摘我的帽子。
3 我們要去看一看兵房。
4 誰在你後頭喊叫。
5 是個老花子。我什麼也不給他。他駡我。
6 官命把昨天被人殺的那個死屍埋了。
7 這把剪子不快。該當磨磨。
8 龍生龍。鳳生鳳。
9 北京有一個養病院。爲收留那些孤苦的病人。
10 官罰了他五塊錢。
11 鷹比喜鵲飛的高。
12 蓋上鍋。別教貓偷了肉去。
13 我很喜歡在炕上坐着。
14 我從通州騎馬來的。
15 我坐車上北京去。
16 大夫札針治病。
17 我喜歡這一家子人有福。
18 他殺了我的哥哥。我要報仇。
19 怎麼你這麼能彀撒謊。
20 喝這藥罷。爲的是出汗。

三十六
1 這座廟理的鐘。重二千斤。
2 他偷了我的馬去。我在縣裡告了他。
3 你說話的樣子不好。
4 這把斧子是鋼的。你可以用他砍這顆樹。
5 爲做這條褲子。裁縫鉸了一塊很好的綢子。
6 這個櫃子的抽屜。都是窄的。
7 如今的先生寫字。不跟古時候的字一樣。
8 就是吃喝是兩件要緊的事情。
9 原告兒被告兒都是老實的人。
10 他父親病的利害。

11 在河裡洗澡的孩子們都淹死了。

12 我走了三下兒鐘的道兒。我又渴又餓的利害。

18 我母親死了。我很悶得慌。

14 這湯不熱。可以嚥的下去。

15 你去同他商量商量去。

16 他明明的給我講了這句話的意思。

17 你糊俚糊塗的說。他也聽見你的話了。

18 你買的這個卓子的抽屜。都是開不開的。

19 天還早直的呢。我待會兒再起。

20 我要打點兒酒。買點兒肉哇果子的。都沒有賣的。

三十七

1 若是沒有火也不能有烟。

2 除了他我都請了。

8 他雖然老了。他還很可以走道兒。

4 該當尊敬父母。

5 道兒上土很多。餘外還有泥。

6 多昝我再遇見他。我同他題一題您。

7 從有了鐵路。上北京很容易。

8 我按着他相幫我的多少賞他。

9 一年有六個月的工夫。過河很難。

10 只要有錢。什麽也能彀買。

11 我按着他問的答應他。

12 我按着他作的活給錢。

13 你好好的念書。比你吃烟强多了。

14 刨樹該當把土直挖到樹根子底下。

15 靠着牆很方便。

16 樹枝子伸到了窗戶跟前。

17 我隔着帳子看見他偷銀子了。

18 赶晚上多昝我冷了。我就換上衣裳。

19 我求了他半天。他也沒有聽我。

20 論這件事情。我是一點兒不管。

三十八

1 他是怎麽樣起首兒發的財。

2 他起首兒因賣了幾匹馬。後來就一點兒一點兒的富足了。

3 我起首兒被禍。是從我父親死的時候。

4 這個風俗的根由。人不知道。
5 徒弟不能起首兒就當掌櫃的。
6 這是我末末了兒剩下的點兒貨。別的都賣了。
7 他頭一次叫門。我沒有聽見。
8 赶黑我們就完了這個活。
9 掌櫃的常常的打他徒弟。
10 我們到替斑的背着這條口傛。
11 河忽然就凍了。
12 我沒有想到忽然遇見他了。
13 忽然人給他鉸了頭髮。
14 我快念完這本書了。
15 我正要去見你去。可巧你來到了。
16 我剛一出門兒。我就覺着很冷。
17 這些各人都該全心盡力的奉事皇上。
18 這是五十塊錢。你看一看㲄不㲄。
19 一共有多少人。
20 你說了這麼些個話。到底你要什麼。

三十九
1 把這些水桶裝滿了一個。
2 我是特來望看望看您。
3 我已經告訴他他賺我了。
4 您不同您的街防說話是您有理。
5 這匹馬套這輛車正合式。
6 他恐怕不能㲄好了。
7 大概我明天去保定府。
8 關上籠子門兒。別教家雀兒飛了跑了。
9 你的父母明天不一定來不來。
10 這一夥子人大概是從北京到的。
11 他不是有毛病。就是有病。
12 大半是一斑戲子從那村裡過去。
13 多昝我能㲄。我一定要上法國去。
14 爲作饅頭總得有麵。
15 我特意買得這個酒。因爲我知道您愛喝這個。
16 我不是故意的不理他。
17 你作的這件事情。不是我的意思。
18 您喝不喝隨便。

19 他單單的賣騾子。

四十

1 我摔壞了這個瓶子。到底不要緊。是我自己的。

2 把這分禮物給我朋友送去。

3 這是不可不知道的事情。該當知道。

4 您請到飯廳裡去。

5 春天的時候樹葉子都發芽兒。

6 織席的那村子離這裡有二里地。

7 賣菓子是論箇兒。糧食論斗。

8 您淋濕了。我也淋濕了。

9 你買的那幾隻。又瘦。又貴。

10 這是一隻鵝呀。是隻大雁哪。

11 我告訴你。怎麼作。你就怎麼作。不然我不喜歡。

12 不拘什麼。只要我吃了就行了。

13 至於您的事情。我明天再辦。

14 他眞是糊塗。拿着一匹騾子當馬。

15 我求您給我買一個好瓶子。

16 他走的很好。再不然我就要罵他了。

17 把門關的好好兒的。爲的是教誰也進不來。

18 你這麼勁頭兒大。把這塊大石頭拿起來。

19 因爲他脾氣不好。所以我不愛他。

20 這些書我就是念過一本兒。

四十一

1 來同我說話。

2 他的話說的不明白。

3 您說的很好。好說好說。

4 我願意去天津。

5 他的心願是在法國。

6 我們晌午吃飯。

7 這個飯好吃。

8 我喝了好酒。這個酒好喝。

9 告訴木匠做這個活。

10 這個活不容易做。

11 別說笑話。

12 他說的話鬬笑。

13 我用這幾塊板子爲做一張卓子。

14 這幾塊板子有什麼用。

15 您貴姓。

16 他姓什麼。

17 官罰了他二十天的監。

18 這個刑罰很輕。

19 這個人傷了他的哥哥。

20 他受了重傷。

四十二

1 上般罷。他在般上。

2 他比我高。

3 這座房子有多高。

4 他從天津來。

5 恭敬不如從命。

6 他還沒有還我的銀子。

7 水開了。我要開水。

8 我過半點鐘回來。

9 你過一點半點回來。

10 誰保他。這是他的保人。

11 這都是石頭花兒。

12 這是一塊花兒石。

13 他快來了。他來的快。

14 去年我去過北京。

15 人過不去。我不過去。

16 他是餓死的。

17 明天我下天津去。

18 去給我買一雙鞋。

19 人上不去。

20 人不上去。

四十三

1 我買一匹馬。

2 把這本書給他。

3 我買他。

4 我同他說話。

5 他給我一把扇子。

6 拿茶壶來。
7 多咎你回來拿回果子來。
8 蓋上鍋。
9 昨天我看見你的朋友了。
10 前天他告訴了我這件事情。
11 他說了兩點鐘的話。
12 昨天他上我這兒來了。
13 我們在樹林子裏逛了逛。
14 我忙得利害。
15 你徃那裏去。
16 你赶多咎從北京回來。
17 這匹馬您多少錢買的。
18 今年常常的颳風。
19 明天你上那裏去。
20 昨天我賣了我那匹大騾子。

四十四
1 猫吃耗子。
2 這匹馬我是買的他哥哥的。
3 昨天來到了五十個兵。
4 知縣官告了病假。
5 他從梯子上摔下來了。
6 他說的話我半信半疑的。
7 這位太太的哥哥是我的朋友。
8 天天該當作活。
9 叫他拉過他的騾子來。我要瞧瞧。
10 你慢慢的走。
11 給我扇子把手巾拿回去。
12 也有人喜歡玩兒。也有人喜歡喝酒。
13 他在家不在家。
14 買一隻鴨子。或是買一隻雞。
15 我願意去天津。去不了。
16 我要買他的狗了。到氐他不賣給我。
17 他不是好人。所以我不同他說話。
18 因爲我有病。所以我不出門。
19 我也不去天津。也不去北京。
20 我要回去。因爲天晚了。

四十五

1 您還不知道我有了病。

2 我該當用工。

3 我若能彀。我必去。到底我不能彀。

4 我哥哥告訴我說。就是這個人偷了他。

5 就是銀子是更要緊的。

6 多昝您到了法國。給我來一封信。

7 他買的這些東西都很好。

8 我還不知道他這麼有本勢。

9 這個官很明白。民人都喜歡他。

10 我們在那裡找着店。我們就在那裡住一夜。

11 他騎馬的時候。丟了他的銀子。

12 多昝您到了天津。您去看一看我的朋友。

13 他沒到以前。我已經走了。

14 他找了找直到找着了纔止。

15 我從到北京就有病。

16 他作了官一後。就全不認得朋友了。

17 該當大點兒聲說。好教他聽見。

18 我沒有錢買這些個東西。

19 把馬拴上爲的是怕他跑了。

20 他雖然懶惰。到底很巧事。

Dialogue

一

1 老爺。起來罷。七點鐘了。

2 是。我起。把我的褲子遞給我。

3 給您。您要熱水要涼水。

4 我要熱水。到底不要開的。

5 我去給您打水去。

6 把窗戶簾子打開。看不見亮兒。

7 水拿來了。給您倒在盆裡了。

8 是了罷。好。

9 您今天刮臉不刮。

10 刮。把刮臉的刀子給我拿來。

11 老爺今天黑夜睡覺平安不平安。

12 不很平安。我淨作夢了。

13 我把胰子給您擱在盆架子上了。

14 給我牙刷子。

15 給您牙刷子同刷牙粉。

16 給我另拿一塊擦臉手巾來。這一塊不乾淨。

17 您要一塊新的不。

18 要。把昨天我買的那一塊給我。

19 胰子麵兒在那兒呢。

20 在卓子抽屜裡呢。

二

1 這胰子不好。你在那兒買的。

2 在前門大街買的。

3 後來別買那個鋪子裡的。

4 把這水倒了。另給我拿點兒淨水來。

5 老爺。明天洗澡不洗。

6 洗。明天八點鐘你把澡盆給我拿來。

7 您要很熱的水麼。

8 是。到底要比上一回的稍微涼一點兒。

9 是了。我留點兒神。我經點兒心。

10 我洗澡後給我叫一個修脚的來。

11 是。也叫一個剃頭的來不。

12 是。叫他給我鉸鉸頭髮。

13 你拿來的那擦澡手巾擱在那兒了。

14 在您身後頭那張椅子上呢。

15 明天該當把這些個該洗的東西。都送到洗衣裳房兒去。

16 上一回那個洗衣裳的您喜歡不喜歡。

17 可以。還叫他洗罷。不必找別人。

18 多昝您出去我把床給您收拾收拾。

19 好。到底該當留下窗戶開着。出出熱氣兒。

20 那麼着。過兩點鐘後我再收拾床。

三

1 今天天氣好不好。

8 天氣冷。

3 那麼給我拿我的皮衣裳來。

4 老爺要那一件哪。

5 我要那件黑哈喇的。

6 您要什麼褲子。
7 灰色的。
8 您要穿鞋呀是穿靴子呢。
9 給我拿我的靴子來。
10 求您畧等一會兒。靴子都還沒有刷呢。
11 爲什麼你常常的這麼懶惰。
12 昨天您回來的晚了。我沒工夫了。
13 你撒謊。你看我的褲子也不乾淨。
14 老爺。昨天我忘了。
15 不該當忘嘍。多昝我脫下一件衣裳來。該當立刻刷出來。
16 是。老爺。
17 鞋匠把我的鞋拿回來了沒有。
18 還沒有呢。他明天纔來呢。
19 你看一看。有一個鈕子掉下來了。你太不經心。
20 我立刻去把他縫上。

四
1 你把我的袷衣服放到什麼地方了。
2 我放到櫃裡了。
3 有時候該當把他打開曬一曬。
4 老爺。戴什麼帽子。
5 我戴毡帽。
6 給您這塊乾淨手巾。合您的手套兒。
7 我不要這一符。給我那皮手套兒。
8 您要耳帽不要。
9 不要。那個不要緊。今天沒有風。
10 今天冷。老爺該當穿大袄。
11 你說的對。給我拿來。
12 這些個舊衣裳怎麼着。
13 這些破了的。我都不要了。
14 這幾件還可以穿的。
15 該當叠起來擱在箱子裡。
16 若是裁縫把您的馬褂子拿了來。該怎麼辦。
17 你教他等着。我待不工夫大就回來。
18 我還要把那件栗子色的衣裳給他。教他給換換鈕子。
19 是。你把我別的衣裳給我預備好嘍。我回來好換。
20 是。老爺。

五

1 今天您幾位吃早飯。

2 我們五個人吃早飯。晚飯六個人。

3 我告訴厨子去。

4 叫他來同我說話。

5 老爺叫我了麼。

6 啊。今天早上我們吃什麼。

7 煮牛肉。一盤子炒雞子兒。山葯。還有一個烤羊排骨。

8 昨天的排骨烤煳了。

9 葷油沒有了。我跟您要倆錢兒。再買點兒去。

10 你使的太費。你前天纔買的葷油。

11 是。到底現在葷油貴的利害。我買了不多兒。

12 擺上卓子。別忘了什麼東西。

13 你願意幾點鐘用早飯。

14 十一點鐘。你把卓布合飯單都換嘍。

15 把菓子擱在卓子上不。

16 擺上一碟子葡萄。一盤兒梨。

17 我去拿叉子勺子合酒盃去。

18 早飯得了麼。

19 得了。老爺。

20 該當先給客們端。後來再給主人們。

六

1 這雞子兒炒的不熟。

2 我告訴厨子。

3 給我鹽合胡椒麪兒。

4 您要芥末不要。

5 這雞燒老了。太硬。吃不得了。

6 湯太鹹了。

7 這猪肉炒的對勁兒。正好吃。

8 給李老爺斟酒。

9 該當斟什麼酒①。

10 先斟白酒②在小盃裡。再斟紅酒在大玻璃盃裡。

---

① 原书作“洒”，现改作“酒”。

② 原书作“洒”，现改作“酒”。

11 這個酒力量大。該當對水喝。

12 給我生菜。我自己扮。

13 老爺給您。還有這油合醋。

14 給我拿一大瓣兒蒜來。

15 這蘋菓剝了皮兒不剝。

16 不用。到底你可以把橘子皮剝了。

17 老爺是在這裡喝嘎啡。是在客廳呢。

18 在客廳裡罷。

19 把糖。奶子。合酒①。都拿來。

20 戛非碗都斟滿了。別的也都預備好了。

七

1 我睏了。我要睡覺去。

2 天還早直的呢。

3 是。到底我乏的利害。

4 我去鋪上床去。

5 天很冷。你鋪上兩床被窩。

6 屋裡爖上火不爖。

7 不要緊。我就要躺下。

8 今天我鋪上的被單子。褥單子。都是乾淨的。

9 枕頭套兒你換了沒有。

10 我忘了這個。

11 明天該當都換了。

12 您的枕頭太硬。我給您拿一個軟點兒的來。

13 不用。我不喜歡軟枕頭。

14 今天我給您把蚊帳徹了。

15 好。冬天也沒有蚊子。

16 把簾子放下來麼。

17 放下來罷。明天早上你再把他打開。

18 給您留下燈點着罷。

19 赶我躺下了。你就吹了罷。

20 茶机兒上有一支蠟。也有取燈兒。

八

1 相幫我脫了衣裳。

---

① 原书作“洒”，现改作“酒”。

2 明天早上該當給您預備什麽。
3 你給我預備一双襪子。一個汗溻兒。
4 我把您的鞋拿去給您刷刷。
5 我想冷。給我拿床縣被窩。
6 明天晚上六點鐘。我把爐子爖上。
7 明天早上我起來以前。就爖上罷。
8 明天早上幾點鐘叫您哪。
9 你七點鐘叫我罷。
10 水合糖。都放在茶机兒上了。
11 好。到底還短一把小勺子兒。
12 我去給您找去。
13 今天你沒有掃毡子。上頭一下子土。
14 我掃了。是因爲風颳的太大。颳進來了一下子土。
15 明天該當把毡子拿出去摔打摔打。
16 老爺。這個過於沈。我一個人兒拿不動。
17 你叫苦力幫着你。
18 老爺。您還要什麽不要。
19 不要了。你去罷。
20 我滅了燈關上門。

九
1 叫一輛車子來。我要上市上去。
2 我也同您一塊兒去麽。
3 是。你同我一塊兒去。
4 老爺。車子在門口兒呢。
5 告訴他上前門大街。
6 老爺上車子罷。我的車子在您後邊兒走。
7 你拉的太慢。拉快點兒。
8 站住罷。我們到了。
9 該當告訴車子等着我們不。
10 不要緊。我們回去的時候兒另僱別的。
11 今天您要買什麽。
12 我要買點兒菓子。
13 您不要買點心麽。
14 這個鋪子是賣什麽的。
15 這是個洋貨鋪。
16 這蘋菓怎麽賣。

17 一毛錢一堆。
18 太貴。我給半毛錢一堆。
19 不彀本兒。
20 喉。這橘子不錯。多少錢一個。

十
1 這一對兒鴿子賣多少錢。
2 四毛錢。
3 太貴。三毛錢行不行。
4 是了。您拿去罷。
5 那裡有賣鵝合野雞的。
6 在南邊兒差不多半里地有賣的。
7 爲什麽這些人都在一塊兒待着。
8 那是個說書廠兒。他們聽書呢。
9 市上魚不多今天。
10 是因爲天太冷。河都封了。
11 還該當買點兒雞子兒。
12 這不是一個賣雞子兒的。
13 找一找賣肉的。買一隻羊腿。
14 在大街南裡對過兒有一個。
15 你有羊蹄子合羊頭麽。
16 今天沒有了。明天有。
17 叫車子來。我們回去。
18 喉。車子。回去了。
19 給拉車子的兩毛錢。
20 我不給他一毛五。我想彀了。

十一
1 我們一塊兒逛去。您願意不願意。
2 願意。今天天氣很好。
3 我們上那裡逛去。
4 我們可以到城外頭。
5 我們走着去。是坐車去呢。
6 走着去。我們不很忙。
7 我們出什麽門。
8 出西便門兒。
9 我們去逛一逛白雲觀。

10 街上人很多。
11 有大差今天。
12 殺什麼人。
13 殺三個明夥。
14 你看這城外的景緻很好。
15 不錯。麥子剛返青兒。
16 我們從舊道兒上回去麼。
17 不。我們從別的道兒上回去。
18 您若乏了。我們可以坐下歇一歇兒。
19 好。我們坐在這顆樹蔭凉兒底下。
20 這條大路是往那裡去的。

十二
1 這條路是上蘆溝橋的。
2 我們到廟裡頭去瞧瞧。
3 廟裡有什麼人。是和尚。是道士。
4 是和尚。他們恭敬佛。
5 這座塔很體面。好像是座古塔。
6 是。人說修了有一千三百年了。
7 我們出去罷。已經都看見過了。
8 爲什麼牆上貼着好些個紙。
9 那是抄紙的。他們爲貼在牆上曬着。
10 我看見那邊兒有一片大坟地。
11 那是奎宅的坟地。是個闊家兒。
12 那些趣青的都是什麼樹。
13 那都是松樹。旁邊兒有幾顆楊樹。
14 日平西了。我想我們該當回去了。
15 是。我們回去進彰儀門。
16 那邊兒恐怕遠一點兒罷。天晚了。
17 不怕。我們僱一輛車進城。
18 那麼着很好。
19 我今天這一天逛的實在高。興多虧了您約會着我。多謝您納。
20 說那兒的話。是我該當給您道謝。再見。再見。

十三
1 錢老爺好阿。
2 好。師老爺好。

3 好好。
4 老沒給您請安了。
5 豈敢。我這一程子出門兒了。前天纔回來。
6 府上令尊令堂大人都好。
7 託福都好。您的令昆仲都好阿。
8 他們都好。承問。哼。有人叫門。請進。
9 啊廣老爺來了。我給您二位引見引見。
10 這位是廣老爺。這位是師老爺。
11 總沒會過面納。久仰。久仰。
12 彼此。彼此。
13 您幾位令郎。
14 他們小哥兒三個。
15 您昆仲幾位。
16 我們哥兒倆。
17 您行幾。
18 我行二。
19 您在那衙門行走。
20 我在戶部當差。

十四
1 您請坐。
2 請坐請坐。
3 廣老爺。您這一向忙不忙。
4 不忙。沒有許多的事情。
5 您認得吏部的賈老爺不認得。
6 認得。那是我一位朋友。
7 阿。我們倆是同鄉。都是保定府人。
8 老爺請喝茶。
9 您請您請。
10 現在皇上在萬壽山。您沒聽說多昝回宮阿。
11 下月初五回來。
12 我要跟您告假。
13 請多坐會兒。不忙。
14 替我給老爺子老太太請安罷。
15 是了。替您說。見了大爺二爺都提我問好罷。
16 是了。都替您說。
17 您請留步。別送。

18 該當的。

19 請回罷。再見。

20 再見再見。

十五

1 給我打點上行李。我要去保定府。

2 您什麼時候起身。

3 一點半鐘起身。

4 老爺。行李打點好了。

5 該當僱一輛車。上火車站。

6 車來了。老爺。

7 把這個皮兜子拿到車上去。你也上車罷。

8 老爺該當打幾等車票。

9 給我打一個二等的。你打一個三等的。

10 車票都打了。我們可以上車罷。

11 拿着箱子。一道兒上留點兒神。

12 我想這裡不許擱。該當擱在貨車上。

13 那麼就擱在貨車上罷。

14 坐火車實在是方便。

15 是。又不蹾打。走的又快。

16 這是什麼地方。怎麼那麼些個人。

17 這是北京的跑馬廠。

18 那些個有大烟筒的是什麼房子。

19 那是蘆漢鐵路的機器廠。

20 阿。我們到了長辛店。

十六

1 這道牆是什麼牆。

2 那是蘆溝橋的牆。

3 這道鐵橋很體面。

4 是。也比石頭橋結實。

5 去年不是拆了麼。

6 去年是拆了。到底又修上了。

7 人說西山裡頭煤礦很多。

8 一定。您看那些駱駝都是駝的煤。

9 這。鐵路通到什麼地方了。

10 通到眞定府。

11 多咎可以到漢口。
12 再過三四年就可以到漢口了。
13 爲過黃河很不容易罷。
14 是。人要修好幾里地長的一道大橋。
15 呀。您看那不是火車衝着這兒來了麼。
16 喳。那就是從眞定府來的火車。
17 我想我們快到了。
18 再有十分。我們就到了保定府。
19 到了火車站了。車站住了。
20 叫一輛車來拉我們上店裡去。

十七

1 我得把這些貨發到通州去。
2 這些貨您怎麼樣運發。
3 我要僱一隻大船。
4 你是船主兒麼。
5 是。
6 我要僱你這隻船上通州去。
7 行了。
8 一天多少錢。
9 您若要快。是四塊錢一天。
10 怎麼。走的快比走的慢就貴麼。
11 因爲我得多上苦力拉縴。
12 你可以幾天到。
13 三天或三天半就到了。
14 貨都裝好了。我們可以開船罷。
15 我們過二刻開船。
16 爲什麼不立刻走。
17 因爲浮橋還沒有開關。過不去。
18 這船上沒有個乾淨方便些兒的艙麼。
19 有。這裡有一個大艙。您可以隨便在裡頭。
20 我們今天晚上住那兒。

十八

1 我們今天住楊村。
2 颳順風了。掣起篷來罷。
3 我們搭上篷。

4 多咎颳搶風。該當怎麼辦。
5 我們徹了篷。用苦力拉縴。
6 怎麼你們不搖棹。
7 不行。因爲溜太大。
8 這些篙作什麼用。
9 單單的拉縴不彀。還得用篙掌着。
10 阿。到了楊村了。靠邊罷。
11 先別下船。等着我們搭上跳板。
12 那些載着口袋的。都是什麼船。
13 那都是上通州去的糧船。
14 我想這船舵不很好。
15 您想錯了這個舵很好。
16 有時候前頭得下上錨罷。
17 多咎船挽不住。就得把錨下上。
18 若是你們到的快。我賞你們酒錢。
19 我們過晌午兩點鐘就到了。
20 那不是通州。這一路走的很順當。

十九
1 今天天兒好不好。
2 天很好。
3 那麼我出去逛一逛。
4 颳大西北風。颳起來了好些個土。
5 我想今年風颳的多。
6 不錯。比去年颳的風多多了。
7 到底天氣不很冷。
8 可不是麼。到如今還沒下雪呢。
9 河裡頭凍了沒凍。
10 現在通州河已經凍了。北河還沒凍呢。
11 您沒見今天早上下了很厚的霜雪。
12 那是因爲黑夜有月亮。天氣清亮的緣故。
13 今年沒什麼下霧。
14 因爲天太乾。
15 坐托床上東直門行不行。
16 我想凌還不彀結實。
17 今天好些曬化了的地方。
18 一定。人也不能在上頭走。

19 午後若是好天。天氣就還暖活。

20 冬天的天氣常是這樣。

二十

1 您都淋濕了。

2 因爲下的雨太暴。

3 是。我總沒見過這麼利害的天濤。

4 止不住的打雷打閃。

5 打了一個霹雷。把一處房子霹燸了。

6 我聽見說。今年有兩個人被雷霹了。

7 我看見出了虹了。雨快住了。

8 您還得等會兒走。道兒上太濃。

9 我忙的利害。不能等着了。

10 那麼您把這件雨衣穿上罷。

11 那好極了。多謝。我要僱一輛車回去。

12 車過不去。道兒上水太深。

13 這雨還住不了。這不是又下起來了。

14 阿。這是一陣兒。

15 您說對了。這不過是一塊雲彩從頭上經過。

16 你看那不是太陽出來了麼。

17 這道兒可就快乾了。因爲日頭很毒。

18 多咎有日頭。或是颳風。地上就乾的快。

19 到底您還是借給我一把雨傘罷。

20 我沒有雨傘。我單單的有一把旱傘。

二十一

1 我們上這座鋪子裡去買點兒綢子。

2 這是座大買賣。用什麼都可以有。

3 我要買點兒緞子。

4 您要綀緞子要花兒緞子。

5 我要帶花兒的。

6 什麼顏色兒的。

7 紅的。或藍的。都可。這個什麼價錢。

8 一塊錢一尺。

9 這一疋有多少尺。

10 這是四十尺。

11 你把那生絲的拿出來我瞧瞧。

12 您瞧。這是頂好的。

13 你們有洋緞沒有。

14 有好幾樣子呢。

15 我想這不是很厚的。

16 您看這一塊。是頂厚的。

17 這個怎麽賣。

18 八毛錢一尺。

19 太貴我不要。

20 少了不能彀賣。

二十二

1 買賣好哇郭掌櫃的。

2 可以的。李老爺。

3 您有好畫兒麽。

4 有幾張。

5 可以拿出來瞧瞧麽。

6 您瞧。這張山水兒絹畫的。

7 這像畫的什麽地方兒。

8 這是山東地面的一處山水兒。

9 有畫的花草兒沒有。

10 有。到底都是紙畫的。

11 我願意買本花草①册葉。

12 我有一本很體面的。

13 這些捲着的都是什麽畫兒。

14 這個是十二條兒一聯。畫的是雀兒鳥兒什麽的。

15 若是有什麽老畫兒。我要買點兒。

16 我有兩張頂體面的老畫兒。

17 到底我要不破不壞的。

18 這都是廟裡的畫兒。畫的都是神像。

19 您賣外國畫兒不賣。

20 賣。到底沒有許多。

二十三

1 您同我上琉璃廠去呀。

2 您要買什麽。

---

① 原文"草"上有修改痕迹。

3 我要買幾部書。
4 老爺請座。您願意買點兒什麼書。
5 我要買一部詩經。
6 我有一部很好的。
7 我看這字太小。
8 字小。到底板好。印的很清楚。
9 這是木板的。是石印的。
10 是石印的。
11 拿康熙字典來我瞧瞧。
12 您瞧這一套。
13 我還要緊用兩部書套。
14 有一部明史六本兒。您要不要。
15 賣多少錢。
16 這套板如今很少了。這個賣的四塊錢。
17 我給三塊錢。
18 三塊錢不行。
19 您把這些書給包上我好拿着。
20 再見老爺。

二十四
1 您有結實點兒的鞋麽。
2 我賣的鞋都是很好的。
3 給我拿雙黑鞋瞧瞧。
4 您要什麼樣兒的。
5 我要回子絨的。
6 您試一試。這一雙我想您穿的。
7 這一雙太大。給我另拿一雙別的。
8 給您這雙小點兒的。
9 我還要一雙靴子。
10 您要什麼靴子。
11 我要雙厚底兒的靴子。
12 您要皮靴子不要。
13 不要。我用不着。
14 您瞧這一雙。爲您準合式。
15 那些灰色大個兒的。都是什麼鞋。
16 那都是毡毛窩。爲冬天穿的。
17 您有雨靴沒有。

18 有。
19 您把這靴子合鞋。都給我送去罷。
20 是了。老爺。再見。

二十五
1 快到冬天了。我們該當買煤。
2 哈達門大街。有個大煤鋪。
3 你們這裡有什麼煤。
4 有硬煤。也有烟兒煤。
5 賣多少錢。
6 硬煤賣一塊錢一百斤。
7 煙兒煤呢。
8 煙兒煤八毛錢一百斤。
9 煤球兒賣多少錢。
10 好的七毛錢。次點兒的六毛錢。
11 我還得要劈柴。
12 劈柴您要大塊兒的。要碎塊兒的。
13 整的碎的。兩樣都要。
14 這是什麼地方的煤。
15 這個是從唐山來的。
16 硬煤是那兒的。
17 硬煤是從京西拿駱駝駝來的。
18 給我送一千五百斤硬煤。
19 您要多少劈柴。
20 四百斤。到底該當是乾的。

二十六
1 您知道那兒有房子出租麼。
2 知道。我有一個朋友。他有一處房子要租。
3 求您領我去瞧瞧。
4 這是郭老爺。他願意賃一所房子。
5 這房子有多少間。
6 一共是六間大房。八間小房兒。
7 有花園子沒有。
8 有一個花兒園子。還有一個馬號。
9 您同我去瞧瞧。可以不可以。
10 您瞧。這兒是厨房。那邊是一眼井。

11 租多少價錢。
12 一月三十五吊錢。
13 我想這房頂子不很結實。
14 不能。您哪。這是纔拾掇的。
15 花兒園子裡有門沒有。
16 有一個大車門。
17 這些小棚子兒是什麼。
18 那是花兒洞子。爲冬天擱花兒用的。
19 我先給您定錢。後來我們再立租契。
20 好辦老爺。再見。

二十七
1 這塊地有多少畝。
2 有二十五畝。
3 您平常都是收的什麼糧食。
4 我種的高粱合豆子。
5 您一年多少錢租的。
6 三十五吊錢。
7 我要租一塊好地。爲種麥子。
8 我們街防姓李的有塊好地。
9 在什麼地方。
10 在村西北上有一里多地。
11 這塊地您用那兒的水澆。
12 我們用井水挖淪溝澆。
13 爲什不用河水。
14 因爲河水太遠。
15 這塊地太瘦。該當上糞。
16 我們赶秋天的時候上糞。
17 這塊地您種什麼。
18 我們種棒子合穀子。
19 這塊地若是您的。我願意租。
20 是我的。我也有紅契。

二十八
1 錢老爺新蓋了一處體面房子。
2 在什麼地方。
3 在前門外頭。

4 是蓋的座樓麼。

5 是。上頭是一座樓。底下是兩座鋪面。

3 我也要收拾房子。

7 您要怎麼收拾。

8 該當勾抹房頂子。還得收拾炕。

9 您若願意。我給您舉薦一個瓦匠。

10 還得表糊兩間頂隔。

11 你是表糊匠麼。

12 是。您要糊什麼。

13 我要糊這兩間頂隔。

14 您要什麼樣的紙。

15 要洋印花兒紙。

16 這個紙我賣一塊錢一捲兒。

17 我還得給工錢不呢。

18 得給。工錢是四毛錢一工。

19 那扇大門關不上了。該當收拾。

20 我叫一個木匠來。

二十九

1 我聽見廣老爺說。您身體欠安了。

2 是。我這幾天傷風了。

3 我看您如今全好了。

4 沒有全好了。身上還是有點兒發燒。

5 大夫跟您說什麼。

6 大夫教我吃打藥。

7 您的小兒子出花兒。好了沒有呢。

8 他已經全好了。

9 昨天我去望看偺們那位朋友李老爺去了。

10 他現在怎麼樣。

11 他這時候兒也是有病。

12 他有了什麼病。

13 他從馬上摔下來了。把腿扭着了。

14 如今好了沒好。

15 他的脚還腫着呢。還是不能彀行走。

16 您看他還得多少日子①纔能好呢。

① 原书作“了”，现改作“子”。

17 他盼望再過半月二十天。就能行走了。
18 明天我去瞧瞧他去。
19 昨天我買了一樣藥。爲治頭疼的。
20 我總沒害過頭疼的病。

三十
1 人說天津有霍亂的病。
2 是眞的。有許多的人害這個病死了。
3 這個病不能彀治好了麼。
4 有時候兒治的好。到底好的少。
5 哼。是因爲這時候兒天氣太熱的緣故。
6 可不是麼。
7 今天我還看見了好幾個瞎子。
8 北京有很多。
9 有一位錢大夫。您認得不認得。
10 我不認得。
11 他會劄針。
12 您信服劄針不信服。
12 我不很信服。到底也有好了的。
14 前門大街有好藥鋪沒有。
15 有。那裡頭也有外國藥。
16 我該當上他鋪子裡去。
17 他賣一樣兒藥。爲治牙疼的。
18 是什麼藥材。
19 是一宗藥水兒。用緜花抹在牙上。
20 我也要買他點兒治肚子疼的藥。

三十一
1 你在那個學房讀書呢。
2 我在芮先生的學房裡頭。
3 學生多不多。
4 我們一共三十五個學生。
5 你們先生教書。教的好不好。
6 教的很好。
7 你學什麼呢。
8 我如今學念書。也學寫字。
9 你們如今念什麼書。

10 我們念的是四書。合詩經。
11 你沒有學外國話麼。
12 過年我要學法國話。
13 你學寫字不學。
14 一定我願意能彀用洋筆寫字。
15 用洋筆。或是用鉛筆。寫字很方便。
16 昨天我買了一管好筆。一塊硯台。
17 那個姓李的年青的。跟你不是同窗麼。
18 是。我們兩個人在一張桌兒上。
19 他背書好不好。
20 他比我强多了。

三十二
1 這些個兵往那兒去。
2 他們上城外空地方演操去。
3 我們跟着去瞧一瞧去。
4 兵官在頭裡走的那一位。是個營官。
5 他後邊那兩個呢。
6 那是一個令官。一個哨官。
7 這都是旗兵麼。
8 不是。這都是直隸總督的兵。
9 一隊裡頭有多少兵。
10 一隊有二百五十二個。
11 一營是幾隊。
12 四隊就算一營。
13 北京有馬兵合礮隊沒有。
14 有。到底不多。
15 這些兵官。他們怎麼樣學習的。
16 他們都是從保定府武備學堂裡學習出來的。
17 那一定這些兵操演的可以。
18 若是您願意。明天我們去看一看他們打把去。
19 我去。鎗打的很好麼。
20 都可以的。

三十三
1 你給我找一個小跟班兒的。
2 我認的一個人。他可以辦您的事。

3 他姓什麽。
4 他姓李。同他父親在一塊兒住。
5 你叫他來。我看一看。
6 大人。這不是我跟您題的那個年青的來了。
7 你跟過班①兒沒有。
8 跟過。我跟着一位法國武官待了一年。
9 收拾床。刷衣裳什麽的。你都會麽。
10 會。我也會擺卓。
11 你爲什麽同你先前的主人散了。
12 因爲他回法國了。
13 他一個月給你多少錢。
14 他一月給十塊錢。
15 你能彀找個保人麽。
16 我有我父親。在大城外頭住家兒。
17 你叫他來見一見我。
18 大人願意我多昝來呀。
19 過三天後你來罷。也把你的行李帶來。
20 喳。

三十四
1 郭掌櫃的。拿表來我瞧瞧。我要買個表。
2 姜老爺。您要什麽樣兒的表。
3 我要個銀的。
4 我有很好的。
5 把金表也拿出來我看一看。
6 我給您拿來了。您瞧罷。
7 我還要一掛銀表練兒。
8 您那座鐘。我給您拾掇好了。
9 是什麽壞了。
10 裡頭的伐條折了。不能彀上絃了。
11 現在走的好了麽。
12 是。走的很好。
13 我有一個表。常常走的快。
14 給我。我給您收拾收拾。
15 我叫跟班兒的給您送來。

① 原书作“斑”，现改作“班”。

16 我還得了些個醒鐘。很便宜。

17 若是不貴。我也要買一個。

18 我賣八塊錢一個。都是結實的。

19 您保使多少日子。

20 我保一年。

三十五

1 我們到花兒園子裡去摘幾朵花兒去。

2 您要摘什麼花兒。

3 我們搯幾朵兒菊花兒。

4 這玫瑰花兒。都是什麼時候兒開。

5 春天開。

6 您有牡丹花兒沒有。

7 有牡丹花兒。也有蘭花。

8 這柘榴花兒。您不怕凍了麼。

9 下月我們就把他擱在花兒洞子裡了。

10 這芭蕉樹不見長。都是焦枯的樣子。

11 是因爲天氣太冷。

12 您的梨。合蘋菓。都賣完了麼。

13 都賣完了。單單的剩了棗兒合柿子了。

14 您沒有葡萄麼。

15 這園子裡沒有。

16 過年我種茄子。

17 我要種一塊西瓜。

18 這些花木樹。您都天天澆麼。

19 那些在盆兒裡的。兩天澆一次。

20 您這花兒園子實在體面。

三十六

1 明天我去打圍去。您去不去。

2 去。您想要打什麼。

3 我們打幾個野猫合野雞。

4 您打過鷹圍沒有。

5 我去年打過幾次。

6 我知道一個地方有水札①子。

---

① “札”原文字形为“札”下“馬”。

7 您該當領我去。

8 離這裡不遠有竹雞沒有。

9 山裡頭有石雞。

10 人說也有野猪。

11 是有幾個。上月我還打了一個呢。

12 我上禮拜打了一隻小鹿兒。

13 這一鎗打的眞好。

14 若是您願意。後天我們去打魚去。

15 在那兒打去。

16 我們用魚鷹子。在北湖裡打去。

17 那麽樣打魚很容易。

18 我想用網打更好。

19 這湖裡頭也有鯉魚。合黑魚。

20 有時候兒人也打着從海裡來的比目魚。

三十七

1 從蒙古販了一羣馬來。

2 有騍馬沒有。

3 沒有。這都是兒馬。

4 教這匹白馬走兩步兒。瞧瞧。有走兒沒有。

5 這馬走的很好。大摟兒也快。

6 我想他後腿上有點兒毛病。

7 不是。因爲走的道兒遠。單單的是有點兒乏了。

8 上的時候兒老實不老實。

9 老實。就是有點兒怕駱駝。

10 我若買妥了。我把騣給他鉸了。因爲騣太長。

11 您買匹好騾子不買。

12 拉出來我瞧瞧。

13 這騾子一天能走一百多里地。

14 套上他試一試。

15 我還要賣一匹灰色的大兒騾子。

16 什麽口了。

17 八歲口。壯實的利害。

18 拉車騎着都行麽。

19 騎着也行。到底拉車更好。

20 備上我騎騎。若是好我買。

三十八

1 我願意你給我做一條褲子。

2 您要什麼材料兒的。

3 我要哈喇的。

4 什麼顏色的好。

5 你拿樣子來我挑一挑。

6 我新近從上海買來了一塊好哈喇。

7 我要這一塊。你量量有多少。

8 這褲子您要肥的麽。

9 彀肥的就得了。別太肥了。

10 我給您做的那件馬褂。合式不合式。

11 合式到合式。就是袖子有一點兒短。

12 後天您可以來試一試罷。

13 多咎做得吶。

14 下禮拜一就可以得了。

15 別忘了縫上大兜兒。

16 您要什麼樣兒的鈕子。

17 我要銅鈕子。還結實一點兒。

18 您的跟班的把您的大襖拿了來。要做什麼。

19 我要教你把裡頭。給我吊上皮子。爲冬天穿。

20 可以。我給您吊個狐狸皮桶兒。

三十九

1 怎麼我看您臉上好像有什麼事的。

2 可不是麽。昨天黑夜失盜了。

3 啊。您是怎麼樣失的盜哇。

4 賊們在牆上挖了個窟窿進來了。

5 在什麼地方挖的。

6 在厨房裡。

7 後來怎麼樣呢。

8 後來他們就進了屋子。可巧那屋裡沒有一個人兒。

9 偷的都是什麼東西。

10 偷去了幾兩碎銀子。還有幾包袱衣裳。

11 您沒有聽見麽。

12 我聽見狗直咬。我就起來了。

13 起來怎麼沒有逮住他們呢。

14 他們聽見我起來有動醒。他們就都跑了。

15 一定。他們胆子都很大。
16 該當上衙門裡告去。
17 一會兒我就要去。
18 去年我也是被賊偷了一次。
19 您那兒賊怎麼進去的呢。
20 他們在園子牆上進來的。

四十

1 我在街上看見有一個抗枷的。
2 那是昨天審問的那個賊。
3 過堂的時候您瞧見了麼。
4 是。我聽着問的他這一案子。
5 他都有什麼案子。
6 他偷了一個買賣人的十吊錢。
7 他認了沒認。
8 他起首不承認。到底有好幾個對證吶。
9 有什麼對證。
10 有鋪子裡的夥計看見他偷了。
11 那麼定了他什麼罪名。
12 定了他枷號四天。監禁一個月。
13 您作見証的那件事情怎麼樣。
14 您說的是那兩個人打架的那件事麼。
15 是。我知道官問您來着。
16 我去了。到底這一堂沒有過。
17 爲什麼。
18 因爲原告兒沒有到。
19 那麼赶多咎還過堂呢。
20 過四天後。

后　　记

本书作者所在的河北大学，其前身是法国耶稣会在 1921 年创办的天津工商大学。天津工商大学图书馆的书籍中，颇多教会旧藏。学校后来虽几经改名、拆分，并于 1970 年迁至保定，但图书馆的藏书主体并未离散，尤其是西文古籍，仍由现在的河北大学图书馆珍藏保护。2001 年，法国学者梅谦立（Thierry Meynard）对河北大学图书馆的西文古籍善本进行了统计整理，成果体现在《河北大学图书馆所藏西文珍本书基本目录》（《国际汉学》第 12 辑，2005 年）一文中。梅谦立先生的统计整理工作侧重于出版年代较早的珍本、善本，清末以来的大量汉学文献，尤其是与汉语教学有关的论著，仍需全面统计整理。

2015 年春，本书作者傅林对河北大学图书馆西文书库中的法文部分进行了访查，发现了很多重要的汉学论著，包括本书整理研究的沃德斯卡尔《汉语基础学习》一书。但是，因为当时主要的兴趣在于天主教直隶东南教区著名传教士汉学家戴遂良的著作，未及对《汉语基础学习》进行整理。

2021 年 6 月，在图书馆马秀娟、张岚、廖向群等老师的指导下，傅林带领研究生孔亚萌、肖光燕、常丽娜、孙沁妍，对图书馆库存的所有西文古籍进行了全面的访查、统计，并对有重要学术研究价值的书籍进行了登记分类。沃德斯卡尔《汉语基础学习》在这些书籍中别具一格，书籍本身为手写石印，作者身份特殊，存世量相当稀少，亨利·考狄（Henri Cordier）虽然在其著名的《中国书目》（Bibliotheca Sinica）中著录了该书，但未曾实际阅读过。鉴于此，傅林决定对该书进行整理、研究，并指导孔亚萌以之为题写作硕士学位论文。

本书两位作者虽然有一些研究法文汉学论著的经验，但在识别一百多年前的手写文本上仍面临不小的困难。好在有众多师友的帮助，识别录入工作虽缓慢而艰辛，但最终完成了。在此过程中，我们曾多次向山东大学卢梦雅老师、成都体育学院周书越老师请教，他们不厌其烦地回答了我们的各种问题，在这里我们向他们表示由衷的感谢！

在识别录入《汉语基础学习》原书文本的过程中，我们对该书的内容和价值逐渐有了更为清晰的认识。这本书虽然因为作者的早逝和存世量稀少而不闻名于汉学研究界，但它在北京话和官话历史的研究中，仍占有重要的地位，尤其是语音和词汇特征，可以补充证实北京话演变史上的很多重要环节。其作者从军事指挥官和外交官的视角学习和教授汉语的特点，也值得开展深入的比较研究。当然，因为作者过早离世，其汉语汉文水平没有机会达到更高的水准，《汉语基础学习》本身也没有得到系统的修改校对，仍存在很多明显的疏漏。这虽然一定程度上影响了其质量，但另一方面又不妨以之为特殊的观察对象，从汉语作为二语习得的角度去探究其中的规律。

2023 年 6 月，傅林指导孔亚萌完成的以《沃德斯卡尔〈汉语基础学习〉研究》为题的硕士学位论文，顺利通过答辩并得到好评。本书的“研究篇”就是在该论文的基础上进一步修订完善而成的。在论文的写作过程中，河北大学文学院语言学及应用语言学专业的武文杰、王强军、冯军伟、宋贝贝、刁志平等老师提出了很多有价值的意见，在此我们对他们的关心和支持表示真诚的感谢！

本书能够顺利出版，要感谢河北省人文社科基金“清末汉学家沃德斯卡尔与清末直隶省官话研究”（HB22YY015）和河北大学文学院学科团队建设经费的支持，更要感谢河北大学出版社杨显硕先生、责任编辑韩立霞女士的督促和帮助。限于水平，本书肯定还存在不少错误，这些都由本书作者来承担，希望得到读者们的批评指正。

傅林　孔亚萌

2023 年 8 月